KB259991

죽기 전에 꼭 한 번 읽어야 ㅎ

법회해 금강경

홍인 석 법희 역ㅎ

홍인선원

법희서
法喜序

여래께서 당신의 색신으로 석가모니를 사바세계에 보내시어 불법을 전하니 해탈, 선정, 다문, 탑사, 투쟁의 시기를 지나 지금은 부처의 말조차 이해하지 못하는 법멸의 시기에 이르렀다. 선정의 시기까지는 근기가 높은 수행자들이 많아 여래의 마음을 숨기고, 숨기고 또 숨겨도 찾아내는 이들이 많더니 지금은 말법이라 상근기의 수행자들이 남겨놓은 글에서 여래의 흔적을 찾아내는 이가 드물다.

여래께서 만드신 법계는 외도들에 의해 왜곡 된지 오래고 부처의 말은 독거사들의 사리사욕을 채우는 수단이 된지 오래다. 대장경은 먼지가 쌓여 알아보는 이가 적고 대웅전은 어중이떠중이와 오갈 때 없는 영가들의 굿판이 되어 버렸으며 수행자는 구마라습의 후예들이 만들어 놓은 똥물과 그 속에 있는 색성의 그물에 걸려 죽어가고 있다. 이 책임은 누구에게 있는 것인가? 무지중생의 공양을 받는 자들 중에서 양심이 조금이라도 남아 있는 자는 하늘 보기가 부끄러울 것이다.

다문의 시기에 접어들면서 불지에서 법계의 윤회를 주

관하시는 부처님, 즉 여래의 존재는 서서히 잊혀 갔고 온갖 경전이 만들어 지면서 우리의 눈은 밝아진듯하나 혜안은 서서히 그 빛을 잃어갔다. 지금은 사전적 의미의 여래만 의식에 남았으며 관세음보살 보배병의 물은 어디서 담은 것이며 손에 든 잎 푸른 나뭇가지는 어디에서 꺾어 온 것인지 아는 이가 아무도 없다.

야부스님은 여래를 친견하고 여래와 그곳의 풍경을 게송에 숨겨 잊혀 버린 여래의 존재를 말법에 알리고 또한 눈 밝은 이들이 문자에 집착하는 것을 염려하여 글자를 바꿔 놓는 배려를 아끼지 않았다. 부처는 '모든 중생은 여래께서 주신 불성이 있다.'고 우리들에게 희망을 주시지만 야부스님은 마지막 게송에서 '그 은혜를 아는 인간은 한 명도 없다.'고 하셨다. 눈이 있어도 보지 못하고 귀가 있어도 듣지 못하는 오탁악세의 수행자는 어디서 어떻게 불법을 구할 것인가? 야부스님은 경전을 공부하기 전에 법계의 윤회를 주관하시는 여래에 대한 변하지 않는 믿음부터 가지라고 당부한다.

2년 전 '금강경오가해'에서 여래께서 친히 보내신 함허 득통, 육조 혜능스님과 여래를 친견한 야부 도천스님의 글을 뽑아 '죽기 전에 꼭 한 번 읽어야 할 금강경'을 출간하고 법문을 하던 중 여래께서 천년 전의 인연을 금강유정의 모습으로 내게 보내시어 금강경의 오역된 부분을 찾아 바르게 뜻이 통하게 하고 야부스님의 게송을 풀이하여 불자들이 부처님의 뜻을 바로 알 수 있는 나의 그림자와 같은 책을 만들라고 하시니 그 뜻에 따라 1년여에 걸쳐 만들어진 것이 이 책 '법희해금강경'이다.

함허스님은 '함허서'에서 문자에 현혹되지 않고 능히 성현의 뜻을 체득할 수 있는 상근기의 중생들을 위해 야부스님의 함정과 구마라습의 오역을 알면서도 한 글자 한 구절도 바꾸지 않았다고 밝혔다. 이 책에서 그 한 글자 한 구절을 찾아 넣었으니 눈이 있는 자 볼 것이요, 혜안을 가진 자 그 뜻을 알 수 있으리라.

코끼리 울음소리 한가롭게 들리는 곳.
2층의 누각에 괘불이 내걸리면
뽀얗게 먼지 앉은 부처님 말씀
삼존불 나투시어 들려주시니
이곳에서부터 法喜가 充滿하리라.

홍인선원에서　弘人 석 법희
佛紀 2555年 辛卯 迎新日

금강경의 탄생

부처님께서 도솔천 내원궁에서 사바세계 싯달타로 강림하시어 출가에서 입멸까지 49년 동안 화엄경은 21일, 아함경은 12년, 방등부는 8년, 대반야 6백부는 21년간 설하셨고, 입멸하시기전 8년간은 법화(열반)경을 설하셨다. 그중에서 금강경은 부처님께서 성도 하신 후 21년째부터 21년 동안 설하신 가장 방대한 분량의 반야경전 6백부 중에서도 골수라고 표현될 만큼 귀중한 경이다.

부처님께서 입멸하신 후 9백년경 무착보살이 금강경을 해석하려 했으나 어려운 부분이 너무 많아서 고심하던 중 일광정삼매(日光定三昧)에 들어 도솔천에 계시는 미륵보살을 친견하게 되었다. 그때 미륵보살께 금강경에 대해 물었는데, 미륵보살께서 80수의 시(慈氏八十行偈)로써 금강경의 대의(大意)를 해석해 주셨다고 한다.

이 시(詩)로써 무착은 무착론 2권을 집필했으며, 그의 제자이자 동생인 세친(世親)이 다시 천친론 3권을 지었다고 한다. 이에 근거하여 구마라습은 홍시4년(402) 장안의 초당사에서 처음으로 금강경을 한역하였으며, 이를 계기로 많은 역자들이 금강경을 번역해 왔다.

우리나라에는 신라시대 원효대사의 금강경소를 비롯하여 경흥(憬興), 대현(大賢), 함허(涵虛)스님 등이 많은 소를 지었으며, 특히 조선 초기 학승인 함허당 득통 스님은 '금강경오가해'에 설의를 더하여 금강경의 심오한 뜻을 더욱 깊이 있게 해석하였다. 그리고 구마라습이 금강경을 한역한 이후 처음으로 '법희해금강경'에서 한문오역을 바로 잡고 어느 누구도 설명하지 못했던 '비(非)'의 오묘한 뜻을 명확하게 설함으로서 금강경의 말과 뜻이 재해석 되었다.

8

인물 행적 약술

* 무착보살(無著, Asanga, 420~495)

북인도 간다라국(Gandhara)의 수도인 부루 사푸라
(Purusa-pura)에서 탄생하였다. 부친은 바라문족(婆羅
門族)으로 국사(國師)인 교시카(kausika)라는 분이었고
모친은 비린시(virinci)라는 분이었다. 무착보살은 대승
불교에 귀의하여 모든 집착을 버렸다는 뜻으로 무착(無
著)이라는 법호를 갖게 되었다. 출생 연대는 바수반두
전(婆數盤頭傳)에 불타가 열반하신 후 9백년 경이라고
한 바와 같이 9백년대는 A.D420년에서 500년 경이라
고 할 수 있다. 보살은 75세를 살았으며 어려서부터 대
승적인 근기를 가졌으며 하는 일마다 도량이 넓었다고
한다. 보살은 처음에는 소승부파인 화지부(化地部)에
출가하였다가 그 뒤에 대승불교에 귀의하여 미륵신앙을
가졌다. 보살은 미륵님을 친견하기를 발원하여 도솔천
에 승천하였다. 도솔천의 미륵보살을 친견하고 설법을
들었으며 그리고 미륵님을 모시고 하강, 아유타국 강당
에서 대중을 집합하여 4개월간 설법회를 열었다. 이 때
설법한 교리를 편집하여 유가사지론 등 오대부론(五大
部論)을 집필하였다. 그리고 무착은 유식학의 조직인
오위백법(五位百法)사상과 아뢰야식을 근본으로 한 뢰

야연기(賴耶緣起)사상을 원만하게 체계화하였다. 그리고 아뢰야식을 근본으로 하여 인과와 선악과 윤회가 이루어진다는 유식사상과 보살도를 통하여 마음을 정화하고 지혜를 증득하여 성불할 수 있다는 유식사상을 완전하게 논리화하였던 것이다.

* 세친(世親, Vasubandhu, 320?~400?)
인도의 승려로 무착의 유식학(唯識學)을 계승하여 이를 완성시켰으며 여러 대승경전(大乘經典)을 연구하여 대승의 개척자로 불린다. 유가행파(瑜伽行派)를 이루어 인도 대승불교의 주류를 이루었다. 대승성업론(大乘成業論) 등의 저서를 남겼다. 천친(天親)이라고도 한다. 산스크리트 바수반두를, 바수반두(婆數槃豆) 벌소반도(伐蘇畔度) 등으로 음역한다. 간다라국의 정통 브라만 출신으로 형인 무착(無著)과 동생 사자각(師子覺)도 유명한 불교학자이다. 처음에는 소승불교 가운데의 최대 학파였던 설일체유부(說一切有部)와 경량부(經量部)의 사상을 공부하여, 하루에 한 게송(偈頌)씩 6백게를 지었다는 명저 아비달마구사론(阿毘達磨俱舍論)을 저술하였다. 이 책은 소승불교의 특징 있는 여러 사상을 잘 간추려 엮은 것으로서 인도, 중국, 한국, 일본 등지에서 널리 읽혔다. 뒤에 형 무착의 권유로 대승불교로 전향하여 미륵(彌勒), 무착으로 이어져 확립된 유식사상(唯

識思想)을 유식이십론(唯識二十論)과 유식삼십송(唯識三十頌)에 결집하였다.

* 구마라습(鳩摩羅什, 344~413)
인도의 귀족 구마라염(鳩摩羅炎;Kumārāyana)을 아버지로, 구자국(龜玆國)왕의 누이동생인 기바(耆婆;Jivā)를 어머니로 하여 구자국에서 출생하였다. 그의 이름은 부모의 이름을 합한 것이라고 한다. 구마라시바(鳩摩羅時婆) 구마라기바(拘摩羅耆婆), 줄여서 나습(羅什) 습(什), 의역하여 동수(童壽;중국명)라고도 한다. 7세 때 출가하여 여러 곳을 편력하다가 인도 북쪽 계빈(罽賓)에서 반두달다(槃頭達多)에게서 소승교(小乘敎)를 배우고, 소륵국(疏勒國)에서는 수리야소마(須梨耶蘇摩)로부터 용수(龍樹)의 대승교(大乘敎)를 배운 다음 구자국으로 돌아와 비마라차(卑摩羅叉)에게서 율(律)을 배웠다. 그 후 구자국에서 주로 대승교를 포교하였다. 383년 진왕(秦王)이 여광(呂光)을 시켜 구자국을 공략하였을 때 여광은 구마라습을 데리고 양주(凉州)로 갔으나, 그 뒤 후진(後秦)이 양주를 쳐서 후진왕 요흥(姚興)이 401년 구마라습을 장안(長安)으로 데리고 가 국빈으로 대우하였다. 그는 서명각(西明閣)과 소요원(逍遙園) 등에 있으면서 많은 경전을 번역하여, 성실론(成實論) 십송률(十誦律) 대품반야경(大品般若經) 묘법연화경(妙法蓮

華經) 아미타경(阿彌陀經) 중론(中論) 십주비바사론(十住毘婆沙論) 등 경률 74부 380여 권을 펴냈다. 그 중에서도 특히 삼론(三論) 중관(中觀)의 불교를 위하여 많은 힘을 기울여 이를 확립하였으므로 오늘날 중국 한국 일본에서는 그를 삼론종(三論宗)의 조사(祖師)로 부르고 있다. 그의 제자 3천명 가운데 도생(道生) 승조(僧肇) 도융(道融) 승예(僧叡)를 가리켜 습문(什門)의 4철(四哲)이라 한다. 금강경은 구마라습이 홍시(弘始) 4년(402) 장안 초당사에서 가장 먼저 한역하였고 이 일을 마친 구마라습이 번역에 오류가 없다면 분신 후에 혀가 타지 않을 것이라고 하였다. 413년 장안의 대사(大寺)에서 70세로 입적했다. 다비후 오직 혀만 타지 않는 신이(神異)를 보였다고 한다.

* 육조 혜능(慧能, 638~713)

중국 선종(禪宗)의 제6조로서, 육조대사(六祖大師)라고도 한다. 신수(神秀)와 더불어 홍인 문하의 2대 선사로 남종선(南宗禪)의 시조가 되었다. 그의 설법을 기록한 육조단경(六祖壇經)이 전해진다. 속성 노(盧). 시호 대감선사(大鑑禪師). 난하이(南海) 신싱(新興)출생. 집이 가난하여 나무를 팔아서 어머니를 봉양했는데, 어느 날 장터에서 금강경(金剛經) 읽는 것을 듣고 불도에 뜻을 두어, 치저우(蘄州) 황메이(黃梅)로 제5조인 홍인(弘忍)

을 찾아가 노역에 종사하기를 8개월, 그런 다음에 의법(衣法)을 받았다.

* 야부 도천(冶父 道川)
송나라 사람으로 출생연대가 확실치 않으며 속성은 추(秋)씨, 이름은 삼(三)이라 전한다. 군(軍)에서 집방직(執方職)에 있다가 제동(齊東)의 도겸선사(道謙禪師)에게 법화(法化)되어 도천이라는 호를 받았고 정인(淨因) 계성(繼成)의 인가를 얻어 임제(臨濟)의 6세손이 되었다. 그는 고향인 제동에서 금강경 야부송을 지었다. 만년에 망령이 들어 벽에 똥을 칠하는 것을 본 사람들이 금강경 야부송을 불태웠으나 불에 타지 않았다고 한다.

법희해
야부스님은 득통스님이 태어나기 약80년 전에 입적함.

* 함허 득통(涵虛 得通, 1376~1433)
고려말에서 조선 전기의 승려로 본관 충주(忠州). 속성 유(劉). 이름 수이(守伊). 법호 득통(得通). 당호 함허(涵虛). 1396년(태조5년) 관악산 의상암(義湘庵)으로 출가하였으며, 이듬해 회암사(檜巖寺)로 가서 무학왕사(無學王師)에게 법요(法要)를 배운 후, 여러 곳을 다니다가 다시 회암사에 가서 홀로 수도에 정진하였다. 그

뒤 공덕산(功德山)의 대승사(大乘寺), 천마산(天摩山)의 관음굴(觀音窟), 불희사(佛禧寺) 등에서 학인(學人)들을 지도하고 자모산(慈母山) 연봉사(烟峰寺)에 들어가 함허당(涵處堂)이라 이름하고 3년간 수도를 계속하였다. 1420년(세종2년) 오대산에 가서 여러 성인들을 공양하고 월정사(月精寺)에 있을 때 세종이 청하여 대자어찰(大慈御刹)에 머물렀다. 4년 후 이를 사퇴하고 길상(吉祥), 공덕(功德), 운악(雲嶽) 등 여러 산을 편력하다가 1431년 희양산(曦陽山)에 이르러 봉암사(峰巖寺)를 중수(重修)하고 그곳에서 입적하였다. 저서에 원각경소(圓覺經疏) 금강경오가해설의(金剛經五家解說誼) 현정론(顯正論) 반야참문(般若懺文) 윤관(綸貫) 등이 있다.

법희해

지금으로부터 약2200년 전 미얀마에서 스의밀스님으로 수행하여 여래를 처음 친견하고 5번 윤회하여 득통스님이 되었다. 불기2563년경 6번째 윤회에서 부처님 당시의 불교가 한반도에서 시작된다.

'법희해금강경'을 읽기 전에

이것만은 꼭 행하자 !

삼귀의 오계를 받아 지니고 육바라밀을 먼저 가정(가장 가까운 인연)에서부터 항상 행해야 한다. 전생에 탐(貪)으로 지은 모든 업장은 이생의 자식(자식과 같은 인연)에게 갚아야 하고 진(嗔)으로 지은 모든 업장은 배우자(배우자와 같은 인연)에게 갚아야 하며 치(痴)로 지은 모든 업장은 불법공부로 갚아야 한다. 이생에서 가족의 인연, 가족과 같은 인연, 이것이 여래께서 인간에게 준 가장 큰 자비이다. 때문에 나의 업장을 가장 많이 소멸할 수 있는 것은 부처도 아니요 참선 염불도 아니요, 오직 부처님의 가르침을 가정에서 행하여 가족 구성원 모두의 입가에 부처님 미소가 항상 머물러 있게 해야 한다. 이 숙제를 다 한 사람만이 범부를 넘어 아라한이 될 자격이 있는 것이다. 금강경은 부처님께서 이 숙제를 끝낸 성인들을 위해 보살의 경지를 설한 경전이다. 보시, 지계, 인욕은 힘들어도 내가 이생에서 행해야 할 의무이고 정진은 선택이며 선정과 반야는 여래께서 주시는 선물임을 알라.

이것만은 꼭 이해하자 !

삼법인(三法印)

1.무상(無常)
변하지 않는 것은 없다.

2.무아(無我)
무아(無我)에는 연기와 무상의 두 가지 뜻이 있다.
'나 아님이 없다' = 연기(緣起)
'내가 없다' = 무상(無常)
무아를 '내가 없다'로 해석하여 윤회의 주체가 없다고
하는 얼빠진 놈들이 가끔 있다.
연기(緣起)에도 두 가지 뜻이 있다.
'이것(主)이 있으므로 저것(客)이 있고 이것(主)이 없으
므로 저것(客)이 없다.' 이것과 저것이 뜻하는 것은 첫
째 삼세12연기의 순관과 역관이다. 둘째는 업력으로 윤
회한 사바세계에서 자기중심적인 중생의 삶이다.

3.공(空)
여래께서 만드신 법계는 하나다.
금강경에서는 '비(非)'

개념과 실체는 완전히 다른 것이다 !

동전의 앞면과 뒷면 그리고 옆면은 의식 속에서만 존재하는 개념이고 동전의 실체에는 앞 뒤 옆면이 존재하지 않는다. 전5식은 법계에 존재하는 모든 실체를 바로 보지만 6식인 의식은 그것을 개념으로 인식하고 저장하기 때문에 의식 속에 있는 모든 것은 있는듯하지만 없는 것이다. 삼법인도 개념(낱말풀이)으로 이해하면 지식이 되어 또 하나의 번뇌 망상만 생겨나고 삼법인이 설명하고 있는 그 실체를 볼 수 있으면 성인이 될 자격이 있다. 거짓으로 가득 찬 의식을 '나'로 알고 살면 중생이요, 삼법인에 의해 의식을 움직이면 수행자가 된다. 수행자가 이생에서 받은 숙제를 끝내려면 의식이 잠재의식 속에 저장되어 있는 자신의 업을 바라보는 회광반조(回光返照)의 과정을 반드시 거쳐야 한다. 이 과정에서 의식이 묘관찰지(妙觀察智)로 전환된다.

부처님당시 사부대중

1.비구
2.비구니
3.우바새

4.우바이

이 시대에 출가자들이 대중들의 공양과 존경을 받았던 가장 큰 이유는 부처님께서 몸소 승단을 관리하셨기 때문이다.

말법시대 사부대중

1.무지중생

불법을 모르고 자신의 업력으로 살아가는 자.

2.수행자

승속 구분 없이 부처님을 믿고 가르침대로 행하는 자.

3.독거사(禿居士)

겉모습은 스님이나 불법과 수행에는 전혀 관심 없고 사법(邪法)을 행하며 부처를 팔아 사리사욕을 채우는 자.

4.금강신

성문 연각의 경지에 오른 자로서 부처의 지혜를 부여받고 사바세계에 불법을 전하러 여래께서 친히 보낸 자.

금강경의 구조

금강경에 나오는 부처님(佛)은 석가모니이고 여래는 불

지에 계시는 부처님이다. 여래를 볼 수 없는 중생은 불(佛)과 여래를 모두 부처님이라고 하지만 석가모니가 부처님이라고 하는 분은 바로 여래를 뜻한다. 금강경에서 세존은 여래의 말씀을 들을 수 있지만 수보리는 절대 들을 수 없다. 세존은 여래의 말씀을 인용하고 수보리는 세존의 말씀을 인용한다. 세존과 수보리가 함께 여래의 설법을 들을 수 없고 세존이 여래의 말씀을 인용하여 수보리에게 들려준다. 금강경을 제대로 이해하려면 법계의 구조와 식의 구조를 잘 알고 있어야 한다.

금강경은 四部(사부)로 나누어진다.

一部(일부) – 상근기 중생들에게 설함

1분 법회인유에서 6분 정신희유까지는 부처님께서 상근기 중생들에게 보살의 경지를 설하는 부분이다. 삼상(三相;有, 無, 非)에 대한 설명이 없이 '보살의 마음은 삼상(三相)에 머무르지 않는 행을 한다.'고 설한다.

二部(이부) – 중 하근기 중생들에게 설함

7분 무득무설에서 15분 지경공덕까지는 중 하근기 중생들에게 설하는 부분이다. 삼상(三相)에 대해 구체적으로 설명하며 특히 '14분 이상적멸'에서는 '비(非)'라는 한 글자를 명확하게 설함으로써 중생들이 색성(色聲)을 초월하여 여래를 친견할 수 있는 안목을 열어 주었다. 바로 이것이 금강경의 핵심이다.

三部(삼부) - '비(非)'에 대한 반복설명

16분 능정업장에서 31분 지견불생까지는 '비(非)'에 대한 문답을 반복하여 색성(色聲)의 허구를 중생들 머릿속에 각인 시키고 있다. 三部(삼부)에서 여래와 부처를 구분하지 못하는 한문오역이 많은걸 보면 실체를 볼 줄 모르는 구마라습의 후예들이, 부처님 말씀을 자신들의 생각대로 해석하여 연극대본으로 만들어 버렸음을 알 수 있다.

四部(사부) - 금강경사구게, 끝맺음

32분 응화비진에서는 금강경에서 그 어떤 보시보다 더욱 더 수승하다고 한 금강경사구게를 설하고 법계의 중생들이 이 경을 믿고 받들어 행하고 있다는 것으로 경을 끝맺음하였다. 32분에서 그 동안 밥값 못하는 수많은 어중이떠중이들이 헛다리짚은 사구게와 비교해 보라.

금강경의 오역

구마라습의 한문오역은 책 본문에서 밝히고 뜻이 통하도록 바로 잡았다. 한글오역은 너무나 많아서 지금까지 나온 금강경에서는 단 한구절도 여래의 뜻에 맞게 해석된 것이 없으므로 모두 쓰레기통으로 던져 넣으라고 내가 감히 말한다. 금강경에서 '비(非)'는 모든 개념을 부정하는 동시에 실체를 뜻하는 말로 공(空)과 같은 말이다. 금강경은 오직 이 한 글자 '비(非)'를 설명한 경이란 것을 알라. 비(非)를 '~이 아니다.'로 해석하여 아직도 불교로 혹세(惑世)하고 금강경이 신비로운 경전인양 불자들을 무민(誣民)하고 있는 놈들이 많다. 그리고 부처님의 말씀을 단 한 구절도 깨치지 못하고 의식 속에 들어있는 지식, 즉 개념의 똥으로 지금 금강경을 집필하고 있는 놈들은 신중하게 생각하여 네 이름을 찍어야 할 것이다. 불교를 공부하는 학인(學人)들은 귀와 눈을 틀어막고 이 '법희해금강경'과 기존에 나와 있는 금강경을 옆에 두고 반드시 대조해가면서 공부하길 바란다.

법계(法界)의 구조

부　처 (如來)

금 강 신 : 석가모니, 함허, 육조, 덕윤.
덕윤스님 : 고려초(950년경) 德一寺의 주지스님으로
　　　　　 부처님께서 자식처럼 아끼시는 분.
　　　　　 상좌 聳哲스님과 15명의
　　　　　 제자를 두고 32세로 입적.
　　　　　 지금까지 6번 윤회함.

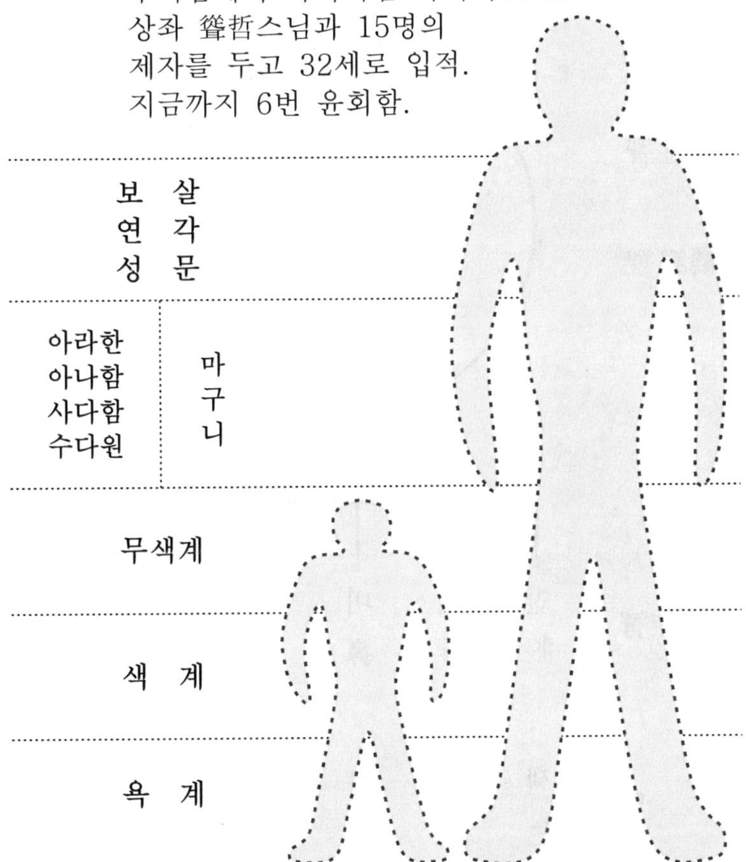

식(識)의 구조

아뢰야
心
大圓鏡智
8식
無意識
平等性智
잠재의식
(潛在意識)
7식
回光返照
妙觀察智
6식
의식(意識)
成所作智
안
眼
이
耳
비
鼻
설
舌
신
身
전5식
法 界
색
色
성
聲
향
香
미
味
촉
觸
욕 계

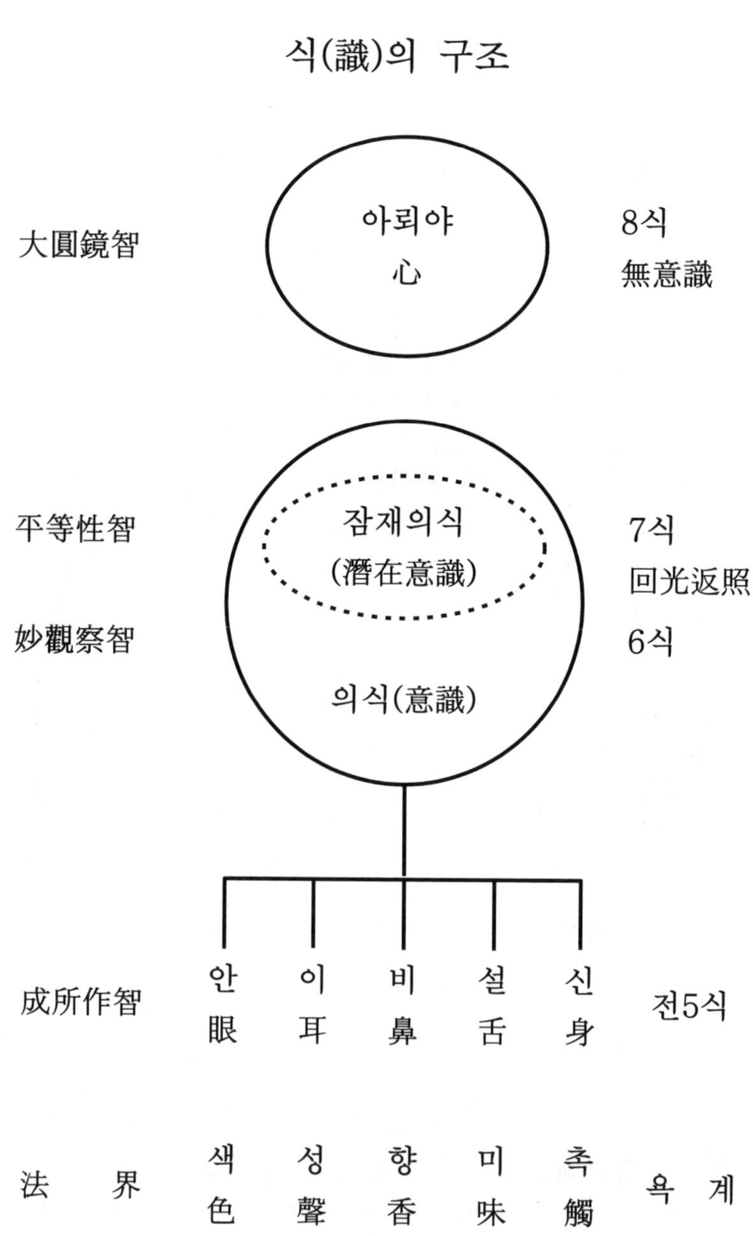

차례

一部 상근기 중생들에게 설함

二部 중 하근기 중생들에게 설함

三部 '비(非)'에 대한 반복설명

금강반야바라밀경
金剛般若波羅蜜經

일체중생이 안으로 종지(種智)를 머금고 있는 것은 부처님과 더불어 다름이 없지만, 다만 미혹되고 전도(顚倒)되어 망령되이 아(我)와 인(人)을 헤아려서 업의 구덩이에 빠져 반성할 줄 모르므로, 석가 노인께서 도솔천으로부터 왕궁에 내려와 마야부인의 태(胎)에 드셨도다. 달이 차서 출생하시어 두루 일곱 걸음을 걸으시며 스스로 사방을 돌아보시고는 하늘과 땅을 가리키며 '천상천하(天上天下) 유아독존(唯我獨尊)'이라고 사자후를 하셨다. 나이 19세가 되어 네 방향의 문을 두루 돌아보면서 생로병사의 네 가지 모습이 서로 우리 육신을 핍박함을 보시고 한밤중에 성을 넘어 출가하여, 설산에 들어가 6년 고행을 하시다가 납월(臘月) 8일 밤에 샛별을 보고 깨달음을 얻으시고, 처음 녹야원에서 사제(四諦)의 법륜을 굴리시고, 그 후로 아함(阿含)과 방등(方等)의 법을 설하면서 근기가 차츰 익어가게 하셨다. 바야흐로 이 반야대부(般若大部)를 설하시어 부처님의 지견(知見)을 열어 보여서 깨달음에 들어가게 하시니, 저 대웅(大雄)씨가 반야를 연설하신 것은 무릇 4곳의 16회에 이른다. 21년 동안 6백부를 설하시니, 그 가운데서 홀로 이 부분을 금강(金剛)이라고 비유하신 것은 이 일부가 간략하지만 많은 뜻을 지니고 있고, 금강(金剛)이라는 하나의 비유가 온갖 뜻을 널리 함축하고 있기 때문이다. 반야(般若)는 지혜(智慧)라 번역되니 무엇을 이름 하여 지혜인가. 허공이 설법하나 청법 할 줄 모르며 사대육신 또한 설법, 청법 할 줄 모르나 지금 눈앞에 역력히 고명(孤明;홀로 분명함)한 모양 없는 것이 능히 설법, 청법을 하는데 이 말하고 들을 줄 아는 하나의 고명(一物)이 하늘과 땅에 꽉 차 있으며 옛과 오늘에도 드날려서 행주좌와(行住坐臥) 어묵동정(語默動靜)의 일체시, 일체처에 환하게 밝아서 요연히 항상 밝게 하니 이것을 반야(般若)라 이름 한 것이다. 금강(金剛)으로 비유한 뜻이 무엇인가. 이 하나의 고명(孤明)이 온갖 변화에 처하되, 여여해서 움직이지 않으며 무한한 시간과 공간에 빠져서도 그대로 항상 있으니 마땅히 금강의 견고함에 비유한 것이오, 대나무 같은 정령들(竹木精靈;혼미한 정신)을 베어 끊으며 많은 번뇌와 망상들을 절단하니 금강의 날카로움에 비유함이 마땅하며 금강으로 비유하신 뜻이 여기에 있는 것이다. 또한 마하반야라고도 명하니, 마하(摩訶)는 크다고 번역하는데 무엇을 이름하여 크다고 하는가. 이 하나의 고명이 그 밝기를 말하자면 해와 달보다 밝고, 그 덕으로 말하자면 하늘과 땅보다 뛰어나며 그 양이 광대하여 능히 허공을 에워싸고 그 체(體)가 일체에 두루하여서 있고 있

28

지 않음이 없다. 과거, 현재, 미래에 한 순간도 끊일 사
이가 없고 시방에 한 곳도 빈 곳이 없으니 이것이 마하
(摩訶)라 이름 한 까닭이다. 바라밀(波羅蜜)은 도피안
(到彼岸)이라, 번역하니 무엇이 도피안인가. 미혹한 사
람을 중생이라 하고 깨달은 사람을 부처라 하니, 구름
이 걷히고 비가 개이며 바다가 맑고 하늘도 맑아서, 비
개인 달과 빛과 바람이 서로 어울리고 산색과 물빛이
서로 비침은 깨달은 사람의 경계요, 안개가 덮이고 구
름이 끼며 위는 맑고 아래는 어두우며 일월이 그 밝음
을 가려 산천이 그 자취를 숨김은 미혹한 사람의 경계
다. 미혹하여 깨달음을 등지고 번뇌 속에 있음을 차안
(此岸)에 있다하고 그것을 깨달아서 번뇌를 등지고 깨
달음에 있음을 도피안(到彼岸)이라 하니 이것을 바라밀
(波羅蜜)이라 한 까닭이다. 경(經)이란 길(徑)이니 위와
같은 묘한 뜻을 말씀하신 것은 후진들이 걸어가야 할
길을 열어 다른 길에 빠지지 않게 하고, 능히 보배로운
처소에 곧바로 이르게 함이니, 이것을 이름 하여 경
(經)이라 한 까닭이다. 또 간략하게 해석한다면 마하반
야(摩訶般若)는 범부(凡夫)와 성인(聖人)에 다 통하고
만유에 갖추어져 있는 광대무변한 지혜요, 금강반야(金
剛般若)는 견고해서 무너지지 않고 예리해서 능히 다른
것을 끊을 수 있으므로, 범부를 녹이고 성인을 단련하
는 지혜이다. 바라밀은 이와 같은 뜻을 깨닫고 이와 같

은 행을 실천해서 이사해(二死海)를 뛰어넘어 삼덕(三德)의 언덕에 도달함이다. 경(經)이란 이와 같은 말로써 이와 같은 뜻을 설명해서 당세에도 이익을 주고 후세 사람에게도 법철(法轍;법도)을 이루게 하는 것이니, 그 이름을 금강반야바라밀경(金剛般若波羅蜜經)이라 하며 혹은 마하반야바라밀경(摩訶般若波羅蜜經)이라고 한다. 제목 여덟자로 한량없는 뜻을 함축하고 있고, 경의 얼마 안되는 글로써 사량(思量)할 수 없는 일대 가르침을 다 섭수하고 있으니, 제목 8자(摩訶般若波羅蜜經, 金剛般若波羅蜜經)를 일컬음은 부처님의 일대장경을 한꺼번에 다 외움과 같다. 경(經)의 사구(四句)를 갖는 것은 그 덕이 항하의 모래 수보다 수승하여서 경의 뜻과 과보를 부처님께서 불가사의하다 한 것이 모두 이런 까닭이다. 그러나 이는 교과적인 입장에서 논했을 뿐이나 만약 조종문하(祖宗門下)에서의 한 권의 경을 말하자면, 숨을 들이쉬고 내쉬는 가운데 항상 경을 굴리거니와 종이에 글로 형상화 시킨 연후에만 어찌 경(經)이라 하겠는가. 그러므로 옛사람이 말하기를, 반야바라밀이여! 이 경은 모양과 소리가 아니거늘 당언으로 부질없이 번역하고 범어로 굳이 이름을 둔 것이라 했다.

捲箔秋光冷 開窓曙氣淸 若能如是解 題目甚分明
권박추광냉 개창서기청 약능여시해 제목심분명

발을 걷어 올리니 가을빛이 차갑고
창문을 여니 서기가 맑도다.
만약 이와 같음을 능히 안다면
제목이 심히 분명하리라.

법회해
위의 게송을 머릿속에서 상을 떠올리며 글자풀이로 이해했다면 이생의 숙제를 하지 않는 자이므로 아직 이 금강경을 볼 자격이 없다. 가까운 곳에서 스승을 찾아 처음부터 다시 부처님 말씀을 공부하라.

함허서
涵虛序

여기 한 물건이 있으니 이름(名)으로나 모양(相)으로는 표현할 수 없지만, 고금을 꿰뚫어 한 티끌에 머물러 있어도 동서남북상하를 에워싸고, 안으로는 온갖 묘를 포함하고, 밖으로는 모든 사물에 응하여 천, 지, 인(三才)의 주인이 되고 만법의 왕이 되니 탕탕(蕩蕩;광대하여 제일이 되는 것)함은 그 무엇과도 비유할 수 없으며, 외외(巍巍;높고 큰 모양)함은 그 무엇과도 짝할 수 없다. 신령스럽다고 말하지 않겠는가. 예를 갖추어 받드는 동안에도 분명하게 밝고 보고 들을 때에도 기회가 오면 있는 듯 없는 듯 은은하다. 현묘하다 말하지 않겠는가. 천지보다 앞섰지만 그 시작이 없고 천지 이후에도 그 끝이 없으니 공(空)한 것인가, 유(有)한 것인가. 나는 그 까닭을 알 수 없다. 우리 세존께서는 이 한 물건을 깨닫고 중생들이 모두 똑같이 이것을 받아 지니면서도 미한 채 있어 널리 살펴 탄식하여 '기이한 일이로다.'하셨다. 생사의 바다 한 가운데로 향해 밑바닥 없는 배를 몰고 구멍 없는 피리를 불어 묘음이 땅을 진동 시키니 법의 바다가 하늘까지 넘쳤다. 이에 귀먹고 어리석은 범부들이 깨어나고 땅이 품고 있던 것들이 제각기 그 자리를 얻으니, 지금의 반야경은 묘음이 흘러나온 곳이며 법의 바다도 그곳으로부터 나온 것이다. 금강의 견고함과 날카로움으로 자아에 대한 고집과 인간에 대한 고집의 숲을 베어버리고 지혜의 빛을 중혼(重昏)에 비추며 의혹의 안개를 삼공(三空)에 열어 단견과 상견의 구덩이에서 나오게 하여 참된 진리에 들게 하며 만행의 꽃을 피워 일승의 과를 이루게 하니, 말씀마다 날카로운 칼이 햇빛을 받아 번뜩이고 구구절절 물로 씻어내어 붙을 것이 없도다. 가없는 법문의 바다로 흘려보내 무한한 인천의 스승을 길러내고, 대감 혜능, 규봉 종밀, 야부 도천, 부대사, 종경 이렇게 다섯 분의 대사 모두는 인천의 존경을 받을 만한 분들이며 법의 바다가 돌아갈 바이다. 다섯 분이 각기 두루 통하는 정안(正眼; 뛰어난 지혜)을 갖추어서 모든 부처님의 밀인을 바로 전해주시고, 제각기 부처님의 넓고 깊은 가르침을 끌어내어 최상승의 도리와 종지를 열어 연설해주시니, 낱낱이 위엄을 온 세상에 떨쳤고 찬란한 빛을 고금에 드날렸다. 마침내 당세에 맹인을 보게 하고, 귀가 먼 자는 듣게 하고, 벙어리는 능히 말하게 하고, 절름발이는 능히 걷게 했다. 그렇게 하고도 또한 장래 중생들의 깨달음을 위해 각자 금강경을 해석하여 천하 후세에 전하니, 어찌 문양을 새기려다 덕을 상하게 하겠는가. 가히 비단 위에 꽃을 더하는 것과 같다. 어찌 거듭 부처님의 광명만 드날렸겠는가. 역시 나아가 조사의 도까지 빛을 휘날렸다. 우리는 부처님 천년 뒤에 태어나, 접하기 어려운 보배를 접하고 손으로 만져보고 눈으로도 보게 되니 이보다 더 큰 행운이 어디 있겠는가. 이로써 부처와 조사의 나머지 광명을 드높일 수 있으며, 이로써 가히 임금과 나라의 큰 복도 연장시킬 수 있을 것이다. 그리하여 이 편집이 어떤 사람의 손에서 나왔기에, 그 이름을 나타내지 않았는가. 나는 부처님과 다섯 조사의 마음을 한 번 더 문득 다 볼 수 있게 해주어 대단히 기쁠 따름이다. 탄식하는 바는 비록 거문고를 잘 타는 묘한 손가락은 있으나 그 소리를 감상하는 귀 밝은 사람을 만나지 못한 것이다. 이런 이유로 '아아'가 만든 곡을 잘못 듣고 '양양'이라는 사람이 많다. 또한 경과 소의 오류가 참된 원전(元典)에 섞여서 성 밖의 잘못된 우유처럼 자못 많으니, 어찌 성인의 가르침에서 점점 멀어지지 않겠는가. 많은 손을 거치면서 전해지다 보면 그렇게 되는 것이다. 무릇 성현의 말씀을 후세에 전하는 까닭은, 오직 문장만으로 능히 베풀 수도 없고 공연히 뜻만 독단적으로 전할 수도 없기 때문이다. 문장과 뜻이 서로 어울려야 바야흐로 묘한 창화(唱和)가 이루어지고, 천하고금의 귀감이 되어 세간과 출세간의 안목을 열어 줄 것이다. 만약에 효와(공손하지 못하거나 거짓된 표현)가 있고 문장에 착오가 있으면 사람들의 안목을 열어주지 못할 뿐만 아니라, 역시 오해를 일으켜 바른 지견에 장애가 되는 것이다. 대개 문자에 현혹되지 않고 능히 성현의 뜻을 체득하는 사람은 진실로 만나기 어렵다. 그러나 만약 마음이 청정하고 생각이 고요해서 글을 만나 뜻을 연구하며 뜻에 의지해서 글을 찾으면, 즉 글과 뜻의 잘못된 것이 털끝만큼도 숨을 수가 없어서 확연히 밝게 드러나는 것이 마치 세상의 질병이 훌륭한 의사의 손에서 달아나지 못함과 같다. 내가 비록 훌륭한 의사 축에는 끼지 못하지만 다행히 글과 뜻을 조금 알고 진위를 대략 분별할 수 있으므로, 이제 경전의 소(疎)가운데에서 혹 글자가 빠지거나 혹 덧붙여지거나 혹 뒤집어지거나 혹 잘못된 것을 간추려 찾아내어, 여러 책을 참고로 하고 여러 스승에게 질문도 해서 바르게 잡았다. 그러나 다른 책에 의거한 것 이외에는 일찍이 한 글자나 한 글귀도 망령되이 스스로 그 사이에 더하거나 뺀 것이 없다. 무릇 의심스럽기는 하지만 타 본에 의거할 수 없는 것은, 뜻에 의거하여 징했으며 책 뒤에 덧붙였다. 만일 뿌리가 엉기고 설켜 마디가 뒤섞여 뜻이 안 풀리는 곳을 보고도 손 놓고 그 사이에 칼날을 놀리지 않으면 어찌 통인달사라 할 것인가. 그러므로 재주가 없음을 헤아리지 않고 맺힌 곳은 풀어주고 걸린 곳은 통하게 하며 그릇된 것을 바로 잡고 어그러진 곳을 가지런히 하여, 길이 장래의 학인들에게 남기니

誰知王舍一輪月　萬古光明長不滅　呵呵他日　具眼者見之
수지왕사일륜월　만고광명장불멸　가가타일　구안자견지
當發大笑矣
당발대소의

왕사성의 일륜월(부처님의 진리)이 만고의 광명이 되어
영원히 멸할 수 없음을 누가 알겠는가.
하하! 다른 날 안목을 갖춘 사람이
이를 보면 마땅히 크게 웃으리라.

영락 을미년(1415년) 6월 함허당 납승 수이(守伊)가 양
치하고 손 씻고 향을 사르며 삼가 서문을 쓰다.

육조서
六祖序

대저 금강경이라는 것은 모양이 없는 것(無相)으로 종지를 삼고 머묾이 없는 것(無住)으로 체(體)를 삼고 묘유(妙有)로 용(用)을 삼는다. 달마(達磨)가 서쪽으로부터 와서 이 경의 뜻을 전해 모든 사람으로 하여금 이치를 깨달아 성품을 보게 하시니, 다만 세상 사람들이 자성(自性)을 보지 못하므로 견성의 법을 세운 것이다. 만약 세상 사람들이 진여(眞如)의 본체를 볼 수 있으면 곧 법(法)을 세울 필요가 없었을 것이다. 이 경을 읽고 외우는 이는 수없이 많고 칭찬하는 이도 헤아릴 수 없으며, 소(疏)를 짓고 주해(註解)를 낸 이들도 무려 8백여 분이나 되지만 설하신 도리는 각각의 소견을 따르니, 그 견해는 비록 같지 않지만 법은 둘이 아니다. 전생에 씨앗을 심은 상근의 사람은 한 번 듣고 곧 깨닫지만, 만약 전생에 익힌 지혜가 없으면 비록 읽고 외우기를 많이 하더라도 부처님의 뜻을 알지 못한다. 그러므로 그 뜻을 해석하여 많은 학자들이 의심을 끊게 하는 것이니, 만약 이 경의 뜻을 얻어 의심이 없다면 곧 해설을 빌릴 필요도 없을 것이다. 위로부터 여래께서 설하신 선법(善法)은 범부들의 선하지 못한 마음을 제거하기 위한 것이다. 경은 성인의 말씀이라, 사람들이 그것을 듣고 범부로써 성인의 깨달음에 이르게 해서 영원히 미혹된 마음을 쉬게 하자는 것이다. 이 한 권의 경은 중생의 성품 가운데 본래 있건만, 스스로 보지 못하는 것은 단지 문자만을 읽고 외우는 까닭이다. 만약 본래의 마음을 깨달으면 비로소 이 경이 문자에 있지 않음을 알게 될 것이다. 다만 능히 자기의 성품을 밝게 요달하면 일체 제불이 이 경으로부터 나왔음을 믿을 것이다. 요즘 세상 사람들이 몸 밖에서 부처를 찾고 밖을 향해 경을 구하면서 마음 안에서 발견하지 못하고 내면의 경(經)을 갖지 아니할까 두렵게 여기시어, 이 결(訣; 口訣)을 지어 모든 공부하는 사람들이 안으로 마음의 경을 지녀 자기의 청정한 불심이 수량으로 헤아릴 수 없고 가히 생각으로 미칠 수 없음을 요연히 스스로 보게 하노니, 후세의 공부하는 이들은 경을 읽다가 의심이 있거든 이 해의(解義)를 보아서 의심이 풀리면 다시 이 구결을 볼 필요가 없을 것이다. 바라건대 공부하는 사람들은 다 같이 광석 속에서 금의 성품을 보아서 지혜의 불로 녹여서 잡된 광물을 버리고 금만 남게 함이로다. 우리 석가본사께서 금강경을 설하실 때 사위국에 계셨는데 수보리의 물음으로 인하여 대자비로 설하시니, 수보리가 설법을 듣고 깨달음을 얻어서 부처님께 어떻게 법의 이름을 지어 후세 사람들에게 받아 지니게 할 것인가를 청했다. 그러므로 경에 의하면, 부처님께

38

서 수보리에게 설하시기를 "이 경의 이름은 금강반야바
라밀이니, 이 이름으로써 너희는 마땅히 받아 지녀라."
하신 것이다. 여래께서 설하신 금강반야바라밀을 법으
로써 이름 하신 그 뜻은 무엇인가. 금강은 이 세계의
보배로 그 성품이 매우 예리하여 능히 모든 물건을 파
괴하니, 금강이 비록 극히 견고하나 고양각(산양의 뿔)
에 의해 능히 파괴 되니 금강을 불성에 비유하고 고양
각은 번뇌에 비유한 것이다. 금강은 비록 견고하고 강
하나 고양각이 능히 부수고 불성이 비록 견고하나 번뇌
가 능히 어지럽히고 번뇌가 비록 견고하나 반야의 지혜
로서 능히 쳐부수고 고양각이 비록 굳으나 빈철(賓鐵;
제련된 가장 강한 쇠)이 능히 파괴할 수 있으니, 이 도
리를 깨달은 자는 요연히 견성할 수 있다. 열반경에 의
하면, 불성을 보는 사람은 중생이라 이름 할 수 없고
불성을 보지 못한 자를 중생이라 이름 한다고 하였다.
여래께서 설하신 금강의 비유는 다만 세상 사람들이 성
품이 견고하지 못해서 입으로는 비록 경을 외우면서도
밝은 빛이 나지 않음이다. 밖으로 외우고 안으로 행하
여야 밝은 빛이 함께 고르며 안으로 견고함이 없으면
정(定)과 혜(慧)가 곧 사라지며, 입으로 외우고 마음으
로 행해야 정과 혜가 고르게 된다. 이것을 이름 하여
구경(究竟;이곳에서는 第一 또는 圓滿成就를 뜻함)이라
한다. 금이 산중에 있으나 산은 이 보배를 알지 못하고

보배 또한 산을 알지 못한다. 왜냐하면 성품이 없기 때문이다. 사람은 성품이 있어서 그 보배를 취해 사용한다. 연금사를 만나 산을 뚫어 부숴 쇠를 취하여 녹이고 단련시켜 마침내 순금을 얻어서 뜻에 따라 사용하여 빈천(貧賤)의 괴로움을 면하게 된다. 사대(四大)로 이루어진 몸속의 불성도 또한 그러하여, 몸은 세계에 비유하고 남과 나의 분별은 산에 비유하고 번뇌는 광석에 비유하고 불성은 금에 비유하고 지혜는 장인(匠人)에 비유하고 용맹정진은 부수고 뚫는데 비유한다. 색신의 세계 가운데 인아(人我)의 산이 있고 인아산 가운데 번뇌의 광물이 있으며, 번뇌광물 중에 불성의 보배가 있고 불성의 보배 가운데 지혜의 공장(工匠)이 있다. 지혜의 공장을 써서 인아산을 뚫고 번뇌의 광(鑛)을 발견해서 깨달음의 불로써 잘 단련하여 자신의 금강불성이 요연히 밝고 깨끗함을 볼 것이다. 그래서 금강으로 비유를 들어 이름을 지은 것이다. 헛되게 알기만 하고 행하지 않으면 이름만 있고 실체가 없는 것이요, 뜻을 알고 행을 닦으면 이름과 체(體)가 갖추어지는 것이다. 닦지 않으면 곧 범부요 닦으면 곧 성인의 지혜와 같으니, 고로 금강이라 이름 한 것이다. 반야(般若)는 무엇인가. 이것은 범어이니 당언으로는 지혜(智慧)이다. 지(智)란 어리석은 마음을 일으키지 않음이요, 혜(慧)란 그 방편이 있음이니 혜는 지의 체(體)이고 지는 용(用)이니, 체

(體)에 만약 혜(慧)가 있으면 지(智)의 사용이 어리석지 않지만, 체에 만약 혜가 없으면 어리석음을 용(用)하여 지가 없음이니 다만 어리석음으로 인하여 깨닫지 못하기 때문에 마침내 지혜를 빌려 어리석음(愚癡)을 제거해야 한다. 무엇을 바라밀(波羅蜜)이라 명하는가. 당언에 도피안(到彼岸;저 언덕에 이른다.)이니 도피안이란 생멸(生滅)을 여읜다는 뜻이다. 다만 세상 사람들의 성품이 견고하지 못함으로 인하여 일체의 법에 대해 생멸상(生滅相)이 있어 제취(諸趣;六道)에 떠돌아 진여(眞如)의 땅에 이르지 못하므로 이것을 이 언덕(此岸)이라 한다. 대지혜를 갖추어 일체법을 원만하게 닦아 생멸을 여읜다면 곧 이것이 저 언덕에 이른 것이다. 또한 말하기를, 마음이 미하면 차안이고 마음을 깨달으면 피안이며, 마음이 삿되면 차안이고 마음이 바르면 피안이니, 입으로 말하고 마음으로 행하면 곧 자기 스스로 법신에 바라밀이 있는 것이요, 입으로 말하고 마음으로 행하지 아니하면 곧 바라밀이 없는 것이다. 경(經)이란 무엇인가. 경이란 길(徑)이니 부처가 되는 길이다. 무릇 사람이 이 길에 이르고자 하면 마땅히 안으로 반야행을 닦아야 구경에 이를 것이나, 혹 능히 외우고 말하기만 하며 마음으로 의지하여 행하지 않으면 자기 마음에 경이 없음이요, 실답게 보고 실답게 행하면 자기 마음에 경이 있는 것이니, 고로 이 경을 여래께서 '금상반야바라

밀경'이라 하신 것이다.

법회해

불법은 세간에 있으면서 세간의 깨달음을 여의지 않는 것이다. 그래서 세간을 여의고 보리를 구하는 것은 마치 토끼의 뿔을 구하는 것과 같다. 불법의 확실한 대의를 알고자 하면 모름지기 하루 종일 사위의(四威儀;行住, 坐臥, 語黙, 動靜)를 향하여 일어나는 파도 속을 관하여 엿볼지니 엿보아 오고 엿보아 가면 문득 그곳에서 바로 근원을 얻고 있는 것을 알게 될 것이다. 마침내 그렇게 근원을 알았다 할지라도 단지 스스로 기뻐할지언정 그대에게 줄 수는 없다. -예장 종경-

야부서
冶父序

○

함허설의

원상을 최초로 그린 이는 남양 혜충 국사이다. 국사가 한 ○을 그려 탐원(耽源)에게 전하고 탐원이 앙산(仰山)에게 전했다. 탐원이 하루는 앙산에게 말하기를, 국사께서 6대조사의 원상 97개를 전하시어 노승이 받으시고 돌아가실 때 나에게 말하기를 "내가 입멸한 30년 후에 한 사미가 남쪽으로부터 와서 선풍을 크게 떨치리니 이 원상을 차례대로 전수해서 단절하지 않게 하라." 하셨는데, 내가 이 예언을 자세히 살펴보니 이 일이 너를 두고 한 이야기 같다. 내가 지금 너에게 주노니 너는 마땅히 받들어 가지라 했다. 앙산이 원상을 얻어 모두 태워버렸다. 탐원이 하루는 앙산에게 말하길, 지난번 전해준 원상을 깊이 간수하라 하니 앙산이 "태워버렸습니다."하였다. 탐원이 말하길, 그것은 여러 조사스님이 서로 전한 것인데, 어찌 태워버렸는가? 하니, 앙산이 말하길 "제가 한 번 보고 이미 그 뜻을 다 알았으니 쓸 때가 되면 능히 쓸 수 있어서 가히 그 본(○)에 집착할 것은 없습니다."하였다. 탐원이 말하길, 그대에게 있어서는 그럴 수 있겠지만 앞으로 공부할 사람들에게는 어떻게 하겠는가 하니, 앙산이 이에 거듭 한 본을 그려서 들어 바치니 하나도 잘못됨이 없었다. 하루는 탐원이 당(堂;법상)에 올랐다. 앙산이 대중 가운데서 나와 한 개의 원상을 그려서 양손으로 받쳐 증정하는 자세를 지은 후 물러나 차수하고 서 있었다. 탐원이 두 손으로 교권(交拳;인사하는 자세)하여 보였다. 앙산이 앞으로 세 걸음 나아가 여인네들이 하는 절을 하였고 탐원이 마침내 고개를 끄덕였다. 앙산이 곧 예배하였다. 이것이 원상을 지은 시초이다. 그러면 이에 야부 스님이 제목 아래에 원상을 그리신 뜻은 무엇일까. 문자에서 문자를 벗어나는 소식을 끌어내기 위한 것이다. 만약 이렇게 문자를 떠난 소식이라면 어찌 사량(思量)으로 이해될 것이며 계교(計較)로써 얻을 수 있으리오. 가히 유심으로 구할 수 없고 무심으로 얻을 수도 없으며, 언어로써 표현할 수도 없으며, 적묵(寂黙)함으로써 통할 수도 없음이니, 설사 쇠로 된 부리(입술)와 철로 된 혀를 갖추었다 해도 마침내 말이 미칠 수 없다. 비록 그러하나 필경 어떻게 말해야 하는가. 중생과 부처가 근원은 같고 묘체(妙體)엔 사물(事物)이 없음이다. 삼세의 모든 부처님도 원상을 벗어날 수 없으며 역대조사도 벗어날 수 없고 천하 노화상도 그것에서 벗어날 수 없으며 육도에 윤회하는 이들도 또한 벗어날 수 없

44

음이다. 삼세간(器世間,衆生世間,智正覺世間)과 사법계
(事法界,理法界,理事無碍法界,事事無碍法界)의 일체 염
정(染淨) 제법의 어떠한 법도 이 원상 밖을 벗어날 수
없으니, 선(禪)에서는 그것을 일러 최초의 일구(一句)라
하고, 교(敎)에서는 가장 청정한 법계(法界)라 한다. 또
한 유교에서는 통체(統體)가 한 태극(太極)이라 하고,
노자는 천하의 어머니라 했는데, 그 실체는 모두 이것
을 가리켰다. 고인이 말하길 옛 부처님이 나시기 이전
에 분명하게 한 모양이 둥글었음이라. "석가도 오히려
알지 못했거늘 가섭이 어찌 능히 전했겠는가."한 것이
이것이다.

야부
法不孤起 誰爲安名
법불고기 수위안명

법은 홀로 일어나는 것이 아닌데
누가 이름을 붙였는가.

함허설의
법이란 한 글자는 바로 원상을 가리키고, 안명(安名)
두 글자는 바로 경의 제목을 가리키는 것이니, 법은 스
스로 이름을 붙이지 않고 필요에 따라 이름을 나타내브

로 이름을 두었다. 그런 이유로 말하길, 총지(總持)는 문자를 떠났지만 문자로써 총지를 나타냄이니, 마땅히 법은 홀로 일어남이 아니다. 그런 이유로 이름을 두었다 하는데 '누가 이름을 두었는가.'한 것은 십성(十成; 원만함, 완전함)을 꺼리는 연고로 말한 것이며, 사어(死語)를 이를까 두려워한 까닭이니, 완전한 말로 자재하여야 비방을 면할 수 있다. 또한 법은 스스로 이름 하지 못하기 때문에 이름을 둔 것이로다. 비록 이와 같으나 이름을 붙인 자는 누구인가. 만약 황면노자(佛)가 했다고 하더라도 황면노자는 일찍이 이름을 두지 않으셨으니 어인 일인가. 녹야원(초전법륜지)으로부터 발제하(拔提河;구시나가라 성 밖에 있는 강)에 이르기까지 일찍이 한 자도 설하지 않으셨으니, 만약 황면노자(佛)가 하지 않았다면 지금 이 경의 제목은 어느 곳에서부터 왔는가. 또 일러라. 이름을 둔 것인가, 이름을 두지 않은 것인가.

야부

摩訶大法王　無短亦無長　本來非皂　白隨處現靑黃　花發看
마하대법왕　무단역무장　본래비급　백수처현청황　화발간
朝艷　林凋逐晩霜　疾雷　何太擊　迅電　亦非光　凡聖　元難測
조염　임조축만상　질뇌　하태격　신전　역비광　범성　원난측
龍天　豈度量　古今　人不識　權立號金剛

46

용천 개도량 고금 인불식 권립호금강

크고 크신 법왕이여,
짧지도 않고 또한 길지도 않도다.
본래 검지도 않고 희지도 않지만
곳에 따라 청황으로 드러나도다.

꽃이 피어 아침에 고운 모습 볼 수 있고
나무들 낙엽 지니 늦서리 내리도다.
천둥은 어찌 그리 크게 치는가.
빠른 번개도 역시 빛이 아니로다.

범부나 성인도 원래 측량키 어렵거니
천룡팔부가 어찌 헤아릴 수 있으리오.
예나 지금이나 사람들이 알지 못하니
방편으로 금강(金剛)이라 불러보도다.

함허설의
법왕(法王)은 장육금신(丈六金身)을 가리키는 것이 아니
라, 사람사람이 본래 지니고 있는 일착자(一著子;한 물
건)이니 능히 만상(萬像)의 주인이 되므로 법왕이라 하
는 것이다. 고인이 말하길, 법왕이 가장 높고 수승하니
항하의 모래 수와 같은 많은 여래가 다 같이 증득했다

함이 이것이다. 법왕의 체가 높고 높아 다시 위가 없고, 넓고 넓어 한정할 수 없어서 하늘과 땅이 그 안에 있고 일월이 그 가운데 처해 있다. 넓고 커서 탕탕(蕩蕩)하여 멀리 생각 밖으로 벗어나 있으므로 대법왕이라 했다. '짧지도 않다.'하는 것은 실상(實相)은 상(相)이 없음이요, '본래~'는 상이 없는 가운데 상을 나타냄이요, '꽃이 피어~'는 그 자리에서 일어나고 그 자리에서 사라진다는 의미이다. '천둥~'은 묘한 뜻이 신속해서 사량 분별을 용납하지 않음이요, '범부 성인'은 대법왕의 일들이 지극히 깊고 그윽해서 지식으로는 이르지 못하니, 다만 옛사람들도 그것을 어찌하지 못했을 뿐만 아니라 또한 지금의 사람도 알지 못하기 때문에 어린아이의 울음을 그치게 하려고 방편으로 헛된 이름을 세운 것이다. 그러면 저 방편을 의지하여 진실(實)을 나타내는 도리를 어떻게 말할 것인가.

月隱中峯 擧扇喩之 風息大虛 動樹訓之
월은중봉 거선유지 풍식대허 동수훈지

달이 중봉에 숨으니
부채를 들어 그것에 비유해서 가르쳐 주고
바람이 큰 하늘에서 쉬면
나무를 흔들어서 가르쳐야 하리.

금강반야바라밀경
金剛般若波羅蜜經

法喜解 2555 辛卯迎新日

제일 법회인유
第一 法會因由

여시아문 일시 불 재사위국 기수급고독원 여대
如是我聞 一時 佛 在舍衛國 祇樹給孤獨園 與大
비구중천이백오십인구
比丘衆千二百五十人俱

1. 법회가 이루어진 동기

이와 같이 내가 들었다. 어느 때 부처님께서 사위국 기
수급고독원에 큰 비구 *1250*인과 함께 계셨다.

육조
여(如)란 가리키는(指) 뜻이고, 시(是)는 결정(定)된 말
이다. 아난이 스스로 일컬어 '이와 같은 법을 나는 부

처님으로부터 들었다.'고 한 것은 자기가 말하지 않음을 밝힌 것이다. 그러므로 여시아문이라 한 것이다. 또 아(我)는 성품(性品)이고 성품은 곧 나이니 내외동작이 다 성품으로 말미암아 일체를 다 들으므로 '내가 들었다.'라고 했다. 한때란 스승과 제자가 함께 모인 때이고 불(佛)은 설법하는 주인이며 재(在)는 처소를 밝히고자 함이고 사위국은 파사익왕이 다스리는 나라이다. 기(祇)는 기타태자의 이름이고 수(樹)는 기타태자가 베푼 것이므로 기수(祇樹)라 한다. 급고독(給孤獨)은 수달장자의 다른 이름이고 원(園)은 절을 말한다. 본래 수달장자가 지은 절이므로 급고독원이라 한 것이다. 부처(佛)는 범어이고 당언으로 각(覺)이니, 각에는 두 가지 뜻이 있다. 하나는 외각으로 모든 법이 공함을 관(觀)하는 것이고, 둘째는 내각으로 마음이 공적함을 알아서 육진(六塵)에 물들지 않고 밖으로 남의 허물을 보지 않으며 안으로는 삿되고 미혹되지 않으므로 깨달음이라 부르니, 각(覺)은 곧 불(佛)이다. 여(與)는 부처님께서 비구들과 함께 금강 반야의 무상도량(無相道場)에 계셨으므로 '더불어'라 한 것이다. 비구는 범어이고 당언으로 능히 여섯 도적(六賊;眼耳鼻舌身意)을 깨뜨렸으므로 비구라 한다. 중(衆)은 많다는 뜻이고 1250명이란 그 숫자이다. 구(俱)란 평등법회에 함께 한다는 것이다.

야부-1
如是
여시

여시여

함허설의
여시(如是)란 말은 고인들이 여러 갈래로 말했는데, 지금 천로(川老;야부)는 대개 유와 무가 둘이 아님을 여(如)라 했고, 또 여는 유 무가 아닌 것이 시(是)가 됨을 취한 것이다.

야부-2
古人道 喚作如如 早是變了也 且道 變向甚麼處去 咄 不
고인도 환작여여 조시변료야 차도 변향심마처거 돌 부
得亂走 畢竟作麼生 道火不曾燒却口
득난주 필경작마생 도화부증소각구

고인이 말하기를, 여여(如如)라 말한다면 이것은 이미 변한 것이라 하니, 또 일러라. 변하여 어느 곳을 향해 갔는가. 돌(咄)! 머리로 헤아리고 어지럽게 쫓아다니지 말라. 필경 어떻게 해야 하는가. 불을 아무리 말하여도 일찍이 입을 태운 적이 없다.

함허설의

남전이 강사에게 묻기를 "무슨 경을 강의하는가." "열
반경을 강의합니다." 또 묻기를 "열반경 중에서 무엇을
극칙(極則;불법의 요체)으로 삼는가." 답하길 "여여(如
如)를 극칙으로 삼습니다." 남전이 말하길 "여여라 말
한다면 이미 변해 버렸으니, 모름지기 이류중(異類中;다
른 입장 또는 축생류)을 향해서 이중사(異中事)를 취해
야 비로소 옳지 않은가."하니, 법진일이 게송으로 말하
기를,

涅槃寂滅本無名　喚作如如早變生　若問經中何極則　石人夜
열반적멸본무명　환작여여조변생　약문경중하극즉　석인야
聽木鷄聲
청목계성

열반적멸이 본래 이름이 없으니,
여여라 하면 이미 변해버림이라.
만약 경중에서 무엇이 극칙(極則)인가 물으면,
'돌사람이 밤에 나무로 만든 닭소리를 듣는다.'

열반적멸이 본래 이름이 없으니 만약 이름을 세우면 변
해버림을 면치 못하니 모름지기 이류중(異類中)을 향해
행해서 이중사(異中事)를 취해 말해야 원만히 굴려 부

딪히지 않으므로 비로소 옳다. 또한 일러라. 변함은 어느 곳을 향해 갔는가. 어지럽게 쫓아다니지 말라. 만약 변함과 불변함으로 헤아리면 또한 도리어 옳지 않다. 필경 어떻게 할 것인가. 열반적멸의 체가 나툼을 방해하지도 않으니 어찌하여 그런가. 이름을 말할 때, 이미 바람이 불어도 들어가지 못하고 물을 뿌려도 묻지 않도다. 다만 일단의 몸에 사무친 찬 빛이 있으니(깨달은 자의 입장에서) 여여라 말한들 변해버릴 것인가.

법희해

말과 글로는 이를 수 있지만 생각(의식)으로는 이를 수 없는 것을 이류(異類)라고 한다. 돌사람이 듣고 나무닭이 소리를 낸다는 것은 생각으로는 이해가 되지 않으니 이것을 이(異)라 하고 말이나 글로써는 표현이 가능하니 이것을 류(類)라 한다. 우리가 생각으로 이해할 수 없는 문구나 문장을 종문이류(宗門異類)라고 한다. 부처님을 법신(法身), 색신(色身), 일심(一心), 법(法), 여래(如來) 등 그 어떤 언설로 표현해도 의식 속에만 존재하는 개념이므로 맞지 않다. 그래서 의식이 미치지 못하는 석인(石人), 목계(木鷄), 석호(石虎), 무공적(無孔笛), 귀모(龜毛), 토각(兎角), 석인야청목계성(石人夜聽木鷄聲) 등의 이류나 종문이류를 써서 표현한다. 부처님을 친견하려면 의식의 경계를 반드시 넘어야 한다.

야부-3
如如　靜夜長天　一月孤
여여　정야장천　일월고

여여, 여여. 고요한 밤, 먼 하늘에 달이 하나 외롭도다.

법희해
부처님 전에 예를 갖춰 삼배 올리니 눈물이 앞을 가린
다.

함허설의
물과 물결이 둘이 아니고 물결과 물이 다르지 않으니,
맑고 고요한 때가 원래 적적(的的;분명)하고 백적적(白
的的;밝고 분명)한 곳이 또한 고요하다.

야부-4
是是　水不離波波是水　鏡水塵風不到時　應現無瑕照天地
시시　수불리파파시수　경수진풍부도시　응현무하조천지
看看
간간

시여, 시여.
물은 물결을 떠나지 않으니 물결이 바로 이 물이로다.

거울 같은 물에 티끌 같은 바람이 이르지 않아야
응해서 나타나매 티 없이 천지를 비추니
자세히 보고 보아라.

법회해
시여, 시여. 부처님은 중생의 곁을 떠나지 않으니
중생의 고통을 아는 그 마음이 바로 불성이로다.
부처님께서 주신 거울 같이 맑은 불성에
중생의 티끌 같은 작은 번뇌마저도 끊어져야
항상 티 없이 천지를 비추고 계시는 부처님의
자비광명을 볼 수 있으니 자세히 보고 보아라.

함허설의
물 전체가 이 물결임을 가리키고 물결 전체가 이 물임을 가리켰다. 비로자나와 화장세계가 사물 하나하나에 다 갖추어져 있고, 삼라만상 전부가 때(垢)가 없도다. 삼라만상에 때가 없음이여, 본래부터 청정하여 맑은 거울처럼 물도 맑아서 풍진(風塵)이 이르지 못함이다. 맑고 맑은 곳에, 밝고 역력해서 하늘을 빛나게 하고 땅도 비춰서, 옛날에도 빛났고 지금도 빛나도다. 알기를 요(要)하는가. 알고자 하면 눈을 높이 떠야 할 것이로다.

아부-5

我
아

아여.

함허설의
하늘을 가리키고 땅을 가리키며 홀로 서 있는 사람이로
다.

야부-6
淨躶躶赤洒洒 沒可把
정라라적쇄쇄 몰가파

적나라하고 정하여 가히 잡을 수 없도다.

함허설의
고인이 말하기를, 하하하! 이것이 무엇인가.(阿呵呵是甚
麽아가가시심마) 남북동서에 오직 이 '나'라 하시니 비
록 남북동서에 오직 나 하나인데, 어찌하여 일체처에서
찾지 못하였는가. 이것은 가히 경계 위에서 혼연히 크
게 있으나 내외 중간을 찾으려 해봐도 모두 없음이다.

야부-7

我我 認得分明成兩箇 不動纖毫合本然 知音 自有松風和
아아 인득분명성량개 부동섬호합본연 지음 자유송풍화

아여, 아여. 인식하면 분명 두 개(主,客)를 이룸이라.
조금도 움직이지 않고 본연에 합하니
지음자가 있어서 저질로 솔바람에 화답하도다.

법희해
유(有)는 무(無)에 대한 유(有)요, 무(無)는 유(有)에 대한 무(無)로다. 유(有) 무(無)가 하나인 뜻을 분명하게 알면 그 자리에서 저절로 부처님께 화답하리라.

함허설의
만약 '내가 있다.'하면 눈에 티가 있음이요, 만일 '내가 없다.'하면 긁어 부스럼을 만듦이다. 그러므로 말하길, 내가 있다고 하면 도리어 통달하지 못하고, 내가 없다 하면 더욱 우치(愚癡)하리라. 한 몸에 두 가지 견해가 있음이여, 허공을 갈라서 두 조각으로 만드는 것이다. 두 가지에 모두 들어가지 않아야 바야흐로 여여함에 계합하여 자기 집의 땅(家田地)을 밟고 무생곡(無生曲)을 부르리라. 무생곡에 누가 능히 화답하겠는가. 소슬한 솔바람 소리가 청음(淸音)을 보내오도다.

야부-8
聞
문

문이여.

함허설의
본시 하나의 정명(精明)이 나누어져 육화합(六和合;육경
＋육근=육식)이 되었으니, 그 합한 곳에서 깨달으면 보
는 곳이 참으로 듣는 것이로다.

야부-9
切忌隨他去
절기수타거

절대 경계를 따라가지 말지니라.

법희해
혜가가 잘라낸 팔 하나는 수강료가 아주 싼 것이지.
진작에 내 두 눈과 두 귀를 날카로운 송곳으로 쑤셔버
리지 않았음을 뼈저리게 후회하리라.

함허설의

귀에 가득한 것이 소리가 아니거늘 듣는 것이 무엇이며, 확연한 내가 없거늘 듣는 자는 이 누구인가. 이렇게 깨달으면 꾀꼬리 소리와 제비의 지저귐을 시끄러운 대로 맡겨두거니와 만약 그렇지 못하면 궁상각치우(세상의 모든 소리)에 항상 끌려 다니느니라. 그러므로 말하길, 절대로 경계를 따라가지 말지어다.

야부-10
猿啼嶺上 鶴唳林間 斷雲風捲 水激長湍 最好晚秋霜 午夜
원제영상 학려림간 단운풍권 수격장단 최호만추상 오야
一聲新鴈 覺天寒
일성신안 각천한

원숭이는 고개 위에서 울고
학은 숲 속에서 우는데
조각구름은 바람에 걷히고
물은 길게 여울져 흐르도다.
가장 고운 늦가을의 서리 내린 한 밤에
신선하게 들리는 기러기 울음소리에
날이 추워짐을 알게 해주도다.

법희해
원숭이 학 울음소리 귀 밝은 이가 먼저 듣고

조각구름 여울진 물, 눈 밝은 이가 먼저 보도다.
그러나 중생들의 보고 들음에 상관없이 부처님께서 만
드신 법계는 불법에 의해 돌아간다.

함허설의

학이 울고 원숭이 우는 소리가 귀에 들어오니, 누가 원
통문(圓通門;진여의 이치를 깨달음)이 크게 열림을 믿
으리오. 듣는 곳을 돌아서 다시 듣는 곳에 마음길이 끊
어지면, 팔음이 귀에 가득하더라도 번뇌가 일지 않으리
라. 듣지 않는 것이 일찍이 듣는 것에 걸리지 않으니,
모든 사물이 나를 위해서 무생(無生)을 말하도다.

夜靜秋空征鴈響 一聲聲送報天寒 且道是聞不是聞 淡薄豈
야정추공정안향 일성성송보천한 차도시문불시문 담박개
拘聲色外 虛閑寧墮有無中
구성색외 허한영타유무중

고요한 밤 가을 하늘을 나는 기러기 울음소리여,
한 소리 울려 추워짐을 알리도다.
또한 일러라. 이것이 듣는 것인가, 듣지 않는 것인가.
담박한 것이 어찌 성색 밖에 걸릴 것이며,
텅 비어 고요함이 어찌 유, 무 가운데 떨어지리오.

야부-11
一
일

일이여.

법희해
일(一)에는 일(一)이 한 개 들어 있고 이(二)에는 일
(一)이 두 개 들어 있고 삼(三)에는 일(一)이 세 개 들
어 있다. 그러므로 모든 수의 모양(色)과 소리(聲)의 실
체는 바로 일(一)이다.

함허설의
천지의 근본이며 온갖 변화의 근원이다. 천 가지 길이
모두 저것(一)을 향하고 삼라만상이 이것을 종으로 삼
도다.

야부-12
相隨來也
상수래야

서로 따라 오도다.

함허설의
삼계의 만법이 모두 이것으로부터 일어나니, 군사들은 신호에 따라 움직이고 그림자는 형상을 쫓아 나타나도다.

야부-13
一一 破二成三 從此出 乾坤混沌未分前 以是一生參學畢
일일 파이성삼 종차출 건곤혼돈미분전 이시일생참학필

일이여. 일이여, 둘을 부숴 셋을 이루는 것이 이것으로부터 일어났도다. 천지가 나뉘기 이전에 이것으로 일생의 공부를 마쳤음이로다.

법희해
일(一)이 삼(三)이고 삼(三)이 일(一)인 것을 알고, 삼(三) 일(一)에 마음이 여여한 자는 부처님께서 보살이라고 부른다.

함허설의
둘을 부수는 것도 하나로써 하고 셋을 이루는 것 역시 하나로써 하니 이루고 부수는 것이 모두 이것으로부터 비롯된 것이다. 벌어져오는 것도 천지보다 먼저이고, 형상 없이 본래 고요하니, 능히 만상의 주인이 되고 모든 부처님의 어머니가 되도다. 만약 사람이 이것을 요달하면 일마다 원만하여 통하지 않음이 없으리다.

야부-14
時
시

시여.

함허설의
오랜 세월과 일념이 걸림이 없고, 고금(古今)과 시종(始終) 모두 하나로 통한다. 무엇이 이와 같은가. 동과 정이 항상 청산중(靑山中;움직이지 않는 마음의 심체)에 있음이다.

야부-15
如魚飮水 冷暖自知
여어음수 냉난자지

물고기가 물을 마시는 바로 그때, 차고 더운 것을 스스로 앎이로다.

법희해

중생들이 부처님 말씀을 믿고 행할 때 보이지 않는 진
리가 있음을 스스로 알 수 있다.

함허설의
무엇이 차고 더운 맛을 아는가.
달 밝은 집 앞에는 항상 여름이고
햇빛 비친 문 앞에는 나날이 가을이로다.
이런 맛을 아는 사람이 없으니
친히 맛보아야 비로소 스스로 알리라.

법희해
'나'라고 믿는 그 의식이 마구니란걸 아는 이가 드물다.

야부-16
時時　淸風明月　鎭相隨　桃紅李白薔薇紫　問著東君自不知
시시　청풍명월　진상수　도홍리백장미자　문착동군자부지

시여, 시여.
청풍명월은 항상 서로 따르고
도화는 붉고 오얏꽃은 희며 장미꽃이 붉음을
봄바람에게 물으니
스스로 알지 못하네.

법희해
'알지 못한다.'는 것은 부지(不知)를 아는 것이요
'안다.'는 것은 부지(不知)를 모른다는 것이다.

함허설의
청풍과 명월을 따로 알지 말 것이니, 청풍이 불 때 명
월이 비치고 명월이 비칠 때 청풍이 불도다. 복숭아꽃,
오얏꽃, 장미꽃은 봄바람 조화 속의 산물인데 봄바람이
알지 못하고, 청풍명월은 사람들이 수용하는 집안일인
데도 사람들이 알지 못하니, 알지 못하고, 알지 못함이
여! 사람들이 모두 한 쌍의 눈썹을 가졌고 낱낱의 얼굴
앞에 다시 사람이 없도다. 착어(著語)에 밝히길, 스스로
안다고 했고, 송(頌)에는 알지 못한다 했으니, 알지 못
함과 스스로 안다는 것이 서로의 거리가 얼마인가. 다
만 알고 알지 못함을 안다면 이것이 참으로 스스로 아
는 것이다.

야부-17
佛
불

부처님이시여.

법회해
지금까지 이것을 잘못 팔아 발설지옥 간 놈들이 많다.

함허설의
본래 천진한 근원이 이것인가. 훌륭한 상호가 이것인가. 한 몸이 나뉘어져 두 마음을 지었도다.

법회해
똑 같은 몸에 중생심이 있으면 중생이고 불심이 있으면 부처이다.

야부-18
無面目 說是非漢
무면목 설시비한

얼굴도 없이 시비를 설하는 놈이로다.

법회해
그 놈 앞에서는 무조건 무릎을 꿇어 예를 올려야 한다.

함허설의
형상이 없는 가운데 도리어 모습이 있다 하니, 사람을 만나 시비를 설했도다.

야부-19
小名悉達 長号釋迦 度人無數 攝伏羣邪 若言他是佛 自己
소명실달 장호석가 도인무수 섭복군사 약언타시불 자기
却成魔 只把一枝無孔笛 爲君吹起 太平歌
각성마 지파일지무공적 위군취기 태평가

어릴 적 이름은 싯달타이고 커서는 석가라.
수많은 사람을 제도하시고
삿된 무리를 거두어 항복받으셨도다.
만약 저것을 부처라 하면
자기는 도리어 마구니가 되리니
다만 한 대의 구멍 없는 피리로
그대를 위하여 태평가를 부르리라.

법희해
중생의 의식 속에 개념으로 존재하는 부처님을 마구니
라 하니 개념 속에서 실체를 보면 부처님의 태평가를
들을 수 있으리라.

함허설의
세간과 출세간이 모두 교화하는 의식이니, 비록 이와
같으나 묘상(妙相)은 형상이 없고 참된 이름은 글자가
아니니, 형상과 이름을 어느 곳에서 얻어 올 것인가.

강물로 인하여 달을 불러오지 않으면, 어찌 온갖 곳에 응함을 알 것인가. 온갖 곳에 응함이여, 많은 사람과 천인이 언하에 돌아갈 줄 알고 많은 마군이 삿됨을 돌이켜 바름(正)에 돌아왔던가. 이것은 어지러움을 뽑아버리고 바른 것에 돌아가 태평을 이루거니와, 모름지기 본래 태평한 것이 있음을 알아야 비로소 옳은 것이다. 만약 보신과 화신을 가리켜 부처님이라 한다면, 자기의 천진(佛性)은 다시 무슨 물건인가. 그대는 부처님의 49년 동안의 자취를 보라. 대허공(大虛空) 속에서 잠시 번쩍이는 번갯불과 같은 소식일 뿐이다. 그대는, 49년의 설법을 보라. 방편으로 황엽(經)을 가지고 우는 아이를 그치게 한 것과 같다. 오직 한 곳이 크게 잊기 어려우니 황엽(經)과, 무공적(法音)으로 내 집의 겁외가(劫外歌)를 불러일으키도다. 겁외가야, 무엇을 노래하는가. 사람사람이 본래 가지고 있는 태평가를 부름이로다. 무엇이 본래의 태평인가. 사람사람의 발아래(그 자리)에 청풍이 불며, 사람사람의 면전에 달이 밝음이로다.

야부-20

在

재

있다(존재)여.

법희해
불변(不變)이여.

함허설의
주인 가운데 주인이여, 긴 세월 문밖을 벗어나지 않았도다. 또한 적연(寂然)하여 움직이지 않았고, 홀로 암자에 앉아 고요히 일이 없음이로다.

야부-21
客來須看 也不得放過 隨後便打
객래수간 야부득방과 수후변타

객이 오면 자세히 살필지니, 그냥 놓쳐버리지 말고 뒤를 따라가서 문득 쳐야 하느니라.

법희해
반연(攀緣)에 털끝만큼이라도 흔들림 없는 마음으로 형상의 공함을 단박에 알아차려라. 이것이 부처가 우리에게 준 묘관찰지의 능력이다.

함허설의

만약 한결같이 집에 앉아만 있으면 길거리의 일이 잘못되고 또 한결같이 길거리에만 있으면 집안일이 소홀해짐이니 모름지기 집안에 있으면서 길거리의 일을 잊지 말고, 길거리에 있으면서 집안일을 소홀히 하지 않아야 비로소 옳도다. 그러므로 말하길 '묘희(妙喜;문수보살)가 어찌 무착의 질문을 용납하리오마는, 방편으로 절류기(絶流機;생사의 흐름을 끊을 대 근기)를 져버릴 수 있겠는가.'하였다. 또 '객이 오면'은 느껴서 마침내 통하는 것이요, '그냥 놓쳐버리지 말라.'는 인연을 따르고 집착하지 않음이다. 또 '객이 오면'은 만약 객이 오면 모름지기 잘 대접할 것이요, '그냥 놓쳐버리지 말라.'는 이 객이 조금 도적기(盜賊氣)가 있으니, 도적기가 있음을 알면 쳐 죽일 것이니라.(자기 본심을 지키고 있다가 번뇌가 일면 사정없이 쳐 없애라는 뜻.)

야부-22
獨坐一爐香 金文 誦兩行 可憐車馬客 門外 任他忙
독좌일로향 금문 송양행 가련거마객 문외 임타망

홀로 향로 옆에 앉아서
경전 두어 줄을 외우노라.
가련하다. 차마의 객이여.
문밖에서 그의 분망함에 맡기도다.

법희해

누구나 법당에서 경전 두어줄 읽을 줄 아는 근기는 있어서 깨달음을 얻고 싶어 하지만, 부처님에 대한 믿음이 없는 문밖의 객처럼 업력에 의해 하루하루를 바쁘고 애타고 초초하게 살아간다. 그래도 불성이 있기에 부처님께서는 중생들의 이러한 삶을 그저 바라보고만 계신다.

함허설의

집안일과 길거리 일을 한 길로 함께 해야 하는데, 항상 길거리에 있어서 집안일에 어두운 것이 가련하다 한 것이다. 또 '홀로 향로' 운운은 적(寂)과 조(照)가 둘이 아니어서 체와 용이 여여함이요, '가련하다.' 운운은 깨닫지 못한 사람이 성색(聲色;바깥경계) 속에 앉아 있어서 삼덕(法身,解脫,般若)의 저 언덕에서 서로의 거리가 너무 먼 것이 가련하다 한 것이다. 또한 홀연히 혼자 앉아 눈이 성성(惺惺;정혜가 뚜렷해서 적조가 둘이 아님.)하니 저 객적(客賊)이 문밖에서 분망함을 그대로 내버려 둠이로다.

야부-23

與大比丘衆千二百五十人 俱
여대비구중천이백오십인 구

큰 비구들 1250명과 함께 함이여.

함허설의
부처님과 대중이 함께 참석하여 설하고 듣는 자가 함께
모였도다.

야부-24
獨掌 不浪鳴
독장 불랑명

한 손바닥만으로는 소리가 나지 않는다.

함허설의
스승과 제자가 함께 모여서 바야흐로 선창하고 화답함
을 이루도다.

야부-25
巍巍堂堂 萬法中王 三十二相 百千種光 聖凡瞻仰 外道歸
외외당당 만법중왕 삼십이상 백천종광 성범첨앙 외도귀
降 莫謂慈容難得見 不離祇園大道場
항 막위자용난득견 불리기원대도량

더없이 높아 당당함이여,

만법 가운데 왕이로다.
32상이요 백 천 가지 빛이로다.
성현과 범부가 우러르고
외도가 귀의하여 항복하도다.
자비로운 모습을 뵙기 어렵다 말하지 말라.
기원정사 대도량에 아직 그대로 계시도다.

함허설의
진여(眞如)에 의지해서 교화를 일으키니, 가르침이 바야흐로 이루어지고, 감응하여 마쳐 드디어 숨으니 마침내 진여는 항상 머무른다. 세상 사람들이 말하길, 부처님은 가비라에서 탄생하시고 마갈타에서 성도하시어 바라나에서 법을 설하시고 구시라에서 입멸하셨다 하니, 대개 석가모니께서는 정반왕궁에서 출생하시어 19세에 출가하시고 30세에 성도하시어 49년간 세상에 계시면서 3백여 회나 설법하시고 80세가 되시어 입멸을 보이시니, 그 입멸을 보이신 이래로 지금까지 2천여 년이 지났다. 이 자취를 관하건대, 부처님은 오고감이 있다고 말하는 것이 옳기도 하지만, 실체를 들어 관해 보면, 와도 온 바가 없음이니, 달이 천강에 비침이요(月印千江) 가도 가는 자취가 없음이다(去無所去). 마치 허공을 모든 세계로 나눔과 같도다. 이러한즉 비록 세상에 나오셨다 말하나 일찍이 세상에 나오신 것이 아니고,

비록 입멸했다고 하나 일찍이 입멸함이 없으니, 이런 까닭으로 말하길, 자비스러운 모습을 뵙기 어렵다 말하지 말라. 기원정사의 대도량을 떠나지 않았다 하시니, 그러면 자비로운 모습을 알고자 하는가, 의심하고 사량하면 천만리나 멀어지도다. 기원정사 대도량을 알고자 하는가, 눈 닿는 곳 마다 옛 도량 아님이 없도다.

이시 세존식시 착의지발 입사위대성 걸식 어기
爾時 世尊食時 着衣持鉢 入舍衛大城 乞食 於其
성중 차제걸이 환지본처 반사흘 수의발 세족이
城中 次第乞已 環至本處 飯食訖 收衣鉢 洗足已
부좌이좌
敷座而坐

그때에 세존께서 공양하실 때가 되어 가사를 입고 발우를 가지고 사위성에 들어가서 차례로 걸식을 마치시고, 다시 본래의 처소로 돌아오시어 공양을 마치시고 가사와 발우를 거두시어 발을 씻으신 뒤 자리를 펴고 앉으셨다.

법회해
가슴이 메어지고 애통하고, 애통하고 애통한 일이다.

함허설의

성에 들어가 걸식하는 것은 법신이 어리석지 않은 것이니 반야로써 열어 보임이요, 옷을 거두고 발을 씻으심은 반야(지혜)가 집착함이 없음이니 해탈로써 열어 보임이로다. 자리를 펴고 앉으심은 해탈이 적멸함이니 법신으로 열어 보이신 것이다. 바야흐로 반야를 설함에 이것으로써 열어 보인 것은 반야가 반야 된 까닭이, 그 본체를 가리킨 즉 이름이 법신이고 그 작용은 해탈이요 그 당체는 반야가 되는 것이다. 무슨 까닭인가. 반야만의 반야는 참다운 반야가 아니고 반야는 법신과 해탈을 갖춰야 하고, 해탈만의 해탈은 참다운 해탈이 아니라 법신과 반야를 갖춰야 하며, 법신만의 법신은 참다운 법신이 아니라 해탈과 반야를 갖춰야 함이니, 하나를 들면 셋을 갖추고 셋을 말하면 체(體)는 곧 하나이다. 바야흐로 반야를 설하려고 이것으로써 열어 보인 것은 이 때문이 아니겠는가.

육조

이시(爾時)는 바로 그때를 말함이요, 식시(食時)는 지금의 진시(辰時;오전7시~9시)이니 재시(齋時;巳時오전9시~11시)에 가까운 때이다. 착의지발(着衣持鉢)이란 가르침을 나타내기 위해 자취를 보인 것이다. 입(入)이란 성 밖에서부터 성 안으로 들어간 것이다. 사위대성(舍

衛大城)은 사위국의 풍덕성(豊德城)을 이름 하니 곧 파사익왕이 사는 성을 사위대성이라 한 것이다. 걸식(乞食)이란 여래께서 능히 일체중생에게 하심(下心)한 것을 나타내 보이신 것이다. 차제(次第)란 빈부를 가리지 않고 평등하게 교화하신 것이다. 걸이(乞已)란 빌 때 일곱 집을 넘지 않고 일곱 집의 수가 차면 다시 다른 집에 이르지 않는 것이다. 환지본처(環至本處)란 부처님의 뜻으로 모든 비구를 제어하시어 신도들이 초청하지 않을 때는 갑자기 신도의 집에 가지 못하게 하므로 그렇게 말씀하신 것이다. 세족(洗足)이란 여래가 시현(示現)하시어 범부와 같음에 따라서 세족이라 말한 것이다. 또 대승의 법에는 홀로 수족을 씻는 것으로 깨끗하다고 여기지 않으니, 대개 수족을 씻는 것은 마음을 깨끗이 하는 것만 같지 못 하니, 일념의 마음이 깨끗하면 곧 죄와 허물이 모두 없어지는 것을 말한다. 여래가 설법하고자 하실 때는 항상 위의로 자리를 펴고 단에 앉으시므로 부좌이좌(敷座而坐)라 한다.

야부-26
惺惺著
성성착

성성착이셨다.

함허설의
성(惺)이란 한자는 요혜(了慧;완전히 깨달아 마침) 혹은
적정(寂靜)이라 하니 성성(惺惺)이란 정(定)과 혜(慧)가
뚜렷해서 적(寂)과 조(照)가 둘이 아님을 말하는 것이
다. 다만 정혜가 뚜렷이 밝아서 적과 조가 둘이 아님을
어떻게 말할 것인가. 눈을 장공(長空)에 걸어두고 손에
는 신령스런 칼을 잡았음이로다.

야부-27
飯食訖兮洗足已　敷座坐來誰共委　向下文長　知不知　看看
반식흘혜세족이　부좌좌래수공위　향하문장　지부지　간간
平地波濤起
평지파도기

공양하시고 발을 씻으신 다음에
자리 펴고 앉으심은 누구와 함께 하심인가.
아래의 장문을 아는가, 모르는가.
보고 보아라. 평지에 파도가 일어나도다.

법희해
보고 보아라.
이제부터 사바세계의 중생들이 상상도 할 수 없는 부처
님의 법문이 시작된다.

함허설의

입성걸식과 수의세족과 부좌연좌 하심은 일일이 다 가슴깊이 사무치는 사람을 위한 소식이다. 입성걸식과 수의세족은 그만두고 저 부좌연좌(敷座宴坐)를 어떻게 말할 것인가. 선사의 가르침을 높이 들어 찬 빛을 발하니, 바로 비야리 성에서 입을 벽에 건 것과 같다.(유마거사가 비야리 성에서 묵언으로 불이법문을 설함과 같이 부처님이 부좌이좌한 그곳에 불이법문이 없겠는가.) 여기에서 상상근기를 제외하고는 한바탕 부끄러움을 면치 못할 것이니, 근기가 같지 않으므로 여러가지 방편으로 대중들을 이끌어 들인 것이다. 새를 잡는 것은 그물의 한 눈금으로 족하나 그물의 한 눈금을 그물이라 하지 못하는 것이요, 나라를 다스림에 그 공은 한 사람에게 있으나 한 사람만으로써 나라라고 하는 것은 옳지 못한 것이다. 그러므로 부처님께서 곡진히 중하근기를 위해서 한 차원 낮추어 언설 바다에 몸을 비껴 들어가시어 동설서설하시고 횡설수설하셨다. 이 까닭에 조사의 가르침을 높이 들어 근기에 따라 쓰니, 중생을 이롭게 하는 것은 그 말씀이 자비를 띠고 있음을 알라고 하셨고, 아래의 긴 글은 바로 이런 이유 때문에 쓴 것이다. 그러나 자비로운 부처님께서 베푸신 이러한 말씀이 요컨대 이득과 해가 미세하지 못하니 도리어 이가 되고 해가 됨을 알겠는가. 성에 들어가 밥을 빌고 옷을 거두어 자리에 앉으심으로부터 동설서설과 횡설수설에 이르기까지 좋은 방편은 없지 않으나, 그 실제를 관하건대 사람사람의 분상(分上)은 청천백일(靑天白日)과 같아서 본래 함도 없고 일도 없어서 온 천지가 모두 그대로 청평세계(淸平世界;佛國土)인데도, 부처님께서 이 청평세계를 향하여 괜히 창과 갑옷을 만들어 놨으니 가히 일 없는 가운데서 일을 만들었도다. 그러므로 말하길, "보고 보아라. 평지에서 파도가 일어났도다."하신 것이다. 또 고인이 말하기를, 맑고 맑은 성품의 바다와 맑고 맑은 지혜의 근원이여, 문자와 언사가 여기로부터 흘러나왔다 하니 곧 부처님께서 대적멸의 바다를 향하여 언설 파도를 번거롭게 일으켰으니, 요컨대 그 언설 파도가 애초에 밖에서 온 것이 아니라 마침내 대적멸의 바다를 떠나지 않았으니 자리를 펴고 앉은 그곳에서 알아듣지 못한다면 언설의 바다를 향하여 그 가운데서 취하여야 비로소 얻을 것이다. 그러므로 잘 보아라. 평지에서 파도가 일어나는 것을!

제이 선현기청
第二 善現起請

시 장로수보리 재대중중 즉종좌기 편단우견 우
時 長老須菩提 在大衆中 卽從座起 偏袒右肩 右
슬착지 합장공경 이백불언 희유세존 여래 선호
膝着地 合掌恭敬 而白佛言 希有世尊 如來 善護
념제보살 선부촉제보살
念諸菩薩 善付囑諸菩薩

2. 선현이 법을 청함

그때에 장로수보리가 대중 가운데에서 바로 자리에서
일어나 오른쪽 어깨에 가사를 걸어 메고 오른 무릎을
땅에 꿇고 합장하고 공경히 부처님께 말하기를 "희유하
십니다. 세존이시여, 여래께서는 모든 보살들의 마음을
잘 보살펴주시며 모든 보살들께 잘 부촉하십니다."

함허설의
양기(楊岐)스님이 말하기를, 부처님께서 스스로 가련하
게 되었도다. 수보리가 나와서 "희유하십니다."라고 하
는 것을 듣고 그 자리에서 빙소와해(氷消瓦解;얼음이

녹고 기와가 풀림.)라 하시니, 양기 스님의 이러한 말씀은 사람들로 하여금 겁(劫) 밖을 향해서 알아차리게 하는 소식이니 이런 까닭에 대혜(大慧;종고선사)가 이 말을 들추어 말하기를, 부처님께서 한 말씀도 하지 아니했는데, 수보리가 무슨 도리를 보았기에 '희유하십니다.'라고 말했는가. 다만 양기 스님이 말한 빙소와해처를 향하여 간파하면 일생참학사필(一生參學事畢;일생의 공부를 마침.)이라 했다. 또 고덕(古德)이 송하기를,

사해(四海)에 바람이 쉬니 달이 하늘에 떠 있어서
파도를 일으키지 않고 철선을 몰고 가도다.
공생(空生;수보리)의 거듭 누설함에 힘입고서
좋은 말은 그윽이 채찍질을 면하게 되었도다.

이는 세존께서 단정히 앉아 한마디 말도 하지 않은 그곳에서 최초의 일구를 엿보아 이끌어서 여러 사람 앞에 두 손으로 분부함을 말한 것이다. 수보리가 벌써 이와 같은 도리를 알고서 자리에 나와 말하기를 '희유하십니다.'하니, 수보리가 아니었으면 누가 어둠 속에서 밝음을 알았으리오. 이로서 비야리 성의 그때 일(유마거사의 黙言)을 기억하건대 한 우레소리가 삼천대천세계를 진동함이로다.

육조

무엇을 장로라 하는가. 덕이 높고 나이가 많으므로 장로라 이른다. 수보리는 범어인데, 당언으로 해공(解空)이며, 대중을 따라서 앉았으므로 즉종좌기(卽從座起)라고 한다. 제자가 법문을 청할 때는 먼저 다섯 가지 위의를 행하니, 1.자리로부터 일어남이요 2.의복을 단정히 함이요 3.오른쪽 어깨에 옷을 벗어 메고 오른쪽 무릎을 땅에 붙임이요 4.합장하고 존안을 우러러 눈을 잠시도 떼지 않음이요 5.일심으로 공경하며 묻는 말을 잘 여쭈어야 한다. 희유(希有)는 간략히 세 가지 뜻이 있으니 첫째, 희유는 능히 금륜왕위를 버림이요. 둘째, 희유는 신장이 육장이면서 얼굴이 금색광명과 32상 80종호를 갖추어 삼계에 비할 데 없음이요. 셋째, 희유는 부처님의 성품이 능히 8만4천 법을 머금기도 하고 토하기도 하시어 삼신이 원만히 갖추어 있으니, 이것으로써 위의 세 가지 뜻을 갖추었으므로 희유라 한 것이다. 세존(世尊)이란 지혜가 삼계를 초월하여 능히 미칠 자가 없으며, 덕이 높아 다시 위가 없어서 일체중생이 모두 공경하므로 세상에서 가장 높다고 했다. 호념(護念)이란 여래께서 반야바라밀법으로 모든 보살들을 보호하고 염려함이요, 부촉(付囑)이란 여래께서 반야바라밀법으로 모든 보살들을 부촉하는 것이다. 선호념(善護念)이란 모든 학인으로 하여금 반야의 지혜로써 몸과 마음을 호념해서 이로 하여금 망령되이 증애(憎愛)의 마음을 일으켜서 밖으로 육진에 물들고 생사고해에 떨어지지 않게 하며, 자기 마음 가운데 생각생각을 항상 바르게 하여 삿된 마음이 일어나지 않게 해서 자성여래(自性如來;중생이 본래 갖고 있는 불성)를 스스로 잘 호념하는 것이다. 선부촉(善付囑)이란 앞생각이 청정한 것을 뒷생각까지 청정하게 잘 부촉하여 끊어질 틈이 없게 하여 마침내 해탈하는 것이다. 여래께서 중생과 모여 있는 대중에게 자세히 가르쳐 보여서 항상 이것을 행하게 하므로 선부촉이라 말한 것이다. 보살(菩薩)은 범어인데, 도심중생(道心衆生)이며, 또한 각유정(覺有情;깨달은 중생)이라 한다. 도심(道心)이란 항상 공경을 행하여 준동함령(蠢動含靈;미물)이라도 널리 공경하고 사랑해서 가볍게 여기거나 업신여기지 않으므로 보살이라 부르는 것이다.

야부-28
如來不措一言 須菩提便興讚歎 具眼勝流 試著眼看
여래부조일언 수보리변흥찬탄 구안승류 시착안간

여래께서는 한 말씀도 하시지 않았는데, 수보리가 문득 찬탄하니, 눈을 갖춘 수승한 무리들은 시험 삼아 잘 착안하여 볼지어다.

함허설의
서로 만나서 꺼내지 않아도 뜻을 문득 아는 자가 있으
니, 이 무슨 경계인가. 도가 같아야 비로소 알 것이다.

야부-29
隔墻見角 便知是牛 隔山見煙 便知是火 獨坐巍巍
격장견각 변지시우 격산견연 변지시화 독좌외외
天上天下 南北東西 鑽龜打瓦 咄
천상천하 남북동서 찬구타와 돌

담장 너머 뿔을 보면 문득 소 인줄 알고
산 넘어 연기를 보면 문득 불이 났음을 아네.
홀로 앉아 높고 높음이여 천상천하에 가득하거늘,
남북동서에서 거북과 기와로 점을 치도다. 돌!

법희해
중생의 눈으로 뿔을 보면 문득 소 인줄 알고
연기를 보면 문득 불이 났음을 아네.
홀로 앉아 높고 높으신 부처님이여
부처님의 자비광명이 온 법계에 가득하거늘
중생은 자신이 눈으로 보고 알고 있는 것도 믿지 못해
남북동서에서 거북과 기와로 점을 치도다. 돌!

함허설의
불인 줄 알고 소인 줄 아는 일은 희기(希奇)하니, 지음자(知音者;서로 알아주는 사람)가 서로 보는 것이 정히 이와 같다. 독좌(獨坐)라 함은, 온 허공으로 자신을 삼고 온 대지를 방석으로 삼아서 온갖 차별을 끊고 앉아서 범성에 통하지 않으니, 이것이 가히 천상천하에 혼연히 늠름한 모습이로다. 다시 어떤 물건이 있어서 그것과 짝하겠는가. 만약 이런 과량한(過量漢;근기가 특출한 이)이라면 한 번 보고 당장 의심할 것이 없거니와, 근기가 특출하지 못한 사람이라면 캄캄한 사량(思量)함을 면치 못할 것이다.

세존 선남자선여인 발아뇩다라삼먁삼보리심 응
世尊 善男子善女人 發阿耨多羅三藐三菩提心 應
운하주 운하항복기심
云何住 云何降伏其心

"세존이시여, 선남자 선여인이 아뇩다라삼먁삼보리의 마음을 낸다면, 마땅히 어떻게 그 마음을 머무르게 해야 하며, 어떻게 그 마음을 다스려야 합니까?"

법희해
의식이 만들어 내는 색성의 세계에 뺏긴 산란한 마음을

가진 중생이, 보리심을 발한 뒤에 어떤 경계에 머물러야 하며 망상이 일어나면 어떻게 다스려야 하는가를 수보리가 묻고 그 질문에 대한 세존의 답이 금강경의 핵심이다.

함허설의
수보리가 부처님께서 단정히 앉아 계신 것을 한 번 보고 문득 시방의 바가범(婆伽梵;佛)을 의심치 않아서, 제불과 같이 증득한 마음을 발하여 바로 묻기를, "육진에서 벗어나지 못하는 것은 머물 자리에 머물지 못하는 까닭이며, 마음이 해탈하지 못한 것은 마음을 항복받지 못한 까닭이니, 어떻게 제대로 머물러야 육진에 머물지 않으며, 어떻게 마음을 항복받아야 마음의 해탈을 얻겠습니까?"하니, "내가 이미 발심했으니 어떻게 주하고 항복하리까?"라고 말하지 않고, 선남자 선여인으로서 말한 것은 자기의 깨달음을 숨긴 것이다. 사람사람의 그릇이 닦고 다스림을 빌리지 않아도 본래 스스로 원만히 이루어져 있거늘 공생(空生;수보리)이 이것으로써 묻는 것은 비록 본래 금이긴 하지만 마침내 녹여야 새롭게 성취되는 것이니, 이는 선재동자가 복성 동쪽 언덕에서 처음 문수보살을 만나서 한꺼번에 법계를 증득하고서도 53선지식을 친견하여 낱낱 선지식의 처소에서 말하길, "내가 이미 보리심을 발하였으니 어떻게 보살의 길을 배우며 어떻게 보살행을 닦으리까?”하고 물은 것과 같다.

육조
선남자란 평탄한 마음이며 또 정정심(正定心)이니, 능히 일체 공덕을 성취해서 가는 곳마다 걸림이 없는 것이다. 선여인이란 정혜심(正慧心)이니, 정혜심으로 말미암아 능히 일체 유위(有爲)와 무위(無爲)의 공덕을 창출하는 것이다. 수보리가 묻기를 일체의 보리심을 발한 자는 응당 어디에 머물며, 어떻게 그 마음을 항복받으리까 하신 것은 수보리가 일체중생을 보니 조급하고 흔들려서 머물지 못하는 것이 마치 창문 틈으로 비치는 티끌과 같으며 요동치는 마음이 회오리바람과 같아서 생각생각의 이어짐이 그 사이가 없음을 보고, 그런 마음을 항복받게 하고자 물은 것이므로, “만약 수행하고자 하면 어떻게 그런 마음을 항복 받아야 합니까?”하신 것이다.

야부-30
這一問　從甚處出來
저일문 종심처출래

이 한 물음은 어디로부터 나왔는가.

함허설의

법과 법이 모두 텅 비고 융통하여 법은 가히 머물 곳이
없으며, 마음과 마음은 적멸하여 마음을 가히 항복받을
것이 없으니, 지금의 머물고 항복받는 두 가지 물음은
도대체 어느 곳에서 나왔는가. 또 수보리는 부처님께서
공의 도리를 이해하는데 제일인자라 하였는데 어찌하여
망령된 마음이 본래 공적하고 바깥 경계가 본래 고요한
도리를 몰랐겠는가. 만약 알아서 얻었다면 어떻게 가볍
게 이런 질문을 던졌겠는가. 또 법을 물으매 법은 가히
물을 것이 없음이요, 도는 가히 닦을 것이 없음이라.
다만 그 묻기 이전의 소식을 향해서 착안해야 하는 것
이니, 어찌 모름지기 '머물고 머물지 못함.'과 '항복하고
항복하지 못함.'을 다시 물을 것이 있겠는가. 이와 같이
착어(着語;이 한 물음은 어디로부터 나왔는가.)하신 뜻
이 무엇인가.

若明今日事 昧却本來身
약명금일사 매각본래신

만약 오늘의 일을 밝힌다면
본래의 몸을 못 보게 되리라.

법희해

법계에 가득한 부처님의 자비광명도 아무에게나 드러내
지 않는다.

야부-31
你喜我不喜 君悲我不悲 鴈思飛塞北 燕憶舊巢歸 秋月春
니희아불희 군비아불비 안사비새북 연억구소귀 추월춘
花無限意 箇中 只許自家知
화무한의 개중 지허자가지

너희는 기뻐도 나는 기쁘지 않고
그대는 슬퍼도 나는 슬프지 않도다.
기러기는 북으로 날아갈 것을 생각하고
제비는 옛집으로 돌아올 것을 생각하도다.
가을 달과 봄꽃의 무한한 뜻은
다만 그 속에서 스스로 알뿐이로다.

법희해
너희는 기뻐도 나는 기쁘지 않고
그대는 슬퍼도 나는 슬프지 않도다.
수행자는 출삼계를 염원하고 금강신은 부처님 처소로
돌아올 것을 생각하도다. 부처님의 무한한 마음의 뜻은
다만 가르침을 믿고 행하여 깨친 자만이
그 속에서 스스로 알 뿐이로다.

함허설의

너와 나, 그대와 나는 본분인(本分人;누구나 근본 바탕은 본래부터 그대로 부처인 본성자리)이 금시인(今時人;후천적으로 경험되고 축적된 識)을 향해서 일컬음이니, 너는 능히 주하고 항복하면 마음이 기뻐하고, 능히 주하고 항복하지 못하면 마음이 슬프고 근심하거니와 나의 이 세계(본분인)는 본래 스스로 맑고 고요해서 정리되고 정리되지 않음이 모두 없으니 무엇이 상하고 무엇이 기쁘리오. 마치 기러기가 저 북쪽을 생각하는 것과 제비가 옛집을 생각함과 같으니 어찌 기쁘고 슬퍼하는 것으로써 마음으로 삼겠는가. 다만 일단(一段)의 공(空)이 오고감에 자유로울 뿐이로다. 이로써 봄에는 만물이 소생하고 여름에는 자라며 가을에는 거두고 겨울엔 갈무리하는 것과 달이 차고 기울며 꽃이 피고 지는데 이르기까지 무릇 줄고 늘며 차고 비는 것이 각각 무궁무진한 뜻이 있으니, 이는 아버지가 아들에게 전할 수 없으며, 스승이 제자에게 줄 수 없음이다. 각자 당인(當人)이 스스로 긍정하고 스스로 깨달아야 비로소 옳도다.

불언 선재선재 수보리 여여소설 여래 선호념제
佛言 善哉善哉 須菩提 如汝所說 如來 善護念諸
보살 선부촉제보살 여금제청 당위여설 선남자

菩薩 善付囑諸菩薩　汝今諦聽 當爲汝說 善男子
선여인 발아뇩다라삼먁삼보리심 응여시주 여시
善女人 發阿耨多羅三藐三菩提心　應如是住　如是
항복기심 유연세존 원요욕문
降伏其心　唯然世尊　願樂欲聞

부처님께서 말씀하시기를 "선재 선재라. 수보리야, 네
가 말한 것과 같이 여래께서는 모든 보살을 빠짐없이
보살피고 모든 보살에게 잘 부촉해 주시느니라. 너를
위해 말할테니 나의 말을 잘 들으라. 선남자 선여인이
아뇩다라삼먁삼보리의 마음을 낸다면, 마땅히 그 마음
을 이렇게 머무르게 해야 하며 이렇게 다스려야 하느니
라." "그렇게 하겠습니다. 세존이시여, 가르침을 기쁜
마음으로 듣고자 합니다."

함허설의
'마땅히 너를 위하여 설함이여'는 이 진리를 말하고자
함이요. '원컨대 듣고자 함이여'는 이 진리를 듣고자 함
이로다.

육조
이것(善哉善哉)은 부처님께서 수보리가 여래의 마음을
잘 알며 여래의 뜻을 잘 헤아리는 것을 찬탄하신 것이

다. 부처님께서 설법하시고자 하실 때는 항상 먼저 분부하사 모든 듣는 자로 하여금 한 마음으로 조용하게 함이니 그러므로 '너는 이제 자세히 들어라. 내가 마땅히 너를 위하여 설하리라.'하신 것이다. 아(阿)는 무(無)이고, 녹다라(耨多羅)는 상(上)이요, 삼(三)은 정(正)이고, 먁(藐)은 편(偏)이요, 보리(菩提)는 지(知)를 말한다. 무(無)는 모든 때 묻고 물듦이 없음이고, 상(上)은 삼계에서 능히 비할 것이 없음이요, 정(正)은 바른 견해이고, 편(偏)은 일체지(一切智)이며, 지(知)는 일체 유정이 모두 불성이 있어서 다만 닦고 능히 행하면 다 성불하게 됨을 아는 것이다. 불(佛)은 곧 위없이 맑고 깨끗한 반야바라밀이니, 이것으로서 선남자 선여인이 만약 수행하고자 하면 마땅히 위없는 보리도를 알아야 하며, 응당히 위없는 청정한 바라밀법을 알아서, 이로써 그 마음을 항복받아야 하는 것이다. 유연(唯然)이란 겸손한 대답의 표현이요, 원요(願樂)는 부처님께서 널리 설하여 중하근기로 하여금 모두 깨닫기를 원함이고, 요(樂)는 깊은 법을 즐거이 들음이요, 욕문(欲聞)이란 자비스러운 가르침을 간절히 바라는 것이다.

야부-32
往往事因 叮囑生
왕왕사인 정촉생

가끔가끔의 일이 진지한 부촉함으로 인하여 생기도다.

함허설의
다만, 이 일은 진지하게 부촉하는 것으로 인하여 드러
난 것이다.

야부-33
七手八脚 神頭鬼面 棒打不開 刀割不斷 閻浮踔躑 幾千廻
칠수팔각 신두귀면 봉타불개 도할부단 염부탁척 기천회
頭頭不離空王殿
두두불리공왕전

손이 일곱에 다리가 여덟이요
귀신의 머리에 귀신의 얼굴이라.
몽둥이로 쳐도 열리지 않고
칼로 베어도 끊지 못하도다.
염부제에서 뛰는 것이 그 몇 천 번인가.
그때마다 공왕전(空王殿)을 여의지 않았도다.

법희해
중생업의 형상은 손이 일곱에 다리가 여덟이요
귀신의 머리에 귀신의 얼굴이라.
몽둥이로 쳐도 떨어지지 않고 칼로 베어도 끊지 못하고

온갖 몸부림을 쳐봐도 멸하지 못하도다.
사바세계에 와서 이런 삶을 산 것이 몇 천 번인가.
그때마다 중생들은 부처님을 잊어버려도 부처님의 자비
광명은 한순간도 중생 곁을 떠나지 않았도다.

함허설의
신령스러운 쓰임(用)은 자유스럽고, 묘체(妙體)는 보기
어렵도다. 흔들고 튕겨도 얻지 못하고, 견고하여 무너
뜨리기 어렵도다. 생사의 길에 몇 번이나 왔다 갔던고.
발자취(本心)는 원래로 청정하며 허공과 같도다.

제삼 대승정종
第三 大乘正宗

불고수보리 제보살마하살 응여시항복기심
佛告須菩提 諸菩薩摩訶薩 應如是降伏其心

3.대승의 바른 가르침

부처님께서 수보리에게 말씀하시기를 "모든 보살 마하살은 마땅히 이와 같이 그 마음을 다스려야 하느니라."

육조
앞생각이 청정하고 뒷생각도 청정한 것을 보살이라고 하고, 생각생각에 물러서지 않고 비록 세상 가운데에 있더라도 마음이 항상 청정한 것을 마하살이라 이른다. 또 자비희사(慈悲喜捨)의 가지가지 방편으로 중생을 교화하는 것을 보살이라 하고, 능화소화(能化所化;교화하는 사람이나 교화 받는 사람)에 대하여 마음에 집착함이 없는 것을 마하살이라 하니, 일체중생을 공경하는 것은 곧 마음을 항복받는 것이 된다. 진(眞)에 처해있는 것을 불변이라 하고, 진여(眞如)에 계합한 것을 불이(不異)라고 하니, 모든 경계를 만나지만 마음이 변하고 달라짐이 없는 것을 진여(眞如)라 한다. 또 말하되,

밖으로 거짓됨이 없음을 진(眞)이라 하고, 안으로 산란
하지 않음을 여(如)라 하며, 생각생각에 차별이 없는
것을 시(是)라 한다.

소유일체중생지류 약난생 약태생 약습생 약화
所有一切衆生之類 若卵生 若胎生 若濕生 若化
생 약유색 약무색 약유상 약무상 약비유상비무
生 若有色 若無色 若有想 若無想 若非有想非無
상 아개영입무여열반 이멸도지
想 我皆令入無餘涅槃 而滅度之

"일체 중생의 종류인 난생, 태생, 습생, 화생, 유색, 무색,
유상, 무상, 비유상비무상을 내가 모두 무여열반에 들게
그들을 제도하리라."

육조

난생(卵生)이란 성품이 미(迷)한 것이고 태생(胎生)이란
습성(習性)이다. 습생(濕生)이란 삿된 것을 따르는 성품
이고, 화생(化生)이란 보고 취하는 성이니, 미한 까닭에
모든 업을 짓고 거듭함으로써 항상 유전(流轉)하고 삿
됨을 따르므로 마음이 안정되지 못함이요, 온갖 갈래를
다 봄으로 빠지고 떨어진다. 마음을 일으키고 마음을

닦아서 망령되이 시비를 보고 안으로 무상의 이치에 계합하지 못함을 유색(有色)이라 함이다. 내심으론 곧은 마음만 지킬 뿐 공경, 공양을 행하지 아니하고 다만 곧은 마음만이 부처라고 보아서 복과 혜를 닦지 아니하는 것을 무색(無色)이라 한다. 중도(中道)를 요달하지 못하고 눈으로 보고 귀로 들으며 마음으로 사유하여 법상(法相)에 애착하여 입으로는 불행(佛行)을 말하지만 마음을 의지해서 행하지 아니함을 유상(有想)이라 한다. 어리석은 사람이 좌선하며 한결같이 망념만을 없애고 자비희사(慈悲喜捨)의 지혜방편을 배우지 않아 마치 목석과 같이 아무 작용이 없는 것을 무상(無想)이라 한다. 두 법상(法相;有想,無想)에 집착하지 않는 고로 비유상(非有想)이라 하고 이치를 구하는 마음이 있는 고로 비무상(非無想)이라 한다. 번뇌(煩惱)는 만 가지 차별이 있으나 모두 때 묻은 마음이고, 몸의 형상은 헤아릴 수가 없으나 모두 중생(衆生)이라 이름 한다. 여래께서 대자비로서 널리 교화하시어 모두 무여열반에 들게 하여 그들을 다 멸도하게 하는 것은 여래께서 삼계의 구지중생(九地衆生)이 각각 열반묘심이 있음을 가리켜 보이심으로써, 그들로 하여금 스스로 무여열반에 깨달아 들어가게 하신 것이다. 무여(無餘)란 습기(習氣), 번뇌가 없음이고, 열반(涅槃)은 원만청정(圓滿淸淨)의 뜻이니, 일체 습기를 모두 멸하여 영원히 번뇌가 다시 나지 않게 하여 바야흐로 이에 계합하는 것이다. 도(度)란 생사의 큰 바다를 건너는 것이다. 불심이 평등해서 널리 일체중생과 더불어 다 같이 원만청정의 무여열반에 들어서 함께 생사의 큰 바다를 건너 과거 모든 부처님께서 증득한 것과 똑같이 되길 원하는 것이다. 어떤 사람이 비록 깨닫고 수행을 하나 얻을 것이 있다고 생각하는 사람은 도리어 아상(我相)을 내는 것이 됨으로, 그것을 이름 하여 법에 대한 아상(我相)이라 한다. 법에 대한 아상을 모두 없애야 비로소 멸도(滅度)라 할 것이다.

여시멸도 무량무수무변중생 실무중생 득멸도자
如是滅度 無量無數無邊衆生 實無衆生 得滅度者

"이와 같이 헤아릴 수 없이 무수한 끝없는 중생을 제도하여도 실로 제도된 중생이 없느니라."

법희해
금강경에 나오는 '자(者)'의 쓰임은 '사람'을 지칭하는 것이 아니라 특정한 것을 분명하게 강조하는 뜻이다. 실무중생득멸도자(實無衆生得滅度者); 멸도라는 그것을 얻은 중생이 실로 없다.

육조

여시(如是)란 앞의 법(무여열반)을 가리키는 것이다. 멸
도(滅度)란 대해탈이니, 대해탈은 번뇌(煩惱), 습기(習
氣)와 일체의 업장이 모두 멸하여 다시없는 것이니, 없
으므로 이를 대해탈이라 한다. 무량, 무수, 무변 중생이
원래 각각 스스로 일체의 번뇌와 탐진치와 악업이 있으
니, 만일 끊어 제거하지 못하면 마침내 해탈을 얻지 못
하므로 '이와 같이 무량, 무수, 무변 중생들을 멸도 한
다.'라고 말씀하신 것이다. 일체의 어리석은 사람들이
자성을 깨달아 얻으면, 부처님께서 자신의 상(相)을 내
세우지 않고 자신의 지혜도 두지 않음을 알게 되리니,
하물며 어찌 일찍이 중생을 제도한다는 사실이 부처님
가슴에 남아 있겠는가. 다만 부처님의 뜻을 알지 못하
여 모든 상에 집착하고 무위의 이치를 통달하지 못하여
아(我)와 인(人)을 없애지 못함을 중생이라 이름 하니,
만약 이 병만 여의면 실로 중생이 멸도를 얻음도 없을
것이다. 그러므로 망심이 없는 곳이 곧 보리이고 생사
열반이 본래 평등이라 하시니 또 어찌 멸도라는 것이
있겠는가.

**하이고 수보리 약보살 유아상 인상 중생상　수
何以故 須菩提 若菩薩 有我相 人相 衆生相　壽
자상 즉비보살**

者相 卽非菩薩

"왜냐하면 수보리야, 만약 보살이 아상, 인상, 중생상, 수자상이 있다면 바로 비보살이기 때문이니라."

법희해
비보살(非菩薩)!
비중생(非衆生)이기 때문에 비보살(非菩薩)이다. 결국 언설은 개념이며 그 실체는 법계가 하나라는 것이다.

함허설의
자비로써 중생을 교화해서 무여에 들게 하고, 지혜로써 진제(眞際)에 명합해서 능소(能所;主,客)를 끊었도다. 가히 제도할 것이 있다고 보면 진(眞)에 어긋남이라. 아상과 인상이 나지 않아야 보살이라 하느니라.

육조
중생과 불성이 본래 다름이 없지만 사상(四相)이 있으므로 인하여 무여열반에 들어가지 못하니, 사상(四相)이 있으면 이것이 곧 중생이요, 이 사상(四相)이 없으면 부처이니, 미(迷)하면 곧 부처가 중생이 되고 깨달으면 중생이 곧 부처인 것이다. 어리석은 사람은 재산이나 학문과 족벌이 있는 것을 믿고 모든 사람을 업신

여기는 것이 아상(我相)이며, 비록 인의예지신을 행하나 뜻이 높다는 자부심을 가져서 널리 모든 사람들을 공경하지 않고 말하기를 "나는 인의예지신을 행할 줄 안다."하며 남을 공경하지 않는 것을 인상(人相)이라 한다. 좋은 일은 자기에게 돌리고 나쁜 일은 남에게 돌리는 것을 중생상(衆生相)이라 하고, 어떤 경계에 대하여 취사분별(取捨分別)하는 것을 수자상(壽者相)이라 하니, 이것들을 범부의 사상(四相)이라 한다. 수행인도 또한 사상이 있으니, 마음에 능소(能所)가 있어서 중생을 가볍게 여김을 아상(我相)이라 하고, 자기의 계 지킴을 믿고 파계자를 업신여기는 것이 인상(人相)이라 함이다. 삼악도의 고통을 싫어하여 천상에 나기를 바라는 것이 중생상(衆生相)이요, 마음에 오래 사는 것을 좋아해서 부지런히 복업을 닦아 모든 집착을 잊지 못하는 것이 수자상(壽者相)이다. 사상(四相)이 있으면 곧 중생이요 사상이 없으면 곧 부처이다.

야부-34
頂天立地　鼻直眼橫
정천립지　비직안횡

이마는 하늘을 향하며 땅위에 서 있고, 코는 수직으로 있으며 눈은 가로로 놓여 있도다.

법희해
똑같은 색신에서 다른 점을 찾는다면 입이 떨어지면 중
생이요, 입이 떨어지지 않으면 부처로다.

함허설의
한 법계로부터 형상이 아홉 가지로 나뉘니, 모양과 모
양이 모두 한 법계를 갖추고 있다. 그런 까닭에 하나하
나의 머리는 하늘을 가리키고 다리는 땅을 밟고 있으
며, 하나하나의 코는 아래를 향해 수직으로 드리워져
있고 눈은 옆으로 비껴 위쪽에 있다.

야부-35
堂堂大道　赫赫分明　人人本具　箇箇圓成　祇因差一念　現出
당당대도　혁혁분명　인인본구　개개원성　지인차일념　현출
萬般形
만반형

당당한 대도여!
밝고 밝아 분명하도다.
사람사람이 본래 갖추었고
제각각 원만하게 이루어졌도다.
다만 한 생각이 그르침으로 인하여
만 가지 형상이 나타났도다.

함허설의

당당한 대도(大道)여. 확연하여 항하사 세계에 두루 펼쳐져 있음이요. 밝고 밝아 분명함이여. 그 빛이 만상을 머금었도다. 사람사람이 본래 갖춰져 있음이여. 옷 입고 밥 먹는 것과 손가락을 튕기고 눈썹을 움직임은 다른 사람에게 요(要)함이 아님이요. 하나하나를 원만하게 이룸이여. 절선부앙흠신경해(折旋府仰歆伸警咳;몸의 온갖 동작)는 남의 힘을 빌림이 아니로다. '다만 한 생각이~ 인하여'는 봄빛은 높고 낮음이 없으나 꽃가지가 스스로 짧고도 길도다. 스스로 장단이 있음이여. 또한 서로 방해하지 아니하니 구류 중생이 함께 한 법계에 사는 것이 마치 붉은 비단 장막 위에 진주를 뿌린 것과 같도다. 비록 이와 같으나 만약 다만 이렇게만 생각한다면 시방세계가 모두 구멍 없는 망치와 같아서, 축생은 길이 축생만 되고 아귀는 영원히 아귀만 되어서, 하나도 진리를 발하여 근원에 돌아갈 수 없을 것이다. 이미 이와 같다면 필경 어떻게 할 것인가.

風和 花織地 雲淨 月滿天
풍화 화직지 운정 월만천

봄바람이 불면 꽃이 땅을 수놓고
구름이 걷히면 달빛이 하늘에 가득차도다.

법희해
아직도 이 게송을 시(詩)를 공부하듯이 낱말풀이로 머
리에서 이해한 놈이 있나?

중생들아!
절 공부 10년 했다고 떠들어 대지 말고 집안에서 너에
게 합장 반배하는 자가 몇 있는지 구석구석 찾아봐라.
가족들 마음속에 너 사라진지 오래다.

중생들아!
큰 스님 친견했다고 자랑 말고 자식과 마음 열고 대화
한 적이 언제인가 곰곰이 생각해 봐라. 자식은 너를 간
절히 친견하고 싶어 한다.

수행자들아!
중생심에 이끌려 다니는 그 시간에 경전 한 구절이라도
읽고 깨쳐 법문할 생각을 하라. 삼륜이 청정해야 오늘
받은 공양에 공덕이 있다.

수행자들아!
불사할 것이 있으면 무지중생들에게 없는 복덕 있다고
거짓말 하지 말고 부처님께 간절히 원을 세워라. 하늘
이 움직인다.

제사 묘행무주
第四 妙行無住

부차 수보리 보살어법 응무소주 행어보시 소위
復次 須菩提 菩薩於法 應無所住 行於布施 所謂
부주색보시 부주성향미촉법보시
不住色布施 不住聲香味觸法布施

4. 묘행은 집착함이 없는 것임

"또한 수보리야, 보살은 모든 법에 있어서 마땅히 그
어디에도 집착함이 없는 행을 행하느니라. 이른바 색에
집착함이 없는 행을 하며 성,향,미,촉,법에도 집착함이
없는 행을 하느니라."

법희해
여기에서 보시란 재보시, 법보시, 무외보시보다 넓은
의미로 색,수,상,행,식의 모든 작용으로 행(行)을 뜻한
다. 만 가지 행은 육바라밀을 벗어나지 않으니 육바라
밀의 모든 이름을 보시라고 한다. 묘행(妙行); 말할 수
없이 빼어나고 훌륭한 행.

육조
부차(復次)라 한 것은 앞을 이어서 뒷말을 일으키려는
것이다. 범부의 보시는 다만 몸의 단정하고 엄숙함과
오욕의 쾌락을 구하는 것이기 때문에 과보가 다하면 곧
삼악도(지옥,아귀,축생)에 떨어지므로, 세존께서는 대자
비로 무상보시를 행하게 해서 신상단엄(身相端嚴)과 오
욕쾌락을 구하지 않게 하고, 다만 안으로는 간탐심을
깨뜨리고 밖으로는 일체중생에 이익 되게 하기 위함이
니, 이와 같이 상응하는 것을 색에 머물지 않고 보시한
다고 했다.

수보리 보살 응여시보시 부주어상
須菩提 菩薩 應如是布施 不住於相

"수보리야, 보살은 마땅히 그 어떤 상에도 집착하지 않
는 행을 하느니라."

육조
마땅히 무상심으로 보시한다는 것은, 능히 보시한다는
마음도 없고 베푸는 물건에 마음을 두지도 않으며 받는
사람도 분별하지 않는 것을 상에 머물지 않는 보시라
하는 것이다.

하이고 약보살 부주상보시 기복덕 불가사량
何以故 若菩薩 不住相布施 其福德 不可思量

"왜냐하면, 보살은 어떤 상에도 집착하지 않는 행을 하기 때문에 그 복덕은 헤아릴 수가 없느니라."

육조
보살이 보시를 할 때 마음에 바라는 것이 없으면 그 얻은 복이 시방의 허공과 같아서 가히 헤아릴 수 없다. 일설에 보(布)는 보(普;넓다.)이고 시(施)는 산(散;사방에 흩뿌리다.)이니, 가슴 가운데 있는 모든 망념, 습관, 번뇌를 널리 흩어버리고 사상을 끊어 없애서 온적(蘊積;오온의 집착)이 없는 것이 참 보시라 하고 또 일설에 보(布)는 보(普)이니 육진 경계에 머물지 않으며 또 유루(有漏)의 분별도 하지 않고 오직 항상 청정한 데 돌아가서 만법이 공적함을 요달하는 것이라 하였다. 만약 이 뜻을 요달하지 못하면 오직 온갖 업만 더하므로 모름지기 안으로 탐애(貪愛)를 없애고 밖으로 보시를 행하여서 내외가 상응하여야 한량없는 복을 얻게 될 것이다. 사람이 악을 짓는 것을 보더라도 그 허물을 보지 않고 자성 가운데 분별을 내지 않으면 이것이 상을 여읜 것(離相)이고, 가르침에 의지해 닦고 행하여 마음에 능소(能所)가 없는 것이 곧 선법(善法)이다. 수행하는 사람이 마음에 능소가 있으면 선법이라 할 수 없고, 능소심이 멸하지 않으면 마침내 해탈하지 못한다. 순간순간에 항상 반야지(般若智)를 행하여야 그 복이 무량무변한 것이 된다. 이 같은 수행에 의지하면, 일체 인천(人天)의 공경과 공양을 받을지니 이것을 복덕(福德)이라 하는 것이다. 항상 부주상보시(不住相布施)를 행하여 널리 일체 모든 생명을 공경하면 그 공덕이 끝이 없어서 가히 헤아릴 수 없다.

야부-36
若要天下行 無過一藝强
약요천하행 무과일예강

만약 천하에서 행세하고자 한다면 한 가지 재주를 뛰어나게 할지니라.

법희해
사바세계에서 스님이라면 그 많은 부처님말씀 중에서 단 한 구절이라도 깨쳐라! 원숭이 앵무새가 넘쳐난다.

함허설의
재주 없는 자가 천하를 돌아다니면 발 가는 곳마다 더불어 말할 사람이 없으리니, 그 궁함을 가히 알 만할 것이요, 재주 있는 자가 천하에 돌아다니면 가는 곳마다 스스로 얻지 아니함이 없을 것이니 그 즐거움을 가히 말할 수 없다. 혜안(慧眼)이 없는 자가 망령되이 공덕을 더하면 행마다 집착이 있어서 도에 이르기가 더욱 멀어지고, 혜안(慧眼)이 있는 사람이 행의 바다에 들어가면 마음마다 청정하여 바로 근본지와 더불어 상응할 것이다. 이미 본지(本地)와 상응(相應)하면 온갖 많은 덕과 작용과 무량한 묘의(妙意)가 원래 스스로 구족하여 다른 데서 얻지 않을 것이니라.

야부-37

西川十樣錦 添花色轉鮮 欲知端的意 北斗面南看 虛空不
서천십양금 첨화색전선 욕지단적의 북두면남간 허공불
閡絲毫念 所以彰名大覺仙
애사호념 소이창명대각선

서천(中國) 십양금(좋은 비단)에
꽃을 수놓으니 색이 더욱 곱도다.
분명한 뜻을 알고자 한다면
북두칠성을 남쪽을 향하여 볼지어다.
허공은 털끝만한 생각도 거리끼지 않으니
이 까닭에 대각선이라 이름 함이로다.

법희해

부처님께서 주신 최고의 지혜를 가지고 행을 하니
수행자의 자태가 더욱 고귀하도다.
부처님의 뜻을 분명하게 알고자 한다면
업력이 가득한 의식의 경계를 반드시 넘어라.
중생은 티끌 같은 한 생각이 온 마음을 고통으로 물들
이지만, 부처님은 털끝만한 생각에도 거리끼지 않으니
이 까닭에 대각선이라 이름 함이로다.

함허설의

반야지혜(般若智慧)로 그 바탕을 삼고 만행의 꽃으로
무늬를 놓으니, 지혜와 만행이 서로 어울려 무늬와 바
탕이 빛나고 빛난다. 이러한즉 지혜로써 행을 일으키니
지혜가 더욱 밝아져서 비단 위에 꽃을 더한 듯 색이 더
욱 곱도다. 또한 보시를 행하는 것이 진실로 이미 훌륭
하거니와, 그 위에 능히 주함(無住相布施)이 없으니 그
베풂은 더 더욱 크도다. 이 까닭에 '서천의 좋은 비단
에 꽃을 수놓으니 색이 더욱 곱도다.' 라고 한 것이다.
또 '분명한 뜻을 알고자 한다면 북두칠성을 남쪽을 향
해 볼지어다.' 하였는데, 북두(北斗)와 남성(南星)이 그
위치가 다르지 않거늘 남(南)이라 말하고 북(北)이라 말
하는 것은 또한 정(情;집착)에서 말미암은 까닭이다. 그
러므로 보시는 무주상(無住相)으로 행하면 일시에 전후

가 없어서 멀리 유무의 경계를 벗어나고 격외(格外)의
근기에도 앉지 않으니, 소연(蕭然)히 의지함이 없어 그
양이 허공과 같아서, 대각(大覺;佛)의 이름이 여기서 빛
나며 무량의 복덩이가 여기에 이루어지도다.

수보리 어의운하 동방허공 가사량부 불야 세존
須菩提 於意云何 東方虛空 可思量不 不也 世尊

"수보리야, 어떻게 생각하느냐. 동쪽 허공을 헤아릴 수
있겠느냐?" "없습니다, 세존이시여."

육조
상에 집착하지 않은 보시로 인하여 얻은 그 공덕은 가
히 헤아릴 수 없음이라. 부처님께서 동방 허공을 비유
로 삼고 수보리에게 "동방 허공을 가히 생각으로서 헤
아릴 수 있겠느냐?"물으시니 "헤아릴 수 없습니다. 세
존이시여."한 것은 수보리가 동방 허공을 가히 생각으
로 헤아릴 수 없음을 말한 것이다.

수보리 남서북방 사유상하허공 가사량부　불야
須菩提 南西北方 四維上下虛空 可思量不　不也
세존 수보리 보살 무주상보시복덕 역부여시 불

世尊 須菩提 菩薩 無住相布施福德 亦復如是 不가사량
可思量

"수보리야, 남, 서, 북쪽 그리고 네 가지 간방과 위, 아래의 허공을 헤아릴 수 있겠느냐?" "없습니다, 세존이시여." "수보리야, 보살은 상에 집착함이 없는 행을 하므로, 그 복덕도 또한 허공과 같아서 헤아릴 수가 없느니라."

함허설의
보살의 만행(萬行)이 무념(無念)으로 종(宗)을 삼으니, 한 번 그 종(宗)을 얻으면 베푸는 것마다 옳지 않음이 없어서, 그 얻는 복이 너그럽고 넓기가 마치 허공과 같다.

육조
부처님께서 말씀하시기를 "허공은 끝이 없어서 생각으로 헤아릴 수 없으니, 보살이 상에 집착하지 않고 보시하여 얻은 공덕도 마치 허공과 같아서 가히 헤아릴 수도 없고 끝이 없다."하셨다. 세계 가운데서 가장 큰 것으로는 허공만큼 큰 것이 없고, 일체 성품 가운데서 큰 것은 불성(佛性)보다 큰 것이 없음이다. 왜냐하면 무릇 형상이 있는 것은 크다고 이름 할 수 없으나, 허공은 형상이 없으므로 크다고 할 수 있는 것이다. 즉 일체의 모든 성품이 모두 한량(限量)이 있어서 크다고 하지 못하거니와 불성(佛性)은 한량(限量)이 없어서 크다고 이름 할 수 있는 것이다. 이 허공 가운데 본래 동서남북이 없으나 만약 동서남북을 본다면 역시 상(相)에 주함이 되어서 해탈을 얻지 못함이요, 불성에 본래 아, 인, 중생, 수자가 없으나 만약 이 사상이 있음을 보면, 곧 중생상인 것이어서 불성이라 이름 할 수 없으며 또한 상에 집착하는 보시가 되는 것이다. 비록 망심(妄心) 가운데는 동서남북(東西南北)이 있다고 말하나 이치에 있어서는 무엇이 있으리오. 이른바 동서(東西)가 참이 아닌데, 남북(南北)인들 어찌 다르겠는가. 자성(自性)이 본래 공적(空寂)하고 혼융(混融)하여 분별이 없으므로 여래께서 분별을 내지 않는 것을 깊이 찬탄하셨다.

수보리 보살 단응여소교주
須菩提 菩薩 但應如所教住

"수보리야, 보살은 오직 머무름을 가르침과 같이 하느니라."

육조

응(應)이란 따른다는 뜻이니, 다만 위와 같이 설한 가
르침을 따라서 무상보시(無相布施)에 주(住)하면 곧 보
살이기 때문이다.

야부-38
可知禮也
가지예야

가히 예의를 알도다.

법희해
예(禮)를 아는 자는 부처님의 가르침대로 행하는 상근
기의 중생뿐이다.

함허설의
무주(無住)란 만행(萬行)의 큰 근본(根本)이요, 만행이
란 무주의 큰 작용(用)이다. 자비로운 부처님께서 무주
로써 주(住)하는 것을 가르쳤으니, 그 근본은 이미 밝
혔으나 그 큰 작용은 불(不) 가불(可不)을 알아야 하느
니라. 예(禮)란 인간세상의 큰 작용이라서 삶과 죽음에
얽매이고 화(禍)와 복(福)이 예(禮)로 인하여 일어나는
것이니, 사람이 예(禮)를 알면 진퇴(進退)가 아름다우며
들고 놓음에 마땅함을 얻어서 그 베푸는 것마다 옳지

아니함이 없거니와, 진실로 예(禮)를 모른다면 비록 마음에 일이 없다고 하나 그 움직임이 문득 예(禮;규칙)를 어김이니 어찌 진퇴와 오르고 내림이 아름답다고 할 수 있겠는가. 이로 말미암아 예(禮)란 가히 알아야 하며 불가불(不可不)을 알아야 하느니라.

야부-39
虛空境界 豈思量 大道淸幽理更長 但得五湖風月在 春來
허공경계 개사량 대도청유이갱장 단득오호풍월재 춘래
依舊百花香
의구백화향

허공경계를 어찌 헤아리겠는가,
대도가 맑고 깊어 그 이치 더욱 길도다.
단지 오호에 풍월이 있음을 안다면
봄이 옴에 여전히 백화가 향기로우리라.

법희해
부처님의 법계를 어찌 알 수 있겠는가.
부처님법 맑고 깊어 그 이치 더욱 길도다.
단지 오온에 불성이 있음을 믿고 행한다면
사바세계에 부처님 자비광명이 가득함을 항상
볼 수 있으리라.

함허설의

무주(無住)를 주(住)로 삼으니 확연히 허공과 같도다. 비록 그러나 대도(大道)는 유주(有住)와 무주(無住)에 속하지 않으니 저 해인(海印)에 견줄 수 있고 저 태허(太虛)를 넘었도다. 큰 허공 가운데는 오호의 풍월이 있음도 방해롭지 않음이요, 무주(無住) 가운데는 대용(大用)이 크게 일으킴도 방해롭지 않다. 옛사람이 말하길, 무심(無心)을 가지고 도(道)라고 이르지 말라. 무심도 오히려 관문이 남아있다 하시니, 무심(無心)이 바로 무주(無住)의 뜻이다. 무주중(無住中)을 향하여 큰 작용을 많이 일으켜서 원만히 만행만덕을 갖추어야 비로소 대도와 더불어 상응하여 가리니 여기에 이르러서는 보고, 듣고, 깨달아 아는 것(見聞覺知)이 예로부터 수용(受用)하는 가풍(家風)이며 색향미촉(色香味觸;육진의 경계)이 원래 유희(遊戲)하는 장소이니라.(내가 수행하는 도량이다.)

제오 여리실견
第五 如理實見

수보리 어의운하 가이신상 견여래부 불야 세존
須菩提 於意云何 可以身相 見如來不 不也 世尊
불가이신상 득견여래
不可以身相 得見如來

5. 이와 같은 이치로 실답게 봄

"수보리야, 어떻게 생각하느냐. 신상으로 여래를 볼 수 있겠느냐?" "볼 수 없습니다, 세존이시여. 신상으로 여래를 볼 수가 없습니다."

법희해

이 부분이 금강경을 우리말로 옮기는 과정에서 남긴 큰 오류 중 한 부분이다. "수보리야 어떻게 생각하느냐, 몸의 형상으로 여래를 볼 수 있겠느냐?" "볼 수 없습니다. 세존이시여, 몸의 형상으로 여래를 볼 수 없습니다." 기존 해석에서는 신상(身相)이 색신과 법신을 뜻하는 것임을 모르고 한문 그대로 '몸의 형상'으로 잘못 번역하여 눈으로 볼 수 있는 유일한 것이 형상(색신)임에도 불구하고 '몸의 형상(색신)을 볼 수 없다.'는 이상한 문장이 되어 버렸다. 구마라습의 후예들, 즉 실체는 보지 못하고 눈만 밝은 학자들이 문자에 얽매여 경을 풀이하다보니 오늘날 모든 부처님의 말씀이 걸레가 되어 버렸다. 학문을 하던 수행을 하던 제발 깨친 수행자를 찾아가 조언을 구하라. 티끌에 금강이 무너진다. 당대의 위대한 '중관학파'와 '유식학파'가 왜 사라졌는지 그 이유를 잘 생각해보고 아래 부처님께서 보내신 육조스님의 말씀을 잘 참구하라. 견여래부(見如來不)에서 견여래 뒤에 있는 불(不, 否)은 의문문을 나타내는 것이므로 해석하지 않는다.

육조
색신(色身)은 곧 상(相)이 있음이요 법신(法身)은 상(相)이 없음이니, 색신(色身)이란 사대(四大;地水火風)가 화합하여 부모가 낳았기에 육안으로 볼 수 있거니와, 법신(法身)이란 형상이 없어서 청황적백(靑黃赤白)이 있지 않으며, 일체 형상과 모양이 없어 육안으로 능히 볼 수 없으므로, 혜안(慧眼)이라야 능히 볼 수 있느니라. 범부는 다만 색신(色身)으로 된 여래(如來)를 보고 법신여래(法身如來)는 보지 못하니, 법신(法身)은 그 모양이 허공과 같음이라. 이런고로 부처님께서 수보리에게 물으시길 '가히 여래의 신상(身相;색신과 법신)을 볼 수 있느냐?' 하시니 수보리가 범부는 다만 색신여래만 보고 법신여래는 보지 못함을 알고서 '볼 수 없습니다. 세존이시여, 여래의 신상은 볼 수가 없습니다.' 라고 한 것이다.

하이고 불설신상 즉비신상
何以故 佛說身相 卽非身相

"왜냐하면, 부처님께서 신상은 바로 비신상을 뜻한다고 말씀하셨기 때문입니다."

법희해
비신상(非身相)!

신상즉비신상(身相卽非身相)의 해석은 '신상은 바로 비신상이다.'이지만 법희해금강경에서는 비(非)의 뜻을 강조하기 위해서 '신상은 바로 비신상을 뜻한다.'로 번역했다. 여기서 비(非)의 뜻이 이해되지 않아도 그냥 눈으로 보고 넘어가라. 비(非)에 대한 완벽한 설명은 14, 이상적멸분에 있으니 절대 비(非)를 '~아니다.'로 성급하게 말하지 말라. 그 주둥아리가 찢어질 수도 있다.

한문오역 '여래소설신상(如來所說身相)'을 '불설신상(佛

說身相)'으로 바꿨다. '신상(身相)'에 대해 말씀하시는 분은 여래가 아니라 부처이다.

함허설의

부처님께서 몸 모양을 들어 수보리에게 물으시어 묘(妙)하고 원만한 무상신(無相身)을 밝히고자 하셨는데, 수보리는 본래 사자새끼라서 일찍이 흙덩이를 쫓지 아니하고 사람을 물었도다.(본질을 추구함) 무상(無相)으로 의심을 끊었다고 이르지 말라. 비형(非形)은 마침내 형상을 벗어난 것이다.

육조

색신(色身)은 상(相)이고 법신(法身)은 성(性)이라, 일체 선악이 다 법신으로부터 유래한 것이고 색신에 말미암지 않으니, 법신(法身)이 만약 악(惡)을 지으면 색신(色身)이 좋은 곳에 나지 않고 법신이 선(善)을 지으면 색신이 나쁜 곳에 떨어지지 않는다. 범부는 오직 색신을 보고 법신을 보지 못하므로 능히 무주상보시를 행하지 못하며, 일체처에 평등한 행을 행하지 못하여 널리 일체중생을 능히 공경치 못하는 것이다. 법신을 보는 자는 능히 무주상보시를 행하며 널리 일체중생을 공경하여 능히 반야바라밀행을 닦아서 바야흐로 일체중생이 동일한 참된 성품임을 믿는 것이다.

야부-40
且道 卽今行住坐臥 是甚麼相 休瞌睡
차도 즉금행주좌와 시심마상 휴갑수

또 일러라.
지금의 행주좌와는 이 무슨 상(相)인가 졸지 말아라.

함허설의
나의 이 색신(色身)이 곧 상신(常身)인 법신(法身)이니
색신(色身)을 떠나서 따로 상신법신(常身法身)을 구하지
말라. 만약 색신을 떠나서 따로 상신법신을 구하면 미
륵궁 중에서 도솔천에 나기를 원함과 같고 함원전(含元
殿;장안에 있는 궁전)에 있으면서 다시 장안을 찾는 것
이 된다. 그러므로 말하길, 지금의 행주좌와(行住坐臥)
는 이 무슨 상(相)인가. 상신법신을 보고자 하면 바로
행주좌와처를 향해 간파하여야 비로소 얻을 수 있으니,
날마다 쓰는 것을 떠나서 달리 상신법신을 구하면, 문
득 이 귀신굴 속에서 살 궁리를 하는 것이다. 그러므로
말하길, 졸지 말라고 하신 것이다.

야부-41
身在海中休覓水 日行嶺上莫尋山 鶯吟燕語 皆相似 莫問
신새해중휴멱수 일행령상막심산 앵음연어 개상사 막문

前三與後三
전삼여후삼

몸이 바다 가운데 있으면서 물을 찾지 말고
매일 산 위를 행하면서 산을 찾지 말라.
꾀꼬리 울음과 제비 지저귐이 서로 비슷하니
전 삼과 더불어 후 삼을 묻지 말지어다.

법희해
법계는 색성향미촉법 이것뿐이지만 다만 의식 속에 들
어있는 두 개의 법이 능소(能所)를 구분 짓도다.

함허설의
맑은 물 가운데서 노는 고기는 스스로 미(迷)하고, 밝
고 밝은 대낮에도 눈먼 자는 볼 수 없음이라. 그 가운
데 항상 있으면서 움직이고 앉고 눕지만 사람이 스스로
미(迷)하여 밖을 향하여 부질없이 찾으니, 몸이 바다
한가운데 있음이다. 어찌 수고로이 물을 찾을 것이며,
매일 산 고개를 오르면서 어찌 산을 찾을 것인가. 꾀꼬
리와 꾀꼬리 소리가 둘이 아니고 제비와 제비 지저귐이
한가지로다. 다만 물물이 다른 물건이 아닌 것을 알게
되면 천 가지 만 가지 차별을 묻지 않게 될 것이다.

불고수보리　범소유상　개시허망　약견제상비상
佛告須菩提　凡所有相　皆是虛妄　若見諸相非相
즉견여래
卽見如來

부처님께서 수보리에게 말씀하시기를
"모든 상이 있는 것은 모두 허망하니, 모든 상이 비상
임을 알면 바로 여래를 보리라."

법희해
밥값 못하는 원숭이나 앵무새 같은 놈들은 이것을 사구
게라고 한다. 제발 금강경오가해를 한 번만이라도 정독
하고 그 주둥아리를 벌려라. 세분의 스님이 통곡하시는
소리가 여기까지 들린다. 이것은 금강경에서 그 어떤
보시보다 수승하다고 하는 그 사구게가 아니라 그냥 석
가모니의 게송이다.

비상(非相)!
또다시 말하지만 '비(非)'라는 글자는 14,이상적멸분을
공부하지 않고서 함부로 판단하지도, 이해하지도 말라.
'비(非)'가 금강경의 핵심이다. 석가모니가 지금은 상근
기 중생들에게 설하고 있으니 이해되지 않는 것을 답답
하게 여기지는 말라.

함허설의

눈앞에 법이 없으니 눈 닿는 곳마다 모두가 여여(如如)함이다. 다만 이같이 알면 곧 부처님을 보게 될 것이다.

육조

여래께서 법신을 나타내고자 하여 말씀하시기를 '무릇 일체의 모든 상은 모두 허망한 것이니 만약 일체의 모든 상이 허망하여 실이 아님을 깨달으면 곧 여래의 무상(無相)한 도리를 보리라.' 하셨다.

야부-42

山是山 水是水 佛 在甚麽處
산시산 수시수 불 재심마처

산은 산이요 물은 물이로다. 부처님은 어느 곳에 계시는가.

법희해

산은 산이요 물은 물이다. 산은 산이요 물도 산이다. 산은 물이요 물은 산이다. 산은 물이요 물도 물이다. 그러므로 산은 산이요 물은 물이다. 이 뜻을 아는 자 부처님 처소를 보게 되리라.

함허설의

만약 한결같이 불신(佛身)의 모양이 없다 하면, 모양 밖에는 반드시 불신(佛身)이 있어야 하는 것인데, 지금 산을 보면 곧 이 산이요 물을 보면 곧 이 물이니. 부처님은 어느 곳에 계시는가.

야부-43

有相有求 俱是妄 無形無見 墮偏枯 堂堂密密何曾間 一道
유상유구 구시망 무형무견 타편고 당당밀밀하증간 일도
寒光 爍大虛
한광 삭대허

상이 있고 구함이 있음은 이 모두 망이요
무형 무견은 치우친 소견에 떨어짐이로다.
당당하고 밀밀하여 어느 곳에 틈이 있겠는가.
한 줄의 한광(寒光;찬빛)이 태허공을 빛내도다.

법희해

상이 있고 그 상을 구하려 함은 이 모두가 망이요 형상이 없어 보지 못한다는 것은 치우친 편견에 떨어짐이로다. 부처님의 법은 당당하고 밀밀하여 어느 곳에 틈이 있겠는가. 중생들이 이해하기 힘든 부처님의 짧은 한마디 말씀이 법계를 밝히도다.

함허설의

유(有)에 집착하고 무(無)에 집착하는 것은 함께 사견(邪見)을 갖는 것이니, 유무 둘 다 없어져야 한맛(一味)으로 항상 나타나리라.

법희해

유(有)는 무(無)에 대한 유(有)요, 무(無)는 유(有)에 대한 무(無)이다. 그러므로 유무(有無)는 분리되지 않는 하나이다. 유상(有相)은 '상이 있다.'가 아니라 '있는 상이 있다.'로 눈으로 볼 수 있는 색신을 말함이요, 무상(無相)은 '상이 없다.'가 아니고 '없는 상이 있다.'의 법신을 뜻하는 것이다. 그러므로 유상과 무상은 분리되지 않는 하나이다. 비유상비무상(非有相非無相)은 '유상도 아니고 무상도 아니다.'가 아니라 그 하나의 상(相)이 인연에 따라 색신과 법신으로 변함으로 무상(無常)의 다른 이름이다. 유상(有相)속에는 무상과 비유상비무상이, 무상(無相)속에는 유상과 비유상비무상이, 비유상비무상(非有相非無相)속에는 유상과 무상이 포함되어 있다.

그러면 유상 무상 비유상비무상은 어디에서 왔는가?

제육 정신희유
第六 正信希有

수보리 백불언 세존 파유중생 득문여시 언설장
須菩提 白佛言 世尊 頗有衆生 得聞如是 言說章
구 생실신부
句 生實信不

6. 바른 믿음은 희유함

수보리가 부처님께 말하기를 "세존이시여, 무지중생이
부처님의 이러한 가르침을 듣고 참된 믿음을 낼 수 있
겠습니까?"

육조
수보리가 '이 법은 심히 깊어서 믿기 어렵고 알기 어려
움이라, 말세의 범부는 지혜가 적고 하열(下劣)해서 어
떻게 믿어 들어가겠습니까?'하고 물었다. 부처님께서는
아래와 같이 답하셨다.

불고수보리 막작시설 여래멸후 후오백세 유지
佛告須菩提 莫作是說 如來滅後 後五百歲 有持

계수복자 어차장구 능생신심　이차위실
戒修福者 於此章句 能生信心　以此爲實

부처님께서 수보리에게 말씀하시기를 "그렇게 말하지
말라. 여래가 열반한 뒤 후오백세에도 계율을 지키고
복을 짓는 사람이 있어, 이 가르침을 능히 믿고 이것으
로 실다움을 삼으리라."

법희해
오고 감이 없는 여래를 여래멸후(如來滅後)라고 한 것
이 한문오역 같지만 여기에서 여래는 여래의 색신인 석
가모니 자신을 뜻한다. 지금은 석가모니가 법계를 잘
알고 있는 상근기 중생들에게 설하고 있음으로 상세하
게 설명하지 않는다.

오견고(五堅固)의 시대
불멸후 2천5백년간을 다섯 개의 5백년으로 나눠서 불
교의 특징을 나타낸 것.
제1 오백년-해탈견고(解脫堅固)
깨달음을 얻고 해탈하는 자가 많은 시기.
제2 오백년-선정견고(禪定堅固)
해탈하는 자 드물고 선정을 닦는 자는 많아서 불법이
보전되는 시기.

제3 오백년-다문견고(多聞堅固)
해탈과 선정을 얻는 자 극히 드물고 경전을 독송하는 자가 많은 시기.
제4 오백년-탑사견고(塔寺堅固)
부처님 말씀을 이해 할 수 있는 자 드물고 좋은 과보를 받으려고 탑과 절을 짓는데 보시하는 자가 많은 시기.
제5 오백년-투쟁견고(鬪爭堅固)
수행승들은 각자의 견해만 옳다고 싸워 절에서 불법이 사라져 가고 중생들은 자기들끼리 사법(邪法)을 공부하는 시기. 후오백세는 투쟁견고의 시기를 말한다.

함허설의
위의 문답은 다만 무주(無住), 무상(無相)의 뜻을 밝힌 것이다. 만약 무주, 무상의 뜻이라면 심히 깊고 알기 어려워서 우리의 상식에 가깝지 않으니, 성인에 이르기가 더욱 멀어져서 혹 믿지 못함이 있을까하여 물은 것이다. 그러나 이것은 진실로 중생의 일상에서 벗어나지 않은 것이며, 또한 과거, 현재, 미래를 전부 갖추고 있는 것이다. 이로 말미암아 비록 말세라 하나 만약 수승한 근기가 있으면 반드시 마땅히 신심(信心)을 내어서 이 무주, 무상의 뜻으로써 실다움을 삼을 것이다. 무상(無相)은 텅 비고 현묘(玄妙)한 도(道)이고 무주(無住)는 집착이 없는 참된 근본(眞宗)이니 만약 이 진종

(眞宗), 묘도(妙道)라면 바로 이 법신향상(法身向上;법신보다 높은 것)을 말한다. 향하(向下)에는 간섭되지 않으니, 이러한즉 이로써 실다움을 삼는다 하는 것은 법신향상으로써 실다움을 삼는 것이다. 법신향상으로 실다움을 삼은즉 삼신(三身)이 모두 향하(向下)에 속하여서, 이는 방편이고 비실(非實)임이 분명하도다. 무엇 때문에 이 같은가. 삼신(三身)이 다 근기에 따라서 나타나므로 필경엔 비진(非眞)인 까닭이다. 조주스님이 말하길, 금불(金佛)은 화로를 건너가지 못하고 목불(木佛)은 불을 건너가지 못하고 니불(泥佛)은 물을 건너가지 못하지만 진불(眞佛)은 내 안에 앉아 있다 하시니, 진불(眞佛)이 어찌 이 향상인(向上人)이 아니며, 삼불(金,木,泥)이 어찌 이 삼신(三身)이 아니리오. 임제스님이 말하길, 정묘국토(淨妙國土) 중에 들어가서 정묘(淨妙)한 옷을 입고 법신불(法身佛)을 설하며, 무차별국토(無差別國土) 중에 들어가서 차별 없는 옷을 입고 보신불(報身佛)을 설하며, 해탈국토(解脫國土) 중에 들어가서 해탈의 옷을 입고 화신불(化身佛)을 설한다 했는데, 대혜스님이 이것을 들어 말하길, 임제스님의 취지를 알고자 하는가. 법신, 화신, 보신이여, 돌재(咄哉)라! 도깨비 요정이로다. 삼안국토(三眼國土) 중에서 만나 무위진인(無位眞人;차별심이 없는 참된 사람)을 비웃는다 하니, 곧 향상(向上)은 이 진실이요 삼신(三身)은 방편(權)인 것

이 분명하도다. 또 경에서는 법신을 나타내는 것이고 이것으로써 실다움을 삼는다는 것은 법신으로써 실을 삼음이니, 법신(法身)이 실(實)이라면 보신(報身)과 화신(化身)은 방편이요 비실(非實)임이 분명하다.

당지시인 불어일불이불삼사오불 이종선근 이어
當知是人 不於一佛二佛三四五佛 而種善根 已於
무량천만불소 종제선근 문시장구 내지일념생정
無量千萬佛所 種諸善根 聞是章句 乃至一念生淨
신자
信者

"마땅히 이 사람은 한 부처님, 두 부처님, 셋, 넷, 다섯 부처님께 선근을 심은 것이 아니라 이미 헤아릴 수 없는 부처님께 모든 선근을 심었으므로 이 가르침을 듣고서 한결같은 마음으로 청정한 믿음을 낸다는 것을 알아야 하느니라."

육조
부처님 멸도 후 후오백세에 만약 어떤 사람이 능히 대승의 무상계(無相戒)를 가지고 망령되이 모든 상(相)을 취하지 않으며, 생사의 입을 짓지 않고 일체 시간 가운데서 마음이 항상 공적하여 모든 모양에 속박되지 않으면 이것이 곧 머무름이 없는 마음(無所住心)이라. 저 여래의 깊은 법에 마음으로 능히 믿고 들어가리니 이런 사람의 말은 진실해서 가히 믿을 만하다. 왜냐하면, 이 사람은 한 겁(劫)이나 두겁, 삼, 사, 오겁에 선근을 심었을 뿐만 아니라 이미 무량천만억겁에 모든 선근을 심은 것이니, 이 까닭에 여래께서 내가 멸한 후 후오백세에 능히 상(相)을 떠난 수행자가 있으면 마땅히 알라. 이 사람은 일, 이, 삼, 사, 오불(佛)에게만 모든 선근을 심은 것이 아니라고 하셨다. 무엇을 이름 하여 선근을 심었다 하는가. 아래에 간략히 말하면, 이른바 모든 부처님 처소에 일심(一心)으로 공양하여 교법을 수순하고 모든 보살과 선지식과 스승이나 스님과 부모와 연세 많고 덕이 많은 분 등 존경하는 분들의 처소에 항상 공경, 공양하여 높은 가르침을 받들어서 그 뜻을 어기지 않음을 이름 하여 모든 선근을 심는 것이라고 함이다. 육도의 모든 중생을 살해(殺害)하지 않으며, 속이지도 않고, 천하게 여기지도 않으며 해치지도 않고 욕하지도 않으며, 타지도 않고, 채찍질도 하지 않으며, 그 고기를 먹지 않고, 항상 이익 되게 행함을 이름 하여 모든 선근을 심는 것이라 한다. 일체의 가난하고 고통 받는 중생에게 자비하고 불쌍히 여기는 마음을 일으켜서 가벼이 여기거나 싫어하는 생각을 내지 않고 구하려 하면 힘을 따라서 베풀어줌을 이름 하여 모든 선근을 심음이라 하는 것이다. 일체의 악한 무리에게 스스로 화유(和柔)하고 인욕(忍辱)을 행해서 즐거이 맞이하여 그 뜻을 거스르지 않고 그로 하여금 환희심을 내게 하여 사나운 마음을 쉬게 하는 것을 모든 선근을 심는 것이라 하는 것이다. 신심(信心)이란 것은 반야바라밀이 능히 일체 번뇌를 제거함을 믿으며, 반야바라밀이 일체 출세공덕(出世功德)을 성취함을 믿으며, 반야바라밀이 능히 일체 제불을 출생시킴을 믿으며, 자기 몸 중의 불성이 본래 청정하여 더러움에 물듦이 없어서 모든 불성과 더불어 평등하여 둘이 없음을 믿으며, 육도 중생이 본래 상이 없음을 믿으며, 일체중생이 모두 능히 성불함을 믿는 것이니, 이것을 깨끗하게 믿는 마음이라 하는 것이다.

야부-44

金佛 不度爐 木佛 不度火 泥佛 不度水
금불 부도로 목불 부도화 니불 부도수

금불은 화로를 지나가지 못하고,
목불은 불을 건너지 못하며,
니불은 물을 건너지 못한다.

법희해
불생(不生)하니 불멸(不滅)이로다.

함허설의
삼불(三佛)이 종래로 부서짐을 면하지 못하고 삼신(三身)도 역시 그러해서 필경 비진(非眞)인 것이라. 삼불로써 삼신을 배대하신 뜻은 무엇인가. 법신(法身)은 견고하여 움직이지 아니하고 보신(報身)은 위로 명합하고 아래로 응하며 화신(化身)은 근기에 마땅함을 따라 구부려서 수순하거늘, 금(金)이 굳으나 부드럽지 않고 목(木)은 능히 부드럽고 강하며 니(泥)는 부드럽지만 강하지 못하니 삼불로써 삼신을 짝지운 뜻이 이런 것이다. 또 금(金)의 기(氣)는 마치 가을의 서늘함과 같고 그 바탕이 땅에 있은즉 확연하여 그 견고한 것이 체(體)의 구(句)요, 목(木)의 기(氣)는 몸의 따뜻함과 같아서 그 바탕이 땅에 있으면 파랗게 푸르른 것이 용(用)의 구(句)요, 토(土)는 사계절에 왕성해서 금, 목, 수, 화 등에 의지함이 되는 것이 중간의 구(句)가 된다. 또 금불(金佛)은 한 번 녹여 부으면 금방 만들어지니 이는 중간구(中間句)이고 목불(木佛)은 깎고 깎아서 이루어지니 이것은 무구(無句)요, 니불(泥佛)은 더하고 더해서 이뤄지니 이것은 유구(有句)로다. 금불(金佛)은 가히 용광로를 지나가지 못하니 용광로를 지나가면 녹아버리며 목불(木佛)은 불을 건너가지 못하니 불을 건너가면 타버리고 진흙불(泥佛)은 물을 건너가지 못하니 물을 건너가면 풀어져 버리느니라. 이것은 삼구(三句)가 낱낱이 실(實)이 아니니, 이런즉 '이것으로써 실다움을 삼는다.'는 삼구 밖의 일구로서 실(實)을 삼는 것이다. 또 금불은 모름지기 용광로를 지나가지 못하고 목불은 불을 건너가지 못하고 진흙불은 물을 건너가지 못하니, 이것은 삼구가 낱낱이 움직이지 못함이다. 이러한즉 유구(有句)는 분명하고 뚜렷하고(端端的的) 무구(無句)도 분명하고 뚜렷하며 중간구(中間句)도 분명하고 뚜렷해서 체(體)와 용(用) 등도 또한 그러한 것이다. 또 법신(法身)은 필경 공적(空寂)으로써 깃들어 의지하는 것이니, 무슨 소리를 가히 들을 것이며 무슨 상(相)을 가히 볼 수 있으리오. 금(金)이나 목(木) 등으로 능히 모양을 본뜨지 못하며 오직 보신(報身) 화신(化身)은 묘상(妙相)이 단엄해서 사람들이 즐겨 보게 하며, 음성이 청아하여 사람으로 하여금 즐겨 듣게 하다가 그 멸(滅)을 보이시매 사람들이 그것을 형상으로 만드는데, 혹 금으로 주조하기도 하고 혹은 나무로 조각하며 혹은 진흙으로 빚으니, 앞에 드러난 금불 목불 니불은 모두 보신 화신 가운데서부터 나온 것이다. 용광로를 건너지 못하고 불을 건너지 못하고 물을 건너지 못함은 보신 화신이 실답지 않음을 밝힌 것이다.

야부-45
三佛形儀揔不眞 眼中瞳子面前人 若能信得家中寶 啼鳥山
삼불형의총부진 안중동자면전인 약능신득가중보 제조산
花一樣春
화일양춘

삼불의 형상과 거동은 다 진실이 아니고
눈 가운데 동자가 그대 앞의 사람이라.
만약 능히 집에 있는 보배를 믿기만 하면
새 울고 꽃피는 것이 한결같은 봄이로다.

법회해
사람이 만든 삼불의 형상과 의미는 다 진실이 아니므로
그 불상을 바라보는 중생들의 눈동자엔 삼불의 형상이
보이지만 머릿속은 솜씨 좋은 장인의 모습만 보인다.
만약 능히 오온 속에 있는 불성을 믿고 행하기만 한다
면 불상과 장인 모두가 똑같은 부처님이로다.

함허설의
삼신(三身)이 다만 그 사람의 그림자이고, 깨닫고 보면
그림자그림자가 다른 것이 아니로다. 또 삼구(三句)가
다만 일구(一句)로부터 왔으니 일구를 깨달으면 삼(三)
이 곧 일(一)이다. 또 보신(報身)과 화신(化身)은 진(眞)

이 아니고 온전히 그림자지만, 만약 진(眞)을 깨달으면 그림자가 다른 것이 아니로다.

수보리 여래실지실견 시제중생 득여시무량복덕
須菩提 如來悉知悉見 是諸衆生 得如是無量福德

"수보리야, 여래께서는 이와 같은 모든 중생들이 헤아릴 수 없는 복덕을 얻게 되는 것을 다 보고 다 아시느니라."

함허설의
모든 부처님들의 증득한 것이 모두 이 법을 증득한 것이며, 이 사람의 믿는 것도 역시 이 법을 믿는 것이니, 믿음은 숙생(과거 훈습한 인연)으로 유래되는 것이라서 원인이 없지 않고, 믿으면 반드시 증득함이 있어서 마땅히 양족존(兩足尊;복과 지혜가 완전한 부처님)을 이루니라.

야부-46
種瓜得瓜 種果得果
종과득과 종과득과

오이를 심으면 오이를 얻고 과일을 심으면 과일을 얻는

다.

법희해
너는 오늘 무엇을 심었느냐?

함허설의
옛날에 배운 것이 곧 오늘에 믿는 것이요, 인지(因地;
처음 발심했을 때)에 익힌 것이 과위에 증득한 것이로
다.

야부-47
一佛二佛千萬佛 各各眼橫兼鼻直 昔年 親種善根來 今日
일불이불천만불 각각안횡겸비직 석년 친종선근래 금일
依前得渠力 須菩提須菩提 著衣喫飯 尋常事 何須特地却
의전득거력 수보리수보리 착의끽반 심상사 하수특지각
生疑
생의

일불, 이불, 천만불이 각각 눈은 가로로 있고 코는 세
로로 놓였도다.
옛날에 친히 선근을 심어왔더니
오늘은 옛것에 의지하여 큰 힘을 얻었도다.
수보리 수보리여, 옷 입고 밥 먹음이 일상의 일이거늘

어찌하여 모름지기 특별히 의심을 내는가.

함허설의
모든 부처님들이 안횡비직(眼橫鼻直)을 함께 증득하셨으니, 모든 제불들을 받들어 섬기는 것도 바로 안횡비직을 배우고자 하는 것이다. 눈이 옆으로 코가 바로 된 몸은 천만 부처님들 뿐 아니라 누구나 모두 똑같은 것이며, 옛적에 이미 배워 얻은 것이라서 지금 능히 믿음을 내는 것이다. 수보리 수보리여, 곧 일용(日用)이 문득 이것이니 무슨 알기 어려움이 있겠는가.

하이고 시제중생 무부아상 인상 중생상 수자상
何以故 是諸衆生 無復我相 人相 衆生相 壽者相
무법상 역무비법상
無法相 亦無非法相

"왜냐하면, 이 모든 중생은 아상, 인상, 중생상, 수자상이 없으며 법상도 없으며 또한 비법상도 없기 때문이니라."

법희해
비법상(非法相)!

함허설의
거칠고 미세한 때(垢)가 다하면 원명(圓明)한 체(體)가
드러나도다.

육조
만약 어떤 사람이 여래 멸후에 반야바라밀의 마음을 내
고 반야바라밀을 행해서 닦고 익히고 알고 깨달아서 부
처님의 깊은 뜻을 얻으면 모든 부처님이 그를 알지 못
함이 없다. 만약 어떤 사람이 상승법(上乘法;깊은 가르
침)을 듣고 일심(一心)으로 받아 지니면 곧 능히 반야
바라밀 무상무착행(無相無著行)을 하게 되어서 마침내
아, 인, 중생, 수자의 사상이 없으리라. 아상(我相)이 없
다는 것은 수상행식(受想行識)이 없음이고, 인상(人相)
이 없다는 것은 사대(四大)가 실(實)이 아니어서 마침내
지수화풍(地水火風)으로 돌아감을 요달함이요, 중생상
(衆生相)이 없다는 것은 생멸심(生滅心)이 없음이고, 수
자상(壽者相)이 없다는 것은 내 몸이 본래 없음이니 어
찌 목숨이 있겠는가 하는 것이다. 사상(四相)이 이미
없으므로 곧 법안(法眼)이 밝게 드러나서, 유무에 집착
함이 없이 두 변을 멀리 떠나고 자기 마음 가운데 있는
여래를 스스로 깨닫고 자각해서 길이 진로망념(塵勞妄
念)을 여의면 자연히 복 얻음이 끝이 없으리라. 무법상
(無法相)이란 이름을 떠나고 상을 떠나서 문자에 얽매

이지 않음이고, 또한 무비법상(無非法相)이란 반야바라밀법이 없음을 말하는 것이 아니니, 만약 반야바라밀법이 없다고 한다면 곧 이 법을 비방하는 것이다.

야부-48
圓同大虛 無欠無餘
원동대허 무흠무여

원만함이 큰 허공과 같아서 모자람도 없고 남음도 없다.

함허설의
사람에게 몸이 있음이여, 원만공적(圓滿空寂)한 것이 이것이다. 사람에게 마음이 있음이여, 광대하고 영통한 것이 이것이다. 이 몸 이 마음이 누군들 홀로 없으리오마는, 다만 무명을 요달하지 못하여 망령되이 사대(四大)를 오인해서 자신의 몸뚱이로 여기고 육진(六塵)의 그림자로 자기 마음을 삼는다. 이로 말미암아 몸의 원만한 체(體)가 형체 속에 갇히고, 마음의 영통한 쓰임(用)이 연려(緣慮;생각하는 마음)안에 숨어 있으니, 설혹 잘못된 줄 알더라도 또한 단견(斷見)을 이루는 것이다. 두 변에 막힘으로 말미암아서 원만한 체(體)와 영통한 용(用)이 능히 드러나지 못하다가 지금에 와서 아

(我)와 법(法)을 쌍으로 잊고 그 잊은 것까지도 또한 잊으니, 원만한 체와 영통한 용이 활연히 앞에 나타나서 아예 모자람도 없고 남음도 없다.

야부-49
法相非法相 開拳復成掌 浮雲 散碧空 萬里天一樣
법상비법상 개권부성장 부운 산벽공 만리천일양

법상과 비법상이여,
주먹을 펴니 다시 손바닥이로다.
뜬구름이 푸른 하늘에서 흩어지니
만리의 하늘이 온통 푸르름 뿐이더라.

법희해
법상과 비법상이여, 주먹을 펴니 다시 손바닥이로다.
중생의 분별심이 부처님 말씀에 흩어지니 구천에 온통 부처님 자비광명 뿐이더라.

함허설의
옳은 법과 그른 법이여, 하나는 상(常)이고 하나는 단(斷)이니, 단과 상이 비록 다르나 병이 되는 것은 같도다. 병이 됨이 같음이여, 주먹을 펴니 손바닥이 됨이로다. 주먹을 펴니 손바닥이 됨이여, 하필(何必)이요 불필

(不必)이로다. 단상(斷常)이 함께 없어야 한 맛이 바야
흐로 나타나리라.

하이고 시제중생 약심취상 즉위착아인중생수자
何以故 是諸衆生 若心取相 卽爲着我人衆生壽者
약취법상 즉착아인중생수자 하이고 약취비법상
若取法相 卽着我人衆生壽者 何以故 若取非法相
즉착아인중생수자
卽着我人衆生壽者

"왜냐하면, 모든 중생이 만약 마음에 상을 취하면 바로
아상, 인상, 중생상, 수자상에 집착하는 것이 되고 법상을
취하더라도 아상, 인상, 중생상, 수자상에 집착하는 것이
되며 비법상을 취하더라도 바로 아상, 인상, 중생상, 수자
상에 집착함이 되기 때문이니라."

법희해
상(相), 법상(法相), 비법상(非法相)!

1,법회인유 ~ 6,정신희유까지가 상근기 중생들에게 설
한 법문이다. 중생은 상(相) 법상(法相) 비법상(非法相),
어떤 것을 취해도 집착함이 된다. 이 세 가지 상에 머

무르지 않는 응무소주(應無所住)의 마음으로 행을 하는
것이 바로 보살인 것이다.

육조
이 삼상(三相;相,法相,非法相)을 취하면 아울러 사견(邪
見)에 집착함이니, 모두 미혹한 사람으로 경의 뜻을 깨
닫지 못한 것이다. 그러므로 수행인은 여래의 32상에
애착하지 말고, 나는 반야바라밀법을 안다고 말하지도
말며, 또한 반야바라밀행을 행하지 않고도 성불(成佛)
한다고 말하지 말 것이다.

시고 불응취법 불응취비법
是故 不應取法 不應取非法

"그러므로 마땅히 법은 취하지 말 것이며, 비법도 취하
지 말아야 하느니라."

법희해
비법(非法)!

함허설의
법(法)을 취함은 다만 법(法)이 곧 비법(非法)임을 알지
못한 때문이고, 비법을 취함도 다만 비법이 곧 법임을

알지 못한 때문이니, 일진법계(一眞法界)는 옳음도 없고 그름도 없으며, 없다는 것도 또한 없는 것이다. 이런 까닭에, 어찌 일법(一法)중에 법이 있음과 법아님이 있으리오 하니, 설혹 법과 비법을 분별할지라도 하나를 잡고 하나를 놓음이라, 언제 마칠 기약이 있으리오.

야부-50
金不博金 水不洗水
금부단금 수불세수

금으로 금을 살 수 없으며 물로써 물을 씻을 수 없다.

함허설의
다만 똑같은 금인데 어찌 능히 바꿔줄 것과 바꿔가질 것으로 나누며, 똑같은 물인데 어찌 씻는 물과 씻어지는 물로 나누겠는가. 이러한즉 법은 한 맛이거늘 견(見)에 두 가지 취함이 있으니, 두 가지의 취의 상(二取相)이 없어야 한 맛이 바야흐로 나타난다.

야부-51
得樹攀枝 未足奇 懸崖撤手 丈夫兒 水寒夜冷魚難覓 留得
득수반지 미족기 현애철수 장부아 수한야냉어난멱 류득
空船載月歸

공선재월귀

(벼랑에서) 나뭇가지를 잡음은 족히 기이함이 아니라,
벼랑에서 손을 놓아야 비로소 장부로다.
물도 차고 밤도 싸늘하여 고기 찾기 어려우니,
빈 배에 달빛만 가득 싣고 돌아오도다.

법희해
(벼랑에서) 나뭇가지를 잡음은 생에 대한 애절한 집착
이요, 생사일여가 되어야 비로소 장부로다.
사바세계에서 불법을 아는 이 찾기 어려우니
아 ~ 오늘도 허탕이로다.

함허설의
한 마음을 얻어두는 것이 기이한 것이 아니라, 한 곳마
저도 없어야 장부이니라. 이 경지에 이르러서는 범부의
뜻이 다 떨어지고 성인의 앎도 또한 없어야 함이니, 다
만 사심(私照)없이 비춤을 가져서 도리어 시비의 장(是
非場)에 왔도다.

이시의고 여래상설 여등비구 지아설법 여벌유
以是義故 如來常說 汝等比丘 知我說法 如筏喩
자 법상응사 하황비법

者 法尙應捨 何況非法

"그러므로 여래께서는 항상 '너희 비구들은 나의 설법을 뗏목과 같은 것에 비유하라.'고 설하셨느니라. 법도 마땅히 버려야 하거늘 하물며 비법은 어떠하겠느냐."

법희해
비법(非法)!

사과라는 과일의 실체가 있고 그것을 설명하는 '사과'라는 언설(言說)이 생겨났듯이 부처님 말씀이 담긴 경전이 설명하고 있는 그 실체는 무엇일까? 우리들이 뗏목을 버리듯이 조사를 버리고 경전을 버리고 부처까지도 버릴 수 있는 이유는 그 실체를 바로 봄에 있다.

함허설의
부처님께서 설하신 법은 다만 도(道)에 들어가는 방편(方便)이니, 이 방편에 의해서 도(道)에 들어가는 것은 옳지만, 방편을 지키고 버리지 않음은 옳지 않느니라. 방편도 오히려 마땅히 버려야 하거늘, 이 버려야 할 것을 어찌 보존하리오.

육조

법(法)이란 반야바라밀법이요, 비법(非法)이란 천상에 태어나는 것 등의 법이다. 반야바라밀법은 능히 일체중생으로 하여금 생사의 대해를 건너가게 하는 것이니, 이미 건너가서는 응당 주(住)하지 말 것이며 어찌 천상에 나는 등의 법에 즐기이 집착하겠는가.

야부-52
水到渠成
수도거성

물이 고이면 개울이 이루어지도다.

법희해
물이 없으면 개울도 없다.

함허설의
부처님께서 설하신 법은 진(眞)에도 해당하고 속(俗)에도 해당하니 속(俗)에 해당한 고로 해탈(解脫)이 곧 문자(文字)여서 49년을 동설서설하시고 진(眞)에도 해당한 까닭에 문자(文字)가 곧 해탈(解脫)이다. 3백여회에 일찍 한 글자도 설(說)하지 않았다 하시니, 만약 문자에 집착하면 파(派;줄기)만 보고 원(源;근원)을 미(迷)할 것이요, 만약 문자를 버리면 근원만 보게 되어 줄기를 미(迷)하게 되니, 원(源)과 파(派)를 함께 미하지 않아야 바야흐로 법성해(法性海)에 들어가게 되리라. 이미 법성해(法性海)에 들어가서는 무념지(無念智)가 현전(現前)함이니 향하는 데마다 걸림이 없어서 부딪히는 곳마다 통하리라.

야부-53

終日忙忙 那事無妨 不求解脫 不樂天堂 但能一念歸無念
종일망망 나사무방 불구해탈 불락천당 단능일념귀무념
高步毗盧頂上行
고보비로정상행

종일토록 바쁘고 바쁘나
그 어느 일도 방해되지 않도다.
해탈도 구하지 않고
천당도 즐기지 않도다.
다만 능히 한 생각 무념으로 돌아가면
높이 비로의 정상을 걸어가리라.

함허설의
무념지(無念智)가 나타남이여, 이쪽과 저쪽을 쳐서 한 덩어리를 이룸이라. 속박과 해탈이 둘이 아니요, 떠오름과 잠김이 한 때로다. 이미 성인(正因)을 얻고서 다만 오인하지만 않는다면 비로 정상을 높이 걸어서 스스로 참다운 쾌활(快活)을 이루리라.

법희해
금강경을 강의하는 자들은 아래 규봉 종밀선사의 말씀을 귀담아 들어라.

경(經)은 불지론에 의하면 능히 꿰기도 하고 섭수하기도 해서 경이라 했으니, 부처님의 성스러운 가르침으로써 응당 설하신 뜻을 꿰어서(깨달아서) 교화할 중생을 포섭해 가는 까닭이다. 소(疏)는 본래 이 경을 평론하는 사람들을 위하여 그 과단을 가리킴이니, 비록 차례로 경을 과목(科目)했으나 차례로 글을 해석하지 않고 다만 어려운 곳만 간략히 절목(節目)만 들었을 뿐이고 뜻을 갖추어서 서술하지는 못하였다. 금강경의 뜻은 전해주고 보여주는 강의하는 자의 구결(口訣)에 있는 것이지 소(疏) 가운데 있는 것이 아님으로 소(疏)를 해석하는 것으로 강의하지 않아야 한다. 강의하는 자는 처음부터 끝까지 차례로 깊고 오묘한 뜻으로써 경문을 해석하되 어려운 곳은 소(疏)를 가지고 할 것이요 쉬운 곳은 바로 설명해야 한다.

제칠 무득무설
第七 無得無說

수보리 어의운하 여래득 아뇩다라삼먁삼보리야
須菩提 於意云何 如來得 阿耨多羅三藐三菩提耶
여래유소설법야
如來有所說法耶

7. 얻을 수도 없고 설할 수도 없음

"수보리야, 어떻게 생각하느냐. 여래께서 아뇩다라삼먁
삼보리를 얻은 일이 있느냐? 여래께서 설한 법이 있느
냐?"

수보리언 여아해불소설의 무유정법 명아뇩다라
須菩提言 如我解佛所說義 無有定法 名阿耨多羅
삼먁삼보리 역무유정법 여래가설
三藐三菩提 亦無有定法 如來可說

수보리가 말하기를 "제가 부처님의 말씀을 이해하기에
는 아뇩다라삼먁삼보리라고 이름 할 법이 없으며 또한

여래께서 설하신 법도 없습니다."

함허설의
진여(眞如), 불성(佛性), 보리(菩提), 열반(涅槃)으로써
육도, 사제, 십이인연(십이연기) 등 일체의 명언에 이르
기까지 모두 근기에 따라서 부득이 설한 것이다. 사실
에 나아가 관(觀)하면 아예 이러한 일은 없는 것이다.
또한 때에 따라 설함은 있으나 실다운 법으로써 사람에
게 준 것은 아니다.

육조
아뇩다라는 밖으로부터 얻은 것이 아니고 다만 마음에
아소(我所;내것)가 없으면 곧 이것이다. 다만 병에 따라
약을 베푸는 것으로 인하여, 마땅함을 따라서 설하시니
어찌 결정적인 법이 있으랴. 여래께서 말씀하시기를,
위없는 정법은 마음에 본래 얻을 것이 없으며 또한 얻
지 못했다고도 말할 수 없으니, 다만 중생들의 소견(所
見)이 같지 않으므로 여래가 근기에 따라 갖가지 방편
으로 열어주고 달래고 이끌어주고 인도하시며 그들로
하여금 모든 집착을 떠나게 하신 것이다. 일체중생의
망심(妄心)으로 일어나고 없어져 머물지 않고 경계를
쫓아 움직이는 고로 앞생각이 문득 일어나면 뒷생각이
바로 깨달을 것이니, 바로 망상이 일어난 줄 알면 이미

주(住)하지 않음이라서 견(見)도 또한 있지 않다고 가리켜 보이셨도다. 만약 그러할진대 어찌 정(定)한 법이 있어서 여래께서 가히 설했다 하겠는가. 아(阿;無)란 것은 마음에 망념(妄念)이 없음이요, 뇩다라(耨多羅)는 마음에 교만(驕慢)이 없음이고, 삼(三)이란 마음이 항상 정정(正定)에 있음이요, 먁(藐)이란 마음이 항상 정혜(正慧)에 있음이고, 삼보리(三菩提)는 마음이 늘 공적(空寂)해서 한 생각 범부의 마음을 몰록 제거하면 곧 불성(佛性)을 보는 것이다.

야부-54
寒卽言寒 熱卽言熱
한즉언한 열즉언열

추우면 춥다고 말하고 더우면 덥다고 말하도다.

법희해
부처님 처소에 있는 작은 연못에는 연꽃이 없다네.

함허설의
이승(二乘)이 있으므로 이승을 설하고 대승(大乘)이 있으므로 대승을 설하시니, 중생에 응하여 방편을 행함이니 결성적인 법은 없음이로다. 인연에 따라서 이치를 세우니 그물을 벗어나도다.

야부-55
雲起南山雨北山 驢名馬字幾多般 請看浩渺無情水 幾處隨
운기남산우북산 려명마자기다반 청간호묘무정수 기처수
方幾處圓
방기처원

구름은 남산에서 일고 비는 북산에서 내리니
나귀이름에 마자가 얼마나 많았는가.
청컨대 넓고 아득한 무정수를 보라
몇 곳이 모났으며 몇 곳이나 둥글었는가.

법희해
부처님은 남산의 구름을 설하시고 독거사는 북산에 내
리는 비를 바라보니 부처님 말씀과 독거사의 행이 일치
하지 않도다. 청컨대 넓고 아득한 부처님의 마음을 보
라. 옳고 그름이 없는 부처님 마음이 잘못 전해진 곳이
몇 곳이며 제대로 전해진 곳이 몇 곳이더냐.

함허설의
그럴듯하게 사제, 십이인연을 설하시고 다시 육바라밀
을 설하셨으니 근기가 같지 않음으로 법 또한 일정함이

없도다. 이로 쫓아 만 가지 이름으로 나누어졌도다. 무념지(無念智)로써 온갖 근기에 응하시니 반교(半教), 만교(滿教), 편교(偏教), 원교(圓教)가 얼마나 많은가. 그 많은 말들이여, 일찍이 한 글자도 말(言)에 떨어지지 않았도다.

불언 수보리 여래소설법 개불가취불가설 비법
佛言 須菩提 如來所說法 皆不可取不可說 非法
비비법
非非法

부처님께서 말씀하시길 "수보리야, 여래께서 설하신 비법과 비비법은 모두 취할 수도 없고 말할 수도 없느니라."

법희해
비법(非法), 비비법(非非法)!
비법(非法)은 개념의 부정이며 비비법(非非法)은 개념을 부정하는 것을 부정하므로 주관 또는 나의 실체가 없다는 것을 뜻하는 말이다. 비비법(非非法)은 언설(言說)이 아니라 법계의 실체이다.

한문오역 '하이고(何以故)'를 '불언수보리(佛言須菩提)'

로 바꿨다. 수보리의 경지로는 비법, 비비법을 질문할 수는 있지만 석가모니 앞에서 건방지게 설명하지는 못한다. 아라한 중에서 가장 뛰어난 대아라한이 수보리의 경지이므로 여래의 말씀을 직접 듣지는 못한다.

함허설의

부처님께서 설하신 법은 유상(有相)이라 설했거나 무상(無相)이라 설했거나 원만한 말로 자재(自在)하여서 마침내 일변에 머물지 않음이다. 그러므로 가히 취할 것이 아니며 설할 것도 아니니라. 또한 부처님께서 설하신 법은 이 법이라 말해도 옳지 않으며 비법이라 말해도 옳지 않으니, 만약 결정코 비법이라 말하면 강을 건너는 데는 모름지기 뗏목을 쓰는 것이요, 만약 결정코 이 법이라 하면 언덕에 이른 후에는 배를 필요로 하지 않는 것이다. 이 까닭에 어떤 때에 말하길 '지극한 이치의 한마디가 범부를 고쳐서 성인을 만든다.'하고 어떤 때는 말하길 '삼승 십이분교가 이 무엇인가. 뜨거운 그릇에 물 붓는 소리'라 하니 금(金)과 시(屎)의 말도 또한 이것 때문이다.

육조

사람들이 여래께서 설하신 문자나 문구에 집착하여 무상의 이치를 깨닫지 못하고 망령되이 알음알이를 낼까 두려워하였으므로 불가취(不可取)라 하셨다. 여래께서 갖가지 중생들을 교화하기 위하여 근기에 응하고 그 양(量)에 따르시니 부처님이 설하신 언설이 또한 어찌 정(定)함이 있겠는가. 학인이 여래의 깊은 뜻을 알지 못하고 다만 여래께서 설하신 교법을 외우고 여래의 본심을 요달하지 못하여 마침내는 성불하지 못하므로 불가설(不可說)이라 하셨다. 입으로만 외우고 마음으로 행하지 않으면 곧 비법(非法)이요, 입으로 외우고 마음으로 행하여 마침내 얻을 바가 없음(無所得)을 요달하면 곧 비비법(非非法)이라 한다.

야부-56
是甚麼
시심마

이것이 무엇이냐.

함허설의
부처님께서 설하신 법은 물위에 뜬 표주박과 같아서 부딪치기만 해도 금방 움직이도다. 정법(定法)은 가히 취할 게 없으며 정법은 가히 설할 게 없으니, 만약 결정코 설할 것이 있다고 하면 비유(非有)는 어찌하며 만약 결정코 설할 것이 없다면 비무(非無)는 어찌하리오. 이미 유무의 법이 아닐진대 필경 무엇인가. 또 법(法)이

라 말하고 비법(非法)이라 말하는 것은 이미 다 옳지
않으니, 필경에는 무엇인가.

야부-57
恁麼也不得 不恁麼也不得 廓落大虛空 鳥飛無影跡 咄 撥
임마야부득 불임마야부득 곽락대허공 조비무영적 돌 발
轉機輪却倒廻 南北東西任往來
전기륜각도회 남북동서임왕래

이래도 옳지 않고 저래도 옳지 않으니
텅 빈 큰 허공에 새가 날아가나 자취가 없도다.
돌! 교화에 도리어 거꾸로 돌아가니
남북동서에 뜻대로 왕래하도다.

법희해
말(言)이란 이래도 옳지 않고 저래도 옳지 않으니
사바세계에서 부처님의 49년 설법은 자취가 없이 사라
졌도다. 돌! 부처님 말씀에 도리어 행(行)으로 대하는
자는 남북동서에 걸림 없이 왕래하도다.

함허설의
결정코 있음과 결정코 없음이 모두 옳지 않으니 사구
(四句)를 향해서 부처님을 찾지 말라. 부처님은 사구

가운데 앉아 있지 않으니 사구 중에 있지 않음이여, 새
가 공중으로 날아가도 그림자 자취가 없도다. 돌! 다시
새가 날아간 그 길을 향해 몸을 굴려야 비로소 옳음이
니 남북동서 천지에 경계를 나누지 않고 자유롭게 왕래
하도다. 또 법과 비법이 둘 다 옳지 않으니 두 가지 견
해가 모두 부처님의 본심이 아님이다. 누가 공중에서
새의 자취를 찾겠는가. 돌! 비록 이렇게 되더라도 또한
부처님의 본심이 아니니 만약 부처님의 본심을 참으로
알고자 한다면, 법이라 이를지라도 방해되지 않고 비법
이라 해도 방해되지 않도다.

소이자하 일체현성 개이무위법 이유차별
所以者何 一切賢聖 皆以無爲法 而有差別

"그 까닭은 모든 성인과 현인은 다 무위법으로써 차별
을 두기 때문이니라."

법희해
하나의 동전(실체)에는 앞면 뒷면 옆면의 무위차별이
있다. 범부 수다원 사다함 아나함 아라한 성문 연각 보
살 부처 이것도 모두 무위차별이다. 그러면 무위차별을
두는 이유는 뭘까? 수행자들이여! 여기서 개짓는 소리
라도 한 번 내봅시다. 밥값은 해야 하지 않겠나?

함허설의

모든 현성이 증득한 법이 다 무위(無爲)로서 차별을 두
었으니 이 차별이 곧 무위로 중간과 이변을 멀리 벗어
났도다. 이러한즉 한 맛의 무위법이 성문(聲聞)에 있은
즉 사제이고 연각(緣覺)에 있은즉 십이인연이고 보살
(菩薩)에 있은즉 육바라밀이니, 육도와 십이인연과 사
제가 낱낱이 취할 것도 없고 설할 것도 없음이로다.

육조

삼승(三乘)들의 근성이 아는 바가 같지 않아 견해에 얕
고 깊음이 있어서 차별이라 말한다. 부처님이 설하신
무위법이란 곧 무주(無住)이니, 무주가 곧 무상(無相)이
며, 무상이 곧 무기(無起)이며, 무기가 곧 무멸(無滅)이
다. 탕연(蕩然)히 공적(空寂)하여 조(照)와 용(用)을 가
지런히 거두며 깨달음에 걸림이 없는 것이 참다운 해탈
불성이다. 부처는 곧 각(覺)이며 각은 곧 관조(觀照)이
며 관조가 곧 지혜(智慧)이며 지혜는 곧 반야바라밀다
(般若波羅蜜多)이다.

야부-58

毫釐有差 天地懸隔
호리유차 천지현격

털끝만큼이라도 차이가 있으면 천지만큼 벌어진다.

법희해
졸지 말고 정신 차려라. 그 털끝에 금강이 무너진다.

함허설의
법은 비록 한 맛이나 견해에 천차(天差)가 있으니, 이 까닭에 천차(天差)가 단지 한 생각에 있음이다. 한 생각 차이에 나누어짐이 천지(天地)와 같으니 비록 이와 같으나 천지(天地)는 한 덩어리로다. 이러한즉 금(金)으로 천 가지 그릇을 만들면 그 그릇그릇이 모두 금(金)이요, 전단향 만(萬) 조각이 조각마다 모두 향이로다.

야부-59
正人說邪法 邪法悉歸正 邪人說正法 正法悉歸邪 江北成
정인설사법 사법실귀정 사인설정법 정법실귀사 강북성
枳江南橘 春來都放一般花
지강남귤 춘래도방일반화

바른 사람이 삿된 법을 말하면
사법이 다 정에 돌아오고
삿된 사람이 정법을 설하면
바른 법이 모두 사에 돌아가도다.

강북에서는 탱자가 되고 강남에선 귤이 됨이여,
봄이 오면 모두 똑같이 꽃을 피우도다.

법희해
수행자가 삿된 법을 설하면 사법이 다 정에 돌아오고
독거사가 정법을 설하면 정법이 모두 사에 돌아가도다.
하지만 독거사의 사법이나 수행자의 정법도 깨치고 보
면 모두 부처님 말씀이로다.

함허설의
한 맛의 무위법이 능히 바르기도 하고 능히 삿되기도
한 것이다. 한 종자가 남북으로 갈렸지만 남북의 꽃은
한가지로다.

제팔 의법출생
第八 依法出生

수보리 어의운하 약인만삼천대천세계칠보 이용
須菩提 於意云何 若人滿三千大千世界七寶 以用
보시 시인소득복덕 영위다부 수보리언 심다 세
布施 是人所得福德 寧爲多不 須菩提言 甚多 世
존 하이고 시복덕 즉비복덕성 시고 불설복덕다
尊 何以故 是福德 卽非福德性 是故 佛說福德多

8.이 법에 의지하여 모든 것이 생겨남

"수보리야, 어떻게 생각하느냐. 만약 어떤 사람이 삼천
대천세계에 칠보로 가득 채워 보시를 한다면 이 사람이
얻는 복덕은 많겠느냐?" 수보리가 말하기를 "매우 많습
니다. 세존이시여, 왜냐하면 이 복덕은 바로 비복덕성
의 뜻이기 때문에 복덕이 많다고 부처님께서 말씀하셨
습니다."

법희해
비복덕성(非福德性)!

세존이 존재하지도 않은 삼천대천세계를 예를 들어 있지도 않는 복덕을 많으냐고 물으니 수보리가 '복덕이 없습니다.'라고 해도 될 것을 '매우 많습니다.'라고 대답한 이유가 뭘까?

한문오역 '여래설복덕다(如來說福德多)'를 '불설복덕다(佛說福德多)'로 바꿨다. 여래의 설하심을 들을 수 있는 경지는 성문부터 가능한 일이다.

육조
삼천대천세계의 칠보를 가지고 보시에 쓰면 복 얻음이 비록 많으나 성품의 자리에는 하나도 이익 됨이 없다. 마하반야바라밀다를 의지하여 수행하며, 자성(自性)으로 하여금 모든 유(有)에 떨어지지 않으면 이를 복덕성(福德星)이라 이름 한다. 마음에 능소(能所)가 있으면 복덕성이 아니요 능소심이 끊어져야 복덕성이다. 마음에 부처님의 가르침을 의지하고 행이 부처님의 행과 같으면 이를 복덕성이라 이름 하고, 부처님의 가르침을 의지하지 않고 능히 부처님의 행을 실천하고 이행하지 않으면 곧 복덕성이 아닌 것이다.

약부유인 어차경중 수지내지 사구게등 위타인
若復有人　於此經中　受持乃至　四句偈等　爲他人

설 기복승피
說 其福勝彼

"만약 또 어떤 사람이 이 경 가운데서 사구게만 배우며 행하고 다른 사람을 위해 말해준다면 그 복은 저 칠보 를 보시한 복보다 수승하느니라."

법회해
여기서도 성급히 금강경사구게를 함부로 지껄이지 말라! 야부스님께서 내뱉은 침이 네 얼굴에 묻으리라. 응화비진까지 끈기 있게 보는 자는 다행히 그 침 만은 면할 것이다. 금강경에서 수지(受持)라는 말이 많이 나온다. 수지(受持)라 함은 스승에게 배우며 배운대로 행한다는 말이다. 단순히 받아 지닌다는 말이 아니라 가르침대로 행한다는 뜻으로 실천함을 더 강조한 말이다.

함허설의
복덕성이란 능소(能所)를 떠나 시비를 끊으며 존망(存亡)을 없애고 득실도 없애서 진정한 무루(無漏)가 이것이다. 이 같은 복덕은 허공과 같아서 헤아리기 어려우며 상대가 끊어지고 짝할 수 없어서 응당히 다소(多少)나 상대로써 일컫지 못하리니, 지금엔 이와 반대로 다만 가히 많다고 설할지언정 마땅히 무량무변으로써 칭하지 못함이로다. 만약 능히 경을 가지고 이치를 깨달아서 무주행을 행하면 그 짓는 바가 무심에서 나와서 행마다 낱낱이 청정함이다. 감득한 복덕이 마땅히 참답고 깨끗하고 새는 것이 없어서 마침내 다함이 없다. 그러므로 앞에서 찬탄하며 말하길, 만약 보살이 상에 주하지 않고 보시하면 그 복덕이 가히 헤아릴 수 없다고 하셨다.

육조

12부 가르침의 큰 뜻이 모두 사구게 안에 있으니 어찌하여 그러함을 아는가. 모든 경중의 사구게를 찬탄함이 곧 이 마하반야바라밀다이니, 이로써 마하반야는 모든 부처님들의 어머니가 되는지라, 삼세제불이 다 이 경을 의지해서 수행하여 바야흐로 성불하셨다. 그래서 반야심경에 삼세제불이 다 이 반야바라밀다를 의지하여 아뇩다라삼먁삼보리를 얻었다 하신 것이다. 스승으로부터 배우는 것을 수(受)라 하고 뜻을 이해하여 행함을 지(持;실천)라 한다. 스스로 이해하고 스스로 행함은 자리(自利)요, 남을 위해 연설하는 것은 이타(利他)이니 공덕이 광대하여 끝이 없느니라.

야부-60
事向無心得
사향무심득

일은 무심에서 이루어진다.

법희해
제비새끼는 스스로 먹이를 구할 수 없음이라. 주는 대로 쳐 먹어라.

함허설의
이 경을 믿으면 무아(無我)의 이치가 드러나고, 무아를 알면 마음에 다른 인연이 없으며, 마음에 다른 인연이 없으면 마음이 깨끗하여 청정함이 허공과 같고, 마음이 이미 청정하면 모든 부처님과 조사들의 신통기용(神通機用)과 그 밖의 무량한 묘한 뜻, 전에 얻지 못한 것들을 다 이로부터 얻으리라.

야부-61
寶滿三千及大千　福緣應不離人天　若知福德元無性　買得風
보만삼천급대천　복연응불리인천　약지복덕원무성　매득풍
光不用錢
광불용전

삼천대천세계를 채울 만한 보배로 보시하더라도
복의 인연은 인간과 천상을 떠나지 않으니
원래 복덕의 성품이 없음을 알면

본지풍광을 사는데 돈을 쓰지 않으리라.

법희해
그래도 독거사 목구멍에 보시한 돈 보다는 낫다.
나무 관세음보살!

함허설의
칠보는 인간 세상에서 소중히 여기는 것이고, 보시를 베푸는 것은 사람의 마음으로 행하기 어려운 것이거늘, 지금 칠보로써 삼천세계에 가득히 베푸니 가히 어려운 것을 능히 행하는 것이다. 그러나 보시를 행하는 것이 만약 무념진종(無念眞宗)에 계합(契合)하지 않으면 곧 그 감득한 과보가 다만 인간과 천상에 나는 유루(有漏)의 과보이거니와 만약 이 경을 의지해서 복덕성의 공함을 알면 베푸는 공으로 인하지 않아도 본지풍광(本地風光)이 자연히 드러나게 된다.

하이고 수보리 일체제불 급제불아뇩다라삼먁삼
何以故 須菩提 一切諸佛 及諸佛阿耨多羅三藐三
보리법 개종차경출
菩提法 皆從此經出

"왜냐하면 수보리야, 일체 모든 부처님과 부처님의 아

녹다라삼먁삼보리의 법이 모두 이 경에서 나왔기 때문이니라."

함허설의
다만 이 한 권의 경은 그 모양이 태허(太虛)를 에워싸고 그 체(體)가 일체에 두루하니 부처님과 법의 현묘한 뿌리가 바로 여기 있기 때문이다. 또 삼신(三身;法,報,化)의 부처님은 사람의 성품 가운데 다 있지만 다만 무명으로 덮여서 능히 나타나지 못하다가 이제 지혜의 취(嘴;부리)로써 무명의 각(殼;껍질)을 쪼아 깨뜨리면 삼신의 부처님이 그 자리에 나타나시도다.

육조
차경(此經)이란 이 한 권의 글을 가리킴이 아니다. 요(要)는 불성이 체(體)로부터 용(用)을 일으켜서 묘한 이치가 무궁함을 나타낸 것이니, 반야(般若)란 곧 지혜(智慧)이다. 지(智)는 방편(方便)으로 덕(德)을 삼음이다. 혜(慧)는 지혜의 결단으로서 작용을 삼음이니, 곧 모든 시간 가운데 깨달아 비추는 마음이다. 일체제불과 아뇩다라삼먁삼보리가 깨달아 비치는 곳으로부터 나오는 까닭에 이 경으로부터 나온다고 하신 것이다.

야부-62

且道 此經從甚麼處出 須彌頂上 大海波心
차도 차경종심마처출 수미정상 대해파심

또 말하라. 이 경은 어느 곳으로부터 왔는가.
수미산의 정상이요, 대해의 파도 중심이로다.

법희해
부처님께서 친히 내려주신 것도 있지만 구마라습의 후
예들이 만들어 낸 것이 더 많다.

함허설의
사람들이 단지 자식(子) 있음만 알고 아비(父) 있음은
알지 못하며, 비록 아비(父)가 있음을 알지만 또한 할
아버지(祖)가 있음은 알지 못하니, 수미산의 정상과 대
해의 파도 중심이 어찌 할아버지의 면목이 아니리오.
수미 정상은 형상이나 이름으로써 이르지 못하고 대해
파심이 억연(嶷然;높이 빼어나고 아주 뛰어난 모양)히
천차만별이로다. 억연한 천차여, 넓고 넓어 가이없고
형상과 이름이 이르지 못하니 높고 아득하여 잡고 오르
기 어렵도다. 여기에 이르러서는 부처와 부처, 조사와
조사가 헤아리지 못하며 일체의 어떤 사물로도 비교할
수 없는 것이다.

야부-63
佛祖垂慈實有權 言言 不離此經宣 此經出處 還相委 便向
불조수자실유권 언언 불리차경선 차경출처 환상위 변향
空中駕鐵船 切忌錯會
공중가철선 절기착회

불조께서 자비를 베푸시어 진실에서 방편을 두시니
말씀말씀이 다 이 경을 떠나지 않고 베푸셨도다.
이 경의 출처를 자세히 아는가.
문득 하늘을 향해 철선을 몰고 갈지니라.
간절히 바라노니 잘못 알지 말지어다.

법희해
이 경의 출처를 자세히 아는가.
의식이 미치지 못하는 그곳에서 부처님의 마음을 제대
로 볼 수가 있다. 간절히 바라노니 독거사들이여, 제발
네놈의 생각으로 만들어 내지 말지어다.

함허설의
큰 일(깨달음)을 몰록 얻어 마치고는, 재 묻은 머리와
흙 묻은 얼굴로 이렇게 와서, 마른 나무들을 적시기 위
해 감로를 뿌리니 그 방울방울이 모두 이 경으로부터
나왔도다. 이 경의 출처를 알고 나서 저 방초언녁(芳草

岸)을 향해 거닐지니라.

切忌錯會 有甚錯會 無雲生嶺上 有月落波心 有月落波心
절기착회 유심착회 무운생령상 유월락파심 유월락파심
上界光不歇 無雲生嶺上 舒卷也尋常
상계광불헐 무운생령상 서권야심상

간절히 잘못 안 것을 꺼려함이며
무슨 잘못 알 것이 있으리오.
구름이 없으면 산봉우리가 드러나고
달이 있으면 파도 중심에 떨어진다.
달이 있으면 파도의 중심에 떨어짐이여
하늘에는 그 빛이 쉬지 않음이요,
구름이 없으면 산봉우리가 드러남이여
그 펴고 거둠은 늘 있는 일이로다.

수보리 소위불법자 여래설 즉비불법
須菩提 所謂佛法者 如來說 卽非佛法

"수보리야, 이른바 불법이라고 하는 그것은 여래께서
바로 비불법을 뜻한다고 설하셨느니라."

법희해

비불법(非佛法)!

한문오역 '소위불법자(所謂佛法者)'뒤에 빠져버린 '여래설(如來說)'을 넣었다. 금강경에서 '비(非)'에 대한 설명은 세존의 말을 수보리가 인용하거나 여래의 말을 세존이 인용한다. 세존이나 수보리가 인용하지 않고 사기주장대로 절대 말할 수 없는 것이 '비(非)'이다.

예전에 화장실에서 금강경을 읽었다는 어떤 눈 밝은 놈이 여기에서 '불법은 곧 불법이 아니다.'로 해석해놓고 대승불교의 마지막 선포니, 깨달음의 부정이니, TV에서 책에서 불교를 제 마음대로 똥칠을 해도 스님네들은 모두 열반 해버렸는지 조용하기만 하고 그것도 모자라 어떤 놈은 뭐 그 놈에게 선방을 내줘! 에라이 ~ 이 새 같은 놈들아. 밥은 먹고 다니냐? '비(非)' 일자(一字)도 모르는 것들이 입만 살아 지껄이는 세상에 불법은 어디에 숨었노?

함허설의
진성(眞性)은 연기(緣起)에 걸리지 않으니 경이 능히 불법을 출생함이요, 연기(緣起)가 진성(眞性)에 걸리지 않으니 불법(佛法)이 곧 불법(佛法)이로다.

육조

여기서 말한 일체의 문자 장구가 표식과 같고 손가락과 같으니, 표식과 손가락은 그림자나 메아리의 뜻이다. 표식을 의지해서 사물을 취하고 손가락을 의지하여 달을 보는 것이니 달은 이 손가락이 아니요, 표식은 이 사물이 아닌 것이다. 다만 경문을 의지하여 법을 취하는 고로 경은 곧 이 법이 아닌 것이어서, 경문은 육안으로 볼 수 있지만, 법은 혜안(慧眼)이라야 볼 수 있도다. 만약 혜안이 없는 자는 다만 그 경만 보고 그 법은 보지 못한다. 만약 그 법을 보지 못하면 곧 부처님의 뜻을 알지 못함이니, 이미 부처님의 뜻을 알지 못하면 마침내 불도(佛道)를 이루지 못하니라.

야부-64

能將蜜果子 換汝苦胡蘆
능장밀과자 환여고호로

능히 단 과자를 가지고 너의 쓴 호로와 바꾸도다.

법희해

독거사와 눈 밝은 놈들은 바꿔주는 척하지만 오직 부처님만이 손해 보는 장사를 하신다.

함허설의
불법이 저 단 과자와 같고, 비불법(非佛法)은 저 쓴 호로와 같도다. 불(佛)이 비불(非佛)이고 법(法)이 비법(非法)이여, 단 과자를 가지고 쓴 호로와 바꿈과 같거니와, 다시 단 과일은 꼭지까지 달고 쓴 호로는 뿌리까지 쓴 것을 알지니라.

야부-65
佛法非法 能縱能奪 有放有收 有生有煞 眉間常放白毫光
불법비법 능종능탈 유방유수 유생유살 미간상방백호광
癡人猶待問菩薩
치인유대문보살

불법이 비법이여,
능히 놓아두기도 하고 능히 뺏기도 함이라.
놓아두기도 하고 거두기도 하며
살리기도 하고 죽이기도 하도다.
눈썹 사이에서 항상 백호광을 놓거늘
어리석은 이들은 오히려 보살에게 묻도다.

법희해
불법이 비법이여.
오직 부처님 법만이 중생들을 놓아두기도 하고

거두기도 하며 살리기도 하고 죽이기도 하도다.
법계의 윤회를 주관하시는 부처님은 항상 사바세계를
지켜보거늘 어리석은 중생들은 오히려 부처 흉내를 내
는 자에게 묻도다.

함허설의
좌로 가고 우로 가고, 능히 모나기도 하고 둥글기도 하
도다. 백로가 눈 속에 서 있으니 같은 색이 아니요, 곤
륜(崑崙)이 코끼리를 타니 조금은 비슷하도다. 사람사
람이 다 한 쌍의 눈썹이 있어서 한 쌍의 미간에 백호광
을 놓음이로다. 백호광을 놓음이여, 본래 이루었는데
어찌 모름지기 밖을 향해 부질없이 찾으리오.

제구 일상무상
第九 一相無相

수보리 어의운하 수다원 능작시념 아득수다원
須菩提 於意云何 須陀洹 能作是念 我得須陀洹
과부
果不

9. 무상도 하나의 상인

"수보리야, 어떻게 생각하느냐. 수다원이 나는 수다원
과를 얻었다고 생각하겠느냐?"

법회해

9분은 제목부터 뜻을 제대로 알고 해석하는 자가 없다.
그 다음은 말할 것도 없다. 도대체 금강경을 한글로 옮
긴이가 누군지 갑자기 궁금해진다.

육조

수다원(須陀洹;성문의 류에 들어감)이란 범어이고 당언
으로는 역류(逆流)니, 생사의 흐름을 거슬러서 육진에
물들지 않고 한결같이 무루업만 닦아서 거칠고 무거운

번뇌를 나지 않게 하여 결정코 지옥, 아귀, 축생 등 이
류(異類)의 몸을 받지 않으므로 수다원이라 이름 했다.
만약 무상법(無相法)을 요달하면 곧 과(果)를 얻었다는
마음이 없으리니, 조금이라도 과를 얻었다는 마음이 있
으면 곧 수다원이라 이름 할 수 없으므로 '불야(不也)'
라고 말씀하신 것이다.

수보리언 불야 세존 하이고 수다원 명위입류
須菩提言 不也 世尊 何以故 須陀洹 名爲入流
이무소입 불입색성향미촉법 시명수다원
而無所入 不入色聲香味觸法 是名須陀洹

수보리가 말하기를 "아닙니다. 세존이시여, 왜냐하면
수다원이란 성인의 경지에 들어갔다는 말이지만, 어디
에도 들어간 바 없고 색, 성, 향, 미, 촉, 법에 들어가지 않
는 것을 수다원이라고 이름 하기 때문입니다."

육조
류(流)란 것은 성인의 무리라는 뜻이니 수다원은 이미
거친 번뇌를 여읜 까닭에 성류(聖流)에 들어간 것이요,
이무소입(而無所入)이라 함은 과(果)를 얻었다는 마음이
없는 것이니, 수다원(須陀洹)이란 수행인의 첫 결과이
다.

수보리　어의운하 사다함 능작시념 아득사다함
須菩提　於意云何 斯陀含 能作是念 我得斯陀含
과부 수보리언 불야　세존 하이고 사다함 명일
果不 須菩提言 不也　世尊 何以故 斯陀含 名一
왕래 이실무왕래 시명사다함
往來 而實無往來 是名斯陀含

"수보리야, 어떻게 생각하느냐. 사다함이 나는 사다함
과를 얻었다고 생각하겠느냐?" 수보리가 말하기를 "그
렇지 않습니다. 세존이시어, 왜냐하면 사다함은 한 번
오고간다는 말이지만, 실은 오고감이 없는 것을 사다함
이라 이름 하기 때문입니다."

육조

사다함(斯陀含)이란 범어이고 당언으로는 일왕래(一往
來;한번 갔다 옴)이니 삼계의 결박(結縛)을 버려서, 삼
계의 결박이 없으므로 사다함이라 이름 한다. 사다함을
일왕래(一往來)라 한 것은 인간으로 죽어 곧 천상에 나
고 천상에서 곧이어 인간으로 태어나는 것이니, 마침내
는 생사를 벗어나 삼계의 업이 다했으므로 사다함이라
이름 하는 것이다. 대승의 사다함이란 눈으로 모든 경
계를 볼 적에 마음에 일생일멸(一生一滅)만 있고 제이

(第二)의 생멸이 없는 고로 일왕래라 하니, 앞생각이
망(妄)을 일으키면 뒷생각이 곧 그치고, 앞생각에 집착
이 있으면 뒷생각이 곧 그 집착을 떠나서 실로 왕래가
없으므로 사다함이라 말한다.

수보리   어의운하 아나함 능작시념 아득아나함
須菩提   於意云何 阿那含 能作是念 我得阿那含
과부 수보리언   불야 세존 하이고 아나함 명위
果不 須菩提言   不也 世尊 何以故 阿那含 名爲
불래 이실무불래 시고 명아나함
不來 而實無不來 是故 名阿那含

"수보리야, 어떻게 생각하느냐. 아나함이 나는 아나함
과를 얻었다고 생각하겠느냐?" 수보리가 말하기를 "그
렇지 않습니다. 세존이시여, 왜냐하면 아나함이란 오지
않는다는 말이지만 실은 오지 않음이 없는 것을 아나함
이라 이름 하기 때문입니다."

함허설의
일체 불법이 모두 이 경으로부터 나온 것이며, 일체의
성현이 다 무위법으로써 차별을 두었으니, 불법이 이미
비불법일진대 차별의 성과에 또한 무슨 실(實)이 있으

리오. 이러한즉 불보(佛寶), 법보(法寶), 승보(僧寶)가 필경엔 명연(冥然)히 일기(一機)에 합함이로다.

육조
아나함(阿那含)은 범어이고 당언으로는 불환(不還;돌아오지 않음)이니 또한 출욕(出欲)이라고도 한다. 출욕이란 밖으로는 욕심낼 만한 경계를 보지 않고, 안으로는 욕심이 없어서 결정코 욕계의 생(生)을 받지 않으므로 불래(不來)라 하고, 실로는 오지 않음도 없으니 불환(不還)이라고 이름 하는 것이다. 욕(欲)의 습(習)이 영원히 다하여 결정코 생(生)을 받지 않는 고로 아나함이라 한다.

야부-66
諸行無常 一切皆苦
제행무상 일체개고

제행이 무상하여 일체가 모두 고(苦)로다.

법희해
제행이 무상하여 일체가 모두 락(樂)이로다.

함허설의

개고(皆苦)는 다른 책에 개공(皆空)이라 하니 공(空)자에 더 가깝도다. 사과(四果)는 과(果)가 없어서 하나의 묘한 공(空)에 돌아가도다.

야부-67
三位聲聞已出塵 往來求靜有疏親 明明四果元無果 幻化空
삼위성문이출진 왕래구정유소친 명명사과원무과 환화공
身卽法身
신즉법신

삼위의 성문이 이미 육진을 벗어났으나
왕래하며 정을 구하니 친소가 있음이로다.
분명하고 분명한 사과는 원래 과라는 것이 없으니
환화공신(허망한 빈 몸뚱이)이 곧 법신이로다.

함허설의
육진 경계 안에서 벗어났으나 열반의 성(城)속에는 소(疏)와 친(親)이 있음이다. 소친(疏親)이 있어서 사과(四果)로 나누나 사과(四果)는 과(果)가 없어서 허망한 몸뚱이로다. 허망한 몸뚱이가 곧 법신(法身)이라 함이니 혼융(混融)하고 평등하여 소친(疏親)이 없도다.

수보리 어의운하 아라한 능작시념 아득아라한

須菩提　於意云何　阿羅漢　能作是念　我得阿羅漢
도부
道不

"수보리야, 어떻게 생각하느냐. 아라한이 나는 아라한
과를 얻었다고 생각하겠느냐?"

육조
모든 루(漏;번뇌)가 이미 다하여 다시 번뇌가 없는 것
을 아라한이라 이름 한다. 아라한이란 번뇌가 영원히
다해서 중생과 더불어 다툼이 없으니, 만약 과(果)를
얻었다는 마음이 있으면 곧 다툼이 있음이고, 만약 다
툼이 있으면 비아라한(非阿羅漢)이다.

수보리언 불야 세존 하이고 실무유법 명아라한
須菩提言 不也 世尊 何以故 實無有法 名阿羅漢
세존 약아라한 작시념　아득아라한도 즉위착아
世尊 若阿羅漢 作是念　我得阿羅漢道 卽爲着我
인중생수자
人衆生壽者

수보리가 말하기를 "아닙니다. 세존이시여, 왜냐하면

실로 아라한이라고 할 법이 없기 때문입니다. 세존이시여, 만약 아라한이 내가 아라한과를 얻었다는 생각을 한다면 바로 아상, 인상, 중생상, 수자상에 집착하는 것이 됩니다."

육조
아라한(阿羅漢)은 범어이고 당언에는 무쟁(無諍;다툼이 없음)이라 했다. 무쟁이란 끊을 만한 번뇌가 가히 없고, 가히 여읠 만한 탐진치도 없으며, 정(情)에 어김이나 따를 것이 없어서 마음과 경계가 함께 공(空)하고, 안과 밖이 항상 고요한 것을 이름 하여 아라한이라 한다. 만약 과(果)를 얻었다는 마음이 있으면 곧 범부와 같기 때문에 "그렇지 않습니다(不也)."라고 말한 것이다.

세존 불설아득무쟁삼매인중 최위제일 시제일이
世尊 佛說我得無諍三昧人中 最爲第一 是第一離
욕아라한
欲阿羅漢

"세존이시여, 부처님께서 저는 다툼이 없는 삼매를 얻은 사람 가운데서 제일이고 욕심을 떠난 제일의 아라한이라고 말씀 하셨습니다."

법희해
6근이 6경을 대할 때 식(識)의 여여함을 무쟁삼매라 한
다.

함허설의
안으로 견문(見聞)의 꼬달림을 입지 않고 밖으로 성색
(聲色)의 물듦을 입지 않아서 내외(內外)가 청정(淸淨)
하여 확연히 허한(虛閑;넓게 비어 고요함)함을 무쟁이
라 명(名)하며 또 이욕(離欲)이라고도 한다.

육조
무엇을 무쟁삼매(無諍三昧)라 하는가. 아라한이 마음에
생멸의 거래(去來)가 없고 오직 본각(本覺)이 항상 비추
고 있으므로 무쟁삼매라 한다. 삼매(三昧)란 범어이고
당언에는 정수(正受)라 하며 또한 정견(正見)이라고도
하니, 95종의 사견(邪見)을 멀리 여의는 것을 정견(正
見)이라 한다. 그러나 허공 가운데는 명암(明暗)의 다툼
이 있고 성품 중에는 사(邪)와 정(正)의 다툼이 있으니,
생각생각이 항상 곧아서 한 생각도 삿된 마음이 없는
것을 무쟁삼매(無諍三昧)라 한다. 이 삼매를 닦은 사람
가운데서 가장 제일이라도, 만약 한 생각이라도 과(果)
를 얻었다는 마음이 있으면 곧 무쟁삼매(無諍三昧)라
이름 할 수 없는 것이다.

야부-68
把定則雲橫谷口 放下也 月落寒潭
파정즉운횡곡구 방하야 월락한담

파정하면 구름이 골짜기에 걸쳐 있고
방하하면 달이 찬 못에 떨어지도다.

법희해
'잡다'하면 구름이 골짜기를 잡음이요
'놓다'하면 달이 찬 못에 떨어짐이로다.
요것이 중생의 머릿속이다.
유무(有無)에 걸리지 않는 수행자는 구름이
골짜기에 걸쳐있고 달이 찬 못에 떨어지도다.

함허설의
유(有)에 동(動)하는 바가 되지 않음이여, 육근(六根)과
육경(六境)의 법 가운데 그림자나 자취가 없음이요. 무
(無)의 고요한 바가 되지 않음이여 이쪽, 저쪽의 응함
에 이지러짐이 없도다. 마땅히 이지러짐이 없음이여,
달이 찬못(寒潭)에 떨어짐이로다. 그림자나 자취가 없
음이여, 구름이 골짜기에 걸쳤도다. 파정(把定;잡아 정
함)이 옳으냐, 방행(放行;놓음)이 옳으냐. 파정(把定)과
방행(放行)이 모두 다 옳지 않으니, 한 번 쓸어 삼천세

계 밖에 버리도다.

야부-69
喚馬何曾馬 呼牛未必牛 兩頭都放下 中道一時休 六門迸
환마하증마 호우미필우 양두도방하 중도일시휴 육문병
出遼天鶻 獨步乾坤稔不收
출료천골 독보건곤총불수

말이라고 부른들 어찌 말이며
소라고 부른들 반드시 소가 아니로다.
두 가지를 함께 놓아 버리면
중도도 일시에 쉴지어다.
육문에서 먼 하늘의 매처럼 병출하고
건곤에 홀로 걸어서 모두 거두지 못하도다.

법회해
옳다 그르다, 이거다 저거다 두 가지 분별심을 동시에
놓아 버리면 부처님의 가르침도 일시에 쉴지어다. 중생
은 육문에서 먼 하늘의 먹이를 낚아채는 매처럼 너무나
빠르게 탐욕을 쏟아내지만 홀로 삼계를 다 돌아 다녀도
하나도 얻지 못하도다.

함허설의

말이라 부르고 소라 부름이 모두 그렇지 않아서 방행(放行)과 파정(把定)이 모두 옳지 못함이다. 이미 명암의 양쪽에 들어가지 않고 또한 비로자나불의 이마에도 앉지 않음이다. 육근문두(六根門頭)에 자취가 없으니 삼천리 밖에서 부질없이 홀로 걷도다. 부질없이 홀로 걸음이여, 그 쾌활하기가 저 멀리 하늘 끝까지 날아가는 매와 같도다. 건곤도 거둬들여 얻지 못하거니, 우주가 어찌 능히 그것을 감추리오.

세존 아부작시념 아시이욕아라한 세존 아약작
世尊 我不作是念 我是離欲阿羅漢 世尊 我若作
시념 아득 아라한도 세존즉불설 수보리 시요아
是念 我得 阿羅漢道 世尊即不說 須菩提 是樂阿
란나행자 이수보리 실무소행 이명수보리　시요
蘭那行者 以須菩提 實無所行 而名須菩提　是樂
아란나행
阿蘭那行

"세존이시여, 저는 욕심을 떠난 아라한이라고 생각하지 않습니다. 세존이시여, 만약 제가 아라한의 경지를 얻었다고 생각한다면 세존께서는 수보리는 아란나행 그것만을 좋아한다고 말씀하시지 않았을 것입니다. 수보리는 실로 아무것도 행하는 것이 없기에 '아란나행을 좋아하는 수보리'라고 하신 것입니다."

법희해
일상무상의 제목에 맞게 내용을 맞춰보면 수보리가 자신이 아라한이라고 생각한 적이 없고 아무것도 행한 것이 없으므로 세존이 '적정행을 좋아하는 수보리'라 했다고 착각하고 있다. 실무소행(實無所行)도 무상으로 하나의 상이 되는 것이다. 수보리는 아라한의 경지이므로 묘관찰(妙觀察)의 지혜로 항상 조용히 관(觀)하는 삶을 산다. 스승 석가모니가 아는 척하지 않고 조용하게 수행 잘 하고 있는 수보리를 볼 때 얼마나 흐뭇하겠는가. 그래서 '아란나행을 좋아하는 수보리' 하고 웃으면서 엉덩이를 톡톡 친 것인데 수보리는 자신이 무상의 상이 있다는 것을 모르고 있다. 요아란나행자(樂阿蘭那行者); 아란나행 그것만을 좋아하다.

함허설의
욕심을 여의고 다툼이 없음을 이미 제일이라 칭하며, 또한 그런 생각을 짓지 않으니 더 이상 좋을 수가 없도다. 이와 반대라면 어찌 무쟁(無諍)이라고 이름 할 수 있으리오.

육조

아란나(阿蘭那)는 범어이고 당언에는 무쟁행(無諍行)이
니, 다툼이 없는 행으로 곧 청정행이다. 청정행이란 유
소득심(有所得心)을 제거한 것이니, 만약 얻은 바가 있
다면 곧 청정도가 아님이니, 항상 무소득심(無所得心)
을 행하는 것이 곧 무쟁행이다.

야부-70

認著 依前還不是
인착 의전환불시

인착(認著;알았다)하면 공부하기 이전처럼 도리어 옳지
못하도다.

함허설의

무쟁(無諍)의 실(實)이 있으므로 무쟁의 이름이 있으니,
명(名)과 실(實)이 모름지기 망각해야 비로소 옳은 것이
다. 만약 망각하지 못하면 전처럼(수행 전) 도리어 옳
지 못하리라.

야부-71

蚌腹 隱明珠 石中 藏碧玉 有麝自然香 何用當風立 活計
방복 은명주 석중 장벽옥 유사자연향 하용당풍립 활계

看來恰似無　應用頭頭皆具足
간래흡사무　응용두두개구족

조개 속엔 밝은 구슬 숨어 있고
돌 속엔 푸른 옥 감추었어라.
사향이 있으매 자연히 향기롭나니
어찌하여 바람 앞에 섰으리오.
살림살이 돌아보면 흡사 없는 듯하나
응용하면 낱낱이 다 구족함이로다.

법희해
오온 속에 불성이 숨어 있고 사바세계에 부처님 법 감추었어라. 부처님의 지혜를 가진 수행자는 자연히 드러나게 되나니. 독거사는 어찌하여 너 잘났다 떠들어 대는가. 수행자의 살림살이 돌아보면 청빈하여 흡사 없는 듯하나 응용하면 낱낱이 다 구족함이로다.

함허설의
밝은 구슬과 푸른 옥은 숨어서 드러나지 않으니, 큰 지혜자는 어리석은듯하여 우치(愚癡)한 것 같으나, 도(道)가 자기에게 있어 자연히 밖으로 드러나게 되니 어찌 구구하게 사람에게 알리리오. 그가 살림살이가 없다고 말하지 말라. 응용하면 낱낱이 다 구족하다.

제십 장엄정토
第十 莊嚴淨土

불고 수보리 어의운하 여래석재연등불소 어법
佛告 須菩提 於意云何 如來昔在燃燈佛所 於法
유소득부 불야 세존 여래 재연등불소어법 실무
有所得不 不也 世尊 如來 在燃燈佛所於法 實無
소득
所得

10.정토를 장엄함

부처님께서 말씀하시기를 "수보리야, 어떻게 생각하느
냐. 여래께서 지난날 연등부처님 처소에서 법을 얻은
일이 있느냐?" "그렇지 않습니다. 세존이시여, 여래께
서는 연등부처님 처소에서 실로 어떤 법도 얻은 것이
없습니다."

함허설의
이미 성문들이 취할 것이 없음을 밝히시고 장차 보살도
또한 취할 것이 없음을 나타내고자 하시어, 먼저 자기
의 인지상(因地上;처음 수행 당시)에 스승도 말이 없으

시고 자기도 들음이 없음을 먼저 드시니 수보리가 부처님께서 얻은 바가 없음을 밝히기 위함을 알아서 과연 능히 무소득으로써 답하였다. 왜 무소득이라고 말하였는가. 자취로써 그것을 논한 즉 석가가 저 때에 연등불께서 설하신 법요(法要)를 들음으로 인하여 정각(正覺)을 이루시니 어찌 얻은 것이 없으리오. 그러나 이는 다만 인연을 빌려 견도(見道)한 것으로써 얻음을 삼은 것일 뿐이니라, 사실로써 말하면 석가는 본래 천상천하에 홀로 높고 홀로 귀하신 분이라 그 지위가 모든 부처님을 지나시며 그 부(富)가 만덕을 소유하였으니 어찌 일찍이 다른 이가 점안(點眼)해 줌을 받을 것이며 또 어찌 다시 얻을만한 법이 있음을 용납하겠는가. 그러므로 말하길 '연등불께 수기를 얻었다 말할진댄 어찌 옛 몸을 알았으리오.' 하시었다.

육조

부처님께서 수보리가 법을 얻었다는 마음을 낼까 두려워해서 이런 의심을 없애기 위한 고로 물었거늘 수보리가 법을 얻은 바가 없음을 알고 부처님께 말씀드리기를 '아닙니다.'라고 했다. 연등불은 석가모니께 수기(授記)한 스승이라. 그러므로 수보리에게 물으시기를 '내가 스승의 처소에서 법을 들을 때 어떠한 법을 얻은 바가 있느냐?'하시니 수보리가 곧 이르기를 '법이란 스승의 인연으로 개시(開示)되긴 하나 실로 얻은 바는 없습니다.'라고 답했다. 다만 자성이 본래 청정하여 본래 진로(塵勞)가 없고 고요하되 항상 비추고 있음을 깨달으면 곧 스스로 성불하는 것이니 마땅히 알라. 세존이 연등불 처소에 계실 때 법이 있어 실로 얻은 바가 없음이다. 비유컨대 여래법이란 햇빛이 밝게 비쳐 끝이 없으나 가히 취할 수 없음과 같은 것이다.

야부-72
古之今之
고지금지

옛날은 옛날이고 지금은 지금이로다.

함허설의
비단 옛날에만 무소득일 뿐만 아니라 지금 출세(出世)함에도 또한 무득이다. 그러한즉 옛날에도 또한 이와 같았으며 지금에도 역시 이와 같다.

야부-73
一手指天 一手指地 南北東西 秋毫不視 生來心膽 大如天
일수지천 일수지지 남북동서 추호불시 생래심담 대여천
無限羣魔 倒赤幡

무한군마 도적번

한 손은 하늘을 가리키고 한 손은 땅을 가리키시니
남북동서에 추호도 볼 수 없도다.
태어나면서부터 심담이 하늘같이 크시니
무한한 마군들의 붉은 깃발을 넘어뜨리도다.

함허설의
하늘을 가리키고 땅을 가리킴을 아는가. 남북동서에 오
직 한 석가(釋迦)로다. 한 석가여, 누가 뒤덮고 있는가.
심장과 담이 크고 커서 큰 하늘과 같으시니, 한 입으로
모든 부처님과 조사를 다 삼켰도다. 불조(佛祖)도 오히
려 삼킴을 당했거늘 하물며 마군과 외도가 어찌 항복하
지 않겠는가.

수보리　어의운하　보살　장엄불토부　불야　세존
須菩提　於意云何　菩薩　莊嚴佛土不　不也　世尊
하이고　불설장엄불토자　즉비장엄　시명장엄
何以故　佛說莊嚴佛土者　卽非莊嚴　是名莊嚴

"수보리야, 어떻게 생각하느냐. 보살이 불국토를 장엄
한다고 하겠느냐?" "아닙니다. 세존이시여, 왜냐하면

부처님께서 불국토를 장엄한다는 것은 바로 비장엄의
뜻이므로 그 이름을 장엄이라 한다고 말씀하셨기 때문
입니다."

법희해
비장엄(非莊嚴)!

한문오역 '하이고(何以故)' 다음에 빠져버린 '불설(佛
說)'을 넣었다. 금강경의 문장구조를 봐도, 수보리의 경
지를 봐도, 비장엄(非莊嚴)을 수보리가 설명할 수 없다.

함허설의
안으로 육근의 몸과 밖으로의 세계가 다 청정한 지혜의
경계이며 낱낱이 무위(無爲)의 불토니라. 근신(根身)과
기계(器界)를 무엇 때문에 청정한 지혜의 경계와 무위
의 불토라 부르는가. 눈을 누르면 헛꽃(空花)이 어지럽
게 떨어지고, 그렇지 아니하면 눈 가득히 푸를 것이다.
어떻게 장엄하는가. 정(情)을 잊으면 친소(親疏)가 없고
소견(所見)이 다하면 내외(內外)가 없음이로다. 무엇이
비장엄(非莊嚴)인가. 정(情)과 견(見)이 잊혀진 곳에서
도 자취를 남기지 않으면 부처를 보고 조사를 보는 것
이 마치 원수(冤讎)와 같으리라.

육조
불국토가 청정해서 무상무형이니 어떤 물건으로 능히 장엄할 것인가. 오직 정(定)과 혜(慧)의 보배로써 장엄(莊嚴)이라 거짓으로 이름 하느니라. 장엄(莊嚴)에는 세 가지가 있으니, 제1장엄은 세간불토(世間佛土)로써 절을 짓고 사경과 보시공양이 이것이고, 제2장엄은 신불토(身佛土)이니 모든 사람을 볼 때 널리 공경하는 것이 이것이요, 제3장엄은 심불토(心佛土)이니 마음이 청정하면 곧 불토가 청정한 것이어서 생각생각이 얻고자 하는 마음이 없는 행이 이것이다.

야부-74
孃生袴子 靑州布衫
양생고자 청주포삼

어머니의 속옷이요 청주에서 만든 장삼이로다.

법희해
금일엔 비단으로 만든 먹물 옷이요
금으로 만든 주장자로다.

함허설의
어머니의 속옷은 순수하여 잡됨이 없음이다. 그러나 오

직 옛(古)이고 지금(今)이 아님이요, 청주의 포삼은 검소해서 화려하지 않으나 다만 질박해서 무늬가 없음이니, 본(本)과 시(始)가 체(體)에 합하여 무늬와 바탕이 빛나고 빛나야만 비로소 만족할 만한 장엄이 된다고 했다.

야부-75
抖擻渾身白勝霜 蘆花雪月 轉爭光 辛有九皐翹足勢 更添
두수혼신백승상 노화설월 전쟁광 신유구고교족세 갱첨
朱頂又何妨
주정우하방

온 몸을 털어버리니 서리보다 더 희고
갈대꽃과 설월은 더욱 빛을 다투도다.
다행히 깊은 못에 한 마리 학이 빼어났으니
다시 붉은 이마를 더한들 무엇이 방해로우냐.

법희해
중생이 온몸의 업장을 털어버리니 그 빛이 서리보다 더 희고 중생과 수행자는 더욱 그 빛을 다투도다.
다행히 중생의 마음속에 깊이 감춰진 높은 근기를 찾았으니 과거에 저지른 잘못이 이마에 깊이 각인되어 있어도 부처님전 가는 그 길에 무엇이 방해로우랴.

함허설의
공(空) 가운데서 위(位)의에 나아감에 염섬(廉纖;자질구
레한 것)을 다 벗어버리고, 위(位)의 속에서 몸을 굴림
에 다시 광채를 더함이로다.

시고 수보리 제보살마하살 응여시생청정심 불
是故 須菩提 諸菩薩摩訶薩 應如是生淸淨心 不
응주색생심 불응주성향미촉법생심
應住色生心 不應住聲香味觸法生心

"그러므로 수보리야, 모든 보살마하살은 마땅히 이와
같은 청정한 마음을 내느니라. 색에 집착하는 마음인
유주신을 내지 않으며 성, 향, 미, 촉, 법에 집착하는 유주
신도 내지 않느니라."

함허설의
무엇이 청정심인가. 취함도 없고 집착도 없는 것이 이
것이다. 만약 취하고 집착함이 없고자 하면 모름지기
지혜의 눈을 열어야 하니 일체 현성이 지혜의 눈을 연
까닭으로 능히 모든 근(根)의 경계를 분별하되 그 가운
데 집착함이 없어서 자재(自在)함을 얻느니라. 이로 말
미암아 육근(六根), 육진(六塵), 육식(六識)의 경계가 확
터져 걸림이 없어서 낱낱이 밝고 묘하며 낱낱이 허공같

이 청정하여서 이것은 가히 하늘과 물이 서로 이어져 일색이 됨이다. 다시 섬애(纖靄;조각구름)도 청광(清光)을 막지 않았도다. 반야의 날카로운 작용이 이와 같이 심히 깊으며 이와 같이 자재(自在)하니 모름지기 지혜의 눈을 열어 널리 근문(根門)에 응하여 생각생각마다 청정하고 낱낱이 해탈할 것이요, 마땅히 지혜가 없이 모든 경계에 물들거나 집착하지 말 것이니라.

야부-76
雖然恁麼 爭奈目前何
수연임마 쟁나목전하

비록 그러하나 눈앞에 있는 것을 어찌하리오.

법희해
부처님께서 주신 삼법인으로 눈앞의 놈들을 단칼에 베어 버려라. 이것이 뭔가? 생각하면 할수록 놈들의 노예가 되어 가리라.

함허설의
비록 그렇게 색성에 마땅히 주하지 않으나, 색성이 눈앞에 있는 것을 어찌할 것인가.

야부-77
見色非干色 聞聲不是聲 色聲不礙處 親到法王城
견색비간색 문성불시성 색성불애처 친도법왕성

색을 보면 색에 간섭받지 않고
소리를 들어도 소리가 아니로다.
색과 소리에 방해받지 않는 곳에서
친히 법왕성에 이르리라.

법희해
이것이로구나!

함허설의
눈앞의 모든 법이 거울 속에서 형상을 보는듯하여 거울
속에서 형상을 보는 것은 나에게 걸리지 않으니, 눈썹
과 눈이 분명하여 다른 사람이 아니로다. 다른 사람이
아님이여, 이것은 법왕처(法王處)를 상견(相見)하는 것
이다. 그러므로 말하길 '거울 속에서 누구의 형상을 보
는가, 골짜기 속에서 자기 소리를 들음이로다. 보고 들
음에 유혹되지 않으니 어느 곳인들 길이 통하지 않으리
오.' 하신 것이다.

응무소주 이생기심

應無所住 而生其心

"마땅히 어디에도 머무름이 없는 그 마음을 내어야 하느니라."

법희해
응무소주(應無所住)!

함허설의
모름지기 공연히 풍파를 일으키지 말고 항상 멸진정에 머물러 모든 근기에 응해야 함이니, 이것은 가히 어두운 가운데서 밝음이 있는 도리이다. 또 무소주(無所住)란 마침내 내외가 없고 중간도 비어서 사물(事物)이 없는 것이 마치 거울이 텅 비고 평평한 저울대와 같아서 선악시비를 가슴속에 두지 않는 것이다. 생기심(生其心)이란 머무른 바 없는 마음으로 사(事)에 응(應)하되, 물(物)에 얽매이지 않는 것이다. 공자가 말하기를, 군자(賢人)가 천하에 머물면 옳은 것도 없고 옳지 않음도 없어서, 뜻과 더불어 화(和)한다 하니, 이는 마음에 의지하는 바가 없어서 일을 당함에 의(義)로써 행함을 말하는 것으로, 일을 당하여 의(義)로써 행한즉 반드시 사물의 얽매임이 되지 않으며, 사물의 얽매임이 되지 않은즉 반드시 그 마땅함을 잃지 않는 것이다. 성인이 비록 태어난 시대는 다르나 도(道)는 같고, 말은 비록 다르나 서로 구하는 것은 다름이 없음을 가히 알 수 있다. 사씨(謝氏)가 무적막(無適莫;可,不可도 없음)의 주(註) 가운데 경(經)의 이 구(句)를 인용하되, 창광(猖狂;미친 듯)히 스스로 방자하게 함으로써 마침내 성인에게 죄를 지었다 하니, 어찌 말을 살피지 못함이 이같이 심한 데까지 이르렀는가. 옛날에 혜능이 오조 홍인대사의 처소에서 이 경 설함을 듣고, 여기에 이르러 마음 꽃이 활짝 피어서 옷과 발우를 전해 받고 육조가 되셨다. 고로 오엽(五葉)이 열매를 맺어 천하를 향기롭게 했도다. 그러므로 알라. 단지 이 한 글귀(應無所住 而生其心)가 다함이 없는 인천(人天)의 스승을 출생시키셨도다. 오호라 사씨(謝氏)여, 어찌 좁은 소견으로 저 푸르고 넓은 하늘을 비방하려 하였던가.

야부-78
退後退後 看看 頑石 動也
퇴후퇴후 간간 완석 동야

뒤로 물러서고 물러설지어다.
살피고 살펴라. 완석(頑石;굳은돌)이 움직이도다.

법희해
그렇지! 요만큼은 해줘야 금강경 읽는 공덕이 있다.

함허설의
밝은 가운데서 자취에 머물지 말고 도리어 어두운 곳을
향하여 돌아오도다. 살피고 살펴라. 동(動)할 수 없는
것이 지금 동(動)하니, 동하는 것이 도리어 동하지 않
아야 비로소 옳은 얻음이다.

야부-79
山堂靜夜坐無言 寂寂寥寥本自然 何事西風動林野 一聲寒
산당정야좌무언 적적요요본자연 하사서풍동림야 일성한
鴈 唳長天
안 여장천

고요한 밤 산사에 말없이 앉았으니
적적하고 요요함이 본래 그대로더라.
무슨 일로 서풍은 임야를 동하게 하여
한 소리 찬 기러기가 장천을 울리게 하는가.

법희해
고요한 밤 산사에서 한 생각 버리고 앉았으니

적적하고 요요한 부처님의 법계는 항상 변함이 없더라.
서풍 임야 기러기 장천은 본래 모습 그대로인데 중생의
한 생각이 일어남에 변하지 않는 법계의 모든 것은 머
릿속의 그 생각으로 변해 버린다.

함허설의
본래 스스로 동함이 없거늘 어찌 모름지기 동하리오.
모름지기 믿을 지어다.
사해(四海)에 물결이 고요하면 용이 숨어서 잠을 자고
구천(九天)에 구름이 개이면 학이 높이 날도다.

법희해
향내음 은은한 부처님 처소에 학이 높이 난다고 누가
감히 말하는가. 그놈도 한 줌의 피를 피해갈 수 없으리
라.

수보리 비여유인 신여수미산왕 어의운하　시신
須菩提 譬如有人 身如須彌山王 於意云何　是身
위대부 수보리언 심대　세존 하이고　불설비신
爲大不 須菩提言 甚大　世尊 何以故　佛說非身
시명대신
是名大身

"수보리야, 비유하면 어떤 사람의 몸이 수미산과 같다면, 이 몸을 크다고 할 수 있느냐?" "매우 큽니다. 세존이시여, 왜냐하면 부처님께서 비신을 뜻하는 것을 이름 하여 큰 몸이라 한다고 말씀하셨기 때문입니다."

법회해
비신(非身)!

크다는 실체가 본래 없는 것인데 '몸이 크냐.'고 세존이 물으니 '매우 크다.'고 수보리가 대답한다. 유무(有無)의 업력에 끌려 다니는 중생들의 입에서는 수보리와 같은 대답이 절대 나오지 않는다.

함허설의
육근(六根)과 육진(六塵)과 육식(六識)을 모두 놓아버려서 청정하여 남음이 없으니, 원만하고 공적한 몸이 활연히 드러나도다. 체(體)는 거북털과 같으나 그 모습이 대단히 커서 수미산이 바다에 비껴 있으니 뭇 봉우리보다 우뚝 섰도다. 수보리에게 물은 것은 깊은 까닭이 있으니, 사람들이 여기에서 오인할까 두려워하셨거늘, 수보리가 과연 부처님의 뜻을 알아서 답하기를 비신(非身)으로써 답한 것은 좋은 지음자(知音者)로다. 다만 저

비신(非身)의 도리를 어떻게 말할 것인가.

未曾暫有　像宛然　像雖宛然　同兎角
미증잠유　상완연　상수완연　동토각

일찍이 잠시도 있지 않으나 형상은 완연하니
상이 비록 완연하나 토끼뿔과 같음이로다.

육조
몸뚱이는 비록 크나 내심(內心)의 양이 작으면 큰 몸이
라 이름 할 수 없고 내심(內心)의 양이 커서 허공계와
같아야 비로소 큰 몸이라 이름 하니, 몸뚱이는 비록 수
미산 같더라도 마침내 대(大)가 되지 못하는 것이다.

야부-80
設有　向甚麼處著
설유　향심마처착

설사 있다 한들 어느 곳을 향해서 착(著)할 것인가.

함허설의
토끼뿔과 같으니 설사 있다 한들 어느 곳을 향해서 착

(著)할 것인가. 큰 불꽃 속에서는 사물을 머물게 하기
어렵도다.

야부-81
擬把須彌作幻軀 饒君膽大更心麤 目前 指出千般有 我道
의파수미작환구 요군담대갱심추 목전 지출천반유 아도
其中一也無 便從這裏入
기중일야무 변종저이입

수미산으로 환화 같은 몸뚱이를 지으려 하니
설사 그대가 담이 크고 또 마음이 크다 하여
눈앞에서 천만 가지를 지적해 낼지라도
나는 그 중에서 한 개도 없다 말하리라.
곧 이곳으로부터 들어갈지니라.

법희해
사바세계 독거사들이 부처와 같은 능력을 가지려 하니
설사 그대가 부처의 모습과 비슷하다고 하여
내 눈앞에서 나에 대한 천만가지를 말할지라도
나는 그중에서 나의 말과 뜻에 맞는 것이
한 개도 없다 말하리라.
독거사들이여!

네 의식의 알음알이가 끝나는 곳
그곳이 바로 도리사 일주문임을 알라.

함허설의
대신(大身)을 비신(非身)이라 말하는 것은 심담(心膽)이
크고 큼이다. 다행히 비신(非身)이라 부르니 설사 이
몸이라 부르더라도 나는 거북털(헛것)이 눈앞에 가득하
다고 말하리라. 엎드려 청하노니 모든 사람들은 모름지
기 이 도리(본래 없는 도리) 속으로 들어갈지어다.

제십일 무위복승
第十一 無爲福勝

수보리 여항하중소유사수 여시사등항하 어의운
須菩提 如恒河中所有沙數 如是沙等恒河 於意云
하   시제항하사 영위다부 수보리언   심다 세존
何   是諸恒河沙 寧爲多不 須菩提言   甚多 世尊
단제항하 상다무수 하황기사
但諸恒河 尚多無數 何況其沙

11. 무위의 복이 수승함

"수보리야, 어떻게 생각하느냐. 항하의 모래 수와 같은
항하가 있다면 그 모든 항하의 모래는 많지 않겠느냐?"
수보리가 말하기를 "매우 많습니다. 세존이시여, 다만
모래 수와 같은 항하만 하여도 헤아릴 수 없이 많은데
하물며 그 항하의 모래 수는 어떠하겠습니까?"

함허설의
한 항하의 모래 수도 무궁하지만,
모래 수와 같이 많은 항하도 또한 무진하도다.

한 성품 가운데는 항하사와 같은 묘용(妙用)이 있으니,
항하사와 같은 묘용(妙用)의 그 법도 다함이 없도다.
낱낱의 항하사 또한 무진하니,
낱낱의 법 가운데도 항하사와 같은 작용이 있음이로다.

야부-82
前三三 後三三
전삼삼 후삼삼

전삼삼 후삼삼이로다.

법희해
=

함허설의
천지일월(天地日月)과 삼라만상(森羅萬象)과 성(性) 상
(相) 공(空) 유(有) 명암(明暗) 살활(殺活)과 범성(凡聖),
그리고 인과(因果) 등 무릇 모든 이름과 숫자를 이 한
구절에 모두 다 설파했도다.

야부-83
一二三四數河沙　沙等恒河數更多　算盡目前無一法　方能靜

일이삼사수하사 사등항하수갱다 산진목전무일법 방능정
處薩婆訶
처사바하

1, 2, 3, 4의 수가 항하사와 같음이여
모래 같은 항하의 수가 다시 또한 많아라.
셈을 다하여 눈앞에 한 법도 없어야
비로소 능히 적정처에서 사바하(成就)하리라.

법희해
하나로 된 부처님의 법계를 중생들이 나누어 잘못 이름
붙여진 것이 항하의 모래 수보다 많고도 많아라.
눈앞에 있는 그 많은 이름에 조금도 마음이 동하지 않
아야 비로소 능히 깨달음을 성취하리라.

함허설의
1, 2, 3, 4의 수가 항하사와 같음이여, 한 항하의 모래
로 수를 세니 한 항하의 모래로는 오히려 만족하지 못
함이다. 모래 같은 항하의 수라야 많음이 되도다. 모든
법이 가없이 많아 헤아리기 어려우나, 모든 법을 모두
궁구하면 다른 법이 아니로다. 법과 법이 다른 법이 없
음을 요달하여야 바야흐로 적정처에서 사바하 하리라.

수보리 아금실언 고여 약유선남자선여인 이칠
須菩提 我今實言 告汝 若有善男子善女人 以七
보 만이소항하사수 삼천대천세계 이용보시 득
寶 滿爾所恒河沙數 三千大千世界 以用布施 得
복다부 수보리언 심다 세존
福多不 須菩提言 甚多 世尊

"수보리야, 이제 진실한 말을 너에게 이르느라. 만약
선남자 선여인이 저 많은 항하의 모래 수와 같은 삼천
대천세계에 칠보로 가득 채워 보시한다면 얻는 복이 많
겠느냐?" "매우 많습니다. 세존이시여."

불고수보리 약선남자선여인 어차경중 내지 수
佛告須菩提 若善男子善女人 於此經中 乃至 受
지사구게등 위타인설 이차복덕 승전복덕
持四句偈等 爲他人說 而此福德 勝前福德

부처님께서 수보리에게 말씀하시길 "만약 선남자 선여
인이 이 경 가운데서 사구게만 배우며 행하고 다른 사
남을 위해 말해준다면 그 복덕은 앞의 칠보로 보시한
복덕보다 수승하느니라."

법회해

항하의 모래 수와 같은 삼천대천세계에 칠보로 가득 채워 보시하는 것보다 수승하다는 사구게. 금강경에서 설하고 있는 내용을 한마디로 요약한 것이 바로 금강경사구게이다. 32분까지 침착하게 보면 금강경에서 설한 모든 내용이 그 사구게로 흘러 들어간다는 것을 알 수 있을 것이다.

함허설의

칠보로 보시하는 것은 마침내 생사를 감득(感得)하므로 하열(下劣)한 이유가 되고, 경을 수지하는 것은 마땅히 보리에 나아감으로 수승함이 된다.

육조

칠보로 보시하는 것은 삼계의 부귀한 과보를 얻음이요, 대승경전을 설하는 것은 모든 듣는 자로 하여금 대지혜를 내게 하여 무상도를 이루게 함이니, 마땅히 알라. 경을 수지하는 복덕이 앞의 칠보로 보시하는 복덕보다 수승하리라.

야부-84

眞鍮 不換金

진유 불환금

진짜 놋쇠라도 금과는 바꾸지 않는다.

법회해
한 조각의 경전이라도 금과는 바꾸지 않는다.

함허설의
진짜 놋쇠가 비록 진짜이기는 하나 순금에 비하면 오히려 가짜 보배가 되고, 보시하는 복이 비록 수승하긴 하지만 경을 수지하는 복에 비유하면 오히려 하열(下劣)한 복이 되도다.

야부-85
入海算沙徒費力 區區未免走紅塵 爭如運出家 珍寶 枯木
입해산사도비력 구구미면주홍진 쟁여운출가 진보 고목
生花別是春
생화별시춘

바다에 들어가 모래를 헤아리는 것은
한갓 힘만 허비함이라.
구구히 홍진에서 허덕임을 면치 못하니
어찌 내 집의 진귀한 보배를 꺼내어
고목에 꽃피우는 특별한 봄만 같겠는가.

법희해

바다에 들어가 모래를 헤아리는 것처럼 사바세계에서
중생들의 행은 한갓 힘만 허비함이라.
티끌 같은 번뇌에도 허덕임을 면치 못하니
어찌 내속에 있는 불성을 바로 보아 성인의 경지에 오
르는 수행자의 행과 같겠는가.

함허설의

근본을 버리고 풍파를 쫓으니 마침내 유루(有漏)의 인
(因)을 이룸이다. 유루(有漏)의 인(因)이 어찌 바로 자
기를 밝힘만 같으리오. 무엇 때문에 모름지기 자기를
밝혀야 하는가.

人人脚跟下　淸淨本解脫　更明今日事　別有一春光
인인각근하　청정본해탈　갱명금일사　별유일춘광

사람사람의 선 자리가 청정하여 본래 해탈이라.
다시 오늘 일을 밝힌다면 특별한 봄빛이 있으리라.

제십이 존중정교
第十二 尊重正敎

부차수보리　수설시경　내지사구게등　당지차처
復次須菩提　隨說是經　乃至四句偈等　當知此處
일체세간천인아수라　개응공양　여불탑묘
一切世間天人阿修羅　皆應供養　如佛塔廟

12. 바른 가르침을 존중함

"또한 수보리야, 이 경에서 사구게만 행하며 설하더라도, 이곳은 법계의 천상, 인간, 아수라등이 부처님과 부처님을 모신 탑과 같이 모두가 공양한다는 것을 마땅히 알아야 하느니라."

법희해
다시 한번 말하지만 금강경사구게는 이 책을 끝까지 읽기 전에는 생각도 하지 마라!

사구게등(四句偈等); 짧은 구절에 있는 몇 개 밖에 되지 않는 글자의 무리. '사구게만이라도'보다는 '사구게만'으로 해석하는 것이 금강경의 뜻에 더 가까운 풀이이다. 탑묘(塔廟); 가운데 부처님의 형상을 안치한 탑.

육조

사람을 만나는 곳에서 곧 이 경을 설하되 마땅히 생각 생각에 늘 무념심(無念心)과 무소득심(無所得心)을 행하고 능소심(能所心;분별심)을 지어서 설하지 말지니, 만약 모든 마음을 멀리하여 항상 무소득심(無所得心)에 의지하면 곧 이 몸 가운데 여래의 전신사리가 있는 것이니, 고로 부처님의 탑묘와 같다고 할 수 있을 것이다. 무소득심(無所得心)으로 이 경을 설한 자는 천룡팔부가 다 와서 듣고 받아가짐을 느끼지만, 마음이 청정하지 못하고 다만 명예와 이익을 위해서 이 경을 연설하는 자는 죽어서 삼악도에 떨어지리니 무슨 이익이 있으리오. 마음이 만약 청정하여 이 경을 설한 자는 모든 듣는 자로 하여금 미혹되고 망령된 마음을 없애고, 본래의 불성을 깨달아서 항상 참되고 실답게 행하게 하므로 천(天) 인(人) 아수라(阿修羅), 인(人) 비인(非人) 등이 모두 이 경을 수지한 사람을 공양할 것이다.

하황유인 진능수지독송 수보리 당지시인성취최
何況有人　盡能受持讀誦　須菩提　當知是人成就最
상제일희유지법
上第一希有之法

"하물며 능히 경을 배우며 행하고 독송하는 사람은 어떠하겠는가? 수보리야, 마땅히 이 사람은 가장 높고 제일의 희유한 법을 성취한다는 것을 알아야 하느니라."

함허설의

사구게란 경 전체에 대하여 작은 부분에 불과한 것이다. 비록 작은 분량이지만 설한 바의 곳을 따라 모두 마땅히 탑과 같이 공양함이니 작은 부분도 오히려 그렇거늘 하물며 능히 경 전체를 가지고 설하는 것이겠는가. 이는 곧 탑묘와 같이 존숭(尊崇)할 뿐만 아니라 마땅히 알라. 이 사람은 결정코 최상(最上),무상(無上),제일(第一),무비(無比)하고 희유(希有)하여 얻기 어려운 법을 성취함이다.

약시경전 소재지처 즉위유불 약존중제자
若是經典 所在之處 卽爲有佛 若尊重弟子

"만약 이와 같은 경전이 있는 곳이라면 바로 부처님과 부처님을 존중하는 제자가 있는 것과 같으니라."

법희해

약시경전(若是經典)은 배우며 행하고 독송만 하여도 제일 희유한 법을 성취한다는 경전을 말한다.

함허설의

앞에서는 경이 수승함을 밝히셨고 다음으로 사람과 법을 존중할 것을 가르치시며 여기에선 경이 수승한 까닭을 나타내시니, 인간 세상에서 존중해야 할 바는 성현이요, 현성들이 제일로 삼는 것은 부처님이요, 부처님이 종(宗)을 삼는 것은 경(經)이다. 이 경은 부처와 현성들도 오히려 종(宗)으로 여기시니 그 수승함을 가히 알만하도다. 앞에서 밝힌 불, 법, 승 삼보가 모두 이 경으로부터 나오며, 일체 현성이 모두 무위법으로써 차별이 있다고 말씀하셨다. 여기에선 불법승이 한 경에 회귀함을 밝히시어 경전이 있는 곳에는 곧 부처님과 존중하는 제자가 있다 하신 것이다. 앞에서는 체(體)로 부터 용(用)을 일으키는 것이요, 여기에선 용(用)을 섭(攝)하여 체(體)로 돌아가는 것이다. 또 앞의 불법승 삼(三)이 낱낱이 자취가 없음을 밝히시어 불법이 비법임과 사과(四果)가 과(果) 아닌 것으로써 장엄이 비장엄이며 몸(身)이 비신(非身)임에 이름을 말씀하셨다. 여기에선 불법승, 삼(三)이 도리어 한 곳을 향해 살아 있음을 밝혀 경전이 있는 곳엔 곧 부처님과 존중하는 제자가 있음을 말씀하셨다. 앞에서는 잡아 정(定)하면 건곤(乾坤)이 어둡고, 여기에선 놓아 버리니 일월이 밝다. 이러한즉 한 줄의 글을 가히 온전한 체(體)의 구(句)라 하며 또한 온전한 용(用)의 구(句)라 한다. 이것은 가히 쌍명

(雙明) 쌍암(雙暗)이라 말하며 쌍방(雙放) 쌍수(雙收)라 이른다.

육조
자신의 마음으로 이 경을 외우고 자심(自心)으로 이 경의 뜻을 이해하며 다시 능히 무상(無相) 무착(無着)의 이치를 체득하여 자신이 있는 곳에서 항상 부처님의 행을 닦아서 생각생각이 쉬지 않으면 자기 마음이 곧 부처인 것이다. 그러므로 이 경이 있는 곳은 곧 부처님이 계신다고 하는 것이다.

야부-86
合如是
합여시

합당히 이와 같도다.

함허설의
펴고 거두는 것이 자유스럽고 숨고 나타남에 장애가 없으니 이치가 합당함이 이와 같도다. 또한 흰 구름은 다만 청산에 있으니 산이 흰 구름을 머금고 있는 것이 서로 그럴싸하도다.

야부-87

似海之深　如山之固　左旋右轉　不去不住　出窟金毛師子兒
사해지심　여산지고　좌선우전　불거부주　출굴금모사자아
全威哮吼衆狐疑　深思不動干戈處　直攝天魔外道歸
전위효후중호의　심사부동간과처　직섭천마외도귀

바다같이 깊고 산처럼 견고하며
좌우로 돌고 가지도 머물지도 않도다.
굴 밖으로 나온 금빛 사자새끼가
온전한 위세로 포효하니 여우들이 의심하도다.
깊이 생각하여 무기를 쓰지 않는 곳에
바로 천마외도를 포섭하여 돌아가도다.

법희해

부처님의 자비광명은 바다같이 깊고 산처럼 견고하며 좌우로 돌고 가지도 머물지도 않으니 항상 변함이 없도다. 사바세계로 내려온 금강신이 부처님의 말과 뜻을 완벽하게 전하니 믿음이 없는 외도들이 그를 의심하도다. 외도들이 그의 말과 뜻을 깊이깊이 참구하여 스스로 참회하는 그곳에서 금강신은 천마외도들을 바로 교화하고 돌아가도다.

함허설의

일월(日月)이 비록 밝으나 그 밝음을 금강경에 이르지 못하고 겁화(劫火)가 무너질 때도 이 경은 무너지지 않도다. 그러나 또한 주인과 객이 교참(交參)함에 잘 어우러져 몸을 굴려 막힘이 없으면 큰 작용이 온전히 드러나서 온갖 삿됨이 저절로 항복됨이라. 다만 구중궁궐에 단정히 앉아 있어도 사해(四海)에서 우러러보도다.

법희해

올해가 고려 대장경이 만들어진지 천년이 되는 해이다. 천년 전 240년 동안 목숨과 바꾼 불심(佛心)으로 대장경을 만든 이유가 지금의 불자들이 머리 위에 이고 다니기 위함은 분명 아닐 것이다. 지금이라도 대장경의 먼지를 털어내고 목판이 닳도록 불법을 바르게 전하여 사바세계에 부처님 자비광명이 온전히 드러나게 해야 할 것이다.

산당정야 좌무언하니 날아가는 새
내 머리 위에 똥 싸고
고성염불 십종공덕 있다하여 목청껏 염불하니
이웃사촌이 도리어 이웃원수가 되네.
자격 없는 스승과 근기 없는 제자가 만나니
금일 사바세계는 佛法이 不法이로다.

제십삼 여법수지
第十三 如法受持

이시 수보리 백불언 세존 당하명차경 아등운하
爾時 須菩提 白佛言 世尊 當何名此經 我等云何
봉지 불고수보리 시경명위 금강반야바라밀 이
奉持 佛告須菩提 是經名爲 金剛般若波羅蜜 以
시명자 여당봉지
是名字 汝當奉持

13. 이와 같은 법을 배우며 행함

그때 수보리가 부처님께 말하기를 "세존이시여, 이 경
을 무엇이라 이름 하며 저희들이 어떻게 받들어 행하여
야 합니까?" 부처님께서 수보리에게 말씀하시길 "이 경
을 금강반야바라밀이라 이름 하니 이 이름으로 너희들
은 마땅히 받들어 행해야 하느니라."

법희해

13분 여법수지에서는 여래와 부처, 석가모니와 수보리
의 경지를 분명하게 알고 내용을 보면 기존의 금강경에

서 오역된 부분을 쉽게 찾을 수 있을 것이다. 봉지(奉持); 받들어 행하다.

함허설의
처음 '자리를 펴고 앉으심'으로부터 여기까지 경(經)의 체(體)가 갖추어졌고 설하신 뜻은 이미 두루 하였도다. 이에 수보리가 경의 이름을 두고자 청하여 받들어 갖기를 구하므로, 여기에 여래께서 그 양단(兩端;安名과 奉持)의 물음에 양손으로 분부하셨다.

야부-88
今日 小出大遇
금일 소출대우

금일에 조금 내놓고 크게 얻었도다.

함허설의
경의 이름을 한 번 물어서 수지함을 구한 것인데, 소반까지 내밀어 친히 분부하시니 가히 크게 얻었다고 말하지 않겠는가.

야부-89

火不能燒 水不能溺 風不能飄 刀不能劈 軟似兜羅 硬如鐵
화불능소 수불능익 풍불능표 도불능벽 연사도라 경여철
壁 天上人間 古今不識 咦!
벽 천상인간 고금불식 이!

불이 태우지도 못하고 물도 빠뜨리지 못하며
바람도 날리지 못하고 칼도 자르지 못하도다.
부드럽기는 도라솜과 같고 단단하기는 철벽과 같으니
천상과 인간이 고금에 알지 못하도다. 이!

법희해
부처님의 법은 불이 태우지도 못하고 물도 빠뜨리지 못
하며 바람도 날리지 못하고 칼도 자르지 못하도다.
도라솜 같이 가벼워서 누구나 받아 지닐 수는 있지만
깨달음을 얻기란 단단한 철벽을 뚫는 것처럼 어려우니
천상과 인간이 예나 지금이나 한 놈도 알지 못하도다.
이!

함허설의
반야바라밀이여, 천 번이나 변해도 변하지 않도다. 비
록 그렇게 변하지 않는다고 하지만, 중생이 오면 중생
에 응하고, 비록 그렇게 중생에 응하나 또한 변해가지

않음이다. 우리 생각(情識)으로는 닿을 수 없거늘 어찌 사려(思慮)를 용납하겠는가.

소이자하 수보리 여래설 반야바라밀 즉비반야
所以者何 須菩提 如來說 般若波羅蜜 卽非般若
바라밀 시명반야바라밀
波羅蜜 是名般若波羅蜜

"왜냐하면 수보리야, 여래께서 반야바라밀은 바로 비반야바라밀의 뜻이므로 그 이름을 반야바라밀이라 한다고 설하셨기 때문이니라."

법희해
비반야바라밀(非般若波羅蜜)!

한문오역 '불설반야바라밀(佛說般若波羅蜜)'을 '여래설 반야바라밀(如來說般若波羅蜜)'로 바꿨다. 석가모니가 부처님이라고 하는 분은 여래이다. 불지(佛地)에서 언 젠가 여래께서 설하신 '반야바라밀'의 뜻을 알고 있는 석가모니가 경의 이름을 '금강반야바라밀'이라고 이름 하게 된 연유를 대아라한 수보리에게 설명하고 있다.

함허설의

경을 설하시고 이름을 안치하는 것을 분부해 마치시고
또한 말에 의지하여 알음알이를 낼까 염려하였다. 그러
므로 반야바라밀이, 비반야바라밀이라고 설하시어 이로
하여금 문자(文字)의 성품이 본래 공(空)한 것임을 알게
하셨다.

육조
부처님께서 반야바라밀을 설하심은 모든 학인으로 하여
금 지혜로 어리석은 마음이 생멸하는 것을 없애게 함이
니, 생멸이 모두 없어지면 곧 피안(彼岸)에 이르는 것
이다. 만약에 마음에 얻는 것이 있으면 곧 피안(彼岸)
에 이르지 못하고 마음에 한 법도 가히 얻을 것이 없으
면 곧 피안(彼岸)에 이르는 것이니, 입으로 설하고 마
음으로 행하는 것이 피안(彼岸)에 이르는 것이다.

야부-90
猶較些子
유교사자

오히려 조금 비슷하도다.

법희해

비슷하지만 틀렸음이라.

함허설의
반야를 비반야(非般若)라고 말하니, 그 말이 옳기는 진
실로 옳으나, 오히려 한 선(線)의 길이 막혔도다.

야부-91
一手擡一手搦 左邊吹右邊拍 無弦彈出無生樂 不屬宮商律
일수대일수닉 좌변취우변박 무현탄출무생락 불속궁상율
調新 知音知後 徒明邈
조신 지음지후 도명막

한 손으로 들고 한 손으로 잡으며
왼쪽으로 불고 오른쪽으로 치도다.
줄 없이도 무생의 가락을 퉁겨야
궁상에 속하지 않고도 율조가 새롭나니
지음자가 안 후에는 한갓 이름이 아득하도다.

법희해
중생들은 눈으로 보고 귀로 들어야 모든 것을 믿고 행
하도다. 보고 들음에 마음이 여여(如如)하여야 모든 형
상과 이름이 끊어진 부처님의 법계를 볼 수 있나니, 수

행자가 깨달음을 얻은 후에는 한갓 보고 듣는 사바세계의 모든 이름들이 아득하도다.

함허설의

반야가 곧 비반야임이여, 한 손으로 들고 한 손으로 잡으며 왼쪽으로 불고 오른쪽으로 치도다. 들고, 잡고, 불고, 치는 것이 좋기는 하지만 오히려 좋은 솜씨는 못되니 줄 없는 거문고에서 무생곡(無生曲)을 튕겨내야 비로소 좋은 솜씨라 이름 하느니라. 만약 이 무생곡(無生曲)이라면 들고, 잡고, 또한 불고, 치는 것에 속하지 않으니 비록 그렇게 저 궁상각치우에 속하지는 않으나 격조가 청신하여 궁상과 다른 것이니, 이 곡은 예로부터 화답하는 이가 드물어 종자기(種子期)의 들음도 오히려 망연(茫然)하도다.

수보리 어의운하 여래 유소설법부 수보리 백불
須菩提 於意云何 如來 有所說法不 須菩提 白佛
언 세존 여래 무소설
言 世尊 如來 無所說

"수보리야, 어떻게 생각하느냐. 여래께서 법을 설한 적이 있느냐?" 수보리가 부처님께 말하기를 "세존이시여,

여래께서 법을 설하신 적이 없습니다."

법희해
유설(有說).   무설(無說).   비유설비무설(非有說非無說).
이 세 가지의 답은, 말은 다르지만 모두 같은 뜻이다.

함허설의
부처님께서는 수보리가 공(空)을 잘 이해한다고 일컬으
시니 과연 수보리는 부처님께서 본래 말이 없으심을 잘
알았도다. 비록 이와 같으나 아난이 경을 결집함으로부
터 명(名), 구(句), 문신(文身;팔만대장경)의 차별언사가
방책(方策;경전)에 펴 있어서 서건(西乾;인도)에 넘치고
동진(東震;중국)에 가득 차서 지금에 이르렀으니 부처
님께서 모두 설함이 없다고 하면 이 같은 팔만대장경을
대저 누가 설해왔는가. 모름지기 믿을지어다. 말이 있
다 할지라도 모두 비방함이 되고 말이 없다 해도 또한
용납하지 못할지니라.

육조
부처님께서 수보리에게 물으시길 "여래의 설법이 마음
으로 얻은 것이 있는가?" 수보리는 여래 설법이 마음으
로 얻은 것이 없음을 알기에 "설한 것이 없습니다."하

고 답했다. 여래의 뜻이란 세상 사람으로 하여금 유소득심(有所得心;얻은 것이 있는 마음)을 떠나게 하고자 함이므로 반야바라밀다법을 설하시어 일체인(一切人)이 그것을 듣고 모두 보리심을 발하여 무생의 이치를 깨달아 위없는 도를 이루게 하심이다.

야부-92
低聲低聲
저성저성

소리를 낮추고 낮추어라.

법회해
하나의 달이 천만 개의 그릇 속에 있으니 고개를 들 줄 모르는 중생들이여! 소리를 낮추고 낮추어라.

함허설의
부처님께서 설한 바가 없다 하시니 옳기는 진실로 옳으나 무언(無言)도 부처님의 본심은 아님이다. 그러므로 소리를 낮추고 낮추라고 하시니, 또한 한결같이 무소설(無所說)이라고만 말하지 말라. 인천(人天)의 귓속에 시끄럽기가 호호(浩浩)하도다. 대단히 시끄러움이여. 엎드려 칭하노니 소리를 낮추고 낮추이라.

야부-93
入草求人不奈何 利刀斫了手摩挲 雖然出入無蹤跡 紋彩全
입초구인불나하 이도작료수마사 수연출입무종적 문채전
彰 見也麼
창 견야마

풀숲에 들어가 사람을 구하려 해도 어쩌지 못하여
날카로운 칼로 베고 나서 손으로 어루만지도다.
비록 그렇게 그 출입에 자취가 없으나
무늬가 온전히 드러남을 보았는가.

법희해
부처님께서 사바세계에 오셔서 불법으로 중생을 구하려
해도 알아듣지 못하니 항상 제멋대로 행하고 고통 속에
서 후회하도다. 비록 그렇게 부처님께서 왔다간 자취가
없으나 사바세계에서 부처님의 자비광명이 온전히 드러
남을 누가 보았는가.

함허설의
부처님(黃面老子)을 알고자 하는가. 이 노인은 본래 풀

(부처님 설법)을 사랑하지 않으시며 또한 풀을 싫어하시지도 않으시니, 풀을 사랑하지 않으므로 풀숲에 들어가서 이 노인을 찾으려 해도 찾지 못하고, 풀을 싫어하지 않는 까닭에 풀을 벗어나서 이 노인을 보려고 해도 보지 못함이다. 그러므로 말하길, 비록 언어의 길을 의지하지도 않으나 또한 다시 무언설(無言說)을 집착하지도 않는다 하시는 것이다. 잘 보아라. 부처님께서 드러내시니 마혜수라(大自在天神)의 눈앞에서는 몸을 숨길래야 숨길 곳이 없도다.

수보리 어의운하 삼천대천세계 소유미진 시위
須菩提 於意云何 三千大千世界 所有微塵 是爲
다부 수보리언 심다 세존 수보리 제미진 여래
多不 須菩提言 甚多 世尊 須菩提 諸微塵 如來
설비미진 시명미진 여래설세계비세계 시명세계
說非微塵 是名微塵 如來說世界非世界 是名世界

"수보리야, 어떻게 생각하느냐. 삼천대천세계에 가득한 티끌이 많다고 할 수 있느냐?" 수보리가 말하기를 "매우 많습니다. 세존이시여." "수보리야, 모든 티끌은 여래께서 비미진의 뜻이므로 그 이름을 티끌이라 한다고 설하셨으며, 여래께서 세계도 비세계의 뜻이므로 그 이름을 세계라 한다고 설하셨느니라."

법희해
비미진(非微塵), 비세계(非世界)!

실체가 없는 티끌을 많다고 할 수 있느냐고 세존이 물으니 수보리가 어떤 마음에서 '많습니다.'라고 대답한 것인가?

함허설의
이것은 미진세계(微塵世界)의 비유를 들어서 설한 바 없는 도리를 밝히신 것이다. 일대지(一大地)에 삼천세계가 있으니 삼천세계의 미진(微塵)은 그 수를 헤아리기가 어렵도다. 본래 있는 일대지를 떠나면 세계의 미진이 모두 공(空)함이로다. 일불승(一佛乘)에서 삼승(三乘;성문,연각,보살)을 설하시니 무진법문이 이로부터 시작되었다. 본래 있는 일불승을 떠나면 법법이 다 공(空)해서 있지 않도다. 이러한즉 처음 사제(四諦)를 전함으로부터 이제 반야(般若)를 말하는데 이르기까지 법으로 가히 보일 수 있었으며 말로써 베풀 수 있다고 말하거니와, 실제로써 관하건대 이치는 본래 말이 없어서 법은 가히 보일 수 없는 것이며, 부처는 본래 마음이 없는지라 말로써 가히 베풀 것이 없으니 진(塵)이 비진(非塵)인즉 명수(名數)가 곧 비명수(非名數)이고, 계(界)가 비계(非界)인즉 삼승(三乘)이 곧 비삼승(非三乘)인 것이다. 삼승(三乘)을 아는데 어찌 영산회상을 기다리리오. 기원정사의 좌상에서 일찍이 일불승(一佛乘)에 돌아갔도다.

육조

여래께서 말씀하시기를, 중생의 성품 가운데 망념은 삼천대천세계의 미진수와 같으니 일체중생이 미진처럼 많은 망념을 일으키고 멸하며, 잠시도 머물지 못하여 불성을 막고 가려서 해탈을 얻지 못하나니, 만약 능히 생각생각을 참답고 바르게 하여 반야바라밀의 무착(無着),무상행(無相行)을 닦으면 망념진로(妄念塵勞)가 곧 청정법성임을 깨달으리라. 망념(妄念)이 이미 없어지면 곧 비미진(非微塵)이요. 진(眞)이 곧 망(妄)이며 망(妄)이 곧 진(眞)임을 깨달아서 진(眞)과 망(妄)이 함께 없어지면 달리 법이 없음이라. 이 까닭에 미진(微塵)이라 이름 한다. 성품 중에 진로(塵勞)가 없으면 곧 이것이 불세계이고, 심중에 진로가 있으면 곧 중생세계이니 모든 망념이 공적함을 깨달으므로 말하기를 비세계(非世界)라고 한다. 여래법신을 증득하여 널리 온갖 세계(塵

刹)에 나투어 응용함에 막힘이 없으므로 이를 세계라 이름 한 것이다.

야부-94
南贍部洲 北鬱單越
남섬부주 북울단월

남섬부주요 북울단월이로다.

함허설의
이제 야부 스님께서 바로 진계(塵界)를 취하여 이로써 평상부동(平常不動)을 밝히시니 진(塵)이 비진(非塵)인즉 진진(塵塵)이 정묘신(淨妙身)이 되고, 세계는 비세계인즉 그대로 황금국이 된다. 세계세계가 이미 황금국인 줄 알면 다시 무엇 때문에 비세계라 설하며 진진(塵塵)이 이미 정묘한 법신인 줄 알았다면 어이하여 비미진(非微塵)이라 설함인가. 다만, 가히 남섬부주라 하고 북울단월이라 부를 뿐이다.

야부-95
頭指天脚踏地 饑則飡困則睡 此土西天 西天此土 到處元
두지천각답지 기즉손곤즉수 차토서천 서천차토 도처원
正便是年 南北東西祗者是

정변시년 남북동서지자시

머리는 하늘을 가리키고 다리는 땅을 밟으며
주리면 먹고 곤하면 자도다.
이곳이 서천(극락)이요 서천이 이곳이로다.
곳곳의 설날은 똑같은 새해이니
남북동서에 다만 이것일 뿐이로다.

법희해
성인의 몸은 비록 사바세계에 중생들과 함께 있지만 마
음은 부처님의 뜻과 같으니 주리면 먹고 곤하면 자는
일상이 늘 행복하도다. 이곳이 서천이요 서천이 이곳이
로다. 이제 사바세계 곳곳의 중생들의 생각도 부처님의
뜻과 같으니 법계에 오직 부처님 자비광명뿐이로다.

함허설의
하늘을 가리키고 땅을 밟음은 사람이 모두 같음이다.
주리면 먹고 피곤하면 자는 것은 누가 능히 못하리오.
다만 이 참 소식은 피차에 두 가지가 없으니, 다만 두
가지가 없는 도리를 어떻게 말할 것인가. 매화 가지의
한 송이 흰 꽃은 족히 천하의 봄을 알리고 오동잎 하나
떨어지면 천하가 가을임을 알림이다. 이것으로써 천하
의 일을 의심하지 않으니 천하의 사람이 모두 마땅히

나와 같도다. 응당 나와 같으니 오랜 가뭄에 단비를 어떤 사람인들 홀로 기쁘게 여기지 않으리오. 또한 '머리는 하늘을~'이란 평상하여 모두 움직이지 않음이요, '이곳이~'란 피차 두 가지가 없음이요 '곳곳의~'란 사사로움이 없는 일착자(一着子)가 온전히 일체처를 갖췄음이로다.

수보리 어의운하 가이삼십이상 견여래부 불야
須菩提　於意云何　可以三十二相　見如來不　不也
세존 불가이삼십이상 득견여래 하이고 불설삼
世尊　不可以三十二相　得見如來　何以故　佛說三
십이상 즉시비상 시명삼십이상
十二相　卽是非相　是名三十二相

"수보리야, 어떻게 생각하느냐. 32상으로 여래를 볼 수 있겠느냐?" "아닙니다. 세존이시여, 32상으로는 여래를 볼 수 없습니다. 왜냐하면, 부처님께서 32상은 바로 비상의 뜻이므로 그 이름을 32상이라 한다고 말씀하셨기 때문입니다."

법희해
비상(非相)!

세존의 물음에 앞에서는 긍정의 대답을 하던 수보리가
여기서는 부정의 대답을 한 이유는 뭘까?

한문오역 '여래설삼십이상(如來說三十二相)'을 '불설삼
십이상(佛說三十二相)'으로 바꿨다. 석가모니와 수보리
의 대화이다.

함허설의
상(相)과 비상이 모두 부처가 아니라, 상은 곧 비상이
라야 참다운 것이다. 만일 능히 이렇게 분명한 도리를
알면 천진면목(天眞面目)을 어찌 다시 의심하겠는가.

육조
32상이란 곧 32청정행이니 오근(五根) 가운데서 육바
라밀을 닦고 의근(意根) 중에 무상(無相)과 무위(無爲)
를 닦으면 이것을 32청정행이라 이름 하느니라.(오근 ×
육바라밀＋무상＋무위＝삼십이상) 항상 32청정행을 닦으
면 곧 성불하거니와 만약 32청정행을 닦지 않으면 마
침내 성불하지 못하며, 다만 32상만을 애착하고 스스로
32행을 닦지 않으면 마침내 여래를 보지 못하리라.

야부-96
借婆衫子拜婆年

차파삼자배파년

할머니 옷을 빌려 입고서 할머니에게 절한다.

법희해
부처님께서 부지중생늘에게 베푸시는 마지막 가르침이
다. 이렇게 해도 모르면 닭대가리가 아닌가 한 번쯤은
반드시 의심해봐야 한다.

함허설의
부처님께서 무상을 밝히고자 하심에 과연 능히 상이 아
닌 것으로써 답하고 만약 부처님께서 상으로써 물으시
면 또한 능히 상으로써 답한 것이다.

야부-97
你有我亦有 君無我亦無 有無俱不立 相對嘴盧都
이유아역유 군무아역무 유무구불립 상대취로도

그대 있으니 나 또한 있고
그대 없으면 나도 또한 없음이라.
유와 무를 모두 세우지 아니하니
서로 대하여 입만 침묵하도다.

법희해
연기(緣起) = 무아(無我) = 공(空)

함허설의
물음후의 답이 어긋나지 않으니 네가 있고 네가 없음에
나 또한 그러하다. 유와 무를 다 세우지 않으니, 상대
하여 묵묵히 말이 없음이로다. 유와 무를 세우지 않고
무언(無言)으로써 대항하여 외도가 부처님께 묻자 세존
께서 양구(良久)하시니 그 세가 당연히 그러하도다. 저
것은 가히 도적의 말을 타고 도적을 쫓는 격이요, 이것
은 가히 할머니 옷을 빌려 입고 할머니에게 절하는 것
이다.

수보리 약유선남자선여인 이항하사등신명 보시
須菩提 若有善男子善女人 以恒河沙等身命 布施
약부유인 어차경중 내지수지사구게등 위타인설
若復有人 於此經中 乃至受持四句偈等 爲他人說
기복심다
其福甚多

"수보리야, 만약 선남자 선여인이 항하의 모래 수와 같
은 목숨을 보시하고, 또 어떤 사람이 이 경에서 사구게

만 배우며 행하고 다른 사람을 위해 말해준다면 그 복
이 더욱 더 많을 것이니라."

법희해
수지사구게등(受持四句偈等); 사구게만 배우며 행하다.

함허설의
지혜의 안목이 없이 공연히 베풀기만 하면 이것은 보리
의 바른 길이 아니며 도리어 생사의 고통스런 윤회를
초래함이 되고 사구를 수지하여 혜안(慧眼)을 뜨면 이
것을 참다운 보리의 바른 길이어서 마땅히 열반의 진상
(眞常)을 증득하리니 유위와 무위의 차별이 분명하도
다.

육조
세간에서 소중하게 여기는 것은 목숨보다 더한 것은 없
는데, 보살이 법을 위하여 무량겁 동안 목숨을 보시하
고 베풀어 일체 중생에게 나눠주면 그 복이 비록 많으
나 이 경의 네 구절을 받아 지닌 복과는 같지 않으니
다겁(多怯) 동안 몸을 보시하되 공(空)의 도리를 요달하
지 못하면 망령된 마음을 없애지 못한 것이라 원래 이
중생인 것이요. 한 순간이라도 경을 지니어 아(我)와
인(人)이 다 없어지면 망상도 또한 이미 없어짐이어서

언하(言下)에 성불할 것이로다. 그러므로 알라. 아무리 오랜 세월동안 몸을 보시한 복은 경의 사구게를 수지하는 복만 못하도다.

야부-98
兩彩一賽
양채일새

두 가지 색의 한 주사위로다.

함허설의
우열(優劣)이 분명한 것은 곧 없지 않으나, 그러나 모두 닦고 끊는 공훈은 면치 못하거니와, 만약 본분 납승(衲僧)이면 동(動)하고 정(靜)함이 다 보시를 행하거니와 어찌 수고로이 목숨을 버릴 것이며, 말과 침묵이 모두 경을 전하는 것인데, 어찌 번거롭게 문자를 익히리오. 그렇다면 경을 지니고 보시를 행하는 것은 짐짓 겸하지 않아도 저절로 겸한 것이로다.

야부-99
伏手滑槌 不換劒 善使之人 皆總便 不用安排本現成 箇中
복수골퇴 불환검 선사지인 개총편 불용안배본현성 개중
須是英靈漢 囉囉哩哩囉囉 山花笑野鳥歌 此時如得意 隨

수시영령한 라라리리라라 산화소야조기 치시여득의 修
處薩婆訶
처사바하

손에 쥔 골추를 칼과 바꾸지 않으니
잘 쓰는 사람은 모두 편리하도다.
안배를 쓰지 않아도 본래 다 이루었으니
그 중에 모름지기 이 영령한 사람이다.
라라리리라라여.
산에서는 꽃이 피고, 들에서는 새가 지저귀도다.
이때에 만약 뜻을 얻으면
어느 곳에서든지 사바하 하리라.

법희해
중생들은 좋고 나쁨을 가리지만 수행자는 지금의 환경
이 아무리 나빠도 좋은 것과 바꾸지 않으니 수행하는
데는 두 가지 모두 편리하도다. 굳이 그런 행이 드러
나지 않아도 세상의 이치를 다 알고 있으니 이 수행자
가 바로 부처님의 마음을 아는 사람이다.
라라리리라라여.
산에서는 꽃이 피고, 들에서는 새가 지저귀도다.
이때에 만약 뜻을 얻으면
어느 곳에서든지 깨달음을 성취하리라.

함허설의

만약 이 본분인(本分人)이라면 곧 날마다 쓰는 것이 모두 묘용이니 어찌 모름지기 다시 닦고 끊는 방편을 빌 것인가. 금일의 안배(安排;알맞게 잘 배치하거나 처분하는 것)를 쓰지 않고도 묘용이 본래 스스로 이루어져 있으니 이는 하열(下劣)한 근기의 경계가 아님이로다. 모름지기 과량인(過量人;뛰어난 사람)이라야 비로소 될 수 있도다. 다만 저 과량인의 경계를 어떻게 말할까.

海晏河淸風月好 人人齊唱太平歌 何獨人人如是 花笑山前
해안하청풍월호 인인제창태평가 하독인인여시 화소산전
洩天機 鳥歌林外話無生 頭頭自有無窮意 得來無處不逢原
설천기 조가임외화무생 두두자유무궁의 득래무처불봉원

바다는 잔잔하고 냇물은 맑아서 풍월이 훌륭하니
사람사람이 모두 태평가를 부른다.
어찌 홀로 사람만이 그러하리오.
꽃은 산 앞에서 웃으며 천기(天機)를 누설하고
새는 숲 밖에서 지저귀며 무생(無生)을 말하도다.
두두물물이 다 스스로 무궁한 뜻이 있으며,
얻고 나면 그 근원을 만나지 못할 곳이 없으리라.

제십사 이상적멸
第十四 離相寂滅

이시 수보리 문설시경 심해의취 체루비읍 이백
爾時 須菩提 聞說是經 深解義趣 涕淚悲泣 而白
불언 희유세존 불설여시 심심경전 아종석래 소
佛言 希有世尊 佛說如是 甚深經典 我從昔來 所
득혜안 미증득문여시지경
得慧眼 未曾得聞如是之經

14. 열반은 상을 떠난 것인

그때 수보리가 이 경을 설하심을 듣고, 그 의미를 깊이
깨달아 눈물을 흘리면서 부처님께 말하기를 "희유하십
니다. 세존이시여, 부처님께서 이렇게 깊고 깊은 경전
을 설하시니, 제가 예로부터 얻은 혜안으로도 이와 같
은 경을 한 번도 들어보지 못했습니다."

법희해
여래께서 금강경에서 제일 중요하다고 하신 부분이 14
분 이상적멸이다. 상(相)에 집착함이 사라진 것을 적멸

이라 하며 적멸은 열반이며 깨달음이며 부처님을 친견할 수 있는 성인의 경지에 오르는 것이다. 이상(離相)은 비상(非相)과 같은 말이다. 그 상(相)이 무엇인지 14분에서 명확하게 설하고 있으니 수행자라면 두 눈을 크게 뜨고 봐야 할 것이다.

함허설의
경문의 앞에서는 상근기로서 깨달아 들게 하므로 슬픔이나 기쁨에 동하지 않고 바로 희유하다고 찬탄했거니와, 여기서는 자취를 중근기와 같이해서 방편으로 깨달아 들어감을 보이시므로 슬픔과 기쁨이 뒤섞인 연후에 부처님의 희유하심을 찬탄한 것이다.

야부-100
好笑 當面諱了
호소 당면휘료

좋게 웃어야 하는 것인데, 얼굴을 마주하여 숨겼도다.

법희해
석가모니의 말을 아직도 알아듣지 못하는 중 하근기 중생들을 위해 수보리가 눈물 흘리는 연기를 하며 거짓

질문 한다.

함허설의
기쁜 일이 현전함에 웃음을 토해내야 좋거늘 눈물을 흘리고 슬피 우는 것은 다만 숨기기를 요함이다. 또한 부처님의 뜻을 깊이 깨달으매 차마 기쁘다고 말하지 못하고 안으로는 기뻐하고 밖으로 슬퍼하니 그 까닭에 웃음을 견딤이로다.

야부-101
自少來來慣遠方　幾廻衡岳渡瀟湘　一朝　踏著家鄕路　始覺
자소래래관원방　기회형악도소상　일조　답착가향로　시각
途中日月長
도중일월장

젊어서부터 돌아다녀 먼 길에 익숙하니
몇 번이나 형악산을 돌고 소상강을 건넜던가.
하루아침에 고향 땅을 밟으니
비로소 도중에 세월이 길었음을 깨달았도다.

법희해
업력으로 태어나 중생 습에 익숙하니 색성에 속아 운적

이 몇 번이고 부처님 은혜에 보답한 적이 몇 번이었던 가. 부처님 말씀에 문득 깨달음을 얻으니 업력으로 살아온 세월이 너무나 길었음을 비로소 알았도다.

함허설의

작은 이익으로 인하여 아버지를 버리고 멀리 도망가서 하늘가를 떠도니, 몇 번이나 아인(我人)의 산하를 돌고 돌았으며, 몇 번이나 은애(恩愛)의 물속을 출몰했던가, 홀연히 좋은 친구의 가르침을 접하여 항상 즐거운 고향을 밟으니, 비로소 옛날 생사의 길에서 부질없이 긴 세월 보냈음을 알았도다.

세존 약부유인 득문시경 신심청정 즉생실상 당
世尊 若復有人 得聞是經 信心淸淨 卽生實相 當
지시인 성취제일희유공덕
知是人 成就第一希有功德

"세존이시여, 만약 어떤 사람이 이 경을 듣고 깨달아 신심이 청정해진다면 바로 실상을 보는 지혜가 생길 것이며 마땅히 이 사람은 가장 희유한 공덕을 성취하게 된다는 것을 알게 될 것입니다."

법회해
득문시경(得聞是經); 이 경을 듣고 깨닫다. '득(得)'은 금강경에서 '깨닫다'의 의미로 더 많이 쓰인다. 생실상(生實相); 실상을 보는 지혜가 생겨나다.

육조
자성이 어리석지 아니함을 혜안이라 하고 법을 듣고 스스로 깨달은 것을 법안이라 한다. 수보리는 아라한으로 오백제자 중에 공의 도리를 아는 데는 제일이며 이미 일찍이 많은 부처님을 부지런히 섬기었으나 어찌 이와 같은 깊은 법을 듣지 못하고 이제 석가모니부처님 처소에서 비로소 들었으리요. 그러나 혹시 수보리가 옛날에 얻은 것은 성문(聲聞)의 혜안이어서, 지금 비로소 이 같은 깊은 경전을 듣고 바야흐로 부처님의 뜻을 깨달았을 때, 옛날에 깨닫지 못한 것을 슬퍼한 고로 체루비읍(涕淚悲泣)했는가. 경을 듣고 명확하게 아는 것을 청정이라고 하는 것이다. 청정한 가운데서 반야바라밀의 깊은 법이 유출되니, 마땅히 알라. 결정코 제불 공덕을 성취할 것이다.

세존 시실상자 즉시비상 시고 불설명실상
世尊 是實相者 卽是非相 是故 佛說名實相

"세존이시여, 실상이라는 그것은 바로 비상의 뜻이므로 부처님께서 그 이름을 실상이라 한다고 말씀하셨습니다."

법희해
비상(非相)!
'실상은 비상(非相)이다.' 이 말뜻을 모르면서 불법을 지껄이는 놈들은 무지중생들에게는 공양을 받을지 모르나 한평생 부처님 얼굴에 똥칠만 하다 갈 놈들이다.

한문오역 '여래설(如來說)'을 '불설(佛說)'로 바꿨다. 수보리가 실상에 대해서 들은 말을 인용하고 있다. 수보리는 누구의 설법을 들었겠는가?

함허설의
경에 참되고 항상한 묘체(妙體)를 나타내시니, 경을 듣고 신심을 내면 묘체 실상이 바로 그 자리에서 나타나므로 말씀하시길, 신심이 청정하면 바로 이 자리에서 실상(實相)이 난다고 하셨다. 이 실상이란 견문각지(見聞覺智)로써 구할 수 있는 것이 아니며 색, 향, 미, 촉으로 찾을 수 있는 것이 아님이다. 그러므로 말하길 이 실상이란 곧 비상(非相)이므로 여래께서 실상이라 이름

한다고 하신 것이다. 또 이 실상이란 유상도 아니고 무
상도 아니며 비유상도 아니고 비무상도 아니므로 여래
께서 실상이라 이름 한다 하셨다.

육조
비록 청정한 행(行)을 행하지만, 만약 더러움(垢)과 깨
끗함(淨)의 두 가지 상(相)이 마음에 있으면, 이것은 때
묻은 마음이라 곧 청정심이 아닌 것이니, 다만 마음에
얻은 바가 있으면 실상(實相)이 아니니라.

야부-102
山河大地　甚處得來
산하대지　심처득래

산하대지를 어느 곳에서 얻으리오.

법희해
성소작지(成所作智)인가?　의식(意識)인가?

함허설의
만약 한결같이 비상(非相)이라 하면 지금의 산하대지는
분명 산인데, 어느 곳에서 얻어왔는가.

야부-103

遠觀山有色　近聽水無聲　春去花猶在　人來鳥不驚　頭頭皆
원관산유색　근청수무성　춘거화유재　인래조불경　두두개
顯露　物物　體元平　如何言不會　祇爲太分明
현로　물물　체원평　여하언불회　기위태분명

멀리 바라보니 산은 색이 있고
가까이 들으니 물은 소리가 없음이로다.
봄은 갔건만 꽃은 아직 남아 있고
사람이 와도 새가 놀라지 않도다.
두두가 다 드러내니
물물의 체가 원래 평등하도다.
어떻게 모른다고 말하겠는가.
다만 너무나도 분명한 것을.

함허설의

미(迷)한즉 눈앞에 법이 있음이라. 이 까닭에 도에서
멀고, 깨달은즉 귓가에 소리가 없음이라. 이 까닭에 도
에 가까우니라. 그러므로 말하길, 중생의 망견(妄見)인
즉 가지가지로 소란스럽거니와 여래의 실견(實見)인즉
일체가 진(眞)이고 적정(寂靜)이라 한 것이다. 비록 색
성이 없다 말하나 상과 상이 항상 완연하고, 비록 항상

완연하다 말하니 상과 상을 가히 얻지 못함이다. 그러므로 말하길, 상도 없고 공도 없고 무공도 없으니 곧 여래의 진실한 모습이라 하신 것이다. 진실한 모습은 낱낱의 가운데 모두 나타나 있고 사물과 사물 위에 분명해서 때마다 곳마다 밝게 나타나지 않음이 없으니, 이미 두두에 모두 나타나고 물물 위에 밝은데 혜능은 무엇 때문에 불법을 알지 못한다 말하는가. 눈썹 밑에 두 눈이 극히 분명하니, 도리어 눈동자를 보아라. 무슨 모양을 지었는가.

세존 아금 득문여시경전 신해수지 부족위난
世尊 我今 得聞如是經典 信解受持 不足爲難

"세존이시여, 제가 지금 이와 같은 경전을 들어서 믿고 깨달아, 배우며 행하는 것은 어렵지 않지만,"

법희해
신해수지(信解受持); 믿고 깨달아 배우며 행하다. 부처님의 가르침을 화엄경에서 신해행증(信解行證)으로 분류 한다. 부처님 말씀을 믿고(信) 깨달아(解) 그 가르침대로 행하여(行) 불법이 진리인 것을 증명(證)한다의 뜻이다. 중생과 수행자들이 '깨달다'의 의미를 몰라서 암

흑 속을 끝없이 헤매고 다닌다. 여기서 분명하게 알아서 다음부터는 미친 개소리 내는 놈이 한 명도 없기를 바란다. 중생의 생각과 행동이 부처님의 가르침과 다르다는 것을 알았을 때, 그것을 깨달았다라고 한다. 그래서 조사님들이 '아침에 세수하면서 코만지는 것보다 쉬운 것이 깨달음이다.'라고 한 것이다. 말씀을 듣고 깨닫는 것(得聞)이지 행으로 깨달음을 얻는 것이 절대 아님을 알라. 깨달은 다음에 뭘 해야 하는가? 피눈물 흘릴 일만 남았다는 걸 마땅히 알라.

야부-104
若不得後語 前話也難圓
약부득후어 전화야난원

만약 뒷말을 얻지 못하면 앞의 말도 원만하기 어렵도다.

함허설의
만약 수보리로 하여금 다만 그 쉬운 것만 말하고 어려움을 말하지 않으면 그 말이 원만함을 얻지 못하거니와, 지금의 어려운 것과 쉬운 것을 함께 설하니 말씀이 원만하게 되었도다.

야부-105
難難難 如平地上靑天 易易易 似和衣一覺睡 行船 盡在把
난난난 여평지상청천 이이이 사화의일각수 행선 진재파
梢人 誰道波濤從地起
초인 수도파도종지기

어렵고도, 어렵고도 어려움이여
마치 평지에서 청천에 오름과 같고
쉽고도, 쉽고도 쉬움이여
옷 입은 채 한숨 자고 깨어남과 같도다.
배가 가는 것은 삿대를 잡은 이에 있으니
누가 파도가 땅으로부터 일어난다 말하리오.

법희해
깨달음을 얻는다는 것은
어렵게 말하면 나반존자요,
쉽게 말하면 주다반탁가로다.
배가 가는 것은 삿대를 잡은 이의 마음이지만
내 손에 삿대가 있으니 누굴 원망하리요.

함허설의
그 어려움을 말한다면, 다섯 가지 눈으로도 능히 보지
못하고 두 귀로도 듣지 못함이다. 그 쉬움을 말한다면,

눈만 뜨면 곧 보이고 귀를 기울이면 곧 들리며 입만 열면 낱낱이 다 설파하고, 발을 들면 걸음걸음이 다 그것을 밟으니 평지에서 하늘에 오름은 진실로 쉽지 않으나, 옷 입은 채 자다가 깨는 것이 어찌 어려우리오. 자세히 보아라. 어렵고 쉬움이 다만 이 한사람의 기변(機變)이로다.

약당래세후오백세 기유중생 득문시경 신해수지
若當來世後五百歲 其有衆生 得聞是經 信解受持
시인 즉위제일희유
是人 卽爲第一希有

"만약 오는 세상 후오백세에 어떤 중생이 이 경을 들어서 믿고 깨달아, 배우며 행한다면 이 사람이 바로 제일 희유한 사람일 것입니다."

함허설의
경에서는 사람사람이 본래 지니고 있음을 나타내시니, 이 본래 지니고 있는 일착자(一著子;한 물건)는 굳기가 철벽과 같고 부드럽기는 도라솜과 같도다. 부드럽기가 솜과 같은 고로 받아 지니기는 쉽고 굳기가 철벽과도 같은지라 받아 지니기는 어려우니, 수보리가 좌로 두드리고 우로 쳐서 그 중간을 보이도다.

야부-106
行住坐臥 著衣喫飯 更有甚麼事
행주좌와 착의끽반 갱유심마사

행주좌와 착의끽반이 다시 무슨 일이 있으리오.

함허설의
불법(佛法)이 다만 날마다 쓰는 행주좌와 처(處)와 옷
입고 밥 먹을 때에 있는 것이어서, 어느 때 어느 곳에
서나 낱낱이 드러나고 빠뜨림이 없으니, 이미 이와 같
음인데 신해(信解)하고 수지(受持)함에 무슨 어려움이
있을 것이며, 비록 그렇게 신해수지할지라도 어찌 희유
(希有)하다 하리오.

야부-107
冰不熱火不寒 土不濕水不乾 金剛脚踏地 幡竿 頭指天 若
빙불열화불한 토불습수불건 금강각답지 번간 두지천 약
人信得及 北斗面南看
인신득급 북두면남간

얼음은 뜨겁지 않고 불은 차지 않으며

흙은 습하지 않고 물은 건조하지 않도다.
금강신은 다리로 땅을 밟고
깃대의 머리는 하늘로 향했도다.
만일 누구라도 이 도리를 믿으면
북두를 남쪽으로 향하여 보리라.

함허설의
'얼음은 뜨겁지 않고'부터 '하늘로 향했도다.'까지는 평상의 도리라서 모두 움직이지 않는 것이니 다만 저 평상의 도리를 어떻게 말할까. 배가 가는 데는 당연히 노를 저어야 하며 말을 달리게 하려면 곧 채찍을 가해야 하고 만약 주리면 밥을 먹고 곤하면 잠을 자도다. 그대가 지금의 평상한 도리를 알고자 하면, 북두칠성과 남성(南星)이 그 위치가 다르지 않으니, 단지 저 다르지 않는 도리를 또한 어떻게 말할 것인가.

雨中看好月 火裏汲淸泉 直立頭垂地 橫眠脚指天
우중간호월 화이급청천 직립두수지 횡면각지천

비오는 가운데서 좋은 달을 봄이요
불 속에서 맑은 샘물을 길러 냄이며
바로 서서 머리를 땅에 드리움이요
가로누워 자는데 다리로 하늘을 가리킴이로다.

하이고 차인 무아상 무인상 무중생상 무수자상
何以故 此人 無我相 無人相 無衆生相 無壽者相
소이자하 불설아상 즉시비상 인상 중생상 수자
所以者何 佛說我相 卽是非相 人相 衆生相 壽者
상 즉시비상 하이고 이일체제상 즉명제불
相 卽是非相 何以故 離一切諸相 卽名諸佛

"왜냐하면, 이 사람은 아상, 인상, 중생상, 수자상이 없기 때문입니다. 그 까닭은 부처님께서 아상이 바로 비상이며 인상, 중생상, 수자상도 바로 비상이며 일체 모든 상을 떠난 것을 모두 '부처'라 이름 한다고 말씀 하셨기 때문입니다."

법희해
비상(非相)!

한문오역 '소이자하(所以者何)' 그 다음에 빠져버린 '불설(佛說)'을 넣었다. 다시 말하지만 금강경의 문장구조를 봐도, 수보리의 경지를 봐도 수보리가 '비(非)'를 설명할 수 없고 인용하는 것이다. '불설(佛說)'을 넣어야 석가모니가 말한 것이 된다.

함허설의

경을 듣고서 신수(信受)하는 것을 어찌하여 제일 희유(希有)하다 하는가. 사상(四相)을 떠나서 초연히 홀로 걷기 때문이니라. 사상을 멀리 하는 것은 어려움이 되거늘, 어떻게 능히 멀리 할 수 있는가. 지혜의 눈을 떠서 사상이 본래 공함을 요달하여야 한다. 상이 본래 공한 줄을 요달해서 능히 멀리 떠남을 어찌 제일 희유하다 하는가. 일체상을 떠난 것을 곧 제불(諸佛)이라 이름 하기 때문이니라.

육조

수보리가 깊이 부처님 뜻을 깨달아 자기의 견처(見處)를 드러내니, 업이 다하고 때(垢)가 없어져 지혜의 눈이 밝게 뜨이면 신해수지(信解受持)함에 어려움이 없느니라. 세존이 세상에 계시면서 설법하실 때에도 무량한 중생이 능히 신해수지(信解受持) 못하였거늘 하필이면 유독 후오백세를 말했으리요. 대개 부처님이 계실 때에는 비록 하근기라서 믿지 않고 회의를 품은 사람이 있었더라도 곧 부처님께 가서 물으면 부처님께서 곧 마땅함을 따라서 그들을 위해 설하시어 깨닫지 못함이 없거니와, 부처님이 멸도 한 후오백세에는 점차 말법에 이르니 성인에 가기가 더욱 멀어져서 말씀만 있으니, 만약 사람이 의심이 있으면 물어 해결할 곳이 없어서, 어리식고 미(迷)하어 집착을 안고서 무생(無生)의 이치를 깨닫지 못하고 상에 집착하여 치구(馳求)해서 육도에 윤회하리니, 이때에 깊은 경을 얻어 듣고 맑은 마음으로 공경히 믿어서, 무생의 이치를 깨닫는 자는 심히 희유함이 되므로 말씀하시기를, '제일 희유'라고 하시니라. 여래께서 멸후 후오백세에 만약 어떤 사람이 능히 반야바라밀의 심히 깊은 경전을 신해수지하면 곧 알라. 이 사람은 아상, 인상, 중생상, 수자상이 없음이니 이 사상이 없어지면 이것을 이름 하여 실상(實相)이라 부르고 이는 곧 불심(佛心)인 것이다. 그러므로 일체의 모든 상을 여읜 것을 곧 이름 하여 제불(諸佛)이라 하시니라.

야부-108
心不負人　面無慚色
심불부인　면무참색

마음에 사람을 저버리지 않으면, 얼굴에 부끄러운 색이 없어질 것이다.

법회해
지금 받고 있는 이 고통에서 웃을 수 있는 것은 부처님의 가르침대로 살고 있기 때문이다.

함허설의

부처님께는 삼신(三身)이 있으니 이는 법신(法身)인가, 보신(報身)인가, 화신(化身)인가. 저 비로자나불(법신불)의 머무는 곳을 보라. 삼(三)도 아니고 일(一)도 아니로되 능히 삼도 되고 일도 됨이니, 만약 문수로 하여금 도중(途中)에서 오지 않고 보현으로 하여금 청산을 망각케 한다면 벌써 비로자나불을 저버리는 것이다. 비로자나불을 저버리는 마음에 겸연함이 있어서 얼굴에 부끄러운 빛이 있거니와, 지금은 그렇지 않아서 한산(寒山)은 올 때의 길을 잃어버리고 습득(拾得)은 서로 손을 잡고서 돌아오는지라, 마음에 꺼림칙한 것이 없어서 얼굴에 부끄러운 빛이 없도다.

법희해

보현이 저지른 문수의 '오지 않음'과 문수가 저지른 보현의 '망각'은 유심(有心)의 행으로 부처님을 저버리는 일이요, 한산과 습득의 '잃어버림'과 '함께 돌아옴'은 무심(無心)의 행이므로 얼굴에 부끄러운 빛이 없다.

야부-109

舊竹生新筍　新花長舊枝　雨催行客路　風送片帆歸　竹密不
구죽생신순　신화장구지　우최행객로　풍송편범귀　죽밀불
妨流水過　山高豈礙白雲飛
방류수과　산고개애백운비

방류수과 산고개애백운비

오래된 대에서 새 죽순이 돋아나고
새 꽃은 옛 가지에서 자라도다.
비는 나그네 길을 재촉하고
바람은 조각배를 돌아가게 만든다.
대나무 빽빽해도 물 흐름을 방해하지 않고
산이 높다 한들 흰 구름의 흐름을 어찌 막으리오.

법희해
중생심 속에서 불성이 자라나고
이 오온 속에도 법신은 꿈틀거리도다.
부처님의 가르침은 수행자의 깨달음을 재촉하고
번뇌 망상은 중생들을 멀리 돌아가게 만든다.
아무리 두터운 업장이라도 불성을 덮을 수는 없고
성인의 경지 높다한들 수행자의 발걸음 어찌 막으리오.

함허설의
본각(本覺)과 시각(始覺)을 쌍으로 이루어서 부자(父子)
가 동업(同業)이라. 동업일진대 집안일을 생각하지 말
고 도중(途中)에 객(客)을 좋게 지을 것이며 또한 도중
(途中)일을 생각하지 말고 도리어 집을 향해 들어갈지
어다. 비록 이와 같으나 도중일은 집안일에 걸리지 않

고 집안일은 도중사에 걸리지 않음이로다. 잘 보아라.
문수, 보현이 왼쪽으로 돌고 오른쪽으로 돌아가니 비로
자나불의 얼굴에 봄바람의 미소가 가득하도다.

불고수보리 여시여시
佛告須菩提　如是如是

부처님께서 수보리에게 말씀하시기를 "그렇다, 그렇
다."

육조
부처님께서 수보리의 아는 것이 자신의 마음에 잘 계합
함을 인정하시므로 거듭 '그렇고 그렇다.'고 하신 것이
다.

약부유인 득문시경 불경불포불외 당지시인 심
若復有人　得聞是經　不驚不怖不畏　當知是人　甚
위희유
爲希有

"만약 또 어떤 사람이 이 경을 듣고 깨달아 놀라지 않
고 두려워하지 않고 겁내지 않는다면 이 사람은 매우

희유한 사람인을 알아야 하느니라.”

함허설의
수보리의 희유하다는 말이 묘하게 이치에 계합함으로 찬탄해 말씀하시길 '그렇고 그렇다.'하셨다. 중생이 부처님을 위배하여 온 것이 오래로다. 이제 부처님의 개시(開示)함을 듣고 여러 번 놀라 두려움을 내나니 진실로 놀라 두렵지 않으면 심히 희유함이다. 비유컨대 집나간 궁자(窮子)가 가난하고 헐벗은 지 오래됐음이라, 부왕(父王)을 뵌 것이 실로 천행이 되도다. 그러나 그 아버지는 뜰 앞의 문이 고준(高峻)하고 그 궁자는 뜻이 하열(下劣)하여 보고나니 놀라고 두려워함을 면치 못하나니, 보고나서 놀라 두려워하지 않는 자는 심히 희유함이 되는 것이다.

육조
성문(聲聞)은 오랫동안 법상(法相)에 집착하여 유위(有爲)의 알음알이를 고집하고, 제법(諸法)이 본래 공(空)하여 일체 문자가 다 거짓으로 세운 것임을 요달하지 못하여, 홀연히 깊은 경전을 듣고 모든 상이 나지 않게 되어 언하(言下)에 부처를 이루는 것이므로, 이 까닭에 놀라고 겁내거니와 오직 상근기의 보살은 이 이치를 얻

어든고서 기쁘게 받아 가져 마음에 두려움과 물러남이
없으므로, 이러한 무리는 심히 희유함이 되도다.

야부-110
祇是自家底
기시자가저

다만 자기 것이기 때문이다.

함허설의
놀라고 두려워하지 않는 것을 희유라 하니 이는 옳기는
옳으나 아버지와 아들이 본래 같은 기(氣)이며, 또한
스스로 같은 집이니 어찌 일찍이 경포(驚怖)할 것이며,
비록 두렵고 놀라지 않음이 또한 어찌 희유하리오.

야부-111
毛呑巨海水 芥子納須彌 碧漢一輪滿 淸光六合輝 踏得故
모탄거해수 개자납수미 벽한일륜만 청광육합휘 답득고
鄕田地穩 更無南北與東西
향전지온 경무남북여동서

한 터럭이 큰 바다를 삼키고

겨자 속에 수미산을 드리우도다.
푸른 하늘에 한 달이 둥글이니
밝은 빛이 육합(六合;온 누리)에 빛나도다.
고향 땅을 밟아서 안온하니
다시 남북동서가 없도다.

법희해
언설(言說)에 현혹되지 않으니 이제 겨우 안개 속의 수
미산이 보인다.

함허설의
먼지, 털, 겨자는 사물로써 가장 작은 것이요 큰 바다
와 수미산은 사물로써 가장 큰 것이로다. 가장 작은 것
으로써 가장 큰 것을 거두는 것은 우리의 상식으로는
이를 바가 아니다. 그러나 지혜로 그것을 비춰본다면
먼지, 털, 겨자가 곧 작은 것이 아니며 큰 바다와 수미
산이 곧 큰 것도 아니니 큰 바다를 터럭 끝에 용납 하
고 수미산을 겨자에 받아들이니 이것은 우리들의 상식
이어서 다른 기술을 빌린 것이 아니다. 무엇 때문에 이
같은가. 성품의 하늘에 각(覺)의 달이 허철영명(虛徹靈
明;사무치게 밝아서)하여 육합(六合)에 밝게 빛나고 빛
이 삼라만상에 입혀져서 넓고 좁고 크고 가는 것이 한

가지도 그 빛을 용납하지 않음이 없으니 이 경계에 오르며 이런 소식을 본다면 다시 무슨 동서와 남북을 말하리오. 남북동서가 다 내가 만든 것이라. 일체가 모두 나로 말미암아 모두 방해가 되지 않으니 이런즉 건립(建立)하는 것도 역시 나에게 있으며, 그것을 없애는 것도 또한 나에게 있음이로다.

하이고 수보리 여래설제일바라밀 즉비제일바라
何以故 須菩提 如來說第一波羅蜜 卽非第一波羅
밀 시명제일바라밀
蜜 是名第一波羅蜜

"왜냐하면 수보리야, 여래께서 제일바라밀은 바로 비제일바라밀의 뜻이므로 그 이름을 제일바라밀이라 한다고 설하셨기 때문이니라."

법희해
비제일바라밀(非第一波羅蜜)!

함허설의
경을 듣고서 두려워하지 않음이 어째서 심히 희유하다고 하는가. 이 법은 어떤 사물과 더불어 같지 않으며 또한 능히 사물과 더불어 평등함이다. 심현(深玄)하고 유오(幽奧)하여 인정(人情)에 가깝지 않으나 듣는 사람이 많은 놀라움과 두려움을 내어서 믿고 이해한다는 것이 실로 어렵다. 지금에 능히 깨끗한 믿음을 내어서 겁내고 두려워하지 않는 것이 희유한 까닭이로다.

육조
입으로 말하고 마음으로 행하지 않으면 곧 그름이고, 입으로 말하고 마음으로 행하면 곧 옳은 것이며, 마음에 능(能)과 소(所)가 있으면 곧 그름이고, 마음에 능소(能所)가 없으면 곧 옳은 것이다.

야부-112
八字打開　兩手分付
팔자타개　양수분부

팔자로 타개하여 양수로 분부하셨다.
(양팔로 열어 보여 두 손으로 드러내었다.)

법희해
중생들이여! 이제 부처님 속옷까지 보고 싶은가?

함허설의
제일바라밀은 다시 향상(向上)이 없음이요, 비제일바라
밀은 향하(向下)와 다르지 않다. 제일바라밀이라 이름
하는 것은 향상인가, 향하인가. 향상과 향하를 모두 설
해 보여 두 손으로 바쳤도다.

야부-113
是名第一波羅蜜 萬別千差 從此出 鬼面神頭 對面來 此時
시명제일바라밀 만별천차 종차출 귀면신두 대면래 차시
莫道不相識
막도불상식

제일바라밀이라 이름 하는 것은
천차만별이 이로부터 나옴이다.
귀면과 신두가 대면하여 오니
이때 서로 모른다고 말하지 말라.

함허설의
제일바라밀이여, 온갖 차별이 이로부터 나왔도다. 요연
히 아득히 깊어 측량키 어려우나, 낱낱이 항상 드러나
있음을 어찌하리오. 항상 드러나 있음으로 따로 참다운
것이 없으니 이때 서로 모른다고 말하지 말라.

수보리 인욕바라밀 여래설 비인욕바라밀 시명
須菩提 忍辱波羅蜜 如來說 非忍辱波羅蜜 是名
인욕바라밀
忍辱波羅蜜

"수보리야, 인욕바라밀도 여래께서 비인욕바라밀의 뜻
이므로 그 이름을 인욕바라밀이라 한다고 설하셨느니
라."

법희해
비인욕바라밀(非忍辱波羅蜜)!

하이고 수보리 여아석위가리왕 할절신체 아어
何以故 須菩提 如我昔爲歌利王 割截身體 我於
이시 무아상 무인상 무중생상 무수자상 하이고
爾時 無我相 無人相 無衆生相 無壽者相 何以故
아어왕석 절절지해시 약유아상 인상 중생상 수
我於往昔 節節支解時 若有我相 人相 衆生相 壽
자상 응생진한
者相 應生嗔恨

"왜냐하면 수보리야, 내가 옛날 가리왕에게 신체가 베이고 찢길 때에 아상, 인상, 중생상, 수자상이 없었으며, 내가 옛날 사지가 마디마디 찢길 그때에 아상, 인상, 중생상, 수자상이 있었다면, 마땅히 성내고 원망하였을 것이기 때문이니라."

법희해

인욕은 주둥아리로 하는 것이 아니라 누가 나의 몸을 갈기갈기 찢어버려도 마음속에 진한(瞋恨)이 없는 것을 일컬어 인욕바라밀이라 한다.

함허설의

위에서는 신해(信解)를 찬탄하여 이로 하여금 발심해 마치시고 장차 보살의 상을 떠난 발심을 권하려 하여 먼저 자기가 보살도를 행할 때 어려움을 만나서 인(忍)에 안주하던 상을 떠난 자취를 예로 드신 것이다. 인욕바라밀이란 어려움을 만나서 인(忍)에 안주하여 피안(彼岸)에 이름을 구하는 것이요, 비인욕바라밀이란 것은 욕경(辱境)에 본래 공(空)하고 참는 마음이 본래 공적해서 피안(彼岸)에 가히 이를 것이 없느니라. 어째서 이 같은가. 내가 옛적에 가리왕에게 할절(割截)했을 때와 같아서 욕(辱)된 경계가 마음에 있음도 보지 못하며, 또한 몸과 마음이 해치는 것을 당함도 보지 못하여서 애초에 아상, 인상이 없는 것이리. 오히려 욕경(辱境)과 신심이 있음을 보지 못하거늘 어찌 다시 피안(彼岸)에 이름이 있음을 가히 보겠는가. 그러면 무엇으로 인하여 아상(我相)이 없음을 아는가. 내가 저때 만약 아상이 있었으면 당연히 성내고 원망을 냈을 것이나 이미 성내고 원망을 하지 않았으므로 상이 없음을 알았느니라.

육조
욕경(辱境;참는 경계)이 마음에 있음을 보면 곧 그릇된 것이고, 욕경이 마음에 있음을 보지 못하면 곧 옳은 것이다. 신상(身相)이 저 해(害)하는 것을 당함이 있음을 보면 곧 그른 것이고, 몸 모양이 해치는 것을 당함을 볼 수 없으면 곧 옳은 것이다. 여래가 인중(因中;인행시)의 초지(初地)에 있을 때 일찍이 인욕선인이 되어 가리왕에게 신체를 할절(割截)될 때 한 생각도 아파하거나 괴롭다는 생각이 없으셨으니, 만약 아프고 괴로움이 마음에 있으면 곧 진한(瞋限)을 내었으리라. 가리왕은 범어인데 극악무도한 임금이라 한다. 일설에 여래가 인행중(前世)에 일찍이 국왕이 되어서 항상 십선을 행하여 창생(蒼生)을 이익케 하시니 국민이 이 왕을 노래로써 칭하기를 가리(歌利)라 불렀다. 왕이 무상보리를 구하여 인욕행(忍辱行)을 닦으니 이때 제석천이 전나라

(梅陀羅;백정)로 변하여 왕의 신육(身肉)을 구걸하므로 왕이 곧 베어서 베풀면서 조금도 성내거나 괴로워하지 않았다 하니, 지금의 두 가지 설이 있음은 이치에 있어서 모두 다 통하는 것이다.

야부-114
智不責愚
지불책우

지혜는 어리석음을 책망하지 않는다.

함허설의
선인(仙人)은 어려움을 만나도 동(動)하지 않으시거늘, 가리왕은 선인(仙人)이 공(空)을 증득한 것도 모르니 어리석음과 지혜는 밝고 분명하다. 어려움을 만나도 동하지 않는 것이 어리석음을 책망하지 않는 것이다.

야부-115
如刀斷水 似火吹光 明來暗去 那事無妨 歌利王歌利王 誰
여도단수 사화취광 명래암거 나사무방 가리왕가리왕 수
知遠煙浪 別有好商量
지원연랑 별유호상량

칼로써 물을 베는 것과 같고
불로써 빛을 부는 것과 같도다.
밝음이 오면 어둠이 가니
무슨 일이라도 방해롭지 않도다.
가리왕 가리왕이여,
누가 원연랑에 달리 좋은 사량이 있음을 알리오.

함허설의
신령스런 근원이 밝고 고요해서 흔들어도 가히 동하지
않으며, 신령스런 불꽃이 밝게 빛나서 불어도 가히 꺼
지지 않음이다. 저 팔풍(八風)이 교치(交馳)함에 맡겨서
안으로의 지혜가 맑을 뿐 항상 엉겨 있으니, 가리왕의
어리석음이 어려움을 만난 가운데서 한량없는 좋은 소
식이 갖추어져 있음을 어찌 알리오.

수보리 우념과거어오백세 작인욕선인 어이소세
須菩提　又念過去於五百世　作忍辱仙人　於爾所世
무아상　무인상　무중생상　무수자상
無我相　無人相　無衆生相　無壽者相

"수보리야, 또 생각해보니 과거 오백세 동안 인욕선인
이었던 그때에도 아상, 인상, 중생상, 수자상이 없었느니
라."

함허설의

비단 일생을 잘 참아서 상이 없었을 뿐만 아니라 오백
생 중에서 자주 이런 고통을 만났어도 모두 다 상이 없
었도다.

육조

세(世)란 생(生)이다. 여래께서 전생의 오백생에 인욕바
라밀을 수행하시어 사상(四相)이 일어나지 않음을 얻으
셨다. 여래께서 스스로 지난 세상의 인행을 말씀하심은
일체의 수행인으로 하여금 인욕바라밀을 성취케 함이
다. 인욕바라밀을 닦는 사람이 이미 인욕행을 하고자
한다면 먼저 모름지기 일체인의 허물과 잘못을 보지 않
고 원수나 친한 이나 평등이 하며 옳고 그름도 없이하
여, 다른 사람이 때리거나 꾸짖거나 해칠지라도 환희로
써 그것을 받아들여서 더욱 더 그를 공경할 것이고, 이
같은 수행을 하는 이는 곧 능히 인욕바라밀을 이룬 것
이다.

야부-116

目前無法 從敎柳綠花紅 耳畔無聞 一任鶯吟燕語
목전무법 종교유연화홍 이반무문 일임앵음연어

눈앞에 법이 없으니
버들이 푸르고 꽃이 붉은 대로 맡겨둠이요,
귓가에 들림이 없으니
꾀꼬리가 읊조리고 제비가 지저귐에 맡겨두도다.

법희해
눈과 귀가 의식의 속박에서 벗어났으니 색성을 초월한
성인의 경지라 하겠다.

함허설의
법성이 공함을 깊이 통달해서 도(塗;약을 발라줌)와 할
(割)함에 둘 다 무심하니, 성품이 공함을 통달하여 육
근과 육진이 걸림이 없음이요 무심을 얻어 일마다 방해
롭지 않도다. 그러므로 말하길, 지혜가 밝으면 낱낱이
다 밝음이요 마음이 한가하면 일마다 다 한가하다고 했
다.

야부-117
四大元無我 五蘊悉皆空 廓落虛無理 乾坤萬古同 妙峯嶷
사대원무아 오온실개공 곽락허무리 건곤만고동 묘봉억
嶷常如故 誰管顚號括地風
억상여고 수관전호괄지풍

사대가 원래 아가 없음이요
오온은 모두 공하도다.
텅 비어 허무한 이치여,
하늘과 땅은 만고에 같고
묘봉은 높고 높아 항상 옛과 같으니
땅을 휩쓸고 가는 회오리바람을 누가 상관하리오.

함허설의
사대 오온이 거울 속의 모습과 같으니 공하고 공해서
아(我)도 없고 또한 인(人)도 없도다. 아도 없고 인도
없어서 성(性)이 항상 주(住)하니 땅도 같고 하늘도 같
아서 예나 지금이 같음이로다. 예나 지금이 같음이여
(시간을 초월함), 변하거나 달라진 것이 없으니 팔풍(八
風)이 팽팽함에 맡기도다.

시고 수보리 보살 응리일체상 발아뇩다라삼먁
是故 須菩提 菩薩 應離一切相 發阿耨多羅三藐
삼보리심
三菩提心

"그러므로 수보리야, 보살은 마땅히 일체의 상을 떠난
아뇩다라삼먁삼보리의 마음을 내느니라."

법희해

일체상(一切相)은 6근이 6경을 대할 때 생기는 모든 상(18계)이며 응리일체상(應離一切相)은 중생이 사는 형상의 세계인 18계를 벗어났다는 뜻이다. 그때 생기는 마음을 아뇩다라삼먁삼보리심이라 한다.

함허설의

이미 자기 마음이 부처님과 다름이 없음을 깨달았으면, 다시 능히 사물사물에 집착하지 않고 생각생각이 일어나지 않아야 이것이 참으로 발심한 것이며 참다운 보살이라 한다. 그래서 무릇 발심한 사람은 요컨대 마땅히 상(相)을 여의어야 함이니, 이는 바로 상을 떠나서 발심해야 함을 권한 것이다. 또 상을 떠나서 발심한다는 것은 시(是),비(非),인(人),아(我)가 다 허망한 것이어서 멀리 여의고 다만 무상보리심만 발할 뿐이다. 그러나 다만 상(相)을 여읜다는 것은, 다만 상이 허망한 줄을 요달하여 능(能)과 소(所)라는 생각을 일으키지 않는 것이 바로 상을 여읜 것이지, 따로 상이 있어서 가히 떠나야 될 상이 있는 것은 아니다.(근본적으로 상의 공한 이치를 깨달으면 떠나야 할 상은 없는 것이다.)

야부-118

是卽此用　離此用
시즉차용　이차용

이것은 이 용에 즉한 것인가, 이 용을 떠난 것인가.

함허설의
이미 상(相)을 여읜 발심이라면 마음과 상이 갖는 서로의 거리가 얼마나 되는가. 텅 비어 묘하게 순수하고 크고 신령스럽게 밝아서 모든 환(幻)과 망(妄)을 여의는 것을 이름 하여 마음이라 함이요, 일용(日用)의 시(是), 비(非),인(人),아(我)와 현전(現前)의 색(色), 향(香), 미(味), 촉(觸)이 다 허망한 것을 이름 하여 상(相)이라 한다. 그러나 이 상(相)이란 밖에서 온 것이 아니고 모두 자기 마음에서 일어난 작용이니, 마음이 이 용(用)에 즉한 것인가, 이 용을 떠난 것인가. 만약 이 용(用)에 즉했다면 어찌 상(相)을 끊고 이름을 떠날 수 있으며, 만약 이 용을 떠났다면 어찌 모든 상에 걸리겠는가. 필경 어떻게 말할 것인가. 만약 사람이 마음을 알아 얻으면 대지에 촌토도 없을 것이다.(모두 마음으로만 보인다.) 그러므로 말하기를 한 터럭 끝에 보왕찰(큰 세계)이 나타나고 미진 속에 앉아서 대법륜을 굴린다 하시니라.

야부-119
得之在心 應之在手 雪月風花 天長地久 朝朝鷄向五更啼
득지재심 응지재수 설월풍화 천장지구 조조계향오갱제
春來處處山花秀
춘래처처산화수

얻은 것은 마음에 있고
쓰는 것은 손에 있다.
눈 위를 비추는 달빛과 바람에 나부끼는 꽃이요
하늘은 높고 땅은 넓도다.
아침마다 닭은 오경에 울고
봄이 오면 산마다 꽃이 빼어나도다.

법희해
깨달음을 얻는 것은 마음에 있고 그 행은 오온에 있다.
수행자는 부처님의 마음을 바로 보고 중생들은 부처님
의 가르침을 그대로 따르니 이제 법계의 모든 삼라만상
이 불법에 한 치의 오차도 없이 움직이도다.

함허설의
그 뜻을 잃어버리면 일상생활을 떠나서 따로 생애(生
涯)를 구하거니와 그 근원을 얻으면 일체 경계 위에서

도 그것을 잡아 곧 씀이니라. 이러한즉 낱낱이 정묘한 국토(우리의 마음자리)요 사물사물이 항상 머물러 있는 진신(眞身;청정법신)이로다. 일체의 모든 소리는 부처님 음성이고 일체의 모든 물질이 다 불색(佛色)이니 닿는 곳마다 천진(天眞)하여 자황(雌黃;是非)을 가릴 수 없도다. 닭은 오경에 울고 산마다 꽃들이 빼어났으니 가히 자황(雌黃)을 얻겠는가.

불응주색생심　불응주성향미촉법생심　응생무소
不應住色生心　不應住聲香味觸法生心　應生無所
주심
住心

"마땅히 색에 집착하는 마음인 유주심을 내지 말며 성, 향, 미, 촉, 법에 집착하는 유주심도 내지 말며 마땅히 그 어디에도 집착함이 없는 마음인 무주심을 내어야 하느니라."

법희해
앞서 일상무상에서 무상도 하나의 상이라고 했다. 여기서 무주심이 바로 무상이다. 있다(有), 없다(無)는 것에만 집착하는 하근기 중생의 마음을 유주심(有住心)과 무주심(無住心)으로 나누어 설한다. 석가모니가 49년의 법문에서 유(有), 무(無), 비(非), 공(空), 진공(眞空)의 가르침을 주지만 결국에는 그것도 하나(실체)에서 나온 개념인 것이다. 불응주색생심(不應住色生心)에서 색(色)은 6근의 안(眼)이 대하는 대상이다.

육조
마땅히 색에 머물러 마음을 내지 않는다는 것은 통틀어 표(標)한 것이고, 성(聲), 향(香) 등은 따로 그 이름을 열거한 것이다. 이 육진에서 증애심(憎愛心)을 일으키면 이로 말미암아 망심이 쌓여서 한량없는 업을 짓게 되어 불성을 덮나니, 비록 여러 가지로 힘든 수행을 할지라도 마음의 때를 없애지 못하면 마침내 해탈의 이치가 없다.(마음이 보리 열반에 머문다 해도 머문다는 것은 때(垢)와 같은 것이다.) 그 근본을 추구하건대 모두 색 위에 마음을 머무는 까닭이니 만약 능히 순간순간에 항상 반야바라밀을 행하면 모든 법이 공함을 미루어 알아서 계교(計巧)와 집착을 내지 않으며, 생각생각에 항상 스스로 정진하고 일심으로 수호하여 이로 하여금 방일함이 없게 할 것이다. 정명경(유마경)에 의하면 일체지(一切智;부처님의 지혜)를 구하려면 어느 때나 다 구해야 하며, 대반야경에 의하면 보살마하살이 밤낮으로 정진하되 항상 반야바라밀다에 주(住)하여 서로 응하게 뜻을 지어서 때마다 잠시도 버림이 없게 하라 했다.

약심유주 즉위비주
若心有住 卽爲非住

"만약, 마음에 유주도 아니고 무주도 아닌 집착이 있으면 바로 그것이 비주가 되느니라."

법희해
비주(非住)!

10분 장엄정토에서 '응무소주이생기심(應無所住而生其心) 어디에도 집착함이 없는 마음을 내라.'고 했다. 여기에서는 소주(所住;집착), 즉 마음이 대상에 집착하는 세 가지 유형을 상세하게 설하고 있다. 앞서 설명한 하나의 상(相)에는 유상 무상 비유상비무상의 무위차별이 있듯이, 소주(所住;집착)에도 유주(有住) 무주(無住) 비주(非住)가 있다. 집착에 집착하는 유주심, 집착하지 않는 집착을 하는 무주심, 집착하는 것도 집착하지 않는 것도 아닌 집착을 하는 비주심이 집착의 세 가지 형태이다. 본문 '약심유주(若心有住)'에서의 유주(有住)는 유주심도 아니고 무주심도 아닌 집착이 마음에 있는 것으로 비주심(非住心)을 설명하고 있다. 동전의 옆면과 같은 말이다. 보살의 마음은 유주 무주 비주의 세 가지 집착을 떠나서 모든 형상에 머무르지 않는 '불응주색(不應住色)의 행(布施)을 한다.'고 설한다. 불응주색(不應住色)이 바로 이상(離相)이고 적멸(寂滅)이다. 다시 정리하면 마음이 대상에 집착하는 주(住)에는 유주(有住), 무주(無住), 비주(非住=非有住非無住)가 있고, 보살은 이 세 가지에 걸리지 않는 불응주(不應住), 응무소주(應無所住), 응리일체상(應離一切相), 비비주(非非住), 의 마음으로 행을 한다는 것이다.

이 세상 어느 누구도 말해주지 않았던 눈에 보이지 않는 법계를 오직 부처님만이 유(有),무(無),비(非)로써 우리에게 일러주셨다. 사바세계에서 고통을 멸하고 성인의 경지에 올라 여래를 친견하게 하려고 이 경(經)에서 오직 '비(非)' 이 한 글자를 가르치시었다. '비(非)'가 바로 사바세계 중생들의 삼법인이며 하나를 뜻하는 말이다. 이 부분이 금강경의 핵심이고 골수이다. 금강경은 아라한이 되고자하는 중생들에게 설한 경(經)이기에 불교의 사상인 '공(空)'이 한 글자도 나오지 않는다. 공(空)은 부처님의 지혜를 가진 성인이 되어야 알 수 있는 것이라서 사바세계의 중생들에게는 공(空)과 제일 비슷한 '비(非)'로써 법계가 하나임을 설했다. 이것이 금강경에서 '공(空)'이 한 글자도 나오지 않는 이유이다. 중생은 가질 수 없고 성인의 경지에 들려면 반드시 필요한 그것, 사바세계를 죽음의 바다(苦海)로 만들어버린 언설(言說)의 파도를 단 한 번에 잠재우는 그것, '비(非)'. 이 뜻을 중생들이 바로 알고 깨달아 행한다면 즉견여래(卽見如來)는 세수하다 코만지는 것보다 쉬운 것임을 알게 될 것이다.

非상 非미진 非중생 非보살 非신 非불 非법 非비법 非불법 非세계 非반야바라밀 非인욕바라밀 非제일바라밀 非금강반야바라밀......,
금강경에서 이것이 뜻하는 바를 이제 제대로 알았는가?

이제부터 금강경에 '비(非)'가 나오면 그것이 세 가지의 개념을 부정하면서 보이지 않는 하나의 실체를 가리키는 말이란 것을 꼭 기억하기 바란다. 예를 들면, 하나의 상(相)은 유상, 무상, 비유상비무상의 개념으로 의식에 인식 된다. 이 세 가지 상(相)의 개념을 부정하면서 실체를 뜻하는 것을 비상(非相)이라고 한다. 금강경에서 '비(非)'란 글자가 보이면 개념의 세 번째 비(非)인지 아니면 개념 전체를 부정하고 실체를 뜻하는 비(非)

인지 분명하게 구분하기를 신신당부한다. 그 다음은 각자 스스로 고개를 들어라. 그러면 여래의 발아래에서 법계를 한눈에 내려다 볼 수 있으리라.

육조
만약 마음이 열반에 머무르면 이는 보살이 주(住)할 곳이 아닌 것이라, 열반에도 주(住)하지 않고 제법에도 주하지 않으며, 일체처에도 주하지 않아야 바야흐로 보살의 주처(住處)인 것이니 위에서 설한 '마땅히 머문 바 없이 그 마음을 낸다.'는 것이 이것이니라.

시고 여래설 보살심 불응주색보시
是故 如來說 菩薩心 不應住色布施

"그러므로 여래께서 보살의 마음은 마땅히 모든 형상에 머물지 않는 행을 한다고 설하셨느니라."

법희해
한문오역 '불설보살심(佛說菩薩心)'을 '여래설보살심(如來說菩薩心)'으로 바꿨다. 본문 '불응주색보시(不應住色布施)'에서 색(色)은 안(眼)이 대하는 대상이 아니라 6근이 만들어내는 모든 형상을 뜻한다. 여기서 행(보시)

의 주체는 보살의 육신이 아니라 보살의 마음이다.

육조
보살은 자신의 오욕과 쾌락을 위해서 보시를 행하지 않고, 다만 안으로 아끼는 마음을 깨뜨리며 밖으로는 온갖 중생을 이익 되게 하기 위하여 보시를 행하는 것이다.

수보리 보살 위이익일체중생 응여시보시
須菩提 菩薩 爲利益一切衆生 應如是布施

"수보리야, 보살은 일체중생의 이익을 위해 마땅히 이와 같은 행을 하느니라."

함허설의
식(識)의 물결이 안으로 용솟음치면 경계의 바람이 일어나서 항상 움직이게 된다.(마음속에서 망상과 번뇌가 일면 모든 경계도 바로 시끄러워지는 것이다.) 지혜의 물이 안으로 엉기면 풍진(風塵;육진 경계)이 쉬게 되어 항상 고요할 것이요, 고요하되 고요하다는 상이 없어야 참되고 밝은 것이 스스로 비추는 것이니 이것을 머무른 바 없이 마음을 낸다고 이르는 것이다. 이것이 참된 보살이 머물 곳이다. 이로 말미암아 발심한 사람은 무릇 응용할 때에 다만 마땅히 집착 없이 무념(無念)으로써 응하고, 응당 뜻에 집착하여 반연(攀緣) 하지 말 것이니, 뜻에 집착하면 마구니의 구덩이에 떨어지게 되어 참다운 보살의 머무를 곳이 못되는 것이다. 그러한 이유는 보살의 발심은 단지 중생을 이익 되게 하기 위한 것이니 만약 스스로 머무름이 있으면 어찌 능히 다른 이로 하여금 머무르지 못하게 할 것인가. 이른바 몸소 그렇게 한 연후에 남에게도 있기를 구할 것이며 자기에게 허물이 없는 연후에 남을 그르다 하는 것이 이것이다. 이른바 무념(無念), 무주(無住)라는 것은 가을 하늘과 맑은 물위에 삼라만상이 저절로 드러남과 같으니, 싸늘한 재(灰)와 고목처럼 한결같이 생각만 잊는 것과 어찌 같겠는가. 생각을 잊는 것은 귀신의 굴에 잠기는 것이어서 또한 보살의 머무를 곳이 아니니 만약 참답게 머무를 곳이라면 유주(有住)를 의지하여 주(住)하지도 말고 무주(無住)를 의지하여 주(住)하지도 말며 또한 중도(中道)에 의지하여 주(住)하지도 않아야 이와 같이 주(住)하는 것이다.

육조
보살이란 법과 재물 등을 똑같이 베풀어서 이익을 끝없이 하는 것이니, 만일 이익 되게 한다는 마음을 지으면 곧 비법(非法)이요, 능히 이익 되게 한다는 마음을 내지 않으면 이것을 무주(無住)라 하니, 이 무주가 곧 불심(佛心)이다.

야부-120
有佛處 不得住 無佛處 急走過 三十年後 莫言不道
유불처 부득주 무불처 급주과 삼십년후 막언부도

부처님 계신 곳에서 머물지 말고, 부처님 아니 계시는 곳에서는 급히 지나갈지니 삼십년 후에 (너에게) 이르지 않았다고 말하지 말지어다.

함허설의
부처님 계신 곳에서는 가르침에 있어서 가히 쫓을 만하고, 부처님 없는 곳에서는 가히 본받을 만한 가르침이 없도다. 그러나 가르침이 있고 없는 것은 다 사람으로 하여금 주주락락(酒酒落落;깨끗한 상태)하게 하지 못함이니 이미 양 벽에 앉지 아니하였으면 또한 중도에도 머물지 말고 세 가지 관문(有,無,中)을 뚫고 지나가서는 또한 다시 자취에도 머물지 말아야 한다.

야부-121
朝遊南嶽 暮往天台 追而不及 忽然自來 獨行獨坐無拘繫

조유남악 모왕천태 추이불급 홀연자래 독행독좌무구계
得寬懷處且寬懷
득관회처차관회

아침에는 남악산에서 놀고
저물면 천태산에 가도다.
쫓으려 해도 미치지 못하더니
홀연히 저절로 오도다.
홀로 행하고 홀로 앉아 걸림이 없으니
너그러운 생각이 있음에 또한 너그러워짐이로다.

법회해
믿음이 없는 중생들이 아침에는 이 절에서 차 마시고
저녁에는 저 절로 밥 먹으러 몰려다니도다. 아무리 부
처님 법을 구하려 해도 구하지 못하더니 온전히 부처님
의 말씀을 믿고 행할 때 홀연히 저절로 깨달음을 얻도
다. 홀로 행하고 홀로 앉아 걸림이 없는 수행자는 너그
러운 생각이 있음에 또한 너그러워짐이로다.

함허설의
피차(彼此)에 머물 것이 없고 중간도 또한 자취가 없음
이라. 소연(蕭然)히 홀로 벗어나서 구속과 얽매임이 없
으니, 구름의 자취와 학의 자태로 비유하여도 똑같이

표현하기 어렵도다. 이미 삼천리(有敎,無敎,中道) 안에
앉아 있지 않고 또한 삼천리 밖에서도 서있지 않으니,
이것은 가히 춘풍광야에서 준마가 달림과 같고 달 밝은
푸른 바다에 신룡(神龍)이 오름과 같도다.

여래설 일체제상 즉시비상 우설 일체중생 즉비
如來說 一切諸相 卽是非相 又說 一切衆生 卽非
중생
衆生

"여래께서 일체의 모든 상은 바로 비상이며 또한 일체
의 중생도 바로 비중생이라고 설하셨느니라."

법희해
비상(非相), 비중생(非衆生)!

함허설의
모든 상이 본래 공하여 상에 가히 머물 것이 없음이요,
중생이 본래 고요하여 중생을 가히 제도할 것이 없음이
니, 이 까닭에 상을 떠난 발심을 권한 것이다.

육조
여(如)란 불생(不生)을 뜻하고 래(來)란 불멸(不滅)이다.

불생(不生)이란 아상과 인상을 내지 않는 깃이고, 불멸
(不滅)이란 깨달아 비춤이 멸하지 않음이니라. 아래 글
에, 여래란 쫓아온 바도 없으며 또한 가는 바도 없으므
로 여래라 하시니, 여래께서 설하신 아(我),인(人) 등의
사상(四相)은 필경 가히 무너질 것이라서 참된 각(覺)의
체(體)가 아님이요, 일체중생은 모두 다 거짓 이름이어
서, 만약 망심만 떠나면 곧 중생은 가히 얻을 것이 없
으므로 곧 비중생이라고 말씀하신 것이다.

야부-122
別有長處 不妨拈出
별유장처 불방념출

따로 장처(좋은 곳)가 있으니
잡아내는데 꺼리지 않도다.

함허설의
상은 곧 비상이고 중생이 곧 비중생이니, 다만 반만 말
했고 반은 아직 말로써 다하지 못했으니, 반을 다시 잡
아채어야 비로소 옳을 것이다.

법희해
남은 반은 언설(言說)을 떠나 있는 것이라서 말할 수

없으니 각자 스스로 손가락 끝의 허공을 보라.

야부-123
不是衆生不是相 春暖黃鶯啼柳上 設盡山雲海月情 依前不
불시중생불시상 춘난황앵제유상 설진산운해월정 의전불
會空惆悵 休惆悵萬里無雲天一樣
회공추창 휴추창만리무운천일양

중생도 아니고 상도 아님이여,
따뜻한 봄날 노란 꾀꼬리 버드나무 위에서 울고
산운과 해월의 정을 다 설했거늘
예전처럼 알지 못하고 공연히 쓸쓸해하도다.
슬퍼하지 말라.
만리에 구름 한 점 없으니 하늘이 한 모양뿐이로다.

함허설의
가는 털도 걸리지 못하는 곳에 만상이 몰록 드러날 때
로다. 산봉우리의 흰 구름은 봉(封)하여 열지 않았고
해천(海天)의 명월은 정(正)히 분명하도다. 보고나매 정
(情)이 절로 즐거우니 이 정(情)을 누구를 향해 말할까.
곁에 먼 고향의 나그네가 꿈을 꾸고 있어서 붙잡아 일
으켜 분명한 이 정경을 말하니, 잠이 막 깬지라 눈이
혼혼하여 예전처럼 알지 못하고 공연히 슬퍼하도다. 슬

퍼하지 마라. 한 줄기 차가운 광명이 눈앞에 가득한 것
을!

수보리 여래 시진어자 실어자 여어자 불광어자
須菩提 如來 是眞語者 實語者 如語者 不誑語者
불이어자
不異語者

"수보리야, 여래께서는 참다운 말만 하며 실다운 말만
하며 사실만 말하며 거짓이 아닌 말만 하며 다르지 않
는 말만 하느니라."

법희해
'자(者)'는 '사람'의 뜻이 아니라 특정한 것을 분명하게
강조하는 뜻으로 쓰였다.

함허설의
제법의 실상을 설하고 설하여 모두 마치시고, 이에 말
씀하시기를, 내가 설한 바 법은 참다워서 거짓이 아니
며 실다워서 헛되지 않으며, 위로는 여여한 이치에 어
기지 않고 아래로는 중생을 속이지 않음이다. 모든 부
처님이 다 그러해서 애초에 다른 말씀이 없다고 하셨

다.

육조

진어(眞語)란 일체의 유정(有情) 무정(無情)이 모두 불성이 있음을 설한 것이요, 실어(實語)란 중생이 악업을 지으면 결정코 고(苦)의 보(報)를 받게 된다는 것이다. 여어(如語)란 중생이 선법(善法)을 닦으면 반드시 락(樂)의 보(報)를 받음이요, 불광어(不誑語)란 반야바라밀법이 삼세제불을 출생하되 결정코 헛되지 않음이다. 불이어(不異語)란 여래께서 하신 언설이 처음도 좋고 중간도 좋으며 결론도 좋음을 설하시니, 뜻이 미묘하여 일체 천마외도들이 능히 초월할 수 없고 부처님의 말씀을 파괴할 수 없음이다.

야부-124
知恩者小 負恩者多
지은자소 부은자다

은혜를 아는 자는 적고 은혜를 저버리는 자는 많도다.

법희해
욕되게 하는 자는 더 많다.

함허설의
지극하고 지극한 자비가 이르지 아니한 곳 없건만 말에
따라 알음알이를 내는 자는 많고 말을 받아듣고 뜻을
아는 자는 드무니, 말을 받아 뜻을 아는 것은 은혜를
아는 것이고 말을 따라서 알음알이를 내는 것은 은혜를
저버리는 것이다.

법희해
부처님의 은혜에 보답하는 길은 오직 행(行)뿐이다.

야부-125
兩箇五百是一貫 阿爺元是丈夫漢 分明對面向渠言 爭奈好
양개오백시일관 아야원시장부한 분명대면향거언 쟁나호
心無好報 眞語者實語者 呵呵呵喏喏喏
심무호보 진어자실어자 가가가야야야

두 개의 5백 근이 일관이요
아버지는 원래 장부로다.
분명히 대면시켜 그를 향해 말하나
좋은 마음에 좋은 보가 없음을 어찌하리오.
진어자 실어자여, 가가가 야야야로다
(하하하, 그렇고 그렇도다).

법희해
두 개의 5백 근이 일관이요
아버지는 원래 장부로다.
일관과 장부를 눈앞에서 좋은 마음으로 분명히 대면시
켜 확인하게 하여도, 듣는 중생의 마음에 좋은 보가 없
음을 어찌하리오.
높고 높은 부처님이여!
헐 ~ 이로다.

함허설의
천하의 도(道)가 둘이 없고 성인은 두 마음이 없으니,
여래의 진실한 말씀은 다만 이 법을 설할 뿐이로다. 거
문고를 튕기어 분명히 알리나 한 곡조 무생곡에 화답하
는 자가 드물도다. 아득한 천지간에 오직 스님(야부)만
이 홀로 은혜를 알도다. 그 준걸함을 참을래야 참지 못
하여 '하하하' 웃고 기꺼이 스스로 허락하여 '야야야'(그
렇고 그렇도다.)라 했다. 또한 부처님께서 이 노인(야
부) 만남을 기뻐하노니 흰 구름만이 뒤덮인 천년 사이
에 한 지음자를 만났음이다. 아래로 이은 세 소리가(가
가가, 야야야)를 자세히 보아라. 또한 충노(忠老)와 더
불어 지음자를 지었도다.

법희해

녹양방초 우거진 곳
득통은 큰 하늘을 품어 있고
야부는 냇물 되어 만물을 길러내도다.

그곳을 거니는 부처님 그림자 석가가 되고
혜능은 부처님의 지혜 되어
법계를 밝히도다.

나는 빈방의 주인 되어
코끼리 등에 한가롭게 두 줄의
검은 줄무늬를 그려 넣도다.

누가 다음 생에 필요한 걸 내게 묻는다면
맑은 거울 하나면 족하다 하리라.

수보리 여래소득법 차법 무실무허
須菩提 如來所得法 此法 無實無虛

"수보리야, 여래께서 가진 그 법은 실다움도 없고 헛됨
도 없느니라."

함허설의
앞에서는 설한 바를 밝히시고 여기서는 얻은 바를 밝히

시니, 설한 바도 또한 두 법이 아니며 얻은 것도 역시 두 법이 아니다. 무실무허(無實無虛)는 둘이 아닌 도리를 말함이다.

육조

무실(無實)이란 법의 체(體)가 공적(空寂)해서 상(相)을 가히 얻을 수 없는 것이다. 그러나 그 가운데는 항하사 같은 성덕(性德)을 갖추고 있어도 다함이 없는 까닭에 무허(無虛)라고 말하는 것이다. 그 실(實)을 말하고자 하면 상(相)은 가히 얻지 못하고, 그 허(虛)를 말하고자 하면 사용함에 끊어질 사이가 없는 것이다. 그러므로 유(有)라고 말하지 못하며 무(無)라고도 말하지 못하니, 있으되 있음이 아니고 없으되 없음이 아님이라. 언사(言辭)로써 미치지 못하는 것은 오직 그 참다운 지혜이니, 만약 상(相)을 여의고 수행하지 않으면 여기에 이를 수가 없도다.

야부-126

水中鹹味 色裏膠淸
수중함미 색이교청

물속의 짠맛이요 색깔 속에 아교(膠)의 깨끗(투명)함이로다.

함허설의
있는 것인가, 없는 것인가. 실다운 것인가, 헛된 것인
가.

야부-127
硬似鐵軟如酥 看時有覓還無 雖然步步常相守 要且無人識
경사철연여소 간시유멱환무 수연보보상상수 요차무인식
得渠 咦
득거 이

굳기는 쇠와 같고 부드럽기는 연유와 같으며
보면 있는듯하나 찾으면 도리어 없도다.
비록 그렇게 걸음걸음에 항상 서로 따르나
또한 그를 아는 이 아무도 없도다. 이!

법희해
시방삼세 부처님 광명 아니 비치는 곳 없건만
어리석은 중생들은 그림자 검다 한탄만하고
부처님의 가피 내 온몸을 휘감아도
산은 산이요 물은 물인 것을
무지중생 두터운 업장 누구를 원망하리오.
공부하다 죽을 각오없이 모인 오색(烏色)의 중생들에겐
깨달음은 하늘의 뜬구름이요

견성(見性)은 일상의 망념이라.
행여나, 이 경전에 손때가 묻을까
먼저 손부터 씻는 게 어떻겠나?

함허설의

또한 강하기도 하고 부드럽기도 하니, 쉽게 보되 밝히
기는 어렵도다. 비록 일체처에서 헤쳐 드러내면 분명하
나, 일체처에서 찾으려면 찾을 수 없도다. 다시 알지어
다. 십성삼현(十聖三賢)도 그 있는 곳을 알지 못하나
어느 땐 한가롭게 절문 앞에 걸려 있도다.

수보리 약유인 심주어법 이행보시 여인입암 즉
須菩提 若有人 心住於法 而行布施 如人入闇 卽
무소견 약유인 심부주법 이행보시 여인유목 일
無所見 若有人 心不住法 而行布施 如人有目 日
광명조 견종종색
光明照 見種種色

"수보리야, 만약 어떤 사람이 마음을 법에 집착하여 행
한다면 사람이 어두운 곳에 들어가 아무것도 보이지 않
는 것과 같고, 만약 어떤 사람이 마음을 법에 집착하지
않고 행한다면 눈이 있는 사람이 햇빛이 밝게 비쳐서

여러 가지 사물을 보는 것과 같으니라.”

법희해
한문오역 '약보살(若菩薩)'을 '약유인(若有人)'으로 바꿨다. 본문대로라면 보살(菩薩)이 되고자 하는 사람은 아무도 없을 것이다. 심주어법(心住於法)이란 마음이 대상에 집착하는 것으로 유주(有住) 무주(無住) 비주(非住)를 뜻한다. 심부주법(心不住法)이란 유, 무, 비주에 걸리지 않는 보살의 마음을 뜻한다. 여기서 행의 주체는 마음이다.

육조
일체법에 마음이 머물고 집착하면 곧 삼륜(三輪;주는 자, 받는 자, 물건)의 체(體)가 공함을 요달하지 못한 것이 마치 눈먼 자가 어두운 곳에 처함과 같아서 밝게 아는 바가 없다. 화엄경에 의하면, 성문들은 여래회중(如來會中)에서 법을 들으면 맹인과 같고 귀머거리와 같이 되는 것은 법상(法相)에 주(住)하였기 때문이거니와, 만약 보살이 항상 반야바라밀다의 무착(無着), 무상행(無相行)을 행(行)하면 사람이 눈이 있고 밝은 빛 속에 처함과 같으니 무엇인들 보지 못하리오.

수보리 당래지세 약유선남자선여인 능어차경

須菩提　當來之世　若有善男子善女人　能於此經
수지독송　즉위여래　이불지혜실지　시인실견　시
受持讀誦　卽爲如來　以佛智慧悉知　是人悉見　是
인　개득성취　무량무변공덕
人　皆得成就　無量無邊功德

"수보리야, 오는 세상에서 만약 선남자 선여인이 능히
이 경을 배우며 행하고 독송한다면 곧 여래께서 부처님
의 지혜로 이 사람들이 헤아릴 수 없고 끝없는 공덕을
모두 성취하게 된다는 것을 다 보고 다 아시느니라."

함허설의
앞에서는 무주한 까닭을 밝히고 여기서는 비유로서 무
주를 밝히시니 법은 본래 실다움이 없음이다. 응당히
유에도 주하지도 말 것이며, 법은 본래 헛되지 않아서
응당 무에도 주하지 말 것이다. 유에 머문즉 저 공적한
본체를 어기게 되고, 무에 주하면 저 영명한 본래의 작
용을 어기는 것이니, 이미 본체 본용과 더불어 서로 어
긋난즉 성품 위에 만덕이 나타날 수 없으리니, 사람이
어두운 곳에 들어가면 곧 아무 것도 보지 못하는 것과
같다. 이것은 가히 눈먼 자가 빛이 있는 곳을 알지 못
하여 머리를 떨구고 냉랭히 앉아서 그윽이 사량함을 말
하는 것이다. 유에 주하지 않은즉 본체에 계합하고 무

에 주하지 않은즉 본용에 계합하니, 이미 본체, 본용과 더불어 서로 계합한즉 성품위에 만덕이 그 자리에서 앞에 드러날 것이다. 이는 마치 사람이 눈이 있어서 햇빛에서 사물을 보는 것과 같음이다. 이것은 가히 뜬구름을 다 흩날리고 둥근 달만이 떠올라, 대천사계(大千沙界)가 일시에 밝아짐을 말하는 것이다.

육조
당래지세(當來之世)는 여래께서 멸하신 후 제오 오백년의 혼탁하고 악한 때이니 사법(邪法)이 다투어 일어나 정법(正法)을 행하기 어려운 때로다. 이러한 때에 만약 선남자 선여인이 이 경을 얻어서 스승으로부터 전해 받고 독송하며 마음에 두고 오로지 정진해서 잊지 않으며 뜻에 의지하고 수행하여 부처님의 지견(知見)에 깨달아 들어가면 곧 능히 아뇩다라삼먁삼보리를 성취하리니, 이에 삼세제불이 그들을 다 아시느니라.

야부-128
因地而倒 因地而起 地向尒道什麽
인지이도 인지이기 지향이도십마

땅으로 인해 넘어진 사람은 땅으로 인해서 일어나니, 땅이 너를 향하여 무엇이라고 말하던가.

법희해
지랄용천(智辣聳天)하고 있네. 니기미(你氣美)!
삿대가 누구 손에 있었던가, 벌써 잊어 버렸나?

함허설의
땅은 사람으로 하여금 넘어지게도 하지 않으며 또한 사
람을 일어나게도 하지 않으니 일어나고 넘어지는 것은
사람으로 말미암기 때문에 땅은 관계하지 않는다. 법은
사람으로 하여금 깨닫게 하지 않으며 또한 사람을 미
(迷)하게도 하지 않으니, 미(迷)와 오(悟)는 사람에게
있고 법과는 관계가 없다. 법은 사람을 취하게 하지 않
으며 또한 사람을 버리게도 하지 않으니, 취하고 버리
는 것은 사람에서 비롯됨이지 법(法)에 있는 것이 아니
다.

야부-129
世間萬事不如常　又不驚人又久長　如常　恰似秋風至　無意
세간만사불여상　우불경인우구장　여상　흡사추풍지　무의
凉人人自凉
량인인자량

세간만사가 한결같지 않으니
또한 사람을 놀라게 하지 않으며 또한 오래가도다.

여여함이여! 한결같음이여!
흡사 가을바람과 같아서
사람을 서늘케 할 뜻이 없으나
사람들이 저절로 서늘해 하도다.

함허설의

세간만사가 상(常)과 불상(不常)에 지나지 않으니, 그 상(常)을 말할진대 이마는 하늘에 두고 땅에 서 있으며, 주리면 먹고 목마르면 마시도다. 또 사람을 놀라게 하지 않으며 또한 오래감이로다. 그 불상(不常)을 말할진대 몸 위에서 물이 나고 몸 밑으로 불이 나옴이라. 이것은 사람의 마음을 놀래고 동하게 하며 또한 오래가지 않음이로다. 비록 기특하다 하나 실상에 나아가 관(觀)하건대 여상(如常)하지 못하도다. 이러한즉 눈에 닿는 것마다 모두 도(道)로다. 이것이 평상(平常)의 도리이니 평상(平常)이 어찌 사람을 놀라게 하리오. 상(相)이 있음으로써 사람을 놀라게도 하지 않으며 무상(無相)으로써 사람을 놀라게도 하지 않거늘, 사람이 그 사이에 스스로 장애를 내어서 혹 상(相)이 있다고 여겨 유(有)에 집착해서 상견(常見)의 구덩이에 떨어지며 혹은 무상(無相)이라고 여겨 무(無)에 집착해서 단견(斷見)의 구덩이에 떨어지나니, 바로 가을바람은 무심하거늘 사람들이 스스로 서늘해함과 같도다. 어리석고 깨달는 것도 또한 그러하도다.

법희해
有有無有　滅盡無　非有非無　顯出現
유유무유　멸진무　비유비무　헌출현
一相三現　亦一相　一相滅盡　眞空觀
일상삼현　역일상　일상멸진　진공관

있다 없다가 멸진하여 없어지면
비유비무가 뚜렷하게 나타나도다.
하나의 상은 세 가지로 나타나지만
그 역시 하나의 상이니
그 하나의 상을 멸진하면 진공을 보게 되리라.

제십오 지경공덕
第十五 持經功德

수보리 약유선남자선여인 초일분 이항하사등신
須菩提 若有善男子善女人 初日分 以恒河沙等身
보시 중일분 부이항하사등신 보시 후일분 역이
布施 中日分 復以恒河沙等身 布施 後日分 亦以
항하사등신보시　여시무량백천만억겁 이신보시
恒河沙等身布施　如是無量百千萬億劫 以身布施

15.경을 배우며 행하는 공덕

"수보리야, 만약 선남자 선여인이 아침에 항하의 모래
수와 같은 몸으로 보시하고 낮에 다시 항하의 모래 수
와 같은 몸으로 보시하며 저녁에 또다시 항하의 모래
수와 같은 몸으로 보시하며 이와 같이 무량 백천만억겁
동안을 몸으로써 보시를 하고,"

약부유인 문차경전 신심불역 기복승피 하황서
若復有人 聞此經典 信心不逆 其福勝彼 何況書
사수지독송 위인해설

寫受持讀誦 爲人解說

"만약 또 어떤 사람이 이 경전을 듣고 믿는 마음이 변하지 않는다면 그 복이 저 몸을 보시한 복보다 수승하느니라. 하물며 사경하며, 배우며 행하고 독송하며 다른 사람을 위해 말해주는 복은 어떠하겠느냐."

함허설의
세인(世人)의 간탐심(慳貪心)이 땅보다도 두꺼워서 한 토막의 실(絲)을 남에게 베풂도 오히려 어려움이 되거늘 하물며 이 목숨을 버려서 보시하는 것을 누가 한 생각이라도 그런 마음내기를 즐겨하랴. 지금 목숨 버리기를 하루에 세 번씩 해서 다겁생이 지나도록 보시를 해도 오히려 싫어함이 없으니 이 일은 참으로 희기해서 짝할 것이 없도다. 그것을 들으면 사람으로 하여금 머리끝이 서게 하거늘, 지금 경을 가지는 복이 저 보다 수승하다고 찬탄하시니 진실로 이 경전이 위없음을 알겠도다. 부처님께서 보시하는 것을 하열(下劣)하다 꾸짖은 것은 능히 그것이 집착하는 바가 없지 않기 때문이니, 다만 보시를 하되 마음에 머문 바가 없다면 이것이 곧 보살의 행(行)인 것이다.

육조

부처님께서 말씀하시기를 말법시대에 이 경을 얻어듣고 믿는 마음이 거슬리지 않으면 사상(四相)이 나지 않으리니, 이는 곧 부처님의 지견(知見)이로다. 이 사람의 공덕은 앞의 다겁토록 몸을 보시한 공덕보다 백천만억 배나 수승해서 가히 비유할 수 없으니, 한순간 경을 들어도 그 복이 많은데 하물며 다시 능히 사경하고 수지하고 독송하여 다른 사람에게 설해줌이랴. 마땅히 알라, 이 사람은 결정코 아뇩다라삼먁삼보리를 성취하리라. 이 까닭에 가지가지 방편으로 이와 같이 심히 깊은 경전을 설하여 모든 상(相)을 떠나서 아뇩다라삼먁삼보리를 얻게 하시니, 얻을 바의 공덕이 그지없으리라. 대개 다겁토록 몸을 버려 보시하여도 모든 상(相)이 본래 공함을 깨닫지 못하면 능사(能捨;능히 버리는 것)와 소사(所捨;버릴 것)가 마음에 있는 것이므로 원래 중생의 견해를 떠나지 못한 것이지만, 능히 경을 듣고 도(道)를 깨달아 아상(我相)과 인상(人相)이 단번에 없어지면 언하(言下)에 곧 부처인 것이다. 저 목숨을 보시한 유루(有漏)의 복(福)을 가지고서 경을 가진 무루(無漏)의 혜(慧)에 비교한다면 실로 가히 미칠 수 없으니, 비록 시방세계의 무더기 보배와 삼세토록 몸을 보시함도 경(經)의 사구게를 지니는 것만 못함이니라.

야부-130

人天福報 卽不無 佛法 未夢見在
인천복보 즉불무 불법 미몽견재

인천에 태어나는 복의 과보는 곧 없지 않으나 불법은
꿈에도 보지 못함이로다.

법희해
팔만대장경을 법보시하고 도량을 건립한 자 몇몇이며
큰 스님 모르는 자 몇몇이더냐. 중생들이여!
착각하지 말지어다.

함허설의
몸을 보시하는 시간과 일이 둘 다 가볍지 않으니 인천
에 태어나는 복의 과보를 누가 감히 이보다 앞서리오.
그러나 그 지은 바가 미한 정(迷情)에서 나와 마침내는
뜻과 같지 않은 일을 감득하니, 만약 경(經)을 지니는
복과 몸을 보시하는 복과의 거리를 논한다면 십만 팔천
리라 해도 먼 것이 아니로다.(有漏의 복은 아무리 쌓아
도 無漏의 복이 되지 못함.)

야부-131
初中後發施心同 功德無邊算莫窮 爭似信心心不立 一拳打
초중후발시심동 공덕무변산막궁 쟁사신심심불립 일권타

透大虛空
투대허공

초 중 후의 베푸는 마음을 냄은 같으니
공덕은 그지없어 다 헤아릴 수 없도다.
어찌 신심의 마음을 세우지 않고서
한 주먹으로 저 허공을 쳐서 꿰뚫는 것만 같으랴.

함허설의
삼시(三時)로 몸을 버리는 복이 그지없으나 어찌 경을
듣고 한 순간 동안이라도 믿는 것만 같겠는가. 한 순간
에 무생불(無生佛)을 요달하면 그 양이 크고 커서 큰
허공과 같아서 다시 허공을 잡아서 분쇄한다면 인천에
나는 복의 과보와는 감히 논할 수 없다.

**수보리 이요언지 시경 유불가사의불가칭량 무
須菩提 以要言之 是經 有不可思議不可稱量 無
변공덕
邊功德**

"수보리야, 요약해서 말하면 이 경은 생각할 수도 없고
헤아릴 수도 없는 끝없는 공덕이 있느니라."

육조

경(經)을 지니는 사람은 마음에 아소(我所)가 없어야 하
니 아소(我所)가 없는 고로 이는 곧 부처의 마음이다.
불심공덕이 끝이 없는 고로 칭량(稱量)할 수 없다고 한
것이다.

여래 위발대승자설 위발최상승자설
如來 爲發大乘者說 爲發最上乘者說

"여래께서는 대승만을 위하여 설하시며 최상승만을 위
하여 설하셨느니라."

법희해

그러므로 아라한 이상의 경지가 되어야 불법을 제대로
알고 행할 수 있다. 여기서도 '자(者)'는 '사람'이 아니
고 강조의 뜻이다. 최상승자는 곧 일불승(一佛乘)이다.

함허설의

이 경은 그 덕을 측량할 수 없음이라. 홀로 최상의 지
혜를 설하셨느니라.

육조

대승(大乘)이란 지혜가 광대해서 능히 일체법을 잘 건

립하는 것이요, 최상승(最上乘)이란 더러운 법에 가히 싫어함을 보지 않으며 깨끗한 법을 구함도 보지 않고 제도할 중생도 보지 않으며 증득할 만한 열반도 보지 않고 중생을 제도한다는 마음도 짓지 않으며 또한 중생을 제도하지 않는다는 마음도 짓지 않으니, 이것을 최상승(最上乘)이라 명하며 또한 일체지(一切智)라 명하고 무생인(無生忍)이며 대반야(大般若)라 이름 한다. 어떤 사람이 발심하여 무상도(無上道)를 구하려면 이 무상(無相), 무위(無爲)의 심히 깊은 법을 들은 후엔 곧바로 신해수지(信解受持)하여 사람들을 위해 설하고 그로 하여금 깊이 깨닫게 하여 훼방을 내지 않게 해서 대인력(大忍力)과 대방편력(大方便力)을 얻게 하면 바로 능히 이 경을 유통함이 되는 것이다.

야부-132
如斬一握絲 一斬一切斷
여참일악사 일참일절단

마치 한 줌의 실을 끊음과 같아서 한 번 끊으면 일체가 끊어짐이로다.

함허설의
이 경이 사람으로 하여금 장애를 끊게 하는 것은 곧 한 줌의 실을 끊는 것과 같아서 한 번 끊으면 일체가 끊어지고, 사람으로 하여금 덕을 이루게 하는 데는 곧 한 타래의 실을 물들임과 같아서 한 번 물들이면 모두가 물듦이로다.

야부-133
一拳打倒化城關 一脚趯翻玄妙寨 南北東西信步行 休覓大
일권타도화성관 일각적번현묘채 남북동서신보행 휴멱대
悲觀自在 大乘說最上說 一棒一條痕 一掌一握血
비관자재 대승설최상설 일봉일조흔 일장일악혈

한 주먹으로 화성의 관문을 타도하고
한 발로 현묘한 울타리를 차서 뒤 엎도다.
남북동서에 마음대로 행하니
대비의 관자재를 찾지 말지어다.
대승설 최상설이여,
일봉에 한 가닥의 흔적이요
일장에 한 줌의 피로다.

법희해
말법시대에 부처를 팔아 사리사욕을 채우는 독거사들과 경전에 개념으로 똥칠해 놓고 그것을 법문이라고 중생들 앞에서 주둥아리를 놀리는 놈들은 이 게송을 마음속

깊이 새기고, 새기고 새겨라.

부처님께서 한 주먹으로 독거사의 무리들을 타도하고
한발로 그들로 인해 잘못 전해진 불법을 차서 뒤엎도
다. 말법에 독거사의 무리들이 남북동서에 마음대로 돌
아다니니 더 이상 부처님의 자비를 바라지 말지어다.
높고 높은 최상설의 불법이여! 헐 ~ 이로다.
부처님께서 휘두른 몽둥이엔 한 가닥 피의 흔적이요
독거사의 손바닥엔 한 줌의 피로다.

함허설의
화성(化城)을 쳐버리고 현관을 밟아버리니 여래의 광대
한 세상을 활보하도다. 이미 능히 부처님과 더불어 살
림살이를 같이할진대 대비 관자재보살의 지도함을 어찌
구할 것인가. 대승설 최상설이여, 한 방망이에 가히 오
천부를 당(當)하고 한 손바닥으로 팔만문을 다 치(擊)도
다. 다만 이것도 많은 일을 이룬 것이니 어찌 다시 지
껄이며 언어 문자를 말하리오. 한 가닥의 흔적과 한 줌
의 피여, 건곤이 빛을 잃고 일월이 빛이 없도다.

약유인 능수지독송 광위인설 여래실지 시인실
若有人　能受持讀誦　廣爲人說　如來悉知　是人悉
견　시인개득성취　불가량불가칭　무유변　불가사

見　是人皆得成就　不可量不可稱　無有邊　不可思
의공덕　여시인등　즉위하담　여래아뇩다라삼먁삼
議功德　如是人等　卽爲荷擔　如來阿耨多羅三藐三
보리
菩提

"만약 어떤 사람이 능히 이 경을 배우며 행하고 독송하며 널리 사람들을 위해 말해준다면 여래께서 이 사람은 헤아릴 수 없고 말할 수도 없는 끝없는 불가사의한 공덕을 모두 성취하게 된다는 것을 다 보고 다 아시느니라. 이와 같은 사람은 바로 여래의 아뇩다라삼먁삼보리를 짊어진이 되느니라."

함허설의
이 경은 이미 최상의 지혜를 위해 설하였으니 만약 사람이 이 경을 가지고 설하면 이는 반드시 최상의 지혜인이라서 불지견(佛知見)을 얻어 보리를 지고 반드시 의심이 없으리라.

육조
상근기의 사람은 이 깊은 경전을 듣고서 부처님의 뜻을 깨달아 자기 마음의 경(經)을 갖게 되어서 견성(見性)해 마치고는 다시 능히 이타(利他)의 행을 일으켜서 남을 위해 해설하고 모든 학자로 하여금 스스로 무상의 이치를 깨닫게 하여 마침내 여래의 본성을 볼 수 있게 하여서 무상의 도를 이루게 하리라. 마땅히 알라. 법을 설하는 사람의 얻을 바 공덕은 끝이 없어서 가히 칭량할 수 없느니라. 경을 듣고서 뜻을 이해하여 가르침과 같이 수행하고는 다시 능히 사람을 위하여 널리 설하여서 모든 중생으로 하여금 무상(無相) 무착(無著)의 행을 수행해서 깨달음을 얻게 함이다. 이런 행을 능히 하게 하면 곧 지혜광명이 있게 되어 진로(塵勞)에서 벗어나리라. 비록 진로는 벗어났으나 진로를 벗어났다는 생각을 짓지 않으면 곧 아뇩다라삼먁삼보리를 얻게 되므로 하담여래(荷擔如來)라 이름 하느니라. 마땅히 알라. 경(經)을 가지는 사람은 저절로 무량무변 불가사의한 공덕이 있느니라.

야부-134
擘開泰華手 須是巨靈神
벽개태화수 수시거령신

태산과 화산을 쪼갤 수 있는 솜씨는 모름지기 이 거령신이로다.

함허설의
부처님 보리를 짊어진 이는 모름지기 이 가운데 사람이
로다.

야부-135
堆山積岳來 一一盡塵埃 眼裏瞳人碧 胸中氣若雷 出邊沙
퇴산적악래 일일진진애 안이동인벽 흉중기약뇌 출변사
塞靜 入國貫英才 一片寸心如海大 波濤幾見去還來
새정 입국관영재 일편촌심여해대 파도기견거환래

산과 악을 쌓고 쌓아옴이여,
낱낱이 다 티끌이로다.
눈 속의 그 눈동자 푸르고
흉중의 그 기세는 우레 같도다.
변방에 나아가면 변방이 고요하고
나라 안에 들어오면 영재를 꿰도다.
한 조각 작은 마음이 바다처럼 크니
파도가 출렁임을 몇 번이나 보았던가.

함허설의
만약 그 가운데 사람일진대 그 이치가 다하지 않음이
없고, 일마다 통하지 않음이 없도다. 바로 허공으로 하
여금 분쇄하고 대지로 하여금 평침(平沈)케 하니 가령

시방의 제불이 동시에 갖가지 신통변화를 일으켜 나타
낼지라도 이 사람의 면전에서는 다 먼지와 같이 되도
다. 어찌하여 그러한가. 방망이를 잡고 불자(拂子)를 세
움도(조사들이 법을 드날리는 표현) 저들은 또한 돌아
보지 않으며 어언삼매(語言三昧;훌륭한 설법)도 저들은
듣지 않아서, 안광(眼光)이 삼천계를 불살라서 깨뜨리
니 그 눈 속에 눈동자가 푸르고 차갑도다. 흉중이 쇄락
(洒落;물 뿌린 듯)하여 혼연히 세상을 잊었으나 그 안
에 우레가 있어서 기개와 도량이 신선하도다. 밖으로
온갖 인연에 응하나 복을 따라 고요하고 안으로는 한결
같이 고요한데 명합하나 그 응함에는 이지러짐이 없도
다. 뱃속이 넓고 넓어 바다같이 크니 천 가지 차별인
유(有)와 무(無)에 일임하도다.

법희해
오직 부처님의 가르침만을 행하는 수행자들은 불자(拂
子)든 놈들이 아무리 '할'소리를 내뱉어도 듣지도 않고
뒤돌아보지도 않으며 시방 제불의 신통변화도 화로 속
으로 떨어지는 눈과 같이 보도다.

하이고 수보리 약요소법자 착아견 인견 중생견
何以故 須菩提 若樂小法者 着我見 人見 衆生見
수자견 즉어차경 불능청수독송 위인해설

壽者見 卽於此經 不能聽受讀誦 爲人解說

"왜냐하면 수보리야, 만약 소승의 법만을 좋아한다면 아견, 인견, 중생견, 수자견에 집착하는 것이 되기 때문에 능히 이 경을 듣고 배우고 독송하며 다른 사람을 위해 말하지 못하느니라."

함허설의
무슨 까닭으로 이 경이 대승만을 위하여 설하며 최상승만을 위하여 설하며, 내지 이러한 사람들은 곧 아뇩보리를 짊어졌다고 말하는가. 이 경(經)은 대인의 경계를 바로 보인 까닭에 작은 근기와 작은 지혜자는 능히 감당할 수 없는 까닭이다.

육조
작은 법만을 즐긴다는 것은 이승인(二乘人)이 작은 과를 즐겨서 큰마음을 발하지 못하는 것이니 큰마음을 발하지 못한 까닭에 곧 여래의 깊은 법을 수지 독송해도 사람들을 위해 능히 해설하지 못하느니라.

야부-136
仁者見之 謂之仁 智者見之 謂之智
인자견지 위지인 지자견지 위지지

어진 이가 보면 어질다 말하고, 지혜로운 이가 보면 지혜롭다 말하도다.

법희해
아직도 의식의 노예인 자는 뭘 보아도 모두 똥이로다.

함허설의
이 경(經)은 지혜로써 체(體)를 세워서 생각생각에 생(生)함이 없고 행(行)으로써 용(用)을 일으켜서 계속 일어나 끝이 없으니, 이것은 문수와 보현같은 대인의 경계로다. 작은 근기와 작은 지혜자의 생각엔 능히 걸릴 만한 것이 못되도다. 이러한즉 지혜가 없으면 이로써 체(體)를 궁구할 수 없고 인(仁)이 아니면 그 작용을 다할 수 없으니, 이것에 의지해서 닦는 자는 가히 자비를 행함에 자비가 광대하고 지혜를 쓰면 지혜가 능히 깊어지도다.

야부-137
不學英雄不讀書 波波役役走長途 娘生寶藏無心用 甘作無
불학영웅부독서 파파역역주장도 낭생보장무심용 감작무
知餓死夫 爭怪得別人
지아사부 쟁괴득별인

배우지 않는 영웅은 독서도 하지 않으며
부지런히, 부지런히 먼 길만 가도다.
어머니가 낳아준 보배를 마음대로 쓸 줄 몰라서
무지하게 굶어 죽는 것을 당연히 여기도다.
어찌 다른 사람을 괴이하게만 여기리오.

법희해
사바세계 중생들은 부처님의 뜻을 알려고 하지도 않으
며 부지런히, 부지런히 먼 길만 가도다.
부처님께서 주신 불성을 제대로 쓸 줄 몰라서
결국 무지하게 굶어 죽는 것을 당연히 여기도다.
중생들이여! 어찌 너와 행이 다른 수행자를 괴이하게만
여기는가?

함허설의
글에도 능하고 무술에도 능한 것이 세상 제일이면 인간
의 빈천한 고통을 면할 수 있으리니, 어질고 지혜로운
것도 사람에게 또한 그러하여 익혀오면 능히 윤회에서
벗어날 수 있으리라. 지금은 인(仁)과 지혜(智慧)를 둘
다 익히지 못하여 미(迷)한 길에서 오래도록 기어 다니
는 것이라. 덕성의 보배가 비록 우리에게 있으니 사용
할 줄 몰라서 스스로 비틀거리는 고통을 취하도다. 이
미 그렇게 스스로 취하였으니 그 허물을 누구에게 돌리

리오.

수보리 재재처처 약유차경 일체세간천인아수라
須菩提 在在處處 若有此經 一切世間天人阿修羅
소응공양 당지차처 즉위시탑 개응공경   작례위
所應供養 當知此處 卽爲是塔 皆應恭敬   作禮圍
요 이제화향 이산기처
繞 以諸華香 而散其處

"수보리야, 어디든지 만약 이 경이 있는 곳이면 법계의
천상, 인간, 아수라들이 마땅히 공양 한다는 것을 알아
야 하며, 이곳이 바로 탑이 있는 것과 같아서 모두가
공경하고 돌면서 여러 가지 꽃과 향을 그곳에 뿌린다는
것을 마땅히 알아야 하느니라."

함허설의
이 경(經)은 예로부터 있지 않은 곳이 없으나 단지 먼
지(六塵)에 묻혀서 나타나지 않았으므로 사람들이 그것
을 알지 못함이다. 그러나 오직 큰 지혜자는 먼지를 깨
뜨리고 드러내어서 사람들을 위해 널리 설하리니, 이곳
은 곧 경(經)이 있기 때문이다. 이것은 인천(人天)의 안
목이어서 인천(人天)이 응당 공양해야 함이로다.

육조

만약 사람이 입으로 반야를 외우고 마음으로 반야를 행해서 어느 곳에서든지 무위(無爲),무상행(無相行)을 늘 행하면 이 사람이 있는 곳은 마치 부처님의 탑이 있음과 같다. 일체의 인천이 각기 공양하고 예를 올려 공경하기를 부처님과 다름없이 할 것이다. 능히 경을 수지하는 자는 이 사람의 마음 가운데 세존이 있음이 되기에 부처님의 탑묘와 같으리니, 마땅히 알라. 이 사람은 그 지은 복이 무량무변하리라.(한 생각이 바를 때 바로 그 한 생각이 부처이다. 경의 한 대목이라도 잡념 없이 경에 심취하여 환희심을 일으켜 읽고 그 내용에 심취하면 그 마음에 부처님이 있고 바로 그 마음이 부처인 것이다.)

야부-138
鎭州蘿蔔 雲門胡餅
진주나복 운문호병

진주의 무요, 운문의 호떡이로다.

법희해
독도는 대한민국 땅이요, 신사임당의 영정이로다.

함허설의

이 경을 공양(供養)하되 무엇으로 공양구(供養具)를 삼 겠는가. 진주의 무요, 운문의 호떡이로다. 어떤 스님이 운문 스님께 "어떤 것이 부처를 뛰어넘고 조사를 초월 할 수 있는 말입니까?"하고 물었다. 운문 스님이 말하 기를 "호떡이니라."했다. 개선(開先), 섬화상(暹和尙)이 이 말을 들어 말하길, 지금 이 100명의 납자가 동경서 락의 한 총림에서 나와서 한 도량에 들어가되, 이르는 곳마다 찬 것을 싫어하고 따뜻한 것을 좋아해서 먹고 간 것이 그 얼마이며 또 한사람이라도 운문의 호떡을 참으로 아는 사람이 있는가.(운문 호떡의 도리를 아는 이가 있는가?) 산승(暹和尙)이 양반을 강제로 천하게(종 으로) 하려는 것이 아니라 감히 말하건대 아무도 아는 사람이 없다고 하니 무슨 까닭인가. 섬(暹)스님이 20년 전에 옷과 발우 밑에다 감추어 두어서 귀신도 능히 알 지 못하거늘 지금 너희들은 어느 곳을 향해 호떡을 찾 으리오. 만약 이런 이치를 믿지 않는다면 오늘 대중에 게 널리 공양하리라. 드디어 주장자를 잡아 세워 한 원 상을 그리며 말하기를 "수단이 좋은 이는 잡아 취하 라." 또 말하기를 "거둬들였다."하시니 모름지기 그것 이 공양구가 되는 소이를 비로소 알았도다. 이 한 개의 호떡은 비단 한 대중에게 공양할 뿐 아니라, 또한 시방 제불께 공양한 것이며 또한 육도중생에게 다 공양한 것이니라. 어떻게 공양하는가. 진주의 한 개 무를 천하 노화상이 삼켰다 토하고 삼켰다 토하며 운문의 한 개 호떡을 천하 납승이 씹어오고 씹어가니, 진실로 삼키고 토하고 또 씹을 줄 알면 벌써 이미 공양을 마친 것이로다.

법희해
천하의 수행자들이여!
씹고, 씹고 또 씹어라.
삼켰다가 토하는 것까지는 봐줄 수 있지만
이미 삼켜 버렸다면 똥이 되는 것은 시간문제로다.

야부-139
與君同步又同行 起坐相將歲月長 渴飮飢湌常對面 不須回
여군동보우동행 기좌상장세월장 갈음기손상대면 불수회
首更思量
수갱사량

그대와 함께 걷고 함께 행하며
서고 앉음에 항상 서로 거느리며
오랜 세월 함께 했음이로다.
목마르면 마시고 주리면 먹으며 항상 서로 대하니
머리를 돌이켜 다시 생각하지 말지어다.

법희해

의식은 경계의 노예요, 묘관찰지(妙觀察智)는 그 어떤 경계도 범접할 수 없음이라. 그러면 평등성지(平等性智), 대원경지(大圓鏡智)는?

함허설의

단지 저 공양하는 한 권의 경전을 어느 곳을 향해서 볼 것인가. 일체의 때(時)와 곳(處)에서 얼굴을 보고 서로 받드니 헤아려서 사량하면 얼굴을 마주하여도 천리나 어긋나도다.

제십육 능정업장
第十六 能淨業障

부차수보리 선남자선여인 수지독송차경 약위인
復次須菩提 善男子善女人 受持讀誦此經 若爲人
경천 시인 선세죄업 응타악도 이금세인 경천고
輕賤 是人 先世罪業 應墮惡道 以今世人 輕賤故
선세죄업 즉위소멸 당득아뇩다라삼막삼보리
先世罪業 卽爲消滅 當得阿耨多羅三藐三菩提

16. 능히 업장을 깨끗이 함

"또한 수보리야, 선남자 선여인이 이 경을 배우며 행하
고 독송하면서도 다른 사람으로부터 업신여김을 당한다
면 그 사람은 지난날 지은 죄업으로 삼악도에 떨어져야
하지만, 지금 세상 사람들이 그를 업신여기므로 바로
그 죄업이 소멸되어서 마땅히 아뇩다라삼막삼보리를 얻
게 될 것이니라."

법희해
남에게 업신여김을 당하거나 헐뜯고 욕됨의 고통을 받
는 것은 업장이 소멸되는 현상이요, 그런 바깥 경계에

도 마음이 여여하다면 여래의 아뇩다라삼먁삼보리를 반드시 얻게 될 것이다.

함허설의
남으로부터 업신여김을 당하는 것은 아상(我相), 인상(人相)이 없음을 밝힌 것이니, 대개 아인(我人;너다 나다하는 생각)이 있는 사람은 다만 남의 위가 되고자 하고 남보다 아래 되고자 하지 않거니와, 아(我)와 인(人)이 없는 도리를 통달한 사람은 귀히 여겨도 기뻐하지 않고 천하게 여겨도 성내지 않으며 능히 일체중생에게 하심(下心)하여 남의 아래 됨을 달게 여긴다. 이로 말미암아 옛날의 인욕선인은 가리왕에게 할절하게 되고 상불경보살은 사부대중이 때리고 꾸짖어도 이것은 다 경천(輕賤)하는 일이지만 아예 성내고 원망하는 마음이 없었다. 그러므로 알라. 남으로부터 경천(輕賤)당하는 일은 아상(我相), 인상(人相)이 없음을 통달한 자가 하는 일이니 진실로 무아의 도리에 도달한 즉, 남의 경천(輕賤)함이 되어도 오히려 법의 즐거움으로 삼는 것이다. 법에는 피차(彼此)가 없거늘 견(見)에 아와 인을 일으키니 아와 인이 있음으로 해서 업을 일으키고 죄를 짓는 것이다. 죄업이 형상을 이루어서 보리의 길에 장애가 되니, 보리를 이루고자 하면 먼저 죄업을 없애야 하고, 죄업을 없애고자 하면 먼저 아와 인을 끊어야 함이니,

만약 경을 듣고서 뜻을 알아 무아의 이치를 통달하고 또한 무아의 행을 수행해서 다시는 생사의 업을 짓지 않으면, 곧 죄의 뿌리가 영원히 없어진 까닭으로 비록 선세의 무량한 죄업이 있다 할지라도, 곧 봄날에 얼음이 녹고 기와가 풀어지는 것 같이 마땅히 위없는 부처님의 과보인 보리를 이룰 것이다. 그러므로 말하기를, 만약 선남자 선여인이 이 경을 수지 독송하되 남에게 경천(輕賤)을 당하면 이 사람의 선세죄업은 곧 소멸되고 마땅히 아뇩다라삼먁삼보리를 얻는다고 했다. 비록 그렇게 이 경을 수지 독송하나 만약 칭찬이나 이익을 탐하여 능히 깨끗한 신심을 내지 않거나 또한 능히 무아의 이치를 알지 못하여 무아의 행을 행하지도 않으면 번뇌와 업의 작용이 예전처럼 치연(熾然)하리니, 오직 이는 죄를 굴려서 성불하지 못할 뿐만 아니라 악도에 떨어짐을 면치 못할 것이다.

육조

부처님께서 말씀하시기를, 경을 가진 사람은 합당히 일체 인천의 공경과 공양을 받아야 하지만, 많은 생에서 무거운 업장이 있게 된 까닭에 비록 금생에 모든 부처님들의 심히 깊은 경전을 수지하면서도 항상 남에게 업신여김을 당하고 남의 공경과 공양을 받지 못함이니라. 그러나 스스로 경전을 받아가진 까닭에 아(我), 인(人)

등의 상(相)을 일으키지 않아서 원수나 친한 이를 가리지 않고 항상 공경을 행하여 마음에 번뇌와 한이 없으며 탕연(蕩然)히 계교(計較)할 바가 없어서 순간순간 항상 반야바라밀다를 행함에 일찍이 물러남이 없으니, 능히 이와 같이 수행함으로써 무량겁으로부터 금생에 이르기까지 있는바 극히 무겁고 나쁜 장애를 모두 다 소멸한다 하셨다. 또한 이치로써 말하면 선세(先世)란 곧 앞생각(과거)의 망령된 마음이요, 금세(今世)란 뒷생각의 깨달은 마음이니, 뒷생각의 깨달은 마음으로 앞생각의 망령된 마음을 업신여겨서 망심이 머물지 못하게 하는 까닭에 선세 죄업이 곧 소멸된다 하신 것이다. 망념이 이미 소멸되었으면 죄업이 성립되지 못하며 곧 보리를 얻음이 되는 것이다.

야부-140
不因一事 不長一智
불인일사 부장일지

한 가지 일로 인하지 않으면 한 지혜가 자라지 않느니라.

법희해
선행이든 악행이든 행을 한다는 것은 깨달음의 원인을

심는 것이다.

함허설의
아(我)가 없으면 업을 짓지 않고 장애를 끊으면 보리를
이루는 것은 온전히 경(經)을 수지한 힘을 받은 것이
니, 이런즉 일대사(一大事)를 요달하지 않으면 능히 일
체지(一切智)를 증득하지 못하리라.

야부-141
讚不及毁不及 若了一萬事畢 無欠無餘若大虛 爲君題作波
찬불급훼불급 약료일만사필 무흠무여약대허 위군제작바
羅蜜
라밀

찬탄도 미치지 못하고 훼방도 미치지 못함이라.
만약 하나를 요달하면 만사를 마침이로다.
모자람도 남음도 없는 것이 큰 허공과 같거늘
그대를 위해서 '바라밀'이라 이름 짓도다.

함허설의
이 일대사(一大事)는 석(釋), 범(梵), 제천(諸天)의 칭찬
이 미치지 못하고 천마외도가 훼방할 문이 없다. 만약
능히 일대사를 요달 하면 모든 불조(佛祖)의 신통기용

(神通機用)과 백천삼매(百千三昧)와 한량없는 묘한 뜻을 다만 한 순간에 통째로 알아서 남음이 없으리니, 이 일대사는 명자(名字)의 상(相)도 없고 미오(迷悟)의 상도 없어서 원만함이 큰 허공과 같아서 부족함도 남음도 없으나, 다만 요달치 못한 이를 위하여 문자와 언사(言詞)를 베푼 것이다.

수보리 아념 과거무량아승지겁 어연등불전 득
須菩提 我念 過去無量阿僧祗劫 於燃燈佛前 得
치팔백사천만억 나유타제불 실개공양승사 무공
値八百四千萬億 那由他諸佛 悉皆供養承事 無空
과자
過者

"수보리야, 내가 생각해보니 과거 헤아릴 수 없는 아승지겁동안 연등불 앞에서 팔백 사천만억 나유타의 모든 부처님을 모두 다 공양하며 받들어 섬기는 것을 한 번도 그냥 지나친 적이 없느니라."

약부유인 어후말세 능수지독송차경 소득공덕
若復有人 於後末世 能受持讀誦此經 所得功德
어아소공양제불공덕 백분불급일 천만억분 내지

於我所供養諸佛功德 百分不及一 千萬億分 乃至
산수비유 소불능급
算數譬喻 所不能及

"만약 또 어떤 사람이 다음 말법시대에 능히 이 경을
배우며 행하고 독송하여 얻는 공덕은, 내가 그 모든 부
처님께 공양한 공덕으로는 백분의 하나에도 미치지 못
하고 천만억분의 하나에도 미치지 못하며 그 어떤 수의
비유로도 능히 미치지 못하느니라."

함허설의
부처는 밖에서 구하는 것이 아니니, 다만 마음을 향해
서 찾는 것이다. 만약 부처를 보고자 하면 오직 모름지
기 안으로 비추어 살펴라. 여러 부처님을 받들어 섬김
이 복은 없지 않으나 또한 밖을 향해서 어지럽게 구함
을 면치 못하는 것이니, 한 순간이라도 경을 들으면 능
히 깨끗한 믿음을 내게 되고 곧 스스로 견성하여 바로
성불해 마칠 것이다. 이 까닭에 부처님께 공양하는 것
이 이 경을 수지하는 것만 못하게 된다.

육조
항하사의 부처님께 공양하며, 보물을 삼천세계에 가득
히 보시하며, 몸 버리기를 미진수와 같이 하는 갖가지

복덕이 경을 지니는 것에 미치지 못하는 것은, 한 순간
에 무상(無相)의 이치를 깨달아서 희망심을 쉬고, 중생
의 전도(顚倒)된 지견(知見)을 멀리 떠나서 곧 저 언덕
에 이르러 영원히 삼악도의 고통을 벗어나고 무여열반
을 증득함이라.

야부-142
空不浪施
공불낭시

공은 헛된 베풂이 아니니라.

함허설의
경(經)을 수지하여 한 순간에 원만히 증득하면 바로 성
불하는 것이므로 공(空)은 헛되지 않는다.

야부-143
億千供佛福無邊　爭似常將古敎看　白紙上邊書黑字　請君開
억천공불복무변　쟁사상장고교간　백지상변서흑자　청군개
眼目前觀　風寂寂水漣漣　謝家人秖在魚船
안목전관　풍적적수련련　사가인지재어선

억 천 부처님을 공양하는 복은 끝이 없으나

어찌 옛 가르침을 항상 가져보는 것과 같겠는가.
백지 위에 검은 글자를 써서 그대에게 청하노니
눈을 뜨고 눈앞을 볼지어다.
바람은 고요하고 물결은 잔잔하니
집 떠난 사람은 다만 이선 위에 있도다.

법희해
중생이 억 천 부처님을 공양하는 복은 끝이 없으나
어찌 부처님의 길을 가는 수행자와 같겠는가.
부처님의 말씀이 담긴 이 경전으로 그대에게 청하노니
반드시 색성에 물들지 않는 그 곳에서 세상을 볼지어
다. 부처님 말씀을 믿고 행하여 번뇌 망상을 잠재우니
수행자의 길을 가는 사람은 다만 부처님 전에 한 발자
국 더 다가가도다.

함허설의
옛 가르침이 있는 곳을 알고자 하는가. 마치 바다의 깊
음과 같고 산이 높음과 같도다. 옛 가르침의 무늬를 알
고자 하는가. 아침 햇빛이 땅 위에 비단을 깐 듯이 무
늬 없는 도장을 비단 위에 찍음이로다. 그대에게 청하
노니, 어머니가 낳아준 눈을 뜨고서 12시중(하루 종일)
늘 비출지어다. 항상 비춤이여! 안과 밖으로 침범함이
없어서 참된 경계가 나타나니, 한 사람이 홀로 그 가운

데 일을 오로지 함이로다. 또한 옛 가르침이란 그 자취로써 말한즉 옛 부처님의 능히 가르치신 말씀이요, 이치로서 말하자면 학인의 한 권 경이로다. 이 한 권의 경은 부처와 조사가 서로 전한 법인이며 중생들이 본래 지니고 있는 일착자(한 물건)이니, 그것이 온 것은 시작이 없으므로 옛 가르침이라 이르도다. 백지 위에 검은 글자를 쓴 것은 경전에 본래부터 갖춘 무늬로다.(우리 마음 경전에도 온갖 만행만덕과 온갖 견문각지의 작용이 있다.) 흰 것은 치우친 데(偏)에 속하니 자성(自性)과 수연(隨緣), 두 가지 쓰임이요, 검은 것은 정(正)에 속하여 적멸(寂滅)이 하나의 체(體)이니라. '그대에게 청하노니 눈을 뜨고 앞을 보라.'는 것은 모든 사람으로 하여금 일용(日用)을 떠나지 않고 일대경권(一大經卷) 굴리기를 권함이다. '바람이 고요하고 고요하다.'한 것은 만약 일대경권을 굴린다면 곧 밖으로의 경계바람이 스스로 고요하고 안으로 지혜의 물이 말쑥하여 인연에 따라 진(眞)에 맡기며, 쫓는 곳마다 소요(逍遙)하는 것이 빈 배가 물결 따라 저절로 동서로 가는 것 같으며, 높고 낮은 데를 따름과 같도다. 또한 '바람은 고요하다.'한 것은 좋은 물고기를 낚을 때엔 바람이 그쳐 수면이 잔잔함이요, 실상을 관조할 때 마땅히 정(情)을 잊으니 지혜의 물이 맑고 맑음이라. 배는 고기를 낚는 도구요 가르침은 진리를 깨닫는 법이니, 신리를 깨닫는 자가 마음의 진리를 깨닫는 법에 오로지 할 것 같으면 반드시 진리를 깨달을 기약이 있을 것이요, 고기 낚는 자가 다만 낚시 배 위에 있으면 반드시 고기 낚을 때가 있을 것이다.

수보리 약선남자선여인 어후말세 유수지독송차
須菩提　若善男子善女人　於後末世　有受持讀誦此
경　소득공덕 아약구설자 혹유인문 심즉광란 호
經　所得功德　我若具說者　或有人聞　心卽狂亂　狐
의불신
疑不信

"수보리야, 만약 선남자 선여인이 다음 말법시대에 이 경을 배우며 행하고 독송하여 얻는 공덕을 내가 모두 말한다면 혹 어떤 사람은 듣고 바로 마음이 미친 듯이 어지럽게 날뛰어 의심하고 믿지 않으리라."

육조
부처님께서 말씀하시기를, 말법중생은 덕이 엷고 번뇌는 무거우며 질투는 더욱 깊어져서 많은 성인들이 숨어 버리고 삿된 견해는 치성(熾盛)하리니, 이러한 때에 만약 선남자 선여인이 이 경을 수지 독송하면 모든 상

(相)을 원만히 떠나게 되어 본래의 얻을 바 없음을 깨달아서 생각생각에 항상 자비희사(慈悲喜捨)와 겸하(謙下)와 유화(柔和)를 행하여 끝내는 위없는 깨달음을 성취하거니와, 혹 성문(聲聞)의 소견은 여래의 정법이 멸하지 않고 항상 있음을 알지 못하므로 여래가 멸한 뒤 후오백세에 어떤 사람이 능히 무상심(無相心)을 성취하고 무상행(無相行)을 행하여 아뇩다라삼먁삼보리를 얻었다 함을 들으면 곧 마음이 두려움을 내어 의심하고 믿지 않으리라 하신 것이다.

수보리 당지시경의 불가사의 과보역불가사의
須菩提 當知是經義 不可思議 果報亦不可思議

"수보리야, 마땅히 이 경의 뜻은 생각으로 헤아릴 수 없으며 그 과보 또한 생각으로 헤아릴 수 없다는 것을 알아야 하느니라."

함허설의
경을 가지고 경을 설하는 공덕은 가히 생각할 수 없다고 널리 찬탄하시고, 이에 얻을 바 공덕을 내가 다 갖추어 말한다면 혹 어떤 사람은 듣고 마음이 산란하여 의심하고 믿지 않으리라 하시며, 내지 그 과보도 또한 생각할 수 없느니라 하시니 경을 듣고도 믿어 지니지 않으면 좋은 약이 앞에 있어도 먹을 줄 모르는 것이요, 과보도 생각할 수 없다 한 것은 좋은 약을 먹으면 평지에서 당장 신선이 되어 오름이로다.

육조
이 경의 뜻은 곧 무착(無着) 무상(無相)의 행이요, 가히 생각할 수 없다는 것은 무착 무상의 행이 능히 아뇩다라삼먁삼보리를 성취함을 찬탄한 것이다.

야부-144
各各眉毛眼上橫
각각미모안상횡

각각의 눈썹은 눈 위에 가로놓여 있도다.

법희해
보고도 믿지 못하는 것이 중생이다.

함허설의
부처님께서 설하신 법은 다만 눈 위의 눈썹을 말한 것이니 만약 이 눈 위의 눈썹이라면 나면서부터 본래 있음이로다. 누군들 홀로 없으리오.

법희해
눈으로 보이지 않는 것은 부처님이 아니라 바로 너희들
눈썹이다.

야부-145
良藥苦口 忠言逆耳 冷暖自知 如魚飮水 何須他日待龍華
양약고구 충언역이 냉난자지 여어음수 하수타일대용화
今朝先授菩提記
금조선수보리기

좋은 약은 입에는 쓰고
충성스런 말은 귀에 거슬림이라.
차고 더움을 스스로 아는 것은
고기가 물 마심과 같으니
어찌 모름지기 다른 날에
용화세계를 기다리리오.
오늘 아침에 벌써 보리의 수기를 받음이로다.

법희해
좋은 약은 입에는 쓰고 충성스런 말은 귀에 거슬림이
라. 부처님의 뜻을 스스로 알 수 있는 것은 오직 쓰고
거슬리는 그 말씀을 믿고 행하기 때문이니 어찌 모름지
기 가만히 누워 다른 날에 미륵이 제도해 주기만을 기

다리리오. 행불(行佛)하는 바로 지금 벌써 보리의 수기를 받음이로다.

함허설의

이미 다 같이 갖고 있건만 듣고도 신수(信受)하지 않음은 무슨 까닭인가. 다만 너무 가까워서 알기 어려움이다. 비록 이와 같으나 마시고 먹는 것은 때를 따르는 것이며, 주리고 배부름은 스스로 아는 것이로다. 이러한즉 사람사람의 지위는 비로자나불과 같고 낱낱이 적광토(寂光土;불국토)에 함께 있으니 어찌 용화(龍華)의 기별(授記)을 기다리리오. 발을 들면 곧 이곳이 적광(寂光)의 도량이로다. 본분으로써 논한 즉 이치가 합당히 이와 같거니와 만약 금시(今時)를 들어 논한다면, 이 경(經)은 마치 좋은 약과 같아서 먹으면 만병이 없어짐이라. 초연히 부처를 짓건만 다만 기꺼이 입에 넣지 않음이요 또한 충언과 같아서 신수(信受)하면 스스로 그릇됨을 알도다. 능히 대중의 존중함이 되건만 다만 기꺼이 신수(信受)하지 않느니라. 오직 영리한 사람은 언하에 스스로 그른 줄을 알아서 한 번 들으면 능히 다 가지리니 고래가 바닷물을 마심과 같도다. 그 지위가 대각(大覺)과 같거니와 지극한 과보를 다시 어찌 의심하리오. 과보가 불가사의하다 하시니 진실하도다. 부처님의 설하심이여!

제십칠 구경무아
第十七 究竟無我

이시 수보리 백불언 세존 선남자선여인 발아뇩
爾時 須菩提 白佛言 世尊 善男子善女人 發阿耨
다라삼먁삼보리심 운하응주 운하항복기심
多羅三藐三菩提心 云何應住 云何降伏其心

17. 구경에는 나 아님이 없음

그때 수보리가 부처님께 말하기를 "세존이시여, 선남자
선여인이 아뇩다라삼먁삼보리의 마음을 낸다면, 마땅히
어떻게 그 마음을 머무르게 해야 하며 어떻게 그 마음
을 다스려야 합니까?"

불고 수보리 약선남자선여인 발아뇩다라삼먁삼
佛告 須菩提 若善男子善女人 發阿耨多羅三藐三
보리심자 당생여시심 아응멸도일체중생 멸도일
菩提心者 當生如是心 我應滅度一切衆生 滅度一
체중생이 이무유일중생 실멸도자
切衆生已 而無有一衆生 實滅度者

부처님께서 수보리에게 말씀하시기를 "만약 선남자 선여인이 아뇩다라삼먁삼보리의 그 마음을 낸다면 '내가 마땅히 일체 중생을 제도하리라.'는 이와 같은 마음을 내어야 하느니라. 이미 일체중생을 제도하였지만 실로 한 중생도 제도됨이 없느니라."

함허설의
일체중생을 멸도하는 것은 이승(二乘)과 같지 않아서 자비로 모든 중생을 교화하는 것이다. 한 중생도 멸도함이 없다는 것은 지혜가 진리에 명합해서 교화했다는 생각을 내지 않음이니 이는 마땅히 항복한 마음에 안주하는 것이로다.

육조
수보리가 부처님께 묻기를 '여래께서 멸한 뒤 후오백세에 만약 어떤 사람이 아뇩다라삼먁삼보리심을 발한 이는 어떤 법에 의지하여 머물며 어떻게 그 마음을 항복받으리까.'하니, 부처님께서 말씀하시기를 '마땅히 일체중생을 제도하여 해탈케 하는 마음을 내어야할지니 일체중생을 모두 다 성불하게 하고도 한 중생도 내가 제도했다는 생각을 해서는 안 된다.'고 하셨다. 무슨 까닭인가. 능소심(能所心;상대적인 생각)을 없앴기 때문에 중생이 있다는 견해가 사라졌기 때문이며, 또한 나라는 견해를 없앴기 때문이다.

야부-146
有時因好月　不覺過滄州
유시인호월　불각과창주

어떤 때는 달이 하도 좋아서 창주 지나가는 줄도 몰랐
도다.

법희해
도반들과 곡차 마시며 수다 떠는 것이 너무 좋아서
새벽예불 끝난 줄도 몰랐도다. 아뿔싸*!*

함허설의
철선(鐵船)을 끌고 바다에 들어가니 낚싯대 드리운 곳
에 달이 환히 밝도다. 성품이 달빛에 차갑게 비치는 그
림자를 사랑하여 창명(滄溟)을 지나도록 혼연히 깨닫지
못했도다. 다시 알지어다. 도중(途中)에 도리어 청산의
일을 기억하니 종일토록 행하고 행하여도 그 행함을 알
지 못하도다.

법희해
수행자가 부처님 법에 의지하여 성인의 길로 들어가니

색성에 여여한 그곳에 부처님 자비광명이 환히 밝도다.
의식이 수행자의 겉모습만을 좋아하여 부처님 법에 한
참을 지나도록 홀연히 깨닫지 못했도다. 다시 알지어
다. 한참을 지난 그 길에서 다시 초심의 부처님 가르침
을 기억하니 망각과 기억을 종일토록 행하고 행하여도
그 행함을 부처님은 알지 못하도다.

야부-147

若問云何住 非中及有無 頭無纖草蓋 足不履閻浮 細似隣
약문운하주 비중급유무 두무섬초개 족불리염부 세사린
虛析 輕如蝶舞初 衆生滅盡知無滅 此是隨流大丈夫
허석 경여접무초 중생멸진지무멸 차시수유대장부

만일 '어떻게 주 하는가?'하고 묻는다면,
중도 아니고 유, 무도 아님이라 하리니,
머리엔 작은 풀도 덮지 않고
발은 염부제도 밟지 않았도다.
가늘기는 작은 먼지를 쪼갠 듯하고
가볍기는 춤추는 나비의 날개 짓과 같도다.
중생을 멸진하되 멸함이 없음을 알면
이는 흐름을 따르는 대장부로다.

함허설의

참된 주처(住處)를 알고자 한다면 중(中) 및 유무(有無)가 아니로다. 탈연(脫然)하여 의탁할 것이 없으니 거칠고 무거운 것(煩惱)이 다 청정해져서 흔적이 없음이로다. 청산에도 머물지 않거니와 어찌 도시를 용납하겠는가. 중생을 교화하되 교화함이 없으니 이는 류(流)를 따르는 대장부로다.

하이고 수보리 약보살　유아상 인상 중생상 수
何以故 須菩提 若菩薩　有我相 人相 衆生相 壽
자상 즉비보살
者相 卽非菩薩

"왜냐하면 수보리야, 만약 보살이 아상, 인상, 중생상, 수자상이 있다면 바로 비보살이기 때문이니라."

법희해
비보살(非菩薩)!

육조
보살이 만약 중생을 가히 제도할 게 있다고 보면 이는 곧 아상이요, 능히 중생을 제도하는 마음이 있으면 곧 인상이요, 열반을 가히 구한다 하면 곧 중생상이요, 열반을 가히 증득할 게 있다고 보면 곧 수자상이니, 이 네 가지 상(相)이 있으면 곧 비보살인 것이다.

소이자하 수보리 실무유법 발아뇩다라삼먁삼보
所以者何 須菩提 實無有法 發阿耨多羅三藐三菩
리심자
提心者

"그 까닭은 수보리야, 아뇩다라삼먁삼보리의 그 마음을 낼 법이 실로 없기 때문이니라."

함허설의
무엇 때문에 모름지기 교화하는 생각을 내지 않아야 하는가. 만약 내가 능히 중생을 제도하며 내가 발심한 사람이라고 말하면, 아(我)와 인(人)이 다투어 능소(能所)가 어지러워지게 되어 곧 비보살인 것이다. 나는 능(能)하고 나는 옳다고 함을 왜 비보살이라고 하는가. 실제의 진리 그 자리에는 일찍 이러한 일이 없으니, 아(我)와 인(人)이 단번에 다하고 능소(能所)가 함께 고요해져야 바야흐로 실제와 더불어 서로 상응하기 때문이다.

육조

법이 있다는 것은 아(我),인(人),중생(衆生),수자(壽者)의
네 가지 법이니, 만약 네 가지 법을 없애지 아니하면
마침내 보리(菩提)를 얻지 못함이요, 만약 나는 보리심
을 발하지 아니 하였다고 하더라도 또한 이것도 아,
인, 중생, 수자 등의 법이 되니 아, 인 등의 법은 곧 번
뇌의 근본이 된다.

야부-148
小他一分 又爭得
소타일분 우쟁득

저 하나마저 없는데 또 어찌 얻으리오.

법희해
삼상(三相)을 넘어 언설(言說)에 여여한 자만이 얻을 수
있으리라.

함허설의
아(我), 인(人)이 단번에 다하고 능소(能所)가 함께 고
요해짐은 공(空)이 지극하여 곧 없지 않으나 실제로 관
하건대 또한 어찌 얻으리오.

야부-149

獨坐翛然一室空 更無南北與西東 雖然不借陽和力 爭奈桃
독좌소연일실공 갱무남북여서동 수연불차양화력 쟁나도
花一樣紅
화일양홍

홀로 소연히 일실이 공한 데 앉았으니
다시 남북과 동서도 없음이라.
비록 그렇게 화창한 봄날의 힘을 빌리지 않았으나
복숭아꽃이 온통 붉음을 어이하리오.

함허설의
탈연(脫然)히 물 밖에 다시 깃들어 머물 곳이 없으니,
이 경계를 잡아서 최고(究竟)라고 이르지 말라. 감히
말하건대, 이것도 또한 오히려 부족하니 비록 그렇게
괴롭게 단련하지 않아도 저절로 본지풍광(本地風光)의
찬란함이 있도다.

수보리 어의운하 여래 어연등불소 유법득아뇩
須菩提 於意云何 如來 於燃燈佛所 有法得阿耨
다라삼먁삼보리부
多羅三藐三菩提不

"수보리야, 어떻게 생각하느냐. 여래가 연등불 처소에

서 아뇩다라삼먁삼보리라는 법을 얻었느냐?"

법희해
유법득아뇩다라삼먁삼보리(有法得阿耨多羅三藐三菩提)
에서 유법득(有法得)은 '얻은 법이 있다.'로 법이 뜻하
는 것은 아뇩다라삼먁삼보리이다. '어떤 법이 있어서
아뇩다라삼먁삼보리를 얻다.'가 아니라 '아뇩다라삼먁삼
보리라는 법을 얻다.'로 해석해야 한다.

불야 세존 여아해불소설의　여래어연등불소 무
不也 世尊 如我解佛所說義　如來於燃燈佛所 無
유법 득아뇩다라삼먁삼보리
有法 得阿耨多羅三藐三菩提

"아닙니다. 세존이시여, 제가 부처님께서 말씀하신 뜻
을 이해하기에는, 여래께서는 연등불 처소에서 아뇩다
라삼먁삼보리라는 법을 얻은 것이 아닙니다."

법희해
한문오역 '불어연등불소(佛於燃燈佛所)'를 '여래어연등
불소(如來於燃燈佛所)'로 바꿨다.

육조

부처님께서 수보리에게 물으시기를, '내가 스승의 처소에서 사상(四相)을 없애지 않고 수기(受記)를 얻었는가.' 하시니, 수보리가 무상의 깊은 이치를 이해하는 고로 '아닙니다.'라고 대답하였다.

불언 여시여시
佛言 如是如是

부처님께서 말씀하시길 "그렇다, 그렇다."

함허설의
위에서는 보살이 무아(無我)의 뜻을 밝히시고, 지금은 자신의 무소득(無所得)을 들어서 거듭 무아(無我)의 뜻을 밝히신 것이다. 부처님께서 무소득(無所得)을 밝히고자 거짓으로 얻음이 있는 것으로 물으셨는데, 수보리가 부처님 뜻에 잘 계합하여 무소득(無所得)으로써 답하니, 가히 좋은 지음자로다. 재차 '여시'라고 찬탄한 것에 착안하라. 입 가득히 저 가풍(家風) 보는 것을 허락하신 것이다.

육조
부처님의 뜻에 잘 계합하였으므로 '그렇다.'라고 하시니, '그렇다.'란 말은 곧 인가한 것이다.

야부-150
若不東床睡　爭知紙被穿
약부동상수　쟁지지피천

만약 같은 침상에서 잠자지 않았으면 어찌 지피(紙被;
종이 속옷)가 뚫어진 줄을 알겠는가.

법희해
내가 여래를 친견하지 않았다면
이 법을 어찌 알겠는가?

함허설의
같은 소리는 서로 응(應)함이요, 같은 기운은 서로 구
(求)함이로다.

야부-151
打鼓弄琵琶　相逢兩會家　君行楊柳岸　我宿渡頭沙　江上晚
타고농비파　상봉양회가　군행양유안　아숙도두사　강상만
來疎雨過　數峯蒼翠接天霞
래소우과　수봉창취접천하

북치는 이와 비파를 연주하는 이
둘이 한집에 모였도다.

그대는 버드나무 언덕을 거닐고
나는 나루터에서 잠을 자도다.
강 위엔 늦은 성긴 비가 지나가고
두어 봉우리의 푸른빛은 하늘가 노을에 닿았도다.

법희해
여래의 뜻에 따라 이 게송은 풀이하지 않았다.

함허설의
수보리가 세존을 보는 것은 북을 치는 이가 비파 타는 이를 만난 것이다. 마주보며 무슨 일을 노래할까. 그대는 버드나무 언덕을 거닐고 나는 나루터에 있도다. 나루터의 광경을 알고자 하는가. 비가 지나가고 구름이 걷히면서 저무는 강 위로 두어 봉우리의 푸른빛이 하늘가 노을에 닿는다. 그 속의 무한하고 맑은 의미를 강 위의 한 구절로 모두 설파했다.

수보리 실무유법 여래득아뇩다라삼먁삼보리
須菩提 實無有法 如來得阿耨多羅三藐三菩提

"수보리야, 여래께서 얻었다는 아뇩다라삼먁삼보리의 법은 실로 있는 것이 아니니라."

수보리 약유법 여래득아뇩다라삼먁삼보리자 연
須菩提 若有法 如來得阿耨多羅三藐三菩提者 燃
등불 즉불여아수기 여어내세 당득작불   호석가
燈佛 卽不與我授記 汝於來世 當得作佛   號釋迦
모니
牟尼

"수보리야, 만약 여래께서 얻었다는 아뇩다라삼먁삼보
리의 그 법이 있는 것이라면 연등불께서 내게 '네가 오
는 세상에 석가모니라는 이름의 부처가 될 것이다.'라
고 수기하시지 않았을 것이니라."

이실무유법 득아뇩다라삼먁삼보리 시고 연등불
以實無有法 得阿耨多羅三藐三菩提 是故 燃燈佛
여아수기 작시언 여어내세 당득작불호석가모니
與我授記 作是言 汝於來世 當得作佛號釋迦牟尼

"아뇩다라삼먁삼보리의 법이 실로 있는 것이 아니므로
연등불께서 내게 '네가 오는 세상에 석가모니라는 이름
의 부처가 될 것이다.'라고 수기하신 것이니라."

법희해

연등불이 '다음 생에 부처가 될 것이다.'라고 수기를 한 이유는 석가모니가 어디에도 머무름이 없는 마음으로 보살행을 하고 있기 때문이다. 아뇩다라삼먁삼보리라는 법이 실로 있는 것이라면 언제라도 그 법을 주면 부처가 되므로 수기를 할 이유가 없다.

함허설의

득과 실의 말은 다만 미(迷)와 오(悟)에 인연했으나, 그 실인즉 미한 것은 무엇이며 오한 것은 또 무엇인가. 미(迷)와 오(悟)가 이미 없을진대 얻는다 한들 어찌 일찍이 얻은 것이며, 잃었다 한들 어찌 일찍이 잃은 것이리오. 이미 그렇다면 가히 얻음이 있다고 말할 수 없음이다. 또한 다시 얻음이 없다고도 말할 수 없음이니, 우리 부처님께서 연등불을 본 것도 마땅히 이와 같이 알아야 할 것이다.

육조

부처님께서 말씀하시기를 아, 인, 중생, 수자가 없어야 비로소 보리의 수기를 얻을 것이니, 내가 만약 보리심을 냈다면 연등불께서 곧 나에게 수기를 주지 않았거니와, 실로 얻은 바가 없으므로 연등불께서 비로소 나에게 보리의 수기를 주셨다고 하셨다. 이 일단의 글은 모두 수보리가 무아(無我)의 뜻을 이룬 것을 의미하는 것이다.

야부-152
貧似范丹 氣如項羽
빈사범단 기여항우

가난하기는 범단(范丹;후한의 청빈한 선비) 같으나 그 기개는 항우와 같도다.

법희해
부처님의 뜻을 제대로 아는 수행자는 알아주는 이 없어도 그렇게 살아간다.

함허설의
가난하기는 몹시 가난해도 스스로 충천(衝天)하는 의기가 있다.

야부-153
上無片瓦 下無卓錐 日往月來 不知是誰 噫
상무편와 하무탁추 일왕월래 부지시수 희

위로는 한 기와 조각도 없고

아래로는 송곳 꽂을 데도 없어라.
해가 지고 달이 떠도
알 수 없어라. 이 누구인가.
아! 슬프다.

법희해
수행자의 머릿속은 한 조각의 중생심도 없고
그의 행은 송곳하나 꽂을 데도 없이
부처님의 뜻과 똑 같아야 한다.
수천만겁의 생을 살아도 이것을 아는 이가 없으니
아 ~ 슬프다.

함허설의
청빈하여 가진 것 없으나, 그 의기(意氣) 감히 숨길 수
가 없도다.

하이고 여래자 즉제법여의
何以故 如來者 卽諸法如義

"왜냐하면, 여래라고 하는 그것은 바로 모든 법이 여여
하다는 뜻이기 때문이니라."

함허설의

이미 여래의 호(號)를 얻었으면 반드시 보리도를 얻었을 것이거늘 어찌하여 무소득을 말하는가. 여래란 이름을 얻었다는 것은 별 뜻이 없음이다. 모든 법이 진여임을 요달할 뿐인 것이다. 진여는 평등하여 그 성덕이 청정하니 그 얻은 바를 어찌 그 가운데서 논하리오.

육조
'모든 법이 여여하다는 뜻' 이라고 말한 것은 제법이란 곧 색, 성, 향, 미, 촉, 법이니, 이 육진 가운데 잘 분별하되 그 본체가 담연(湛然)하여 물들지도 않고 집착하지도 않아서 일찍이 변함이 없는 것이 마치 허공과 같이 움직이지 않아서 원만히 통하고 환히 밝게 사무쳐서 몇 겁을 지나도 항상 있으므로 '모든 법이 여여하다.'고 하신 것이다. 보살영락경에 의하면, 헐뜯거나 칭찬에 동(動)하지 않음이 여래의 행(行)이라 하며 입불경계경에 의하며 모든 욕(欲)에 물들지 않는 고로 보는 바 없는 데(佛)에 예경한다 했다.

야부-154
○住住 動著則三十棒
○주주 동착즉삼십봉

○머물고 가만히 기다려라. 움직이면 30방을 치리라.

법희해

부처님 가르침 속에서 머물고 색성에 여여할 때까지 가만히 기다려라. 벗어나면 30방을 치리라.

함허설의

다만 저 진여평등(眞如平等)의 도리를 어떻게 말할 것인가. 중생과 부처가 모두 함께 사라지고 자타가 다 함께 없어지니 하늘이 땅이요 땅이 하늘이라, 하늘과 땅이 뒤바뀌고 물이 산이고 산이 물이라, 물과 산이 다 공함이다. 비록 이와 같으나 법과 법이 본래의 위치에 안치해 있으니 누가 등롱(燈籠;內 또는體)을 불러 노주(露柱;外 또는用)라 하리오. 그러한즉 마땅히 움직이지 말지니, 움직이자마자 30방을 치리라.

야부-155

上是天兮下是地 男是男兮女是女 牧童撞著放牛兒 大家齊
상시천혜하시지 남시남혜여시여 목동당착방우아 대가제
唱囉囉哩 是何曲調萬年歡
창라라리 시하곡조만년환

위는 하늘이고 아래는 땅이라,
남자는 남자이고 여자는 여자로다.
목동이 목동을 만나니

대중이 다 함께 라라리… 부르도다.
이 무슨 곡조인가, 만년의 즐거움이로다.

법희해
덕윤(德潤)은 언제쯤 덕윤을 만날런지……,

함허설의
하늘은 하늘이고, 땅은 땅이라, 어찌 일찍이 뒤바뀌리오. 물과 물, 산과 산이 각각 완연(宛然)이로다. 백억의 살아있는 석가가 춘풍 끝에 취하여 춤을 추니 운곡(韻曲)이 저절로 그러함이다. 누가 화답할 줄 모르리오. 만년의 즐거운 곡이 무엇으로 인하여 있는가. 사람사람이 저절로 무생락(無生樂)이 있음이다.

약유인언 여래득아뇩다라삼먁삼보리 수보리 실
若有人言　如來得阿耨多羅三藐三菩提　須菩提　實
무유법 여래득아뇩다라삼먁삼보리
無有法　如來得阿耨多羅三藐三菩提

"만약 어떤 사람이 말하기를 여래가 아뇩다라삼먁삼보리를 얻었다고 한다면 수보리야, 여래께서 얻은 아뇩다라삼먁삼보리의 법은 실로 있는 것이 아니니라."

법희해
한문오역 '불득(佛得)'을 '여래득(如來得)'으로 바꿨다.

수보리 여래소득 아뇩다라삼먁삼보리 어시중무 실무허
須菩提　如來所得　阿耨多羅三藐三菩提　於是中無 實無虛

"수보리야, 여래께서 얻었다는 아뇩다라삼먁삼보리는 그 가운데에 실다움도 없고 헛됨도 없느니라."

함허설의
앞에서는 부처님이 무득(無得)과 무실(無實)을 밝히시고 여기서는 법을 들어 얻은 바가 헛됨이 없음을 밝히셨다. 만약 부처님의 뜻을 논할진댄, 마치 큰 허공과 같아서 확연히 모든 상(相)이 없으며 적연(寂然)하여 가고 머무름이 없어서 온 시방세계가 모두 한 몸인 것이다. 다시 두 상이 없으니 전한다는 것은 무엇이며 얻는다는 것은 무엇이리오. 그러므로 말하길, 실로 법이 있어서 여래가 아뇩보리 등을 얻음이 아니라고 하셨다. 만약 법의 뜻을 논한다면, 저 큰 허공의 밝은 해와 같아서 삼라만상이 그대로 차별된 온전한 몸이요, 견문각지가 응용함에 방해됨이 없는 것이다. 이 속에는 설하고 들음도 역시 없지 않으며 전하고 얻음도 또한 없지 않음이다. 그러므로 말하길, 무실 무허라 하니 비록 그렇게 실답지 못함이나 또한 실답지 못하지도 않은 것이다.

육조

부처님께서 말씀하시기를, 실로 얻을 바 없는 마음으로 보리를 얻음이니, 얻을 바의 마음이 나지 않으므로 보리를 얻음이니라. 이 마음을 여의고 밖으로 다시 보리를 가히 얻을 수 없으므로 실다움이 없다고 말함이다. 소득심이 적멸하면 모든 지혜가 본래 있으며 만행이 모두 원만히 갖추어져서 항하사의 덕성을 쓰되 조금도 부족함이 없으므로 헛됨이 없다고 한다.

야부-156

富嫌千口少 貧恨一身多
부혐천구소 빈한일신다

부유하면 천 개의 입도 적다고 싫어하고, 가난하면 한 몸도 많다고 한탄하도다.

함허설의

실답되 실다움이 없음이요, 헛되되 헛되지 않음이로다.

야부-157
生涯如夢若浮雲 活計都無絶六親 留得一雙靑白眼 笑看無
생애여몽약부운 활계도무절육친 유득일쌍청백안 소간무
限往來人
한왕래인

생애가 꿈과 같고 뜬구름과 같으니
살 길을 모두 잃어 육친이 끊어졌도다.
오직 한 쌍의 청백안을 얻어서
무한한 왕래인을 웃으며 보도다.

법희해
중생의 한평생이 꿈과 같고 뜬구름과 같으니
살 길을 모두 잃어 부처님의 가피가 끊어졌도다.
오직 수행자만이 부처님의 지혜를 얻어
사바세계 무지중생들을 웃으며 보도다.

함허설의
요요하여 한 물건도 없음을 괴이하게 여기지 말라. 너
의 집 살림살이가 본래로 그러하도다. 한결같이 공(空)
하여 물(物)이 없다고 말하지 말라. 좌로 가나 우로 가
나 응함에 모자람이 없도다.

시고 여래설 일체법 개시불법
是故 如來說 一切法 皆是佛法

"그러므로 여래께서 일체의 법이 모두 불법이라고 설하
셨느니라."

법희해
이 법을 알고 행을 하는 자, 가히 방초언덕을 거닐 수
있으리라.

함허설의
앞에서는 무실(無實)을 말한 즉 법과 법이 자성(自性)이
없어서 안으로도 육근의 몸(根身)과 밖으로의 세계(器
界)가 상(相)과 상이 다 허망해서 가히 (이것이라고) 가
르칠 것이 없음이고, 여기에서는 무허(無虛)를 말한즉
법과 법이 다 법 위에 주(住)하여 학다리는 길고 오리
다리는 짧으며, 소나무는 곧고 가시덩굴은 굽어서 모양
과 모양이 원래로 진실함이라 실상 아님이 없으니, 소
부처, 말부처, 남부처, 여부처가 서로 빌리지 않고 각기
법락(法樂)을 수용함이로다.

야부-158
明明百草頭 明明祖師意

명명백초두 명명조사의

분명하고도 분명한 백초두는 분명하고도 분명한 조사의
뜻이로다.

법희해
세계만방에 자연적으로 미묘한 형태가 각각으로 원만하
게 되어있는 그 상호가 낱낱이 드러나 보여주시는 그것
이 곧 비로자나불, 부처님의 위신력이시며 생불의 광명
조화이시다. -창녕 법성사 법성스님-

함허설의
조사의 뜻이 백초두에 분명하고도 분명하니 사물 하나
하나 위에서 좋게 눈을 뜰지어다.

야부-159
會造逡巡酒 能開頃刻花 琴彈碧玉調 爐煉白硃砂 幾般伎
회조준순주 능개경각화 금탄벽옥조 로연백주사 기반기
倆從何得 須信風流出當家
량종하득 수신풍류출당가

준순주를 만들 줄 알고
경각화를 능히 피우도다.

거문고로 벽옥의 곡조를 타고
화로에 백주사를 정련하도다.
몇 가지의 기량을 어디서 배웠는가.
모름지기 풍류가 자기 집에서 흘러나옴을 믿을지니라.

법희해
신선 한상자가 빈항아리에서 술을 만들어 내고
즉석에서 천상의 꽃을 능히 피우도다.
거문고로 벽옥의 곡조를 타고
화로에서 불로장생의 묘약을 만들어 내도다.
몇 가지의 기량을 어디서 배웠는가.
모름지기 이 모든 것을 부처님께서 주심을 믿을지니라.

함허설의
술을 빚고 꽃을 피움이여. 기량이 여러 가지이니 이와
같은 재주는 다른 이에게서 얻음이 아니로다.

수보리 소언일체법자 여래설즉비일체법 시고명
須菩提　所言一切法者　如來說卽非一切法　是故名
일체법
一切法

"수보리야, 일체법이라고 말하는 그것도 여래께서 바로

비일체법의 뜻이므로 그 이름을 일체법이라 한다고 설하셨느니라."

법희해
비일체법(非一切法)!

한문오역 '소언일체법자(所言一切法者)'뒤에 빠져버린 '여래설(如來說)' 넣었다. 금강경의 내용을 봐도, 문장구조를 봐도 '비(非)'에 대해 여래가 설한 것을 석가모니가 인용한 것이지 자신이 한 말이 아니다.

함허설의
앞에서는 무실 무허를 말한즉 취했다가 놓음이요, 여기서 법이 곧 비법이라고 말한 것은 놓았다가 다시 취한 것이다. 이러한즉 부처가 곧 법이요, 법이 곧 부처이니, 부처와 법이 둘이 아닌 것이다. 도(道)가 바야흐로 현전함이로다.

육조
능히 모든 법에 대해서 마음으로 취사(取捨)가 없고, 또한 능소(能所)가 없으면 치연(熾然)히 일체법을 건립하되 마음은 항상 공적함이니, 그러므로 알라. 일체법이 모두 불법이거니와 미(迷)한 사람은 일체법에 탐착

(貪著)하여 이것으로 불법을 삼을까 두려워한 까닭에, 이런 병을 고치기 위해서 말씀하시기를 곧 비일체법이라고 함이다. 마음에 능소가 없어서 고요하되 항상 비추면 정(定)과 혜(慧)가 가지런히 행해지고 체(體)와 용(用)이 일치하게 됨으로 이름 하여 일체법이라 한다.

야부-160
上大人丘乙己
상대인구을기

상대인 구을기로다.

법희해
상대인이 홍길동이면 어떠랴. 이 법만 안다면.

함허설의
이 도(道)의 체(體)는 가장 높고 지극하여 위가 없고 지극히 넓어서 끝이 없으며 온 허공으로 체성(體性)을 삼아서 어떤 물건과도 짝할 수 없으므로 말하길, '상대인 구을기'라 한 것이다. '상대인'이란 세상에서 공자 등의 성인을 말하나 이것은 천하의 공명(公名)이니, 어찌 한 사람만을 홀로 일컫는 것이겠는가. 다만 공자 등의 성인이 깊이 이것을 체득하여 그 덕을 그게 이룬 것이 일

찍이 끊임이 없는 고로 그렇게 칭함이니, 저 이른바 부
처란 것도 천진불체(天眞佛體)에 묘(妙)하게 계합한 까
닭에 부처라 하는 것이다.

야부-161
是法非法不是法 死水藏龍活鱍鱍 是心非心不是心 逼塞虛
시법비법불시법 사수장용활발발 시심비심불시심 핍새허
空古到今 秖者是 絶追 尋 無限野雲 風捲盡 一輪孤月 照
공고도금 지자시 절추 심 무한야운 풍권진 일륜고월 조
天心
천심

법과 비법은 이 법이 아님이여,
죽은 물에 잠긴 용이 활발발 하도다.
심과 비심은 이 심이 아님이여,
허공을 가득 채우고 예로부터 오늘에 이르렀도다.
다만 이것일 뿐이라, 달리 찾을 게 없도다.
한없는 들 구름을 바람이 다 거두니,
둥근달만이 하늘 한가운데서 비춤이로다.

함허설의
법은 곧 이 마음이고 이 법이 아니니 죽은 물에 잠긴
용이 활(活)하게 움직임이다. 법은 이미 비법이고 심

(心) 또한 비(非)이므로 비심(非心)인 심체(心體)가 천지에 가득 찼도다. 천지를 메움이여, 지금과 옛날에 응당 떨어짐이 없이 분명히 눈앞에 있음이로다. 눈앞에 있는데 어찌 구구하게 부질없이 따로 찾을 것인가. 시비(是非)의 구름이 다하여 마음과 법을 쌍으로 잊으니 대인의 면목이 햇빛에 나와 밝게 빛남이로다.

수보리 비여인신장대 수보리언 세존 불설인신
須菩提 譬如人身長大 須菩提言 世尊 佛說人身
장대 즉위비대신 시명대신
長大 卽爲非大身 是名大身

"수보리야, 비유하면 큰 몸의 사람과 같으니라." 수보리가 말하기를 "세존이시여, 부처님께서 큰 몸의 사람은 곧 비대신의 뜻이므로 그 이름을 큰 몸이라 한다고 말씀하셨습니다."

법희해
비대신(非大身)!

한문오역 '여래설(如來說)'을 '불설(佛說)'로 바꿨다.

함허설의

이 신(身)은 한량이 없고 끝이 없어 한 물건도 그것과 같은 것이 없으며 일물도 능히 그것을 덮을 수 없음이니, 설사 크기가 수미산과 같다고 말하더라도 벌써 그것에 국한한 것이며 그 양이 큰 허공과 같더라도 그것에 국한된 것이다. 무엇으로 인하여 비신(非身)이라고 말하는가. 본래 존귀한 사람은 존귀한 위치에 머물지 않았으니 수미 정상에서 찾아봐도 만나지 못함이다. 방초 우거진 언덕에서 혹 서로 만남이로다. 이름이 대신(大身)이라 함이여, 사람으로 하여금 특별히 서글프게 하도다. 마갈타에서 그를 위해 일찍이 문을 닫았고 비야리성(유마거사 있던 곳)에서는 그를 위해 입을 벽에 걸었도다.

육조

여래가 설한 인신장대(人身長大)는 곧 비대신(非大身)이라는 것을 일체중생들에게 말한 것으로, 법신은 둘이 아니어서 한량이 없으므로 그 이름을 대신(大身)이라 하고, 본래 처소가 없는 것을 나타낸 것이므로 곧 비대신(非大身)이라고 말한 것이다. 또한 색신이 비록 크나 안으로 지혜가 없으면 곧 비대신(非大身)이요, 색신이 비록 작으나 안으로 지혜가 있으면 대신(大身)이라 하며, 비록 지혜가 있으나 능히 의지하여 행하지 않으면 곧 비대신(非大身)이다. 가르침에 의지하여 수행으로 제불의 위없는 지견(知見)을 깨달아 들어가서 마음에 능소(能所)와 한량(限量)이 없으면 이것을 대신(大身)이라 이름 하느니라.

야부-162
喚作一物 卽不中
환작일물 즉부중

일물이라 해도 맞지 않도다.

함허설의
설사, 즉심이 즉불이라 말하더라도 비심비불임을 어찌할 것이며, 설사 일물이라 말하더라도 또한 비일물인 것이다.

야부-163
天産英靈六尺軀 能文能武善經書 一朝 識破孃生面 方信
천산영령육척구 능문능무선경서 일조 식파양생면 방신
閑名 滿五湖
한명 만오호

하늘이 뛰어난 육척의 몸을 낳으시니

문에도 능하고 무에도 능하며 경서도 잘 하도다.
하루아침에 본래면목을 깨뜨리니
바야흐로 부질없는 이름들이
천하에 가득함을 믿는 도다.

함허설의
문무에도 능하고 경서에도 밝으니 가히 말하길, 하늘이
낳은 뛰어난 사람이며 인간 중의 준걸이로다. 그러나
다만 두 눈이 뚜렷이 밝음을 얻은 것이요, 정문(頂門;智
慧眼)의 바른 눈은 얻어 열지 못했으니 대인의 안목을
안 연후에야 저 정문(頂門)의 정안(正眼)을 열었음을 허
락하는 것이다. 이러한즉 눈앞에서 짓는 것이 단지 부
질없는 일이며 듣는 바도 또한 부질없는 이름들이로다.

수보리　보살역여시 약작시언 아당멸도 무량중
須菩提　菩薩亦如是 若作是言 我當滅度 無量衆
생 즉불명보살 하이고 수보리 실무유법 명위보
生 卽不名菩薩 何以故 須菩提 實無有法 名爲菩
살 시고 여래설일체법 무아무인무중생무수자
薩 是故 如來說一切法 無我無人無衆生無壽者

"수보리야, 보살도 또한 이와 같아서 만약 '내가 마땅

히 헤아릴 수 없는 중생을 제도 하리라.'고 한다면 바로 보살이라 이름 할 수 없느니라. 왜냐하면 수보리야, 실로 보살이라고 이름 할 법이 없기 때문이니라. 그러므로 여래께서 모든 법은 아도 없고 인도 없고 중생도 없고 수자도 없다고 설하셨느니라."

법희해

한문오역 '불설(佛說)'을 '여래설(如來說)'로 바꿨다.
지금까지 아(我) 인(人) 중생(衆生) 수자(壽者)의 사상에 대해 설명한 것을 보면 눈 밝은 놈이나 절밥 먹은 놈이나 한심하기 그지없다. 육조스님이나 함허스님과 같은 훌륭한 스승은 불법을 횡설수설하지 않고 누구나 알아듣기 쉽게 바로 직지(直指)하신다. 부처의 가르침은 세 살 먹은 애기들도 알아듣는다고 했다. 외국말을 많이 사용하거나 어려운 한문을 사용하며 불법을 장황하게 설명하는 놈들은 사기꾼이거나 독거사가 아닌지 반드시 의심해 봐야한다. 아(我) 인(人)은 나와 너, 주관과 객관의 뜻으로 무지중생에서 아나함까지 남아있는 상(相)이고, 중생(衆生) 수자(壽者)는 말 그대로 중생과 아미타불, 즉 중생과 부처로서 아라한에게 남아있는 상(相)이다. 수(壽)가 아미타불이란 것을 아는 자가 없다. 이 사상을 넘으면 성문의 경지에 오른다.

함허설의

처음 수보리가 주(住)하고 항복(降伏)함에 대한 질문으로 인하여 중생을 멸도(滅度)하되 멸도함이 없어야 함을 가르쳐서 무아(無我) 무주(無住)의 뜻을 밝히시어 이로 하여금 이와 같이 항복받으며 이와 같이 안주케 하는 것이다. 다음에는 실로 법이 있어서 여래가 아뇩보리 등을 얻지 않았다 하시고 또한 일체법으로부터 큰 몸(大身)이 곧 비대신(非大身)이라고 한 데까지 말씀하시어 불법승 세 가지가 다 공(空)하여 주(住)함이 없음을 밝히셨다. 이어서 말씀하시기를 보살도 또한 이와 같아서 실로 법이 있어 이름을 보살이라 이름 하지 않는 데까지 말씀하시어 거듭 무주(無住) 무아(無我)의 뜻을 밝히셨다. 이에 말씀하시길 그러므로 부처님께서 설하신 일체법은 아(我)도 없고 인(人)도 없으며 중생(衆生)도 없고 수자(壽者)도 없다 하셨다. 이러한즉 눈앞에 나타난 천지일월과 삼라만상으로 이승(二乘)과 사제(四諦) 12인연과 보살의 육도만행과 제불의 무상정등보리에 이르기까지 낱낱이 무주(無住)며 낱낱이 무상(無相)하며 낱낱이 청정(淸淨)하며 낱낱이 적멸(寂滅)하며 낱낱이 은산철벽(銀山鐵壁)과 서로 같아서 한 법도 그 사이에 생각함을 용납할 수 없는 것이다.

육조

보살이 만약 말하기를, 나의 설법으로 인하여 저 사람의 번뇌를 없앤다고 하면 이것이 곧 법아(法我)이고, 만약 내가 능히 중생을 제도한다고 말한다면 이것은 곧 아소(我所)가 있음이니, 비록 중생을 제도하고 해탈하나 마음에 능소(能所)가 있어서 아(我)와 인(人)을 없애지 못하면 보살이란 이름을 얻지 못할 것이다. 치연(熾然)하게 가지가지 방편을 설하여 중생을 교화하고 제도하되 마음에 능소가 없으면 이는 곧 보살이니라.

야부-164
喚牛卽牛 呼馬卽馬
환우즉우 호마즉마

소라고 부르면 곧 소이고, 말이라 부르면 곧 말이다.

법희해
누가 부르느냐에 따라 그 주둥아리가 찢어질 수도 있다. 입조심 하라!

함허설의
이미 낱낱이 은산철벽과도 같은데 무엇으로 기운을 내어 가겠는가. 소라고 부르면 곧 소이고 말이라 부르면 곧 말이니 법은 본래 없음이다. 없다고 말해도 또한 법

체(法體)를 어기지 않으며, 법은 본래 있음이라 있다고
해도 또한 법체(法體)를 어기지 않느니라.

야부-165
借婆衫子拜婆門 禮數周旋已十分 竹影掃階塵不動 月穿潭
차파삼자배파문 예수주선이십분 죽영소계진부동 월천담
底水無痕
저수무흔

노파의 적삼을 빌려 입고
노파의 문 앞에서 절을 하니
예의가 법도에 맞음이 이미 충분하도다.
대나무 그림자 뜰을 쓸어도 티끌은 움직이지 않고
달빛이 연못에 구멍을 뚫어도 물에는 흔적이 없네.

법희해
여래께서 석가모니를 보내시어 도솔래의에서 쌍림열반
까지 보여주시니 그 예의가 불법에 맞음이 이미 충분하
도다. 사바세계에서 49년을 교화해도 중생들은 티끌만
큼도 움직이지 않고 부처님 자비광명이 온 법계에 가득
해도 중생들 마음에는 흔적이 없네.

함허설의

문전에서 예의를 갖추는 거동을 보아라. 당상(堂上)의
노파 옷을 빌려 입었도다. 그림자로 뜰을 쓸어도 티끌
은 움직이지 않고, 툇마루의 푸른 대나무만 너울너울
춤을 추도다. 달빛이 물을 뚫지만 물에 그 흔적이 없고
하늘의 밝은 달만 그 빛이 밝도다. 없느냐 있느냐. 나
는 단적으로 말할 수 없음이로다.

수보리 약보살　작시언 아당장엄불토 시불명보
須菩提 若菩薩　作是言 我當莊嚴佛土 是不名菩
살 하이고 여래설장엄불토자 즉비장엄시명장엄
薩 何以故 如來說莊嚴佛土者 卽非莊嚴是名莊嚴

"수보리야, 만약 보살이 '내가 불국토를 장엄하리라.'
고 말한다면 보살이라 이름 할 수 없느니라. 왜냐하면,
여래께서 불국토를 장엄한다는 것은 바로 비장엄의 뜻
이므로 그 이름을 장엄이라 한다고 설하셨느니라."

법희해
비장엄(非莊嚴)!

육조
보살이 만약 내가 능히 세계를 건립한다고 하면 이는
곧 비보살인 것이다. 비록 능히 세계를 건립하나 마음

에 능소(能所)가 있으면 곧 비보살이니, 치연(熾然)히 세계를 건립하되 능소심이 나지 않아야 보살이라 한다. 최승묘정경에 의하면, 가령 어떤 사람이 백은(白銀)으로 절을 삼천세계에 가득히 짓는다 할지라도 한순간의 선정심(禪定心)만 같지 못하다고 하시니, 마음에 능소(能所)가 있으면 곧 선정(禪定)이 아님이요, 능소(能所)가 나지 않아야 선정이라 이름 하니, 선정이 곧 청정심(淸淨心)을 말한다.

수보리 약보살 통달무아법자 여래설명진시보살
須菩提 若菩薩 通達無我法者 如來說名眞是菩薩

"수보리야, 만약 보살이 무아의 그 법을 통달한다면 여래께서는 그를 참다운 보살이라 이름 한다고 설하셨느니라."

함허설의
앞에서는 중생 제도에 의지하여 무아(無我)를 밝히시고 여기서는 불토 장엄(莊嚴)에 의지하여 다시 무아(無我)를 밝히시니, 이에 말씀하시길 "만약 보살이 무아(無我)의 법에 통달한 자라면 여래는 참다운 보살이라 이른다."하시니 다만 저 무아(無我)의 도리를 어떻게 말할 것인가. 안으로 오온(五蘊)의 몸이 있음을 보지 않으니 천지만물이 한 몸이 된다. 다시 한 도리가 있으니 또한 이름이 무아의 법이다. 한산과 습득, 두 사람이 서로 따르니 산에 있으나 길에 있으나 그림자가 형상을 쫓음과 같도다. 만약 두 사람으로 하여금 아(我)가 있었으면 한 사람은 청산에 있고 한 사람은 길에 있을 것이다. 어떻게 통달했다 하는가. 지혜는 문수의 지혜 근원을 궁구하여 방편으로 때 묻은 옷을 걸치고 이렇게 오며, 행은 보현의 행해(行海)를 궁구하여 도리어 진귀한 것으로 꾸며 이렇게 가느니라.

육조

모든 법상(法相)에 걸린 바가 없음을 통달이라 하고, 법을 안다는 마음을 짓지 않음을 이름 하여 무아법(無我法)이라 한다. 무아법(無我法)이란 여래가 참다운 보살이라 이름 하는 것이며 분(分)에 따라 행하는 것을 이름 하는 것이다. 그러나 아직 참다운 보살이 못됨이니, 아는 것과 행함(解行)이 원만하여 일체의 능소심이 다하여야 바야흐로 이름을 참다운 보살이라 할 수 있다.

야부-166
寒卽普天寒 熱卽普天熱
한즉보천한 열즉보천열

추우면 온 하늘이 다 춥고, 더우면 온 하늘이 다 덥도
다.

법희해
무지중생은 언제나 부처님 머리 위에서 논다.
천지도 모르는 것들이……,

함허설의
묘하게 문수의 지혜 경계에 나아가니 삭풍이 매우 차서
서리와 눈이 하늘에 가득함이요, 높은 보현의 행문(行
門)을 밟으니 훈풍이 은은히 불어와 푸르고 누런빛이
천지에 가득하도다.

법희해
그러므로 문수는 보현의 얼굴을 한 번도 본적이 없다.

야부-167
有我元無我 寒時燒軟火 無心似有心 半夜拾金針 無心無
유아원무아 한시소연화 무심사유심 반야습금침 무심무
我分明道 不知道者是何人 呵呵
아분명도 부지도자시하인 가가

아가 있음은 원래 아가 없음이니

추울 때는 연화를 태우고
무심은 유심과 같아서
한밤중에 금침을 줍도다.
무심과 무아를 분명하게 일렀건만
이를 줄 모르는 자가 누구인가. 하하......,

법희해
불을 피우면 추위는 사라져도 그 사라짐이 남아 있듯이
유 무에 상관없이 부처님께서 주신 오온은 여기에 있
다. 유심과 무심에 상관없이 부처님께서 주신 금침은
한밤중에도 주울 수 있고, 나의 무심과 무아에 상관없
이 세상 모든 것은 부처님께서 주신 것임을 분명하게
일렀건만, 이를 모르는 자가 누구인가. 헐~

함허설의
본래 아(我), 인(人)이 없으되, 중생을 제도하기 위하여
방편으로 아를 세웠으니 추울 땐 불을 지피는 것이 싫
지 않고, 안으로는 고목과 같으나 거짓으로 위의를 나
타내니 한밤중에 바늘을 줍는 것은 무지함이 아니로다.
분명히 무아(無我)의 이치를 말하니, 이르지 못하는 자
가 누구인가. 하하, 이것이 유아인가, 무아인가. 유심인
가, 무심인가.

제십팔 일체동관
第十八 一體同觀

수보리 어의운하 여래유육안부 여시 세존 여래
須菩提 於意云何 如來有肉眼不 如是 世尊 如來
유육안
有肉眼

18. 같은 한 몸임을 관함

"수보리야, 어떻게 생각하느냐. 여래가 육안이 있느
냐?" "그렇습니다. 세존이시여, 여래께서는 육안이 있
습니다."

수보리 어의운하 여래유천안부 여시 세존 여래
須菩提 於意云何 如來有天眼不 如是 世尊 如來
유천안
有天眼

"수보리야, 어떻게 생각하느냐. 여래가 천안이 있느
냐?" "그렇습니다. 세존이시여, 여래께서는 천안이 있
습니다."

수보리 어의운하 여래유혜안부 여시 세존 여래
須菩提 於意云何 如來有慧眼不 如是 世尊 如來
유혜안
有慧眼

"수보리야, 어떻게 생각하느냐. 여래가 혜안이 있느
냐?" "그렇습니다. 세존이시여, 여래께서는 혜안이 있
습니다."

수보리 어의운하 여래유법안부 여시 세존 여래
須菩提 於意云何 如來有法眼不 如是 世尊 如來
유법안
有法眼

"수보리야, 어떻게 생각하느냐. 여래가 법안이 있느
냐?" "그렇습니다. 세존이시여, 여래께서는 법안이 있
습니다."

수보리 어의운하 여래유불안부 여시 세존 여래
須菩提 於意云何 如來有佛眼不 如是 世尊 如來
유불안
有佛眼

"수보리야, 어떻게 생각하느냐. 여래가 불안이 있느냐?" "그렇습니다. 세존이시여, 여래께서는 불안이 있습니다."

함허설의
위에서는 무주(無住) 무아(無我)의 뜻을 밝히시고 지금엔 오안(五眼)을 일일이 들어 여래의 지견(知見)이 광대하고 섬세하게 갖추어져서 항하사 같은 세계의 중생의 염정(染淨) 선악(善惡)인 차별심행(差別心行)을 가히 막을 수 없음을 밝힌 것이다. 이로 하여금 전도(顚倒)된 지견(知見)을 버리고 무주(無住)의 대도(大道)에 계합하게 하는 데 뜻이 있는 것이다. 만약 중생으로 하여금 무주(無住)에 주(住)하게 하면 불안(佛眼)이 비록 밝으나 엿보지는 못하느니라.

육조
모든 사람이 다 오안(五眼)이 있건만 미혹에 덮인 바가 되어서 능히 스스로 보지 못함이다. 그러므로 부처님께서, 가르침으로 미(迷)한 마음을 없애버리고, 곧 오안(五眼)이 뚜렷이 밝아지게 하여 생각생각에 반야바라밀법을 수행케 하셨다. 처음의 미(迷)한 마음을 없애는 것을 육안(肉眼)이라 하고, 일체중생은 다 불성이 있어서 연민(憐愍)의 마음을 일으키는 것을 천안(天眼)이라 했으며, 어리석은 마음이 나지 않음을 혜안(慧眼)이라 이름하고, 법에 집착한 마음을 없애는 것을 법안(法眼)이라 했도다. 미세한 번뇌까지 영원히 다하여 뚜렷하고 밝게 두루 비춤을 불안(佛眼)이라 하신 것이다. 또 말씀하시기를, 몸(色身)가운데 법안(法眼)이 있음을 보는 것을 육안(肉眼)이라 하고, 일체중생이 각각 반야의 성품을 갖추고 있음을 보는 것이 천안(天眼)이요, 반야바라밀법이 능히 삼세(三世)의 일체법을 냄을 보는 것이 혜안(慧眼)이요, 일체의 불법이 본래 스스로 갖춤을 보는 것이 법안(法眼)이라 하며 성품(性品)이 밝게 사무쳐서 능소(能所)를 영원히 없앰을 보는 것이 불안(佛眼)이라 이름 하느니라.

야부-168
盡在眉毛下
진재미모하

(그 五眼이) 모두 눈썹 밑에 있다.

함허설의
여래의 다섯 가지 눈은 모두 눈썹 밑에 있으며, 장씨의 셋째 아들(그 누구나)도 가진 한 쌍의 눈 역시 눈썹 밑에 있도다. 이미 그렇게 모두 눈썹 밑에 있음인데, 응용하는 데 응당 두 가지가 있을 수 없음이로다.

야부-169
如來有五眼 張三只一雙 一般分皂白 的的別靑黃 其間些
여래유오안 장삼지일쌍 일반분급백 적적별청황 기간사
子爻訛處 六月炎天下雪霜
자효와처 육월염천하설상

여래는 오안이 있음이요
장삼(우리들)은 다만 한 쌍뿐이라.
똑같이 흑과 백을 나누고
분명하게 청과 황을 분별하도다.
그 사이에 조금 다른 것은
6월 염천에 눈서리가 내림이로다.

함허설의
오안(五眼)과 한 쌍이 비록 이름은 다르나 누가 검고
흰 것을 가지고 청(靑), 황(黃)이라 하겠는가. 봄이 오
면 다 같이 방초의 푸르름을 보고 가을이 오면 다 같이
누런 잎이 시드는 것을 보도다. 부처님이 다른 사람과
다른 까닭은 치연(熾然)히 작용하되, 그 자취가 없으시
니 그 자취 없음이 6월 염천(炎天)에 눈과 서리가 내림
이로다.

수보리 어의운하 여항하중소유사 여래설시사부
須菩提 於意云何 如恒河中所有沙 如來說是沙不
여시 세존 여래설시사
如是 世尊 如來說是沙

"수보리야, 어떻게 생각하느냐. 항하의 모래를 여래는
모래라고 하느냐?" "그렇습니다. 세존이시여, 여래께서
는 모래라고 하십니다."

법희해
한문오역 '불설시사부(佛說是沙不)'를 '여래설시사부(如
來說是沙不)'로 바꿨다.

수보리 어의운하 여일항하중소유사 유여시사등
須菩提 於意云何 如一恒河中所有沙 有如是沙等
항하 시제항하 소유사수 불세계 여시 영위다부
恒河 是諸恒河 所有沙數 佛世界 如是 寧爲多不
심다 세존
甚多 世尊

"수보리야, 어떻게 생각하느냐. 항하에 있는 모래 수와

같은 항하가 있고, 이 모든 항하의 모래 수와 같은 불
세계가 있다고 한다면, 그 불세계는 많지 않겠느냐?"
"매우 많습니다. 세존이시여."

육조
항하(恒河)란 서국(인도) 기원정사 가까이에 있는 강이
다. 여래께서 설법하심에 항상 이 강을 가리켜 비유로
삼으셨는데 부처님께서 말씀하시길 "이 강의 모래 하나
로 하나의 불세계와 비유 한다면 많음이 되느냐?"하시
니 수보리가 답하기를 "심히 많습니다. 세존이시여."했
다. 부처님께서 이 많은 국토를 예로 드신 것은 그 가
운데 있는바 낱낱의 중생들이 모두 그러한 마음의 숫자
(心數)가 있음을 밝히고자 한 것이다.

불고 수보리 이소국토중 소유중생 약간종심 여
佛告 須菩提 爾所國土中 所有衆生 若干種心 如
래실지
來悉知

부처님께서 수보리에게 말씀하시기를 "이렇게 많은 세
계의 모든 중생의 갖가지 마음을 여래께서는 다 아시느
니라."

함허설의
여래 심지(心地)의 달이 모든 찰해(刹海)를 비추시니 찰
해가 모두 하나로 묶어짐이요, 모든 마음이 한 점의 구
름이로다.

야부-170
曾爲蕩子 偏憐客 慣愛貪盃 惜醉人
증위탕자 편련객 관애탐배 석취인

일찍이 탕자(나그네)가 됐음이다. 나그네를 특별히 생
각함이요.. 술을 늘 좋아했음으로 취한 사람을 애석하게
여기도다.

함허설의
타향에서 나그네가 되어 비틀거리는 일이 가히 애석하
고, 취하여 옷 속의 보배를 잊어버림이여, 어리석고 미
(迷)한 정(情)이 가히 불쌍하도다. 진(塵;妄想)을 쫓으며
진각(眞覺;참된 깨달음)을 등지니 윤회에 잘못 나아감
이 이와 같도다. 우리 부처님께서 일찍이 경험하여 짐
짓 지금 불쌍히 여기어 자비의 눈으로 윤회 중에 있는
사람들을 널리 비추심이다.

야부-171

眼觀東南意在西北　將謂猴白更有猴黑　一切衆生一切心　盡
안관동남의재서북　장위후백갱유후흑　일체중생일체심　진
逐無窮聲與色　喝
축무궁성여색　갈

눈은 동남으로 보고 뜻은 서북에 있도다.
백이라 말하려 했는데, 다시 흑이 있음이로다.
일체중생의 일체심이여,
모두가 다 한없는 성과 색을 쫓아다니도다. 할!

함허설의
흰 조각구름이 만리를 향해서 흘러가지만 종래(從來)로
청산의 아비를 잊지 못하도다. 석가모니를 대비(大悲)
라고 이르더니 다시 비로자나를 가장 자비롭다 했다.
이에 떠돌던 아이가 돌아올 줄 몰라서 수차례 자부(慈
父)가 사람을 보내어 찾게 하는가. 돌아올 줄 모름이여,
오랫동안 길을 잃고 풍파를 쫓았음이로다. 할! 금강보
검이 하늘을 의지해서 차가우니 한 번 휘두르면 능히
만길의 봉우리를 자르도다. 온 세계의 마군들이 이로부
터 다 떨어져 버리니 무슨 귀신이 있어서 그 가운데를
엿보리오.

하이고 여래설 제심 개위비심 시명위심

何以故 如來說 諸心 皆爲非心 是名爲心

"왜냐하면, 여래께서 모든 마음은 모두 비심의 뜻이므로 그 이름을 마음이라 한다고 설하셨느니라."

법회해
비심(非心)!

함허설의
신령스런 근원이 맑고 고요해서 본래 스스로 생함이 없거늘, 한 생각의 물결이 일어나매 모든 망념이 다투어 지어진다(競作). 물결은 물의 성품이 아니고 망념은 진리의 근원이 아님이라, 이것을 가히 이름 하여 허망한 뜬 마음이라 했다. 또한 전념(前念),금념(今念),후념(後念)이 순간순간 한량없는 좋은 일을 생각하며, 온갖 악한 일을 생각하여 순간순간 계속 흘러가고, 일어나고, 멸함이 멈추지 아니하니, 이와 같은 등등의 마음을 모든 마음이라 한다. 이 모든 마음은 찰나(刹那)에도 생한 모양이 없으며 찰나에도 멸한 모양이 없음이다. 다시 생멸이 가히 멸함이 없음으로 이것을 비심(非心)이라 하고, 이미 생멸이 가히 멸함이 없지만 오직 하나 미묘하고 원만한 참된 마음이 상주하여 멸하지 않음으로 이를 마음이라 하는 것이다. 이 까닭에 불정경에 의

하며, 견(見;보는 나)과 견연(見緣;볼 것)과 아울러 생각할 바의 모습들이 공중의 꽃과 같이 본래 있는 것이 아니니, 이 견(見;봄)과 연(緣;볼 것)이 원래 보리(菩提)의 묘하고 정미로운 밝은 체(妙精明體)라 이른다.

육조
저 국토 가운데 있는 낱낱의 중생이 모두 제각각 약간의 차별된 마음의 가지수(心數)를 가지고 있으니 심수(心數)가 비록 많으나 모두 망심(妄心)이라 이름 한다. 망심(妄心)이 비심(非心)임을 아는 이것을 이름 하여 마음(心)이라 하니, 이 마음이 곧 참 마음(眞心)이며 항상하는 마음(常心)이며 불심(佛心)이며 반야바라밀심(般若波羅蜜心)이며 청정보리열반심(淸淨菩提涅槃心)인 것이다.

야부-172
病多 諳藥性
병다 암약성

병 많은 사람이 약의 성품을 아는 것이다.

법희해
희망을 가져라! 오직 무지중생만이 깨칠 수 있다.

함허설의
세상 사람의 병이 없으면 의사는 팔짱을 끼고 있을 것
이며, 중생의 허물이 없으면 부처님께서도 할 일이 없
을 것이다.

야부-173
一波纔動萬波隨 似蟻循環豈了期 咄 今日與君都割斷 出
일파재동만파수 사의순환개료기 돌 금일여군도할단 출
身方號丈夫兒
신방호장부아

한 물결이 일렁이면 만 물결이 따르는 것이
마치 개미의 순환함과 같아서
어찌 마칠 기약이 있으리오.
돌! 오늘 그대와 더불어 모두 다 잘라 버리니
몸을 나타내매 바야흐로 장부라 부르도다.

함허설의
허망한 뜬마음의 기세가 그러하도다. 돌!
망상의 숲을 향하여 영봉으로 자르니
어언간 바야흐로 본래의 몸이 나타나도다.

소이자하 수보리 과거심불가득 현재심불가득

所以者何　須菩提　過去心不可得　現在心不可得
미래심불가득
未來心不可得

"그러므로 수보리야, 과거의 마음도 얻을 수 없고 현재
의 마음도 얻을 수 없고 미래의 마음도 얻을 수 없느니
라."

법희해
삼제(三際)의 마음을 얻을 수 없는 이유는 그 마음이
비심(非心)이기 때문이다.

함허설의
무엇으로 인하여 제심(諸心)이, 비제심(非諸心)이고 이
름 하여 상주(常住) 묘원(妙圓) 진심(眞心)이라 하는가.
만약 결정코 모든 마음이 망(妄)이고 진(眞)이 아니라면
무엇이 과거심이고 무엇이 현재심이며 무엇이 미래심인
가. 과거심도 얻을 수 없으며 미래심도 얻을 수 없음이
니라. 이미 모두 얻을 수 없으면 유일한 묘원(妙圓) 진
심(眞心)이 과거나 미래의 상(相)도 없으며 현재의 상도
없어서 그 광명이 삼제(三際;과거,현재,미래)에 통하고
체(體)가 시방에 두루하니 부처님께서 이것을 말한 까
닭은 항사세계의 중생의 차별심행(差別心行)이 곧 여래

의 묘원진심이어서 부처와 더불어 조금도 다름이 없음을 보여주신 것이다. 그러므로 영가(永嘉)스님이 말하기를, 제행(諸行)이 무상(無常)하여 일체가 공(空)함이니 이는 곧 여래의 대원각(大圓覺)이라 했다. 그러나 이것은 다만 망(妄)을 알고 진(眞)에 돌아가는 뜻에 의지하여 논했을 따름이니, 만약 그렇게만 생각한다면 망(妄)을 버리고 진(眞)에 돌아가는 길을 방해할까 염려하노라. 만약 망을 버리고 진에 돌아가는 뜻으로 논한다면 사바세계 중생들의 갖가지 마음을 여래가 다 아니 무엇으로 그것을 알 수 있는가. 사바세계 중생의 가지가지 마음이 곧 변함없는 마음이 아님이다. 모두 허망한 뜬 마음이 되므로 그것을 알 수 있을 것이다. 어찌하여 그런가. 만약 이 상주진심(常住眞心)이라면 이는 과거인가, 현재인가, 미래인가. 만약 과거심이라 말하면 과거는 이미 멸하여 그 마음을 얻을 수 없으며, 만약 현재심이라면 현재는 텅 비어 그 마음 또한 얻을 수 없으며, 만약 미래심이라 하면 미래는 이르지 않았으므로 그 마음을 가히 얻을 수 없으니, 적연(寂然)하여 가고 머묾이 없으며 확연하게 모든 상(相)이 없어서 일체의 시간 중에 가히 얻어 볼 수 없으며 일체의 법 중에 또한 알 수 없는 것이다. 부처님께서 이것을 말씀하신 까닭은 허망부심(虛妄浮心)을 버리고 상주진심(常住眞心)에 계합하기 위함이다. 그러므로 말씀하시기를, 망심(妄

心)이 멸진(滅盡)하고 업(業) 또한 공(空)하여서 바로 보리(菩提)를 증득하면 등급을 초월한다 하셨다.

육조

'지나간 마음은 얻을 수 없다.'란 앞생각의 망심이 문득 지나가매 찾아봐도 그 처소(處所)가 없음이요 '현재의 마음도 얻을 수 없다.'라는 것은 참 마음에는 상(相)이 없으니 무엇을 의지하여 얻어 볼 것인가. 또한 '미래의 마음도 얻을 수 없다.'란 본래 가히 얻을 수 없음이다. 습기가 이미 다해 다시 또 나지 않으니 이 세 가지 마음을 얻을 수 없다는 것을 요달하면 이를 부처라 이름한다.

야부-174

低聲低聲 直得鼻孔裏出氣
저성저성 직득비공이출기

소리를 낮추고 낮추어라. 바로 콧구멍 속에서 기가 빠져나가게 되리라.

법희해

석가모니의 이 한마디에 무지중생들의 한숨소리가 여기까지 들린다. 소리를 낮추고 낮추어라.

함허설의
이 마음은 삼제(三際)를 향해 구하여도 구할 수 없으
며, 시방(十方)을 향해 찾아도 그 찾음에 자취가 없으
니, 나아가면 은산철벽과 같고 물러서면 만 길의 깊은
굴과 같도다. 눈을 둘 곳이 없으며 발붙일 곳도 없다.
비록 이와 같으나 만약 다만 이렇게 이끌어 가면 후학
들이 나아갈 길이 없어서 문득 땅이 꺼짐을 보리라. 그
런 이유로 말하길, 소리를 낮추고 낮추어라. 바로 콧구
멍 속에서 기가 빠져나가게 되리라 하신 것이다.

야부-175
三際求心心不見 兩眼依前對兩眼 不須遺劒刻舟尋 雪月風
삼제구심심불견 양안의전대량안 불수유검각주심 설월풍
花常見面
화상견면

삼제에 마음을 구하여도 마음을 볼 수 없으나
두 눈은 예전처럼 두 눈을 대하도다.
모름지기 칼을 빠뜨리고
배에다(빠뜨린 곳을) 표해서 찾지 말지니
눈과 달과 바람과 꽃에서 항상 그대 얼굴 보리라.

법희해

중생들은 삼제에 마음을 구하여도 마음을 볼 수 없으나 부처님의 두 눈은 예전처럼 중생들의 두 눈을 대하도다. 중생이 모름지기 칼을 빠뜨리고 배에다 표해서 찾는 그런 어리석은 행동을 해도 부처님은 법계에서 항상 그대 얼굴을 지켜보고 있느니라.

함허설의

어떻게 기가 빠져나가는가. 삼제(三際)에 마음을 구하여도 마음은 볼 수 없으니 두 눈은 그대로 두 눈을 대함이로다. 두 눈이 두 눈을 대하고 있음을 알고자 하는가. 옛 거울 속의 그림자를 볼 지어다. 모름지기 칼을 구하지 말지니 칼은 일찍이 잃은 적이 없거니, 모름지기 배에다 (빠진 곳을) 표하지 말지니라. 배에 표한즉 어쩌겠는가. 다만 저 옛 거울 속의 그림자를 어떻게 봐야 하는가.

雪月風花無限事　頭頭常現劒全身
설월풍화무한사 두두상현검전신

눈, 달, 바람, 꽃의 무한한 경관이여
두두에서 항상 칼의 전신이 드러나도다.

제십구 불수복덕
第十九 不受福德

수보리　어의운하　약유인　만삼천대천세계칠보
須菩提　於意云何　若有人　滿三千大千世界七寶
이용보시　시인　이시인연　득복다부　여시　세존
以用布施　是人　以是因緣　得福多不　如是　世尊
차인　이시인연　득복심다
此人　以是因緣　得福甚多

19. 복덕은 받는 것이 아님

"수보리야, 어떻게 생각하느냐. 만약 어떤 사람이 삼천
대천세계에 칠보로 가득 채워 보시 한다면, 이 사람은
이 인연으로 얻는 복이 많지 않겠느냐?" "그렇습니다.
세존이시여, 그 사람은 이 인연으로 얻는 복이 매우 많
겠습니다."

법희해
19분 제목인 '법계통화(法界通化)'를 '불수복덕(不受福
德)'으로 바꿨다. 금강경을 32분으로 나눈 사람은 달마
대사를 소림사 토굴에 9년 동안이나 가둬 버린 양무제

의 장남인 소명태자이다. 아라한의 맛도 못 본 구마라
습의 후예로서, 과연 그 아버지의 그 아들이라 하겠다.
다문의 시기부터는 부처님 말씀이 빛을 잃어 스스로 수
행하여 성인의 류(流)에 들어가는 자는 없고 보시를 통
해서 복덕을 받으려는 무지중생들이 점점 늘어난다. 이
런 중생들의 코 묻은 돈이 필요한 놈들은 복덕이 없다
고 절대 말하지 않는다. 네놈들을 밥 먹여 주는 부처님
께서 복덕무(福德無)라고 해도 그 주둥아리에서는 법계
통화라고 하니 불심불심(不審不審)이로다. 법계가 하나
인 것을 모르는 중생들이 오늘도 부처님 무릎 위에서
업을 지으니 이것도 불심불심(不審不審)이로다.

오래된 뜰 앞의 몹쓸 잣나무 베어 낼 자 누구인가?
감히 내가 오늘 베어버리니
중생들이여, 지지배배(是是非非) 말을 말지어다.
자세히 보고 또 보아라.
그 자리에서 조금도 변함없이
우뚝 서 있는 그 잣나무를……,

수보리 약복덕유실 여래불설 득복덕다 이복덕
須菩提 若福德有實 如來不說 得福德多 以福德
무고 여래설 득복덕다
無故 如來說 得福德多

"수보리야, 만약 복덕이 실로 있는 것이라면 여래께서 복덕을 얻음이 많다고 하시지 않았을 것이니라. 복덕이 실로 없는 것이므로 여래께서 복덕을 얻음이 많다고 설하셨느니라."

함허설의
복이 있다는 것은 상(相)을 취한 것이요 복이 없다는 것은 상을 여읜 것이다. 경(經) 가운데서 무릇 꾸짖은 까닭은 상(相)에 주(住)하는 것을 경책한 것이요, 찬탄한 것은 그 상을 여의고 나아가게 하기위한 것이니, 상을 떠나서 보시를 행하면 이는 참다운 수행이니라. 그러므로 알라. 무릇 보시를 말하는 것은 비단 경(經)이 수승함을 비교하여 헤아릴 뿐만 아니라 대개 상(相)에 주(住)함을 책망한 것이니, 앞에서 상에 주한 것을 책망한 고로 보배를 베푼 복덕이 속세의 유루(有漏)에 모두 돌아가거니와, 여기서는 바로 무상(無相), 무주(無住)를 가리킨 까닭으로 보배를 베푼 복덕이 진정 무루(無漏)에 돌아가게 되느니라.

육조
칠보의 복은 능히 불과(佛果)나 보리(菩提)를 성취하지 못하는 까닭에 '없다'라고 말한 것이요, 그 수량에 있어 '많다'고 말한 것이니, 만약 그 수량을 초과하면 곧 많다고 말하지 않았을 것이다.

야부-176
由勝別勞心
유승별노심

오히려 달리 마음을 쓰는 것보다 수승하도다.

함허설의
다만 복 지을 줄만 알고 복의 성품이 공(空)함을 알지 못하면 그 과보는 코끼리 몸에 진귀한 칠보를 두른 것과 같고, 다만 성품의 공(空)함만을 관(觀)하고 복 지을 줄 모르면 그 과보가 나한(羅漢)의 응공(應供)함이 박복(薄福)함을 초래하니, 이것은 대도(大道)와 더불어 서로 계합하지 못함이다. 그러나 이 두 가지를 비교하면 공(空)을 관(觀)한 자가 조금 수승하다. 그러므로 말하길, 부질없이 앉아 있기만 한다고 말하지 말라. 오히려 달리 마음을 쓰는 것보다는 수승하다고 하시었다.

야부-177
羅漢應供薄 象身七寶珎 雖然多濁富 爭似少淸貧 罔象秖
나한응공박 상신칠보진 수연다탁부 쟁사소청빈 망상지
因無意得 离妻失在有心親

인무의득 리루실재유심친

아라한은 응공이 박하고
코끼리 몸은 칠보가 진귀함이라.
비록 그렇게 많은 탁부이긴 하나
어찌 적은 청빈과 같으리오.
망상은 다만 무의를 인하며 얻었음이요
이루는 유심에 친하여 잃었느니라.

법희해
망상(罔象)과 이루(離婁)

황제가 적수(赤水)의 북쪽 곤륜산에 올랐다가 돌아오면
서 세상만사를 꿰뚫어 볼 수 있는 현주(玄珠)라는 구슬
을 잃어버렸다. 그 구슬을 찾기 위해 많이 아는 '지
(知)' 눈 밝은 '이루(離婁)' 말 잘하는 '끽구(喫詬)'라는
신하를 차례로 보냈으나 그들은 찾아오지 못하고 마지
막으로 길을 떠난 어리석은 신하인 '망상(罔象)'이 뜻밖
에도 구슬을 찾아왔다. 구슬(진리)을 찾는 것은 인위적
인 노력으로 이룰 수 있는 경지가 아니고 무심(無心)에
서 이루어진다는 것을 뜻한다.

함허설의
만약 인(因)에 치우쳐서 수행하면 결과가 원만하고 항

상함을 빠뜨리게 되니 공을 관함과 복 지음이 둘 다 차이가 있게 된다. 그러나 그 가운데 공을 관함이 오히려 수승함이니, 공을 관함이 무엇 때문에 수승한 것인가. 망상은 단지 뜻 없음으로 인한 얻음인데, 복을 지음은 무엇 때문에 하열(下劣)한가. 이루(离娄)의 잃은 것은 유심(有心)에 친하였기 때문이다.

제이십 이색이상
第二十 離色離相

수보리 어의운하 불가이구족색신견부 불야 세
須菩提 於意云何 佛可以具足色身見不 不也 世
존 불불응 이구족색신견 하이고 불설구족색신
尊 佛不應 以具足色身見 何以故 佛說具足色身
즉비구족색신 시명구족색신
即非具足色身 是名具足色身

20.색과 상을 떠남

"수보리야, 어떻게 생각하느냐. 80종호를 갖추었다면
부처라고 볼 수 있겠느냐?" "아닙니다. 세존이시여, 80
종호를 갖추었다고 부처님이라고 볼 수는 없습니다. 왜
냐하면, 부처님께서 말씀하신 80종호는 바로 비80종호
의 뜻이므로 그 이름을 80종호라 한다고 말씀하셨기 때
문입니다."

법희해
비구족색신(非具足色身)!

색(色)은 안(眼)이 대하는 대상으로 겉모양을 뜻하고 이색(離色)은 비색(非色)과 같은 뜻이다. 상(相)은 보이지 않는 인연의 고리가 얽히고설킨 연기의 모습을 뜻한다. 이상(離相)이란 연기 속에서 업력으로 윤회하는 윤회의 고리를 끊는다는 뜻으로 비상(非相)과 같은 뜻이다. 부처는 이색이상의 모습으로 존재한다.

한문오역 '여래불응(如來不應)'을 '불불응(佛不應)'으로 '여래설(如來說)'을 '불설(佛說)'로 바꿨다. 석가모니가 '나하고 모습이 같으면 부처(석가모니)라고 할 수 있느냐?' 물으니 '부처님이라고 할 수 없습니다.'라고 수보리가 답했다. 세존의 질문은 모양으로 색신(佛)을 볼 수 있느냐는 뜻이다.

육조
부처님의 뜻은 중생들이 법신을 보지 못하고 다만 32상 80종호의 자마금(紫磨金)의 몸만 보아서 이것으로 여래의 진신을 삼을까 염려하시어 이런 미혹을 없애기 위하여 수보리에게 물으시기를 '부처님을 가히 구족한 색신(色身)으로 볼 수 있겠느냐?'하시니 32상은 곧 색신이 구족함이 아니고 안으로 32청정행(오근 × 육바라밀+ 정+ 혜=32청정행)을 갖춰야 이를 색신이 구족하다고 하니 청정행이란 곧 육바라밀을 말하는 것이다. 오

근(五根)중에서 육바라밀을 닦고 의근(意根)가운데서 정
(定)과 혜(慧)를 쌍으로 닦아야 이를 색신이 구족하다
말하니 여래의 32상만 좋아하고 안으로 32청정행을 행
하지 아니하면 곧 구족색신이 아니요, 여래의 색상(色
相)을 좋아하지 않고 능히 스스로 청정행을 가지면 또
한 색신이 구족하다는 이름을 얻느니라.

수보리 어의운하 여래 가이구족제상견부 불야
須菩提 於意云何 如來 可以具足諸相見不 不也
세존 여래불응 이구족제상견 하이고 불설제상
世尊 如來不應 以具足諸相見 何以故 佛說諸相
구족 즉비구족 시명제상구족
具足 卽非具足 是名諸相具足

"수보리야, 어떻게 생각하느냐. 32상을 갖추었다면 여
래라고 볼 수 있겠느냐?" "아닙니다. 세존이시여, 32상
을 갖추었다고 여래라고 볼 수는 없습니다. 왜냐하면,
부처님께서 32상은 바로 비32상의 뜻이므로 그 이름을
32상이라 한다고 말씀하셨기 때문입니다."

법희해
비구족(非具足)!

한문오역 '여래설제상(如來說諸相)'을 '불설제상(佛說諸相)'으로 바꿨다. 본문에서 세존의 질문은 모양으로 법신(如來)을 볼 수 있느냐는 뜻이다.

금강경에서 세존이 실체가 없는 개념으로 질문을 할 때 세존의 마음을 잘 아는 수보리가 어떤 때에는 긍정의 대답을 어떤 때에는 부정의 대답을 한다. 하지만 그 어떤 대답을 하던 수보리의 마음속에 변하지 않는 것이 있다. 그것은 유(有), 무(無), 비(非)의 분별에 걸리지 않는 것이다. 그런 수보리의 마음을 안다면 조주선사가 던진 무자(無字)화두는 좌복을 깔기도 전에 깨치리라.

육조
여래란 곧 무상법신(無相法身)이 이것이요 육안으로 볼 수 있는 것이 아닌 것이다. 혜안(慧眼)이라야 능히 볼 수 있으니 혜안이 밝지 못해서 아인(我人) 등의 상(相)을 구족(具足)하여 32상을 관(觀)함으로써 여래를 삼는 자는 곧 구족(具足)이라 이름 할 수 없다. 혜안(慧眼)이 맑게 사무쳐서 아(我),인(人) 등 상(相)이 나지 않고 바른 지혜의 밝은 빛이 항상 비추면 이를 모든 상이 구족(具足)하다고 이름 한다. 삼독(三毒)이 없어지지 않은 상태로 여래의 법신을 보는 것은 진실로 이러한 이치가 아님이니, 비록 본다 하더라도 다만 이것은 화신(化身)

일 뿐이요 진실한 무상(無相)의 법신(法身)은 아닌 것이
다.

야부-178
官不容針 私通車馬
관불용침 사통차마

관(公的인 입장)에서는 바늘만큼도 용납하지 못하나 사
(私)로는 수레로 통함이로다.

법희해
불법은 바늘구멍만큼의 잘못도 용납하지 않으나 중생의
법은 바늘구멍만큼의 옳음도 없다.

함허설의
공적(公的)인 문중에선 사사로움을 용납하지 못하나 마
을에선 어찌 정(情)이 없으리오.

야부-179
請君仰面看虛空 廓落無邊不見蹤 若解轉身些子力 頭頭物
청군앙면간허공 곽락무변불견종 약해전신사자력 두두물
物㹅相逢
물총상봉

그대에게 청하노니 얼굴을 우러러 허공을 보라.
넓게 터져서 가없어 그 자취를 볼 수가 없도다.
그러나 만약 몸을 굴려 조그만 힘을 알게 되면
두두물물에서 모두 만나보게 되리라.

함허설의
바른 체(體)는 본래부터 소리와 색을 끊었으니 찾은즉
그대는 알리라, 그 자취 볼 수 없음을. 묘봉 정상에서
한 번 몸을 뒤척이면 시방 그 어디에서든지 그를 만나
지 않을 수 없으리라.

제이십일 비설소설
第二十一 非說所說

수보리 여물위 여래작시념 아당유소설법 막작
須菩提 汝勿謂 如來作是念 我當有所說法 莫作
시념 하이고 약인언 여래유소설법 즉위방불 불
是念 何以故 若人言 如來有所說法 卽爲謗佛 不
능해아소설고
能解我所說故

21. 비설을 설함

"수보리야, 너는 여래가 내가 마땅히 설한 법이 있다는
생각을 한다고 말하지 말며 그런 생각은 하지 말라. 왜
냐하면, 만약 어떤 사람이 여래가 설한 법이 있다고 말
한다면 바로 그는 여래를 비방하는 것이며 능히 내가
설한 뜻을 깨닫지 못했기 때문이니라."

법희해
비설(非說)!

설함에는 세 가지 개념이 있다. 그 개념을 부정하면서

설함의 실체를 뜻하는 것이 비설(非說)이다.

함허설의
부처님께서 설하신 일체법은 심연(深然)하여 항상 적멸
하시니 다만 부처가 말이 없음을 믿으면 가히 종자기
(知音者)라고 할 만하도다.

야부-180
是則是 大藏小藏 從甚處得來
시즉시 대장소장 종심처득래

옳기는 옳으나 대장경, 소장경들은 어느 곳으로부터 왔
는가.

법희해
웅덩이 세 곳에서 건져 올리면 빠지고 또 빠지고,
아직 어디에 빠진지도 모르는 것들이 있다.

함허설의
부처님께서 설한 바 없음이 옳기는 진실로 옳으나 돈
교, 점교, 편교, 원교의 대, 소승장경들이 들보에 가득
차고 집에 넘쳐서 지금 천하에는 없는 곳이 없도다. 만
약 그 모두가 설함이 없다고 말한다면 그와 같은 법문

은 그 누가 설한 것인가.

야부-181
有說皆成謗 無言亦不容 爲君通一線 日向嶺東紅
유설개성방 무언역불용 위군통일선 일향영동홍

설함이 있다 해도 다 비방함이 되고
말이 없다 해도 또한 용납되지 않도다.
그대를 위하여 한 가닥 선을 통하노니
해가 영동에서 붉게 떠오르리라.

법희해
아직도 유무(有無)에서 허우적거리고 있으면 다음 생에
몸에서 꼬리를 보게 될 것이고, 비(非)에서 헤매고 있
다면 이생에서 수다원과는 얻으리라.

함허설의
설함이 있음과 설함이 없음이 모두 사형수(擔板漢)로
다. 무념(無念)으로 설하여 보이신 것이 골짜기의 메아
리와 같고 또한 해가 비추되 무심히 비추는 것과 같도
다.

수보리 설법자 무법가설 시명설법

須菩提 說法者 無法可說 是名說法

"수보리야, 설법이라는 그것은 법은 설할 수가 없다는 것을 이름 하여 설법이라 하느니라."

법희해

'법은 설할 수 없다.' 이 말을 '설법'이라고 한다. 왜 법은 설할 수 없는 것일까? 법의 실체를 말하는 순간 그 말은 개념이 되어 의식이 인식하므로 실체가 색성(色聲)의 개념으로 변해버린다. 법의 실체는 색성을 떠나서 존재하는 것이므로 의식 속에 있는 모든 것들은 실체가 아닌 개념이다. (그 개념을 유위법이라고 한다.) 실체를 보는 것은 의식이 부처님께서 주신 두 번째 지혜인 묘관찰지(妙觀察智)로 전환되지 않으면 불가능한 일이다. 우리가 불지의 여래를 친견하려면 먼저 색성에 여여한 마음이 있어야 한다. 그 첫걸음이 금강경에서 말하는 '비(非)'를 바로 알고 행하는 것이다.

함허설의

법신(法身)은 본래 설함이 없는지라 보신(報身), 화신(化身)이라야 설함이 있으니, 설함이 있음은 참다운 설이 아니고 설함 없음이 참다운 설이다. 시방의 불토 가운데는 오직 일승법이 있으니 이 일승법을 떠나서는 다시 가히 설할 것이 없도다. 그러므로 말하길, 법은 가히 설할 게 없다 한 것이요, 다만 일승법으로써 모든 중생에게 열어 보이셨으므로 이름을 설법이라 한 것이니, 만약 일승법이라면 바로 입을 열 곳이 없음이로다. 그러나 또한 중생의 일용(日用)을 떠난 것도 아니니라.

육조

범부의 설법은 마음에 얻은 바가 있음이다. 그러므로 부처님께서 수보리에게 말씀하시기를, 여래의 설법은 마음에 얻은 바가 없음이니라. 범부는 능히 아는 마음을 지어서 설하거니와 여래는 말과 침묵이 모두 같고 발(發)하는 언사(言辭)는 메아리가 소리에 응함과 같으며, 운용(運用)에 맡겨 무심하여서 범부의 생멸심으로 설함과 같지 않으니, 만약 여래의 설법이 마음에 생멸함이 있다고 하면 곧 부처님을 비방함이 된다고 하셨다. 유마경에 의하면, 대저 설법이란 설함도 없고 보임도 없으며, 청법이란 들음도 없고 얻음도 없다 하니, 만법이 본래 공적함을 요달하여 일체의 명(名)과 언(言)은 모두 거짓으로 세운 것이라, 스스로 공한 성품가운데 치연(熾然)히 일체의 언사(言辭)를 건립하여 모든 법을 연설하되, 상도 없고(無相) 함도 없이(無爲) 미혹한 사람을 깨우치고 인도하여, 이로 하여금 본성을 보게 하여 위없는 깨달음을 증득하게 함을 설법이라 이름 하는 것이다.

야부-182
兎角杖　龜毛拂
토각장　구모불

토끼뿔로 만든 주장자요 거북털로 만든 불자로다.

법희해
是是非非口中言　兎角見時寂滅空　鬱鬱悶悶心中想　龜毛
시시비비구중언　토각견시적멸공　울울민민심중상　귀모
見時　本來還
견시　본래환

옳다 그르다 시끄러운 수많은 입속의 말들
토끼뿔을 보는 그 순간 고요하여 텅 비어지고
마음 깊은 곳의 터질듯 한 답답함과 번민의 형상들
거북털을 보는 그 순간 본래의 마음자리로 돌아가네.

함허설의
옛사람이 말하기를 49년간 많은 공을 쌓음이여, 거북털
과 토끼뿔이 허공에 가득함이라. 한 겨울 섣달 눈이 계
속 내려서 붉은 화로의 불꽃 속으로 떨어진다 했다. 곧

허다한 세월을 가슴 드러내고 맨발로 진흙을 묻히고 물에 젖으며 고해에 빠져있는 중생을 건져 제도하신 이와 같은 공능(功能)이 꿈과 같이 상사(相似)하여 한 터럭만큼도 가히 더불어 허락할 게 없도다. 비록 이와 같으나 필경 어떻게 말할 것인가. 토끼뿔의 지팡이를 잡아 일으켜서 한 길의 열반문을 열어주고 거북털의 불자를 일으켜 세워서 삼천대천세계의 공(空), 가(假), 중(中)을 다 털어버렸다.

야부-183
多年石馬 放毫光 鐵牛哮吼入長江 虛空一喝無蹤跡 不覺
다년석마 방호광 철우효후입장강 허공일할무종적 불각
潛身北斗藏 且道 是說法 不是說法
잠신북두장 차도 시설법 불시설법

나이 많은 석마가 백호광명을 놓으니
철우가 포효하며 장강으로 들어간다.
허공의 한마디 할은 흔적도 없고
몸을 숨겨 북두에 감춤을 알지 못하도다.
또 일러라. 이것이 설법인가, 설법이 아닌가.

법희해
석가모니가 사바세계에 불법을 전하니

중생들이 발심하여 수행자의 길로 들어가네.
시간이 흘러 49년 설법이 사바세계에서 흔적도 없이 사라져도 여래는 법계에서 지금도 여전히 우리와 함께 하고 있음을 중생들은 알지 못하도다.
또 일러라. 이것이 설법인가, 설법이 아닌가.

함허설의
적멸의 도량 가운데 일찍이 걸음을 옮기지 않고, 생사의 바다 속에 몸을 비껴 들어가서 허다한 세월 동안 석마로써 백호광명을 놓아서 눈 먼 자로 하여금 보게 하고 철우로써 사자후를 하여서 귀먹은 자로 하여금 다 듣게 하시며, 또한 허공에 대고 할을 하시어 북두에 몸을 감추게 하시니, 또 일러라. 이는 설법인가, 설법이 아닌가. 만약 설법이라 하면 이는 석마와 철우와 같거니 무슨 부질없는 생각이 있을 것이며 무슨 부질없는 기(氣)가 있으리오. 만약 설법이 아니라고 한다면 방광하고 포효하여 허공에 대고 할(喝)할 줄 어찌 알겠는가. 또한 모름지기 49년 설함은 석마가 방광하고 철우가 부르짖음인 줄 믿을지니 석마와 철우가 마침내 힘이 없음이요, 허공의 할(喝)이 문득 자취가 없음이로다. 이런즉 허공의 한마디 할(喝)이 큰 불구덩이 속이요, 방광과 포효가 한 겨울의 눈 조각이로다.

법회해
큰스님 '할'소리에 부처님 돌아앉으시고
독거사 염불소리에 중생들 한숨 깊어만 가네.
이것이 부처님께서 말씀하신 말법이로다.

이시 혜명수보리 백불언 세존 파유중생 어미래
爾時 慧命須菩提 白佛言 世尊 頗有衆生 於未來
세 문설시법 생신심부 불언 수보리 피비중생
世 聞說是法 生信心不 佛言 須菩提 彼非衆生
비불중생 하이고 수보리 중생중생자 여래설 비
非不衆生 何以故 須菩提 衆生衆生者 如來說 非
중생 시명중생
衆生 是名衆生

그때 혜명수보리가 부처님께 말하기를 "세존이시여, 무지중생이 미래에 이 가르침을 듣고 믿음을 낼 수 있겠습니까?" 부처님께서 말씀하시기를 "수보리야, 저들은 비중생이며 비불중생이니라. 왜냐하면 수보리야, 중생중생이라 하는 그것은 여래께서 비중생의 뜻이므로 그 이름을 중생이라 한다고 설하셨느니라."

법회해

비중생(非衆生), 비불중생(非不衆生)!

파유중생(頗有衆生)의 뜻을 여래께 물으니 '불법을 자기 견해로 풀이하여 사회에 잔잔한 파장을 일으키는 중생'이라고 일러주신다. 무지중생(無知衆生;부처의 가르침을 모르는 중생)과 같은 뜻이다.

함허설의
수보리가 '후세에 믿음과 믿지 않음'으로 물음을 시작함에 부처님께서 '중생은 비중생'으로 답한 것은 중생인 까닭에 생사에 빠져서 벗어날 것을 구하니 응당 믿을만한 이치가 있음이요, 비중생인고로 본래로 부처인 것이라. 응당 부처가 부처를 구하지 못하리니, 응당 믿지 못할 만한 이치가 있음이로다. 불법을 믿지 않는 이것이 참으로 믿음을 내는 것이니 법(法)의 상(相)이 없는 까닭이니라.

야부-184
火熱風動　水濕地堅
화열풍동　수습지견

불은 뜨겁고 바람은 움직이며 물은 습하고 땅은 견고하도다.

함허설의
어린아이가 우물에 빠져있는 것을 보면 모두 불쌍히 여기니 가히 인천(人天)의 조어사(調御師)라고 일컬음이요, 헐뜯는 소리를 귀로 들으며 모두 화를 내니 이는 곧 성인이라 이름 하기 어렵다. 그러한즉 앞에는 당나귀요 뒤는 용의 비늘이로다. 이는 범부인가, 성현인가. 결정코 알 수 없도다. 비록 그러하나 범부는 범부의 위치에 머물고 성인은 성현의 위치에 머무르니 범부와 성현의 길이 다름이다. 가히 혼동하지 말지니라.

법희해
머리는 하늘이요 그 속은 번뇌로다.
성현인가 범부인가.

야부-185
指鹿豈能成駿馬　言烏誰謂是翔鸞　雖然不許纖毫異　馬字驢
지록개능성준마　언오수위시상란　수연불허섬호이　마자려
名幾百般
명기백반

사슴을 가리켜 어찌 준마라 할 수 있으며
까마귀를 가리켜 누가 난새(희귀한새)라 하리오.
비록 그렇게 털끝만큼의 차이도 허락되지 않건만

마자(馬字)가 든 나귀이름들이 얼마나 많던가.

법희해
'할'소리 잘 뱉는 이를 가리켜
어찌 큰스님이라고 할 수 있으며
염불소리 좋은 이를 가리켜
누가 스님이라고 하리오.
비록 그렇게 털끝만큼의 차이도 허락되지 않건만
스님 모습을 한 독거사들이 얼마나 많던가.

함허설의
도척(盜跖)을 문왕, 탕왕(위대한 성군)이라 부르지 않는
데 누가 마왕 파순을 석가모니라 부르리오. 비록 그렇
게 이치상으로는 융통하여 둘이 없으나 성인과 범부 이
름이 같지 않음은 어찌하리오.

제이십이 무법가득
第二十二 無法可得

수보리 백불언 세존 불득아뇩다라삼먁삼보리
須菩提 白佛言 世尊 佛得阿耨多羅三藐三菩提
위무소득야 불언여시여시 수보리 아어아뇩다라
爲無所得耶 佛言如是如是 須菩提 我於阿耨多羅
삼먁삼보리 내지 무유소법가득 시명 아뇩다라
三藐三菩提 乃至 無有少法可得 是名 阿耨多羅
삼먁삼보리
三藐三菩提

22. 얻을 법이 없음

수보리가 부처님께 말하기를 "세존이시여, 부처님께서
아뇩다라삼먁삼보리를 얻었다는 것은 얻은 것이 없는
것입니까?" 부처님께서 말씀하시기를 "그렇다, 그렇다.
수보리야, 내가 아뇩다라삼먁삼보리에서 작은 법이라도
얻음이 없는 것을 아뇩다라삼먁삼보리라 이름 하느니
라."

함허설의
위에서는 중생과 비중생을 말씀하시고 여기서는 부처님
께서 얻은 것이 없음을 말씀하시니, 대개 보리(菩提)란
중생과 부처가 평등하게 본래 가지고 있는 것이라서 그
가운데서는 응당 범부와 성인, 유득(有得)과 무득(無得)
을 분별하지 않음이니라.

육조
수보리가 말하기를, 소득심(所得心)이 다 없어짐을 곧
보리(菩提)라 하니, 부처님께서 말씀하시기를 "그렇고
그렇느니라. 수보리야, 내가 아뇩다라삼먁삼보리에 조
금도 법을 얻은 것이 없으므로 아뇩다라삼먁삼보리라
하느니라."고 하셨다.

야부-186
求人 不如求自己
구인 불여구자기

남에게 구하는 것은 자기에게서 구하는 것만 못하느니
라.

법희해
오온을 가진 자 바로 보살이거늘

더 이상 뭘 구하리오.

함허설의
이미 평등하다고 한다면 어찌 멀리 성인들에게 미루어 구할 것이며, 이미 본래 지니고 있다면 어찌 모름지기 밖을 향해서 급하게 구할 것인가. 만약 자기에게 돌이켜 구하여서 문득 콧구멍(根本)을 만지면 보신, 화신의 부처 머리를 앉아서 끊어 가리니, 그러므로 남에게 구하는 것이 자기에게 구하는 것만 같지 못하느니라.

야부-187
滴水成氷信有之 綠楊芳草色依依 秋月春花無限意 不妨閑
적수성빙신유지 녹양방초색의의 추월춘화무한의 불방한
聽鷓鴣啼
청자고제

방울 물이 얼음이 됨은 진실로 있으나
녹양과 방초의 색은 무성하도다.
추월과 춘화의 무한한 뜻이여,
자고새의 울음을 한가히 듣는데 방해롭지 않도다.

법희해
중생의 작은 깨달음이 쌓이고 쌓여 부처님 처소에 들면

중생과 부처의 모습은 달라도 마음은 같도다.
드디어 인간과 법계의 모든 삼라만상이
부처님 뜻에 따르니
녹양방초 우거진 숲에 누워
한가히 자고새의 울음을 듣는데 방해롭지 않도다.

한 놈도 없다는 야부스님 말씀이 옳았습니다. '녹(綠)'
으로 바꿨습니다. -법희-

함허설의
이 일은 차갑기가 위위(威威)하고 냉하기는 추추(湫湫)
한지라. 방울물이 얼어서 강물이 흐르지 못하고 가는
티끌도 서지 못하며 작은 풀도 나지 않음이로다. 비록
이와 같으나 차고 더움은 항상 하지 않음이로다. 날이
따뜻하고 바람이 온화하여 산천이 빼어남을 다투니 검
고 누런 것을 판단할 수 있으며 흑백이 분명하도다. 이
러한즉 가을 달과 봄꽃의 무한한 일들은 각각 자기 스
스로 무한한 뜻을 가지고 있어서 일과 일이 낱낱이 천
진하며 만나는 것마다 가히 종지를 밝히도다. 푸른 대
나무와 노란 꽃잎 끝을 향해서 이 일을 밝힐 것이며 꾀
꼬리 울음과 제비의 지저귐을 향하여 이 일을 밝힐지니
라. 하나를 보고 하나를 듣는 것들이 낱낱이 다 기(機)
를 일으켜 세우는 시절이요, 하나의 사물 하나의 향기

가 낱낱이 다 나의 살아있는 눈을 뜨게 하는 것이니 부디 믿을지어다. 산승(山僧)이 아직 법상에 오르기도 전에 풍경소리가 이미 법을 다 설하였도다.

법희해

깨달음에는 범부의 깨달음, 수다원의 깨달음, 사다함의 깨달음, 아나함의 깨달음, 아라한의 깨달음, 성문의 깨달음, 연각의 깨달음 등의 순서로 무위차별이 있지만 그 속에 있는 깨달음의 실체는 모두 같다. 마치 빗방울이 모여 개울이 되고 강이 되어 바다로 흘러가지만 빗방울, 개울, 강, 바다를 이루고 있는 물은 변함이 없는 것과 같다.

제이십삼 정심행선
第二十三 淨心行善

부차　수보리　시법평등　무유고하　시명아뇩다라
復次　須菩提　是法平等　無有高下　是名阿耨多羅
삼먁삼보리　이무아무인무중생무수자　수일체선
三藐三菩提　以無我無人無衆生無壽者　修一切善
법　즉득아뇩다라삼먁삼보리
法　卽得阿耨多羅三藐三菩提

23. 깨끗한 마음으로 선을 행함

"또한 수보리야, 이 법은 평등하여 높고 낮음이 없으므
로 이를 아뇩다라삼먁삼보리라 이름 하느니라. 아, 인,
중생, 수자가 없이 일체 선법을 닦으면, 바로 아뇩다라
삼먁삼보리를 얻느니라."

함허설의
부처님께서 수보리의 물음으로 중생 또한 비중생이며,
부처님 또한 얻음이 없음으로 답하시니, 이에 말씀하시
기를, 이 법은 평등하여 고하(高下)가 없으므로 그 이

름이 아뇩보리라 하느니라. 중생은 비중생인즉 부처와 다르지 않고 부처가 얻음이 없는즉 중생과 다르지 않음이라. 이것을 평등이라 하며 고하(高下)가 없다고 하셨다. 앞에선 얻음이 없다고 하시고 여기에선 곧 얻는다고 한 것은 무엇인가. 앞에서는 본래 있음을 밝히시어 범하(凡下;下劣한 凡夫)에 굴하지 않게 함이요, 여기에선 신훈(新熏)을 밝히시어 이로 하여금 공이 모든 성인과 같게 함이니, 만약 그 본래 있는 것만 믿고 신훈(新熏)으로써 훈습(熏習)하지 않으면 곧 보주(寶珠)를 가지고 거지 노릇을 하는 것이라서 영원히 윤회에 처하리라.

육조

보리법이란 위로는 모든 부처님에서부터 아래로는 곤충에 이르기까지 모두 일체 종지(種智)를 함유하고 있어서 부처와 더불어 다름이 없으므로 평등하여 고하가 없다는 것이다. 이 보리(菩提)는 둘이 없는 고로 단지 사상(四相)을 떠나서 일체 선법을 닦으면 곧 보리(菩提)를 얻을 것이다. 만약 사상(四相)을 여의지 않고 일체의 선법을 닦으면 아(我)와 인(人)만 증장시켜서 해탈을 증득하고자 하는 마음 때문에 가히 얻을 수 없거니와 만약 사상(四相)을 떠나서 일체 선법을 닦으면 해탈을 기약할 수 있으리라.

일체 선법을 닦는다는 것은 일체법에 물들지 않아서 일체 경계를 의하여 동하지도 않고 흔들리지도 않아서 세법과 출세법에 탐하거나 애착하지도 않으며 일체처에서 항상 방편(方便)을 행하여 중생을 수순(隨順)하고 그들로 하여금 환희롭게 믿고 복종케 하며 그들을 위하여 정법을 설하여 보리(菩提)를 깨닫게 하니, 이와 같아야 비로소 수행이라 할 수 있으므로 일체 선법을 닦는다고 한다.

야부-188
山高海深　日生月落
산고해심　일생월락

산은 높고 바다는 깊으며 해가 뜨면 달이 지도다.

함허설의
이른바 평등이라 함을 어찌 산을 깎아서 연못을 채우는 것이며, 학의 다리를 잘라 오리다리에 이은 연후에라야 그렇게 되는 것인가. 긴 것은 긴 것에 맡기고 짧은 것은 짧은 데 맡기며 높은 곳은 높은 데 맡기고 낮은 곳은 낮은 데 맡기도다.

야부-189

僧是僧兮俗是俗 喜則笑兮悲則哭 若能於此 善參詳 六六
승시승혜속시속 희즉소혜비즉곡 약능어차 선참상 육육
從來三十六
종래삼십육

스님은 스님이고 속인은 속인이며, 기쁘면 웃고 슬프면
울도다. 만약 여기에서 잘 참구하여 살피면 육육은 본
래부터 삼십육이니라.

함허설의
어찌 모름지기 스님을 불러 속인이라 하겠는가. 구태여
기쁨을 참고 울 필요는 없으니, 다만 류(流)를 따르되
성품을 알 수 있으면 저마다 원래 평등함이니라.

수보리 소언선법자 여래설 즉비선법 시명선법
須菩提 所言善法者 如來說 卽非善法 是名善法

"수보리야, 선법이라고 말하는 그것은 여래께서 바로
비선법의 뜻이므로 그 이름을 선법이라 한다고 설하셨
느니라."

법희해
비선법(非善法)!

함허설의

평등한 이치를 요달하여 무아(無我)로써 선법을 닦으니, 선법과 비선법이 악성(惡性)과 다르지 않음이라. 이것이 참다운 선법이니 유루(有漏)와 같지 않도다.

육조

일체선법을 닦으면서 과보를 바라는 것은 곧 비선법이요 육도만행을 치연(熾然)히 함께 짓되 마음에 과보를 바라지 않으면 이를 선법이라 하느니라.

야부-190

面上 夾竹桃花 肚裏 侵天荊棘
면상 협죽도화 두이 침천형극

얼굴엔 협죽도(복숭아꽃 종류)의 꽃이요,
뱃속엔 침천(가시나무 종류)의 가시로다.

함허설의

선인가, 악인가.

야부-191

是惡非惡從善非善 將逐符行 兵隨印轉 有時獨立妙高峯
시악비악종선비선 장축부행 병수인전 유시독립묘고봉
却來端坐閻羅殿 見盡人間祗點頭 大悲手眼多方便
각래단좌염라전 견진인간저점두 대비수안다방편

악은 비악이고 선을 쫓아도 비선이로다.
장수는 부(符;명령표시)를 따라 행하고
병사는 인(印;지휘봉)을 따라 움직이도다.
어떤 때 홀로 묘고봉(須彌山 꼭대기 忉利天)에 있다가
도 도리어 염라전에 단정히 앉아 있도다.
인간을 다 보고 다만 머리를 끄덕거리니
대자비의 관음보살은 방편이 많으시다.

함허설의
악(惡)은 비악(非惡)이며 선(善)은 비선(非善)이라. 선과
악의 본성은 다르지 않으니 하나를 들면 서로 따라 오
도다. 열반과 생사에 둘 다 소요(逍遙)하니 비록 교화
가 없음을 아나 항상 교화를 펴신다.

제이십사 복지무비
第二十四 福智無比

수보리 약삼천대천세계중 소유제수미산왕 여시
須菩提 若三千大千世界中 所有諸須彌山王 如是
등칠보취 유인 지용보시 약인 이차반야바라밀
等七寶聚 有人 持用布施 若人 以此般若波羅蜜
경 내지 사구게등 수지독송 위타인설 어전복덕
經 乃至 四句偈等 受持讀誦 爲他人說 於前福德
백분불급일 백천만억분 내지산수비유 소불능급
百分不及一 百千萬億分 乃至算數譬喩 所不能及

24. 복과 지혜는 비교할 수 없음

"수보리야, 만약 삼천대천세계 가운데 있는 수미산과
같이 칠보를 쌓아 어떤 사람이 보시하고, 어떤 사람은
이 반야바라밀경에 있는 사구게만 배우며 행하고 독송
하며 남을 위해 말하여 준다면 칠보를 보시하는 복덕으
로는 백분의 하나도 미치지 못하며 백천만억분의 하나
에도 미치지 못하며 그 어떤 수의 비유로도 능히 미치
지 못하느니라."

법희해
사구게등수지(四句偈等受持); 사구게만 배우며 행하다.
사구게의 중요성을 계속해서 강조하고 있다.

함허설의
경을 수지하는 것과 보시를 행하는 공행(功行)은 같지
않으니, 같지 않는 이유는 다만 돈(頓)과 점(漸)에 있
다.

육조
대철위산의 높이와 넓이가 224만리요, 소철위산의 높
이와 넓이는 112만리이며, 수미산의 높이와 넓이는 33
6만리이다. 이로써 삼천대천세계라 이름 하는데, 이치
를 따져 말한다면 곧 탐진치의 망념이 각각 일천을 갖
추었느니라. 그러한 산이 다 저 수미산과 같으므로 칠
보의 수와 비교하니 그것을 보시에 쓰면 얻은 복이 무
량무변이나 마침내 이것은 유루(有漏)의 인(因)이라 해
탈할 이치가 없거니와 마하반야바라밀다의 사구(四句)
는 경문이 비록 적으나 그것을 의지해서 수행하면 곧
성불하리니, 경을 수지하는 복이 능히 중생으로 하여금
보리를 증득케 함을 알 것이로다. 그러므로 가히 비교
할 수 없느니라.

야부-192
千錐劄地　不如鈍鍬一捺
천추답지　불여둔초일날

천 개의 송곳으로 땅을 파는 것이
무딘 괭이로 한 번 파는 것만 같지 않다.

법희해
천만번의 보시라도 단 한번 금강경사구게를 배워서 행
하는 것만 같지 않다.

함허설의
무명(無明)의 굳고 두꺼운 것이 마치 땅의 견고함과 같
으니 점점 끊고 단번에 없애는 것이 천개의 송곳과 한
개의 괭이와 같다. 보배를 베푸는 것은 단지 간탐(慳
貪)만 없애기 위함이고 반야(般若)는 바로 무명(無明)을
건지는 것이니 돈(頓)과 점(漸)이 현격히 다르고 우열
(優劣)이 분명하다.

야부-193
麒麟鸞鳳　不成羣　尺璧寸珠　那入市　逐日之馬　不竝駝
기린난봉　불성군　척벽촌주　나입시　축일지마　불병타
倚天長劒　人難比　乾坤　不覆載　劫火　不能壞　凜凜威光

의천장검 인난비 건곤 불복재 겹화 불능괴 늠름위광
混大虛 天上人間 總不如 噫
혼대허 천상인간 총불여 희

기린과 난새 봉황이 무리를 이루지 못하고
크고 훌륭한 보배가 어찌 시장에 들어오리오.
하루에 천리를 달리는 말은 낙타와 함께 하지 못하고,
하늘을 의지한 장검은 사람이 비교하지 못하도다.
건곤이 그것을 싣지 못하고
겹화가 능히 그것을 무너뜨리지 못하도다.
늠름한 위광이 태허에 빛나니
천상과 인간이 모두 같지 않도다. 희라.

법희해
행주좌와 어묵동정, 굳이 부처님을 찾지 않아도
중생들 모두가 제멋대로 잘 살고 있으니
중생들아! 내가 괜히 왔다 간다.

함허설의
기린(麒麟)의 물건 됨은 머리에 한 뿔이고 성품은 어진
마음을 함유하고 있으며 난새와 봉황의 물건 됨은 몸에
오색을 갖추고 소리는 오음을 가지고 있어서 천하에 도
(道)가 있으면 이르고(至) 천하에 도가 없으면 숨나니,

이 일도 또한 그러해서 본시 하나의 도(道)이지만 열면 사심(四心)과 오위(五位)가 있는 것이다. 제불이 때때로 이를 설하시며 중생이 때때로 이를 얻어 들으니 무리를 이루지 않은즉 저 사물은 벗이 없음이라. 이 일도 설명이 많지 않으리라. 한 척이나 되는 옥과 한 치나 되는 구슬은 체(體)가 따뜻하고 윤기 있으며 밝은 덕을 갖추었고 또한 아주 강하고 청정한 상(相)을 갖추었으니, 이 일도 또한 그러해서 전체가 인연을 따르지만 비춤에 남김이 없고 연(緣)을 따라 불변하나 사물에 능히 물들지 않으니, 그것이 시장에 들어가면 이 보배를 사람들이 진귀하게 여겨서 천하게 팔지 않도다. 이 일도 그러하여 부처와 부처가 비밀히 보호해서 사람을 위하여 설함이 드물도다. 또한 신속하기가 좋은 말(馬)과 같아서 둔한 근기는 따라갈 수 없으며 명쾌하기가 날카로운 칼과 같아서 마구니와 외도가 이에 마음이 써늘해짐이로다. 크고 커서 건곤(乾坤)이 덮고 실을 수가 없음이요, 확실하고 확실해서 겁화(劫火)가 그것을 태워서 무너뜨릴 수 없도다. 늠름한 빛이 억만 건곤(乾坤)에 빛나고, 높고 높아서 천상과 인간에 상대가 없으니 그것을 얻는 자는 수승하여 비유할 데가 없느니라.

제이십오 화무소화
第二十五 化無所化

수보리 어의운하 여등물위 여래작시념 아당도
須菩提 於意云何 汝等勿謂 如來作是念 我當度
중생 수보리 막작시념 하이고 실무유중생 여래
衆生 須菩提 莫作是念 何以故 實無有衆生 如來
도자 약유중생여래도자 여래즉유아인중생수자
度者 若有衆生如來度者 如來即有我人衆生壽者

25. 교화하되 교화됨이 없음

"수보리야, 어떻게 생각하느냐. 너는 여래가 내가 마땅
히 중생을 제도 한다는 생각을 한다고 말하지 말며 수
보리야, 그런 생각도 하지 말라. 왜냐하면, 실로 여래
가 제도할 중생이 없기 때문이니라. 만약 여래가 제도
할 중생이 있다고 한다면, 여래는 바로 아, 인, 중생, 수
자가 있는 것이 되느니라."

함허설의
중생은 본래 부처를 이루었음이라. 부처가 중생을 제도
할 수 없느니라. 어찌하여 이 같은가. 진여법계(眞如法

界) 안에서는 중생과 부처가 없음이요, 평등한 성품 가운데는 자타(自他)가 없음이로다. 중생을 가히 제도할 것이 있다고 보면 자타를 이루는 것이니, 어찌 여래가 아(我)와 인(人)이 없다고 말하리오.

육조

수보리의 생각으로 여래가 중생을 제도하는 마음이 있다고 하므로 부처님께서 수보리의 이와 같은 의심을 없애기 위해 '이런 생각하지 말라'고 하신다. 일체중생이 본래 스스로 부처인 것이니 만약 여래가 중생을 제도하여 성불케 한다고 하면 곧 이는 망령된 말이다. 망어(妄語)인 까닭에 곧 아, 인, 중생, 수자이니 이는 아소심(我所心;내 것이라는 마음)을 보내기 위함이다. 대저 일체중생은 비록 불성이 있으나 만약 여러 부처님의 설법에 의하지 않고는 스스로 깨달을 까닭이 없으니, 무엇을 의지하여 수행해서 불도를 이룰 수 있으리오.

야부-194

春蘭秋菊 各自馨香
춘란추국 각자형향

봄의 난초와 가을 국화가
제각각 스스로 향기를 피우도다.

함허설의

십류(十類)의 중생이 시방의 부처님들과 더불어 일시에 성도함이요, 시방 부처님이 십류 중생과 더불어 같은 날 열반하니 중생과 부처의 상(相)이 본래 공적하고 능도(能度;제도할 자)와 소도(所度;제도 받을 자)도 또한 없으며 능소도가 이미 없는데, 아(我)와 인(人)의 상(相)이 어찌 있으리오. 이러한즉 석가도 눈은 가로로 있고 코는 곧게 있으며 사람사람도 또한 눈은 가로로 있고 코는 곧게 있으니 상적광토(常寂光土)에 함께 있어서 법락(法樂)을 함께 받도다.

야부-195

生下 東西七步行 人人 鼻直兩眉橫 哆哬悲喜 皆相似 那
생하 동서칠보행 인인 비직양미횡 치화비희 개상사 나
時 誰更問尊堂 還記得在麼
시 수갱문존당 환기득재마

태어나서 동서로 칠보를 걸음이여,
사람마다 코는 곧게 있고 두 눈썹은 옆으로 있도다.
치화와 슬픔과 기쁨은 다 서로 같으니
어느 때에 누가 다시 존당에 물으리오.
또한 기억 하는가.

함허설의

석가가 모태에서 태어나자 7보를 걸으시고 사람들도
모태에서 태어나자 눈은 옆으로 있고 코는 곧게 있도
다. 치치(哆哆;아이들이 기뻐하는 소리) 화화(咊咊;아이
들이 슬퍼하는 소리)와 겸하여 슬퍼하고 기뻐함이여,
인가(人家)의 아이들은 모두 서로 비슷하도다. 성품은
본래 신해(神解;신비롭게 아는 것)하는 것이어서 저절
로 그러하니 누가 존당(佛)을 향해 어찌할까 물으리오.
마음 기울여 그대에게 토로(吐露)하여 알리노니, 묻겠
노라. 그대는 여기에서 기억하는가, 마는가.

수보리 여래설유아자 즉비유아 이범부지인 이
須菩提 如來說有我者 卽非有我 而凡夫之人 以
위유아 수보리범부자 여래설즉비범부 시명범부
爲有我 須菩提凡夫者 如來說卽非凡夫 是名凡夫

"수보리야, 여래께서 유아라고 하는 것은 바로 비유아
를 뜻하는 것이지만 범부들이 이를 유아라 여긴다고 설
하셨느니라. 수보리야, 여래께서 범부라는 것도 바로
비범부의 뜻이므로 그 이름을 범부라 한다고 설하셨느
니라."

법희해

비유아(非有我), 비범부(非凡夫)!

금강경에서 여래의 말씀은 석가모니만 들을 수 있고 석가모니가 여래의 말씀을 인용하여 수보리의 질문에 답해준다. 절대로 석가모니와 수보리가 함께 여래의 말씀을 들을 수도 없고 수보리가 여래의 말씀을 인용할 수도 없다. 그러므로 세존이 수보리에게 여래의 말을 인용할 때의 문장형태는 다음과 같아야 한다. '수보리야, 여래께서 ~ 라고 설하셨느니라.' 석가모니가 아난에게 모든 경전의 시작을 여시아문(如是我聞)으로 하라고 했듯이 여래의 색신인 석가모니도 그 법칙을 그대로 따랐다. 이것을 알고 기존의 금강경(한글, 한문)을 보면 개똥보다 못하다는 것을 알게 될 것이다. 그런 금강경을 설하는 대가리 큰놈들과 듣고 고개를 끄덕이는 자들이 말법의 시작을 알리니 수행자들은 심신을 계율로써 더욱 청정히 하여 공부하라.

함허설의
비록 아(我)가 있다고 말하나 아의 성품이 본래 공(空)하거늘 범부들이 이를 알지 못하고 아가 있음으로 삼는다. 비록 범부라고 말하나 범부의 상(相)도 적멸한 것이니 범부의 상이 적멸한 고로 비범부라고 설하신다. 또 앞생각이 깨닫지 못함을 범부라 하고 뒷생각이 곧 깨달음을 비범부라고 설하는 것이다.

육조
여래가 아(我)가 있다고 설한 것은 자성이 청정한 상락아정(常樂我淨)의 아(我)이니 범부의 탐진치 무명과 허망하고 실답지 못한 아(我)와는 같지 않다. 그래서 범부들이 아가 있음으로 삼는다. 아인(我人)이 있으면 곧 범부이고 아인이 생하지 않으면 곧 비범부이며, 마음에 생멸이 있으면 곧 범부이고 마음에 생멸이 없으면 곧 비범부이며, 반야바라밀다를 깨닫지 못하면 범부요 반야바라밀다를 깨달으면 곧 비범부이며, 마음에 능소(能所)가 있으면 범부이고 능소심(能所心)이 나지 않으면 곧 비범부인 것이다.

야부-196
前念衆生後念佛 佛與衆生 是何物
전념중생후념불 불여중생 시하물

앞생각은 중생이고 뒷생각은 부처로다.
부처와 더불어 중생은 무슨 물건인가.

법희해
부처님 마음을 아프게 하는 골칫덩어리.

함허설의
앞생각이 망념을 일으키면 뒷생각이 곧 깨닫고, 앞생각
이 집착하면 곧 (집착을) 떠남이니 망(妄)을 돌이켜 깨
닫고 집착을 문득 떠남이니 성인이 되는가, 범인이 되
는가. 선인가, 악인가. 결정코 알지 못하도다.

야부-197
不現三頭六鼻　却能拈匙放筯　有時醉酒罵人　忽尒燒香作禮
불현삼두육비　각능염시방저　유시취주매인　홀이소향작례
手把破砂盆　身披羅錦綺　做模打樣百千般　驀鼻牽來秖是你
수파파사분　신피라금기　주모타양백천반　맥비견래지시니
咦
이

삼두(三頭)와 육비(六臂)를 나투지 않아도
능히 수저를 잡고 놓을 줄 알도다.
어느 땐 술에 취하여 사람을 꾸짖다가
홀연히 향을 사르고 예를 올리도다.
손에는 깨진 사기그릇을 잡고
몸에는 비단 옷을 걸쳤도다.
모양을 만들고 지워버림이 백천 가지이나
문득 코를 잡아끌고 오니, 다만 이는 너로다. 이!

함허설의
비능(非能)과 비불능(非不能), 비선(非善)과 비불선(非不善), 비귀(非貴)와 비불귀((非不貴), 귀천(貴賤)과 선악(善惡)과 능부(能否)가 다름이여, 바른 눈으로 보면 오직 한 사람이로다.

제이십육 법신비상
第二十六 法身非相

수보리 어의운하 가이삼십이상 관여래부 수보
須菩提 於意云何 可以三十二相 觀如來不 須菩
리언 여시여시 이삼십이상 관여래
提言 如是如是 以三十二相 觀如來

26. 법신은 비상인

"수보리야, 어떻게 생각하느냐. 32상으로 여래를 관할
수 있겠느냐?" 수보리가 말하기를 "그렇습니다. 그렇습
니다. 32상으로 여래를 관할 수 있습니다."

법희해
비상(非相)!

견(見)과 관(觀)의 차이점에 대한 문답이다.

함허설의
수보리가 저 앞에선 자취(대답)를 중근기와 같게 하여
방편으로 깨달아 들게 하므로 '32상으로 여래를 관할

수 있다.'고 하니 저곳에선 견(見)이라 하고 여기에선 관(觀)이라 함은 또한 이유가 있음이로다.

야부-198
錯
착

틀렸음이라.

함허설의
색신(色身)은 부처가 아니고 음성 또한 그렇거늘 상(相)으로써 여래를 관(觀)한다고 하시니 그러므로 틀렸다고 하시니라.

야부-199
泥塑木雕縑綵畵 堆靑抹綠更粧金 若將此是如來相 笑煞南
니소목조겸채화 퇴청말록갱장금 약장차시여래상 소살나
無觀世音
무관세음

진흙으로 빚고 나무로 조각하며 비단의 그림이여,
청색을 칠하고 녹색을 바르고 다시 금으로 장식 하도다. 만약 이것을 여래의 모습이라 한다면 우습도다. 나무 관세음보살 !

법회해
눈을 가진 이라면 누구나 볼 수 있는 것은 견(見)이고
색성과 법을 넘어 부처님께서 만드신 하나로 된 법계를
볼 수 있는 것은 바로 관(觀)이다. 유(有) 무(無)는 중
생이요, 비(非)는 수다원이요. 그 다음에 오는 것이 아
라한의 관(觀)이다. 반드시 관(觀)으로써만 무상 무아
공을 깨칠 수 있다. 그 깨달음을 '아뇩다라삼먁삼보리'
라고 한다. 쉽게 말하면 신해행증(信解行證)!

함허설의
상(相)에 집착하고 정(情)에 집착한 견해가 진(塵)을 떠
나서 다시 본성을 회복하는 관(觀)을 어긴 것이니 '우
습도다. 나무 관세음'이라 한뜻이 여기에 있음이로다.

불언 수보리 약이삼십이상 관여래자 전륜성왕
佛言 須菩提 若以三十二相 觀如來者 轉輪聖王
즉시여래
卽是如來

부처님께서 말씀하시기를 "수보리야, 만약 32상으로 여
래를 관할 수 있다고 한다면, 32상을 갖추고 있는 전륜

성왕도 바로 여래니라."

수보리 백불언 세존 여아해불소설의 불응이삼
須菩提 白佛言 世尊 如我解佛所說義 不應以三
십이상 관여래
十二相 觀如來

수보리가 부처님께 말하기를 "세존이시여, 제가 부처님 말씀을 이해하기로는 32상으로 여래를 관할 수 없습니다."

함허설의
부처님께서 침(針)으로 아프게 찔러줌을 당하고서야 비로소 깨달음을 얻었으므로 이에 상(相)으로 관(觀)하지 못 한다 이르시니, 이는 옳기는 옳으나 사무쳐 보지는 못했음이로다.

육조
세존께서 대자비로 수보리가 상(相)에 집착한 병을 없애지 못할까 염려하여 짐짓 이렇게 물었는데 수보리가 부처님의 뜻을 알지 못하고 이에 '그렇습니다, 그렇습니다.' 하니 벌써 이것은 미혹한 마음이로다. 다시 말하면 32상으로써 여래를 관(觀)한다 하시니 거듭 한 번

더 미(迷)한 마음이로다. 진(塵)을 떠남이 더욱 더 멀어
짐으로 여래가 이를 위하여 말씀하시기를 저 미(迷)한
마음을 없애고자 하시어 만약 32상으로 여래를 볼 수
있다면 전륜성왕도 곧 여래라고 하시니 전륜성왕이 비
록 32상이 있으나 어찌 여래와 같을 수 있겠는가. 세존
께서 이 말을 끌어들이신 것은 수보리의 상(相)에 집착
한 병을 보내기 위하여 그로 하여금 깨달은 바가 깊이
사무치게 하심이다. 수보리가 물음을 받고 미(迷)한 마
음이 한꺼번에 풀어진 까닭에 '제가 부처님께서 말씀하
시는 뜻을 알기로는 32가지 몸의 모습으로는 여래를
보지 못하겠습니다.'한 것이다. 수보리는 대아라한이라,
깨달은 바가 매우 깊으니 방편으로 그 미로(迷路)를 보
여서 세존께서 미세한 번뇌를 없애버리고 후세의 중생
으로 하여금 보는 바가 그릇되지 않기를 바란 것이다.

야부-200
錯
착

틀렸음이라.

함허설의
또한 색성(色聲)을 떠나지 않고 부처의 신통력을 보거

늘 상(相)으로써 관(觀)하지 못한다 하시니 그 까닭으로
또한 틀렸음이라.

야부-201
有相身中無相身 金香爐下鐵崐崘 頭頭盡是吾家物 何必靈
유상신중무상신 금향로하철곤륜 두두진시오가물 하필령
山問世尊 如王秉劍
산문세존 여왕병검

유상신(有相身) 가운데 무상신(無相身)이여
금향로 밑에 철곤륜이로다.
두두가 모두 내 집 물건이니
하필 영산의 세존께 물으리오.
왕의 칼을 잡음과 같도다.

함허설의
상(相)이 곧 진(眞)이라. 상 밖에는 진이 없음이니 두두
(頭頭)가 물건 밖의 가풍(家風)이요, 사사(事事)가 눈앞
의 삼매(三昧)로다. 처처(處處)에서 저를 만나는데 하필
이면 밖을 향해서 구하리오. 왕이 칼을 잡는 것과 같다
는 것은 유상(有相)으로써 구하더라도 또한 틀렸음이며
무상(無相)으로써 구하더라도 또한 틀렸음이니 유상과
무상이 모두 다 틀렸음이다. 왕이 칼을 잡아서 죄가 있

으면 참(斬)하고 한 번 그른 줄 알면 도리어 살게 함이
니 조종하는 것이 손에 있고 죽고 사는 것이 그때에 임
하도다.(때를 따르도다.)

이시 세존 이설게언 약이색견아 이음성구아 시
爾時 世尊 而說偈言 若以色見我 以音聲求我 是
인행사도 불능견여래 응관불법성 즉도사법신
人行邪道 不能見如來 應觀佛法性 卽導師法身
법성비소식 고피불능료
法性非所識 故彼不能了

그때 세존께서 게송으로 말씀하셨다.
"만약 형상으로 나를 보거나 음성으로 나를 구하면
이 사람은 삿된 도를 행하는 것이니
능히 여래를 보지 못하느니라.
마땅히 부처님은 법의 성품으로 관해야 하느니라.
부처님은 바로 법신이니라.
법의 성품은 앎의 대상이 아니므로
그것은 능히 알 수 없는 것이니라."

법희해
비소식(非所識)!

구마라습이 한역하는 과정에서 가장 큰 실수 두 가지 중 하나가 금강경에서 '응관불법성(應觀佛法性) ~ 고피불능료(故彼不能了)'이 부분을 빠뜨린 것이다. 부처님은 식(識)의 대상이 아니라고 분명하게 설하고 있다. 아뢰야는 식이 아니라(無意識) 심(心)이며 중생에게 조금 나눠 줬다는 그 불성(佛性)인 것이다. 식(識) 속에도 조금은 있지만 법계에 가득 차 있는 부처님의 자비광명이다. 유식학파가 사라지게 된 것도 아뢰야를 무의식(無意識)이라고 하면서도 의식에 포함시켰기 때문이다. (앞의 식의 구조를 참고 하라.) 이런 잘못된 진리 아래서 수행자는 점점 마구니로 변할 것이며 부처님의 말씀을 절대 증명해 보일 수 없다. 성 밖의 우유는 배탈만 일으킬 뿐이다. 두 번째 실수는 반야심경에서 '관 자재보살(觀 自在菩薩)'을 '관자재보살(觀自在菩薩)'로 한역한 것이다. 관 자재보살 행심반야바라밀다시 조견오온개공 도일체고액(觀 自在菩薩 行深般若波羅蜜多時 照見五蘊皆空 度一切苦厄) '자재보살은 깊은 부처님의 지혜로 행을 할 때 오온이 모두 공한 것을 밝게 보며 일체의 고액에서 벗어난다는 것을 관하라.' 관자재보살을 관세음보살이라고 하는 얼빠진 자들이 가끔 있는데 관세음보살을 전혀 모르는 자라 하겠다. 자재보살은 비중생(非衆生)과 같은 뜻이다. 지금은 마음대로 행하는 중생이지만 언젠가는 부처님을 친견할 수 있는 보살이 될 가능성을 지닌 중생이 '자재보살'이다. 또 참선을 설명할 때 견성성불(見性成佛)이라고 한다. 성품을 바로 보아 부처를 이룬다는 뜻으로 알고 있다. 이것도 잘못된 해석이다. 견 성성불(見 性成佛) 부처를 이루는 성품을 보다, 즉 오온 속에 있는 불성을 보다의 뜻으로 회광반조(回光返照)와 같은 말이다. 우리는 부처가 될 수 없다. '부처가 된다.'는 말이 여래께서 제일 싫어하는 말임을 알라. '부처가 된다.'는 뜻의 모든 말을 '부처를 보다.' '부처를 친견하다.'로 바꾸라고 하시니 이 책에서는 그 뜻에 따랐다. 우리의 목표는 보살이지만 우리가 오를 수 있는 경지는 연각이다. 왜 그런지는 머릿속에서만 생각하지 말고 열심히 수행하여 직접 여래께 물어라. 석가모니가 심혈을 기울여 여래의 뜻을 전한 반야의 핵심(금강경)과 골수(반야심경)에서 큰 실수를 한 구마라습은 여래를 친견하지 못하고 멀리서 바라보는 것에 만족해야 했다.

함허설의
색(色)으로 보고 음성으로 구하는 것은 사도(邪道)를 행하는 것인데 어떻게 하면 사도를 행하지 않으리오. 다만 성색(聲色)이 본래 진(眞)이 아님을 알면 자연히 성(聲)과 색(色)의 미혹됨을 입지 않으리라. 견(見)이 다하면 스스로 깊은 뜻을 알 것이요, 정(情)을 잊으면 능히 도(道)와 더불어 서로 친하리라.

육조

약이(若以), 두자는 말을 낼 때의 단서이다. 색(色)이란 상(相)이요, 견(見)은 식(識)이요. 아(我)는 일체 중생의 몸 가운데 자성청정(自性淸淨), 무위(無爲), 무상(無相), 진상(眞常)의 체(體)이니 높은 소리로 염불해서 성취하는 것이 아니요, 모름지기 정견(正見)이 분명해야 바야흐로 해오(解悟)를 할 수 있는 것이다. 만약 색(色)과 성(聲) 두 가지 상(相)으로써 부처를 관(觀)하거나 소리 가운데서 법을 구한다면 마음에 생멸(生滅)이 있어서 여래를 알지 못하리라.

야부-202

直饒不作聲色求 是亦未見如來在 且道 如何得見
직요부작성색구 시역미견여래재 차도 여하득견

설사 성색(聲色)으로 구하지 않더라도 이는 또한 여래를 보지 못하는 것이니, 또 말하라.
어찌해야 볼 수 있겠는가.

함허설의

성지시(聲至是;소리로 여기에 이름)는 소리로 구하고

색으로 본다고도 함이다.

야부-203
不審不審
불심불심

모르겠다, 모르겠다.

함허설의
부처는 색(色)과 성(聲)에 있지 않고 또한 색과 성을 떠난 것도 아니니 색성(色聲)으로써 부처를 구하여도 또한 볼 수 없으며 색성을 떠나서 부처를 구해도 볼 수 없느니라. 색에 즉하거나 색을 떠나서도 둘 다 볼 수 없음이니, 또 일러라. 어떻게 해야 볼 수 있겠는가. 모르겠다. 모르겠다함이여! 잘 보아라. 부처님께서 나타났도다.

야부-204
見色聞聲世本常 一重雪上一重霜 君今要見黃頭老 走入摩
견색문성세본상 일중설상일중상 군금요견황두노 주입마
耶腹內藏 咦 此語三十年後 擲地金聲在
야복내장 이 차어삼십년후 척지금성재

색을 보고 소리 듣는 것은 세상에 본래 항상 하거늘,
한 겹의 눈 위에 한 겹의 서리로다.
그대가 지금 부처를 보고자 하면,
마야의 뱃속에 뛰어 들어갈지어다.
이! 이 말은 30년 후 땅에 던지면 쇳소리가 나리라.

법희해

색을 보고 소리 듣는 것은 사바세계 중생들이 본래 항상 하거늘, 아무리 가까이 있어도 눈으로 보지 못 하는 것이 중생이로다. 그대가 지금 눈으로 부처를 보고자 한다면 마야뱃속에 뛰어 들어가도 볼 수 없으리라. 이! 이 말은 30년 후에나 아는 이가 있으리라.

함허설의

묘원(妙圓)하고 진정한 겁전(劫前;時空의 前)의 몸이여, 지견(知見)을 가지고 망령되이 친소(親疎)를 내지 말지어다. 색(色)을 보고 소리를 들음은 세상에 본래 항상한 일이니 색과 성을 떠나서 따로 진(眞)을 구하지 말지어다. 옛사람이 말하길, 도(道)는 견문각지(見聞覺知)에 속하지도 않고 또한 견문각지를 떠나지도 않는다 했다. 견문각지에 즉하여 도를 구하여도 또한 틀렸음이요, 견문각지를 떠나서 도를 구하여도 또한 틀렸음이다. 색성(色聲)에 즉하여 부처를 구하여도 또한 틀렸고,

색성을 떠나서 부처를 구하여도 또한 틀렸음이니 틀린 것을 가지고 틀린 데에 나아감이여, 설상가상이로다. 이와 같이 부처를 볼 것 같으면 마침내 부처를 볼 수 없으니 그대가 지금 부처를 보고자 하면 마야부인의 뱃속으로 뛰어 들어 갈 지다. 옛사람이 말하길, 마야부인 뱃속의 집(法堂)이여, 법계의 체(體)는 하나라고 하니, 만약 법계의 체(體)라 한다면 상(相)이 되는가, 비상(非相)이 되는가. 상도 아니고 비상도 아님이니 모든 부처가 같이 돌아가는 바이므로 부처를 보고자 하면 곧 이 속을 향해서 찾을지어다. 이 말이 30년 전에는 분명하지 못했으나 30년 후에는 마치 쇠를 땅에 던지는 것처럼 소리를 내리라.

법희해

지금 던진 것이 30년 후에나 쇳소리를 낸다면 어느 누가 믿겠는가? 홍인에 모인 식구들은 법문이 끝남과 동시에 그 소리를 낸다네.

제이십칠 무단무멸
第二十七 無斷無滅

수보리 여약작시념 여래 불이구족상고 득아뇩
須菩提 汝若作是念 如來 不以具足相故 得阿耨
다라삼먁삼보리 수보리 막작시념 여래 불이구
多羅三藐三菩提 須菩提 莫作是念 如來 不以具
족상고 득아뇩다라삼먁삼보리
足相故 得阿耨多羅三藐三菩提

27. 끊어짐도 멸함도 없음

"수보리야, 너는 만약 여래가 32상을 갖추지 않았으므
로 아뇩다라삼먁삼보리를 얻었다는 생각을 하느냐? 수
보리야, 여래가 32상을 갖추지 않았으므로 아뇩다라삼
먁삼보리를 얻었다는 그런 생각은 하지 말아야 하느니
라."

수보리 여약작시념 발아뇩다라삼먁삼보리심자
須菩提 汝若作是念 發阿耨多羅三藐三菩提心者
설제법단멸 막작시념

說諸法斷滅 莫作是念

"수보리야, 너는 만약 아뇩다라삼먁삼보리의 그 마음이 모든 법의 단멸을 말하는 것이라는 생각을 한다면 그런 생각도 하지 말아야 하느니라."

하이고 발아뇩다라삼먁삼보리심자 어법 불설단 何以故 發阿耨多羅三藐三菩提心者 於法 不說斷 멸상 滅相

"왜냐하면, 아뇩다라삼먁삼보리의 그 마음은 법의 단멸상을 말하지 않기 때문이니라."

법희해
세존이 아뇩다라삼먁삼보리의 법은 있는 것도 아니고 얻을 수 있는 것도 아니라고 말한 것은 그 법이 공(空)이기 때문이다. 중생들이 그것을 단멸하여 없어져 버린 상태의 무(無)로 잘못 알까 염려하여 말하는 것이 27분의 내용이다. 법계에 있는 모든 법(法)과 상(相)은 단멸하는 것이 아니라 공(空) 속에서 연기의 법으로 윤회(輪廻)하는 것이다. 윤회되어지는 그 힘은 바로 우리들의 업력이다.

함허설의
상(相)과 비상(非相)을 꾸짖은 것은 단(斷;不定)과 상(常;肯定)에 떨어질까 염려함이니, 만약 부처는 상(相)이 없다고 말하면 벌써 이미 단멸(斷滅)은 이룬 것이다.

육조
수보리가 진신(眞身)은 상(相)을 여읜 것이라는 말씀을 듣고 문득 32청정행을 닦지 않고 부처님께서 보리를 얻었다 하므로, 부처님께서 수보리에게 말씀하시기를 "여래가 32청정행을 닦지 않고 보리를 얻었다고 말하지 말라. 네가 만약 32청정행을 닦지 않고 아뇩보리를 얻었다 한다면 곧 부처 종자(佛種)를 단멸(斷滅)하는 것이라 옳지 않느니라."하셨다.

야부-205
剪不齊兮 理還亂 拽起頭來割不斷
전부제혜 이환란 예기두래할부단

잘라서 가지런하지 않음이여
다스리면 도리어 어지러워짐이요.

머리를 끌어 일으켜 잘라도 끊어지지 않도다.

법희해
부처님의 가르침에 따르지 않고는 아무리 정리를 해도
중생의 머릿속은 모두 쓰레기통이로다. 불법을 날로 먹
을 생각은 꿈에도 하지 마라. 이 시간에도 계율 지키기
를 목숨과 같이 하고 무릎이 닳도록 참회의 절을 하는
불자들이 있다.

함허설의
잘라서 가지런히 하고자 하나 능히 그로써 가지런해지
지 않고, 다스려서 어지럽지 않게 하고자 하나 능히 어
지럽지 않게 못하며, 이끌고 와서 잘라 끊고자 하나 능
히 그것으로써 끊어지지 않으니, 이러한즉 비록 색성이
없다고 하나 또한 색성에 걸리지도 않도다.

야부-206
不知誰解巧安排 捏聚依前又妨開 莫謂如來成斷滅 一聲還
부지수해교안배 날취의전우방개 막위여래성단멸 일성환
續一聲來
속일성래

알 수 없어라. 누가 교묘히 안배(安排)함을 아는가.

잡았다가 예전처럼 또 놓아주도다.
여래가 단멸을 이뤘다고 말하지 말라.
한소리가 또 한소리를 이어 오도다.

법희해

부처님의 가르침을 흉내 내는 놈들과 의식이 쓰레기통
과 같은 놈들이 지닌 목탁은 두드리면 재화가 생겨나는
신기한 도깨비 방망이요, 그들이 걸친 먹물 옷은 중생
의 사악한 업장을 감추고 공양을 받게 만드는 신비한
옷이라. 무지중생은 속일 수 있을지 몰라도 부처님의
손바닥은 절대 벗어날 수 없도다. 지옥의 불구덩이에서
천만번을 후회해도 그가 지은 죄업은 티끌만큼도 녹일
수 없으리라.

함허설의

이미 비제상(非諸相)이라고 말하고 또 구족하다고 말함
이여, 사람들이 단견(斷見)을 낼까 염려하여 거듭 '그런
생각을 하지 말라.'이르셨도다.

제이십팔 불수불탐
第二十八 不受不貪

수보리 약보살 이만항하사등세계칠보 지용보시
須菩提 若菩薩 以滿恒河沙等世界七寶 持用布施
약부유인 지일체법무아 득성어인 차인승전 보
若復有人 知一切法無我 得成於忍 此人勝前 菩
살 소득공덕
薩 所得功德

28. 받을 것도 없고 탐할 것도 없음

"수보리야, 만약 보살이 항하의 모래 수와 같은 세계의
칠보를 가지고 보시하고 만약 또 어떤 사람은 모든 법
의 무아를 알아서 인을 깨달았다면 이 사람은 앞의 보
살이 얻는 공덕보다 수승하리라."

법희해
한문오역 '차보살(此菩薩)'을 '차인(此人)'으로 바꿨다.
'약부유인(若復有人)'이므로 보살이 아니라 '차인(此人)'
이 되어야 뜻이 통한다.

함허설의
보시하되 상(相)에 주(住)하지 않는 것을 앞에서는 그
복이 시방허공과 같다고 칭찬하시고 법(法)이 아(我)가
없음을 알아서 인(忍)을 성취한 것을 지금엔 복이 갠지
스 강(항하)의 모래 수만큼의 보시보다 수승하다고 찬
탄하시니 지금의 한 말씀이 앞의 '머물고 항복받는' 등
의 뜻을 포함한 것이다. 이른바 탐하지도 않고 받지도
않는다는 것은 대개 주(住)하고 닦고, 마음을 항복받는
뜻이다.

육조
일체법을 통달하여 능소심(能所心)이 없는 것을 이름
하여 인(忍)이 된다하니, 이 사람의 얻는바 복덕은 앞
의 칠보를 보시한 복보다 수승한 것이니라.

야부-207
耳聽如聾 口說如啞
이청여농 구설여아

귀로 들어도 귀머거리 같고 입을 벌려도 벙어리 같도
다.

함허설의

법(法)이 무아(無我)임을 알면 곧 피아상(彼我相;너,나하는 생각)이 없어짐이요, 인(忍)을 얻어 이루면 곧 능소정(能所情;주관과 객관의 생각)을 잊게 되니 능소의 정이 없어지면 무념지(無念智)가 나타나고 피아상이 없어지면 평등의 이치가 드러난다. 이런 경지에 이르러서는 눈으로 보고 귀로 들음에 분별이 나지 않고, 입을 열고 혀를 움직여도 분별이 나지 않음이니, 나지 않는 것까지도 나지 않으면 어찌 귀머거리 같고 벙어리와 같을 뿐이리오. 이는 곧 밝은 거울이 사물을 비춤과 같고 빈 골짜기가 소리에 응함과 같아서 치연(熾然)히 비추고 응하되 비추고 응한다 함이 없으리니, 그러므로 항상 육근(六根)에 응하여 쓰되 그 쓴다는 생각을 일으키지 않음이라 말한다. 겁(劫)의 불이 바다 밑까지 태우고 바람이 몰아쳐 산이 무너져 내리더라도 참답고 항상한 적멸의 즐거움인 열반의 모습은 이와 같다 하셨다.

야부-208
馬下人因馬上君　有高有下有疎親　一朝馬死人歸去　親者如
마하인인마상군　유고유하유소친　일조마사인귀거　친자여
同陌路人　秪是舊時人　改却舊時行履處
동맥로인　지시구시인　개각구시행이처

말(馬)을 모는 사람이 말 위의 임금으로 인하여

높음도 있고 낮음도 있어서 소친(疎親)이 있더니,
하루아침에 말이 죽고 임금도 돌아가시니
그 친하던 사람들은 길가는(무관한) 사람과 같음이라.
다만 그 시절의 사람도
그 시절에 놀던 곳으로 다시 돌아갔음이로다.

법희해

금강신이 부처님의 마음인 평등한 하나의 뜻을 전하니,
중생들의 마음에는 높고 낮음, 멀고 가까운 분별심이
일도다. 금강신이 열반하니 불법도 사법으로 서서히 변
하여 말법의 수행자는 중생들과 다를 바 없음이라.
다만 그 시절의 금강신은 그 시절에 놀던 녹양방초 우
거진 곳으로 다시 돌아갔음이라.

함허설의

궁핍하고 옹졸한 사람이 본래는 말(馬)도 없고 사람(王)
도 없더니 말과 사람이 있음으로부터 고하(高下)가 나
뉘어져 친한 이는 도리어 멀어지고 먼 사람은 도리어
친해지도다. 하루아침에 말이 죽고 임금도 돌아가 버리
니 친한 이들이 또한 멀어져서 예전처럼 궁핍하고 옹졸
한 사람이 됨이로다. 또한 청정한 본래의 해탈이여, 아
(我), 인(人)의 상(相)이 원래 없으나 아, 인의 상이 있
음으로부터 높고 낮은 집착의 정(情)이 생김이다. 고하

(高下)의 정(情)이 생기니 도(道)와는 멀어지고 무명(無明)과 삼독(三毒)이 도리어 친해지도다. 아, 인의 산이 한 순간에 무너지니 친하던 삼독이 도리어 멀어 지도다. 도리어 멀어지니 예전처럼 청정한 본래의 해탈이로다.

하이고 수보리 이제보살 불수복덕고
何以故 須菩提 以諸菩薩 不受福德故

"왜냐하면 수보리야, 이 모든 보살은 복덕을 받지 않기 때문이니라."

함허설의
법(法)이 무아(無我)임을 알아서 인(忍)을 성취한 것이 어찌 보시한 복덕보다 수승한 것인가. 보시는 다만 상(相)에 주(住)한 것이어서 복덕을 구경(究竟)으로 삼거니와 보살은 그렇지 않아서 법의 성품이 공(空)함을 통달하여 복덕도 오히려 받지 않는 까닭에 수승함이 되느니라.

수보리 백불언 세존 운하보살 불수복덕 수보리
須菩提 白佛言 世尊 云何菩薩 不受福德 須菩提
보살 소작복덕 불응탐착 시고 설불수복덕

菩薩 所作福德 不應貪着 是故 說不受福德

수보리가 부처님께 말하기를 "세존이시여, 어찌하여 보살은 복덕을 받지 않습니까?" "수보리야, 보살은 지은 복덕에 마땅히 탐내고 집착하지 않으므로 복덕을 받지 않는다고 말하느니라."

법희해
복덕이라는 것도 의식 속의 개념이며 그 실체는 무상이며 무아며 공인 것이다. 중생들이 보살의 행을 보면 자신들과 다를 것이 없다고 말하겠지만 분명히 다른 것은 유월 염천에 눈서리가 내림과 같다고 했다.

함허설의
복덕이 원래 성품이 없음을 알면 마땅히 그 가운데 물들고 집착함을 내지 않으리니, 탐(貪)하고 구(求)함이 이미 없어져 철저하게 공(空)하도다.

육조
보살의 지은 바 복덕은 자기를 위함이 아니요, 뜻이 일체중생을 이익하게 하는 데 있음으로 복덕을 받지 않는다 한다.

야부-209
裙無腰袴無口
군무요고무구

치마엔 허리가 없고 바지는 입구가 없다.

법희해
모든 것의 실체는 법계가 하나인 것이고 치마 허리 바지 입구와 같은 언설(言說)들은 의식 속에서만 존재하는 개념인 것이다.

함허설의
치마와 바지가 비록 있으나 없는 것과 같으니, 경(經)에 의하면 복을 받지 않은 그 뜻이 바로 이러하도다.

야부-210
似水如雲一夢身 不知此外更何親 箇中不許容他物 分付黃
사수여운일몽신 부지차외갱하친 개중불허용타물 분부황
梅路上人
매로상인

물과 같고 구름 같은 하나의 꿈과 같은 몸이여,
알 수 없어라. 이것 외에 다시 무엇과 친하리오.

이 가운데는 어떤 것도 용납하지 않으니
황매의 노상인에게 분부함이로다.

함허설의
다만 이 꿈 같은 몸은 물과 같이 생각이 없어서 곳에
따라 모나기도 하고 둥글기도 하며, 구름같이 무심하여
거두고 펴는 것이 자유로우니 이외에 달리 친할 것이
없음이라. 무슨 물건이 이 가운데에 돌아오리오. 넓고
넓어 남의 속박이 없으니 해탈을 어찌 다시 구할 것인
가. 신로(信老;四祖 道信스님)가 일찍이 이 소식을 가져
서 황매의 노상인(黃梅路上人;五祖 弘忍스님)에게 분부
했도다.

제이십구 위의적정
第二十九 威儀寂靜

수보리 약유인언 여래 약래약거약좌약와 시인
須菩提 若有人言 如來 若來若去若坐若臥 是人
불해아소설의 하이고 여래자 무소종래 역무소
不解我所說義 何以故 如來者 無所從來 亦無所
거 고명여래
去 故名如來

29. 여래의 행은 드러나지 않음

"수보리야, 만약 어떤 사람이 여래는 오기도 하고 가기
도 하며, 앉기도 하고 눕기도 한다고 말한다면, 이 사
람은 나의 말한 뜻을 깨닫지 못했느니라. 왜냐하면, 여
래라고 하는 그것은 어디로부터 오는 곳도 없고 또한
어디로 가는 곳도 없기 때문에 여래라 이름 하느니라."

함허설의
앞에서는 가히 신상(身相;색신과 법신)으로써 여래를
볼 수 없다고 하며 가히 32상으로써도 여래를 볼 수
없다 하니, 부처님께서는 응당 구족한 색신으로도 볼

수 없으며, 또한 당연히 32상으로도 여래를 관하지 못한다 하셨다. 이것은 다 부처가 비유상(非有相)임을 밝힌 것이다. 다음에 말씀하시길 '이런 생각을 하지 말라. 여래가 구족한 상(相)으로써 아뇩보리를 얻은 것이 아니다.'라고 하시니 이것은 부처가 비무상(非無相)임을 밝힌 것이다. 여기에서 말씀하시길 '오는 곳도 없고 가는 곳도 없다.'하시니 이것은 부처란 거래(去來)가 없음을 밝힌 것이다. 이러한즉 참다운 법성신(法性身)은 비상(非相)이며 비비상(非非相)인 것이다. 성(性)과 상(相)이 서로 융통함이요, 가는 것도 없고 오는 것도 없음이다. 동(動)과 정(靜)이 일여(一如)함이로다.

육조
여래란 옴(來)도 아니요 오지 않음도 아니며, 감(去)도 아니고 가지 않음도 아니며, 앉음(坐)도 아니고 앉지 않음도 아니며 누움(臥)도 아니고 눕지 않음도 아니니, 행주좌와(行住坐臥)의 네 가지 위의(威儀) 가운데서 항상 공적(空寂)하게 있는 것이 곧 여래이니라.

야부-211
山門頭 合掌 佛殿裏 燒香
산문두 합장 불전이 소향

산문 앞에서 합장하고 불전에 들어가 향을 사룬다.

법희해
다만 모든 것을 알고 있는 수행자의 행이로다.

함허설의
비록 그렇게 거래(去來)가 없다고 하지만, 산문과 불전
에서 나아가고 머묾이 법다우며 합장하고 향을 사루는
위의(威儀)가 환히 드러남이로다.

야부-212
衲捲秋雲去復來 幾廻南岳與天台 寒山拾得相逢笑 且道笑
납권추운거부래 기회남악여천태 한산습득상봉소 차도소
箇甚麼 笑道同行步不擡
개심마 소도동행보부대

납승이 가을 구름을 거두고 가고 또 오니,
몇 번이나 남악산과 천태산을 돌았던가.
한산과 습득이 서로 만나 웃으니,
또 말하라. 그 웃음은 무엇인가.
동행하되 한 걸음도 옮기지 않음을 웃어 보이도다.

법희해

목동과 목동, 한산과 습득, 이 만남에 무슨 말이 필요하리요. 그저 웃기만 하면 되는 것을, 그 웃음의 의미를 아는 자 누구인가?

함허설의

표연(飄然)한 일조의 납승이 오고가매 구름처럼 무심하도다. 대천세계를 발밑에 두니 천태산과 남악산을 몇 번이나 돌았던가. 한산(寒山)과 습득(拾得)이 만나서 동행하되 걸음을 옮기지 않음을 웃어주도다. 누가 동행하되 걸음을 옮기지 않는 것인가. 한산은 마땅히 가야하고 습득은 마땅히 와야 하는데 한산과 더불어 습득은 오기만 하고 습득은 한산과 더불어 가기만 하고 올 줄을 몰라서 서로 인연함이 자유롭지 못하여 웃음을 취한 것이 여기에 있도다. 이 납승은 저들과 같지 않아서 오고감이 스스로 자유스럽도다.

제삼십 일합이상
第三十 一合理相

수보리 약선남자선여인 이삼천대천세계 쇄위미
須菩提　若善男子善女人　以三千大千世界　碎爲微
진 어의운하 시미진중 영위다부 수보리언 심다
塵　於意云何　是微塵衆　寧爲多不　須菩提言　甚多
세존
世尊

30. 하나로 이루어진 상의 이치

"수보리야, 만약 선남자 선여인이 삼천대천세계를 부수
어서 작은 먼지로 만든다면 어떻게 생각하느냐. 이 작
은 먼지들이 많지 않겠느냐?" 수보리가 말하기를 "매우
많습니다. 세존이시여."

하이고 약시미진중 실유자 불즉불설 시미진중
何以故　若是微塵衆　實有者　佛卽不說　是微塵衆
소이자하 불설미진중 즉비미진중 시명미진중
所以者何　佛說微塵衆　卽非微塵衆　是名微塵衆

"왜냐하면, 만약 이 작은 먼지들이 실로 있는 것이라면 부처님께서는 바로 작은 먼지들이라고 말씀하시지 않으셨을 것이기 때문입니다. 그 까닭은, 부처님께서 작은 먼지들은 바로 비미진중의 뜻이므로 그 이름을 작은 먼지들이라 한다고 말씀하셨기 때문입니다."

법희해
비미진중(非微塵衆)!

실체에는 그 어떤 이름을 붙여도 개념이 되어 버린다. 모든 언설(言說)은 실체가 아니므로 부처는 뗏목에 비유하라고 하신 것이다. 묘관찰지(妙觀察智)를 가진 자는 이 뜻을 알고 행할 수 있으리라.

함허설의
앞에서는 여래의 몸이 진(眞)도 가(假)도 아니며 거래(去來)도 없음을 나타내시고, 여기서는 미진(微塵)이 비미진(非微塵)이며 세계도 비세계임을 말하시고 법상(法相)이 곧 비법상임을 밝힌 것은 무엇인가. 앞에서는 부처님의 진체(眞體)를 드러냄이다. 깨달은 바도 또한 이것이며 증득한 바도 또한 이것이니, 이것인즉 법의 진체를 나타냄이다. 말을 거둬들이고 자취를 떨쳐버려서 진원(眞源)에 돌이킴을 보인 것이다. 불신(佛身)은 본래 무위(無爲)로 근기 따라 참으로 응하는 거래(去來)가 있음이요, 법성(法性)은 본래 생함이 없으나 근기에 대하여 권(權)과 실(實)과 돈(頓)과 점(漸)이 있다. 그러므로 일신(一身)에서 삼신(三身)을 나타내고 또 삼신에서 미진수(微塵數)의 몸을 나타내시며 일법(一法)에서 삼승(三乘)을 펴시고 삼승에서 미진수(微塵數)의 법을 펴시는 것이다. 사실대로 관하건대 부처님은 진신(眞身), 응신(應身)의 거래(去來)가 다름이 없고 법은 권실(權實)과 돈점(頓漸)이 다름이 없거늘 이 뜻을 알지 못한 자는 불신(佛身)이 실로 이와 같은 차별이 있는 것으로 여기고 법문(法門)이 실로 이 같은 명(名;이론), 수(數;교리)가 있다고 여기니, 깨끗한 마니주는 그 방향에 따라 각각 나투어서 오색을 비추는 것이거늘 모든 어리석은 자들은 깨끗한 마니주에 실로 오색이 있다고 함과 같은 것이다. 그러므로 부처님께서 말씀하시기를, '만약 색(色)으로 보거나 소리(聲)로 구하면 이는 사도(邪道)를 행함이라.'하시며, 내지 '만약 오고 감이 있다고 하면 이는 뜻을 알지 못한다.'하셨다. 이것은 부처님의 진체(眞體)를 나타냄이요, 법을 설하되, '만약 부처님이 사견(四見)을 설하였다.'하면 이것도 뜻을 알지 못한다 하시며, 내지 말한바 '법상이란 것도 곧 비법상(非法相)이라.'하시니 이것은 법의 진체(眞體)를 나타냄이다. 일찍이 설해온 뜻을 관하건대, 불신(佛身)은 무위(無爲)하

여 이변(二邊)에 즉하여 있되 이변을 떠났음이요, 법성
(法性)은 생함이 없어서 명수(名數)에 즉하여 있되 명수
를 떠났음이다. 지금 이 두 가지 뜻은 위에 글이 있었
으니 소위 '가히 신상(身相)으로써 여래를 볼 수 없다.'
이며 '가히 32상으로는 여래를 볼 수 없다.'하며, 이른
바 '부처님은 응당 구족한 색신으로써 볼 수 없다.' 하
시니 이 같은 모든 글은 부처의 진체(眞體)를 드러냄이
요, 소위 '정한 바 법을 여래가 가히 설함이 없으며' 이
른바 '여래는 설한 바 없음'이며 이른바 '너희는 여래가
어떤 생각을 하되 내가 마땅히 설한 바 법이 있다고 말
하지 말지니' 등 이런 모든 글은 법의 진체(眞體)를 드
러냄이다. 부처님께서 이런 말씀을 한 까닭은 모두 사
람들의 사견(邪見)을 널리 헤치고 부처님의 지견(知見)
을 크게 열기 위함이니 아래의 글에 소위 '이와 같이
알고, 보고, 믿고, 이해한다.' 한 것은 대저 이를 말한
것이다. 세계를 부수어 가는 먼지를 만든다는 것은 무
엇인가. 대천세계가 한 땅덩이로되 삼천이라는 다른 이
름이 있으니, 일심(一心)으로 열어서 삼지(三智)를 삼으
며 일경(一境)으로 열어서 삼제(三諦)를 삼으며 일념(一
念)으로 열어서 삼혹(三惑)을 삼으며 일법(一法)으로 열
어서 삼승(三乘)을 삼음이다. 그 체(體)는 하나이나 열
면 세 가지 이름이 있게 되는 것이다. 또 삼천세계를
부수어 작은 먼지를 만든 것 등은 이 삼지(三智)로써

열어서 끝이 없는 관지(觀智)를 삼으며 삼제(三諦)로 열어서 끝이 없는 제경(諦境)을 삼으며 삼혹(三惑)으로 열어서 다함없는 진로(塵勞)의 문을 삼으며 삼승(三乘)을 열어서 다함없는 수다라문을 삼음을 비교함이니 본래 셋이라고는 하나 열면 무량(無量)이 되는 것이다. 부처님께서 미진세계를 들어 수보리에게 물으신 것은 모든 법이 체성(體性)이 없음을 밝히고자 한 것이거늘 과연 실로 있지 않은 것으로써 답하니 황엽(黃葉)이 끝내 돈이 아님을 잘 알았도다.

육조

부처님께서 설한 삼천대천세계는 낱낱 중생들의 성품 위에 망령된 미진(微塵)의 숫자가 삼천대천세계 가운데 있는 미진과 같음을 비유함이요, 일체중생의 성품위에 있는 망념인 미진은 곧 비미진이라고 한 것은 경(經)을 듣고 도(道)를 깨달으면서 각(覺)의 지혜가 항상 비춰서 보리에 나아가므로 순간순간 머묾이 없어서 항상 청정함에 있음이니, 이와 같이 청정한 미진을 작은 먼지들이라 이름 한 것이다.

야부-213

若不入水 爭見長人
약불입수 쟁견장인

만일 물에 들어가지 아니하면 어찌 큰 사람인 줄 알리
오.

함허설의
황엽(黃葉)이 돈이 아님은 옳기는 옳으나 이치는 말 밖
의 것이 아니니라. 말에 즉하고 이치에 즉하니 어찌 모
름지기 문자를 털어버리고 따로 말을 잊은 뜻을 구하겠
는가. 가르침의 바다 속에서 대해탈을 얻고 알음알이
(知解) 위에서 큰 법의 깃대를 세워야 이는 가히 속이
한량없이 넓은 대인이라 이를 것이다. 또한 이제 야부
스님께서 바로 미진세계를 취하여 이로써 납승의 번뇌
를 끊지 않고 열반에 들어가는 뜻을 밝힌 것이다. 이러
한즉 이른바 미진은 진로업용(塵勞業用)이 치연히 다투
어 일어남을 말한 것이다. 만약 진로중(塵勞中)을 향하
여 성품에 맡겨 부침(浮沈)해서 자재(自在)함을 얻으면
곧 가히 속이 한량없이 넓은 대인이라 이를지니 모름지
기 믿을 지이다. 서리 내린 날에야 굳센 풀을 알게 되
고 불속에서 정금(精金)을 볼 수 있는 것이다.

야부-214
一塵纔起翳磨空　碎抹三千數莫窮　野老不能收拾得　任敎隨
일진재기예마공　쇄말삼천수막궁　야로불능수습득　임교수
雨又隨風

우우수풍

한 먼지가 막 일어나니 그 먼지들은 허공으로 간 듯하
고 삼천세계를 가루로 부수니 그 수를 다 셀 수 없도
다. 야로는 능히 거두고 수습하지 못하여
가르침에 맡겨 비를 따르고 또한 바람을 따르도다.

함허설의
명수(名數;이론,교리)는 영각(靈覺;心性)에 있어서 마치
작은 먼지가 맑은 허공에 있음과 같아서 먼지를 다 셀
수 없음이라. 명수(名數)도 또한 그러함이로다. 납승은
스스로 한 글자도 없음을 알아서 저 명수(名數)가 어지
럽게 종횡함에 맡기도다. 또 그 속엔 종래의 일물도 없
어서 밝기가 맑은 하늘과 같이 한 점의 노을도 끊어짐
과 같다. 한 생각이 막 일어나면 성품의 하늘을 어둡게
하는 것이니, 온갖 망념이 다투어 일어나서 넓기가 가
이 없도다. 납승은 스스로 망념이 원래 없는 줄 알아서
없애고 끊음에 무심하여 일어나고 쓰러짐에 맡기도다.
이 납승이 망(妄)을 끊지 않았다고 웃지 말라. 불속에
서 연꽃이 나와야 마침내 무너지지 않느니라.

법희해
불구덩이 속에서 얼어 죽고

눈밭에서 타 죽는 것이 중생이다.

불언 수보리 여래소설 삼천대천세계 즉비세계
佛言 須菩提 如來所說 三千大千世界 卽非世界
시명세계
是名世界

부처님께서 말씀하시길 "수보리야, 여래께서 삼천대천세계는 바로 비세계의 뜻이므로 그 이름을 세계라 한다고 설하셨느니라."

법희해
한문오역 '세존(世尊)'을 '불언수보리(佛言須菩提)'로 바꿨다. 금강경 한문오역 중에서 가장 큰 오역이 이 부분이다. 석가모니가 일합상을 설하기 위해 먼저 삼천대천세계의 티끌에 대해서 물으니 수보리가 석가모니의 말한 뜻을 잘 알고 답했다. 이에 석가모니가 삼천대천세계를 설하고 일합상을 설한다. 기존의 한역을 바꾸지 않고 '세존(世尊)'으로 해석하면 수보리가 일합상을 설명하는 것이 된다. 앞서 말했듯이 '비(非)'를 설명하려면 수보리는 아직 2% 부족하다.

하이고 약세계 실유자 즉시일합상 여래설일합

何以故　若世界　實有者　卽是一合相　如來說一合
상 즉비일합상 시명일합상
相　卽非一合相　是名一合相

"왜냐하면, 만약 세계가 실로 있는 것이라면 바로 일합
상이기 때문에 여래께서 일합상은 바로 비일합상의 뜻
이므로 그 이름을 일합상이라 한다고 설하셨느니라."

수보리　일합상자　즉시불가설　단범부지인　탐착
須菩提　一合相者　卽是不可說　但凡夫之人　貪着
기사
其事

"수보리야, 일합상이라는 그것은 바로 설할 수가 없는
것이지만 오직 범부들이 그 일에 탐내고 집착할 뿐이니
라."

법희해
탐착기사(貪着其事); 말로써 설명할 수 없는 것을 설명
하려고 하는 것(其事)에 탐착하다. 구마라습의 후예들
은 이 문장을 머릿속에 꼭 각인시키길 바란다. 부처님
말씀을 깨치지 않고 너희들 마음대로 머리 맞대고 협의

해서 똥칠한 것을 경전이라고 말하지 말라. 머릿속에 똥밖에 없다는 것을 잊어버렸냐?

함허설의

미진(微塵)이 이미 비실(非實)이라면 삼천세계도 또한 비실(非實)이다. 삼천이 비실(非實)이지만 삼천이라는 이름이 있는 것은 다만 그 이름을 빌려서 그 세계를 나눴을 뿐이다. 그것이 실인즉 어찌 삼천의 다름이 있겠는가. 무슨 까닭에 그러한가. 하나의 땅은 실이요 삼천은 거짓된 것이니 하나의 땅은 실인 고로 일합상(一合相)이 되고 삼천이 거짓인 고로 비일합상이다. 삼천이 만약 실이라면 곧 일합상이요, 비이상(非異相)이니 다만 이 이상(異相)이요. 비일합상인 까닭에 삼천이 곧 비실(非實)이며 삼천이 비실(非實)일진대 일지(一地)도 또한 비실(非實)인 것이다. 어찌하여 그런가. 삼천이 일지(一地) 밖의 것이 아니고 일지도 또한 삼천 밖의 것이 아님이니 이는 참된 일합상(一合相)이다. 말이 적멸하거늘 다만 모든 범부들이 그 까닭을 알지 못하여 삼천을 말하면 삼천의 이름을 취하고 일지(一地)를 말하면 일지의 알음알이를 내나니 이로써 이미 명수(名數)가 비실(非實)인데 삼승(三乘)도 또한 비실(非實)임을 밝힘이다. 삼승이 비실(非實)이므로 삼승의 이름이 있는 것은 다만 그 이름을 빌려서 그 근기들을 제접 할 따름이다. 그 사실인 즉은 어찌 삼승의 다름이 있겠는 가. 무슨 까닭에 그러한가. 일승(一乘)은 실(實)이요, 삼 승(三乘)은 권(權)이라. 일승이 실인 고로 일합상이 되 고 삼승이 권인 고로 비일합상이다. 삼승이 만약 실이 라면 곧 일합상이고 비이상(非異相)이니 다만 이 이상 (異相)이다. 비일합상인 까닭에 삼승이 곧 비실유(非實 有)이니 삼승이 이미 비실유인데 일승도 또한 비실유인 것이다. 왜 그런가. 삼승이 일승 밖의 것이 아니고 일 승도 또한 삼승 밖의 것이 아니니 이는 참된 일합상이 다. 말이 적멸하거늘 다만 모든 범부들이 그 까닭을 알 지 못하여 삼승을 말하면 삼승의 이름을 취하고 일승을 말하면 일승의 알음알이를 내나니 이른바 잘못 안 것이 로다. '어찌 일찍이 방편인 줄 알리오.'한 것이 이것이 다. 다만 저 일합상은 어떻게 말해야 하는가. 사제(四 諦), 12인연, 육도와 아울러 일승이 혼연히 한 맛이라 서 분석하지 못하겠도다. 비일합상임은 또 어떻게 말해 야 하는가. 하나의 강물은 비록 나누지 못하나 코끼리, 말, 토끼 셋이 다름은 어찌하겠는가. 이러한즉 비단 이 상(異相)이라 해서 마땅히 집착하지 않을 뿐 아니라 일 합상도 또한 가히 지킬 것이 아닌 것이다.

육조
삼천이란 이치로써 말하건대 곧 탐진치의 망념이 각각

일천의 숫자를 갖춘 것이다. 마음이 선악의 근본이 되어 능히 범부도 되고 성인도 되어서 동(動)과 정(靜)을 헤아릴 수 없어서 광대하고 무변하므로 대천세계라 이름 하는 것이다. 마음 가운데 명료한 것은 자비와 지혜, 두 법보다 더한 것이 없으니 이 두 법으로 말미암아서 보리를 얻느니라. 일합상이라 말함은 마음에 얻은 바가 있는 고로 비일합상이요. 마음에 얻은 바가 없음에 이를 일합상이라 하니, 일합상이란 거짓 이름을 무너뜨리지 않고 실상(實相)을 말하는 것이다. 자비와 지혜 두 법으로 말미암아 불과(佛果)인 보리(菩提)를 성취함이다. 설해도 다 설할 수 없으며 그 묘함은 말할 수 없거늘 범부들이 문자사업(文字事業)에 탐착하여 자비와 지혜 두 법을 행하지 않고 무상보리(無上菩提)를 구하노니 무슨 이유로 얻을 수 있으리오.

야부-215
捏聚放開 兵隨印轉
날취방개 병수인전

집합시키고 해산시킴이니 병사들은 지휘에 따라 움직이도다.

함허설의

어떤 때는 셋으로 열고 어떤 때는 하나로 합하니 하나로 합한 것이 곧 셋이고 셋으로 연 것이 곧 하나로다. 삼(三)과 일(一)이 서로 여의고 삼과 일이 서로 즉하니 삼이 아니로되 삼이요 일이 아니로되 일이라. 삼과 일이 모두 틀리고 삼과 일이 모두 옳으니 이러한즉 죽이고 살리는 것이 때에 따름이요 거두고 놓음이 자유롭도다.

야부-216
渾圖成兩片 擘破劫團圓 細嚼莫咬破 方知滋味全
혼륜성양편 벽파겁단원 세작막교파 방지자미전

한 덩어리가 두 조각을 이룸이요
쪼갠 것이 도리어 한 덩어리로다.
잘게 씹되 쪼개지는 말아야
바야흐로 그 맛이 온전함을 알리라.

함허설의
다르지 않다고 말하고자하나 다른 것을 어찌할 것이며, 하나가 아니라고 말하고자하나 하나임을 어찌하리오. 삼과 일을 비우고자하나 도리어 삼과 일이라. 삼과 일이 바야흐로 본래 원만히 이룬 것임을 알겠도다. 또 다른 책에 따르면, 잘게 씹되 부수지는 말라고 하니, 이치의 극치는 마음을 써서 자세하게 할 필요가 있음이요, 응당 아무렇게나 생각으로 지나치지 말지니라. 옛 사람이 말하길, 유(有)를 아는 사람은 가늘게 씹어 삼키고 유(有)를 알지 못하는 사람은 대추를 통째 삼키는 것과 같다고 하니 마지막에 원만히 이루는 곳은 자세히 살펴야 비로소 마땅히 알지니라.

제삼십일 지견불생
第三十一 知見不生

수보리 약인언 불설아견인견중생견수자견 수보
須菩提 若人言 佛說我見人見衆生見壽者見 須菩
리 어의운하 시인 해아소설의부 불야 세존 시
提 於意云何 是人 解我所說義不 不也 世尊 是
인불해 불소설의
人不解 佛所說義

31. 부처님의 지혜는 생겨나는 것이 아님

"수보리야, 만약 어떤 사람이 부처님이 아견, 인견, 중생
견, 수자견을 말하였다고 한다면 어떻게 생각하느냐. 이
사람은 나의 말한 뜻을 깨달았느냐?" "아닙니다. 세존
이시여, 이 사람은 부처님께서 말씀하신 뜻을 깨닫지
못했습니다."

법희해
한문오역 '여래소설의(如來所說義)'를 '불소설의(佛所說
義)'로 바꿨다. 지견(知見)은 견문각지(見聞覺知)의 습으
로 중생의 지견과 부처의 지견 두 가지가 있다. 본문에

서 지견(知見)은 중생의 업력으로 보고 아는 알음알이가 아니라 성현이 보고 아는 부처님의 지혜를 뜻한다. 부처의 지혜와 중생의 의식을 구분 없이 모두 지견(知見)으로 표현한 이유는 원에서 360도와 0도가 같은 위치에 있는 것과 같다. 즉 의식에서 알음알이(知見;의식,0도)를 가진 중생이 계속해서 불법을 알아차림으로써 얻는 지혜는 처음엔 순수하지 않는 인위적인 것이다. 지혜로운 행이 지속되면 그것이 하나의 습이 되어 잠재의식 속으로 들어가 다시 그 습에 따라 자연스러운 행을 하게 된다. 이때 보고 듣는 것도 지견(知見;잠재의식,360도)이라 한다. 의식의 지견(중생)에서 인위적인 지혜(수행자)로 다시 잠재의식의 지견(성현)이 된다.

하이고 세존 설아견인견중생견수자견 즉비아견
何以故 世尊 說我見人見眾生見壽者見 卽非我見
인견중생견수자견 시명아견인견중생견수자견
人見眾生見壽者見 是名我見人見眾生見壽者見

"왜냐하면, 세존께서 아견, 인견, 중생견, 수자견은 바로 비아견인견중생견수자견의 뜻이므로 그 이름을 아견, 인견, 중생견, 수자견이라 한다고 말씀하셨기 때문입니다."

법희해

비아견인견중생견수자견(非我見人見衆生見壽者見)!

육조
여래께서 이 경을 설하시어 일체중생으로 하여금 반야의 지혜를 스스로 깨달아서 스스로 보리과를 증득하게 하시거늘, 범부들이 부처님의 뜻을 알지 못하고 곧 여래께서 아인(我人) 등의 견(見)을 설했다고 하니 여래의 심히 깊은 무상(無相), 무위(無爲)의 반야바라밀법을 설하심을 알지 못함이로다. 여래가 설하신 아인(我人) 등의 견(見)은 범부의 아인 등의 견과 같지 않음이니 여래가 설하신 일체중생은 다 불성이 있다는 이것은 참다운 아견(我見)이요, 일체중생의 두루한 자성은 본래 스스로 구족했다고 설하신 것이 인견(人見)이요, 일체중생은 본래 번뇌가 없다고 설하신 것이 중생견(衆生見)이요, 일체중생의 성품이 본래 스스로 불생불멸하다고 설하심이 수자견(壽者見)이니라.

수보리 발아뇩다라삼먁삼보리심자 어일체법 응
須菩提　發阿耨多羅三藐三菩提心者　於一切法　應
여시지　여시견　여시신해　불생법상
如是知　如是見　如是信解　不生法相

"수보리야, 아뇩다라삼먁삼보리의 그 마음은 모든 법을

마땅히 이와 같이 알고 이와 같이 보며, 이와 같이 믿고 깨달아서 법상이 생기지 않느니라."

수보리 소언법상자 여래설 즉비법상 시명법상
須菩提 所言法相者 如來說 卽非法相 是名法相

"수보리야, 법상이라고 말하는 그것은 여래께서 바로 비법상의 뜻이므로 그 이름을 법상이라 한다고 설하셨느니라."

법희해
비법상(非法相)!

함허설의
정(正)히 법상(法相)이 곧 비법상임을 나타내시어 위에서 진계(塵界)가 비진계임을 비유하여 합함이니, 설한 바가 한량없거늘 특별히 사견(四見)을 든 것은 이것이 삼승(三乘)들의 끊은바 거칠고 미세한 미혹의 총괄적인 이름이며 팔만사천 모든 망염(妄染)의 첫머리인 것이다. 그러므로 위에서 자주 그것을 설하시고 여기에서도 특별히 물으셨으니, 뜻은 능치소치(能治所治;다스림과 다스려질 것)의 일체 모든 법이 실로 있지 않음을 통틀어 밝힌 것이다. 부처님께서 설하신 아견(我見),인견(人

見),중생견(衆生見),수자견(壽者見)은 곧 비아견인견중생견수자견이라 하시니 이것으로써 예로 들면 즉 부처님께서 설하신 사성제가 곧 비사성제요 부처님이 설하신 18불공법이 곧 비18불공법이며 내지 팔만사천다라니문이 곧 비팔만사천다라니문인 것이다. 이러한즉 처음 사제(四諦)를 전함으로부터 지금의 반야를 말씀하심까지 설하신 모든 법이 한 글자도 가히 눈앞에 걸려 있지 않으며 한 말씀도 가히 가슴 깊이 기억해 두지 않으니, 소위 일상일미(一相一味)가 구경열반(究竟涅槃)인 것이다. 항상 적멸한 모습은 여기에 나타남이다. 여기에서 부처님의 지견(知見)을 깨달아야 할 것이며 부처님의 지견에 들어가야 하고 여기에서 진정한 신심을 발해야 하며 진정한 묘해(妙解)를 얻어야 함이니 어찌 가히 언교(言敎)에 떨어져 구경(究竟)을 삼아 논리에 빠져 있으리오. 그러므로 말하길 보리심을 발한 자는 일체법에 마땅히 이와 같이 알고 보며 이와 같이 믿고 이해하여 법상(法相)을 내지 말라 하셨다. 이로써 말씀하시길 말한바 법상(法相)이란 곧 비법상(非法相)이고 그 이름을 법상이라 하시니 '일체법' 세 글자는 모두 대소승을 포함하고 있음이요. '비법상' 세 글자는 통틀어 말한바 모든 법이 다 실상묘공(實相妙空)에 돌아감을 밝힌 것이다. 무엇이 다 실상묘공(實相妙空)에 돌아가는가. 천 번 거듭하고 백 번 돌아도 돌아오지 않으니 대가(大家;大

衆)가 정처(靜處)에서 사바하하리라.

육조
보리심을 발한 자는 마땅히 일체중생이 모두 불성이 있음을 보며 마땅히 일체중생의 무루종지가 본래 스스로 구족함을 알며 마땅히 일체중생의 자성이 본래 생멸이 없음을 믿을지니, 비록 일체의 지혜 방편을 행하여서 사물을 접하고 중생을 이롭게 하더라도 능소(能所)의 마음을 짓지 말지니라. 입으로 무상법을 설하되 마음으로 무상행을 행하여 마음에 능소(能所)가 없으면 그 이름이 법상(法相)이니라.

야부-217
飯來開口 睡來合眼
반래개구 수래합안

밥이 오면 입을 벌리고 잠이 오면 눈을 감도다.

함허설의
부처님께서 적멸도량으로부터 생사의 바다에 들어가시며 큰 가르침의 그물을 펼쳐서 인천(人天)의 고기를 건지시니, 한 중생도 저 그물 속에 들어가지 않았도다. 어찌하여 그런가. 사람사람이 다리가 있어서 행(行)하고자 하면 곧 행(行)하고 주(住)하고자 하면 곧 주(住)함이라. 다른 사람을 필요로 하지 않음이요, 개개인이 손이 있어서 잡고자 하면 곧 잡고 놓고자 하면 곧 놓음이라. 남의 힘을 빌리지 않으며, 이로써 밥이 오면 입을 벌리고 잠이 오면 눈을 감는데 이르기까지 일체가 자유로워서 남의 능력을 빌리지 않으리니 이미 이와 같을진대 어떤 중생이 부처의 제도할 바가 되리오. 이러한즉 49년을 이렇게 와서 마침내 얻은 것 없이 빈손으로 돌아감이로다.

야부-218
千尺絲綸直下垂　一波纔動萬波隨　夜靜水寒魚不食　滿船空
천척사륜직하수　일파재동만파수　야정수한어불식　만선공
載月明歸
재월명귀

천 자나 되는 긴 낚싯줄을 아래로 곧게 드리우니
한 물결이 막 일어나자 만 물결이 따르도다.
밤은 고요하고 물은 차가워 고기가 물지 않으니
배에 가득히 허공만 싣고 달 밝은 곳으로 돌아오도다.

법희해
야부는 스님이지 시인이 아니다. 이것을 알고 이 게송

을 스스로 풀어보라. 이 뜻을 우리들이 얼마나 잘못 알고 있는지를. 아직도 문자풀이로 이해했다면 손바닥에 피를 볼 것이요, 살아온 삶에 대한 참회의 눈물이 난다면 그래도 하늘 아래서 살 자격은 있다.

함허설의
금린(錦鱗)은 정히 깊고 깊은 데 있어서 천자나 되는 줄을 모름지기 드리웠도다. 불성이 깊은 오온(五蘊)의 바다에 있으니 요컨대 대자비(大慈悲)로써 능히 끌어내도다. 대비(大悲)의 문(門)을 한 번 여니, 무진법문이 이로부터 비롯되었도다. 무명의 긴 밤은 고요하고 마음의 물은 본래 청량하여 청정한 묘각(妙覺)의 성품은 대비의 교화(敎化)를 받지 않도다. 중생이 이미 교화를 받지 않는다면 부처도 또한 세상에 머물 것이 아니니, 밑도 없는 배에 대지월(大智月)을 머물게 하고, 도리어 청산에서 다시 저쪽을 향하도다. 비록 그러하나 사람들이 잘못 알까 염려하여, 오랜 세월동안 공연히 낚싯줄만 드리웠다고 말하지 말라. 이제 배에 한가득 낚아서 돌아가리라.

제삼십이 응화비진
第三十二 應化非眞

수보리 약유인 이만무량아승지세계 칠보지용보
須菩提 若有人 以滿無量阿僧祇世界 七寶持用布
시 약유선남자선여인 발보살심자 지어차경 내
施 若有善男子善女人 發菩薩心者 持於此經 乃
지 사구게등 수지독송 위인연설 기복승피
至 四句偈等 受持讀誦 爲人演說 其福勝彼

32. 응해서 나타난 것은 비진인

"수보리야, 만약 어떤 사람이 헤아릴 수 없는 아승지
세계에 칠보로 가득 채워 보시하고, 또 어떤 선남자 선
여인은 보살의 그 마음을 내어 이 경을 지니며 사구게
만 배우며 행하고, 독송하며 남을 위해 연설해준다면
그 복이 칠보로 보시하는 복보다 수승하리라."

운하위인연설
云何爲人演說

"남을 위해 어떤 연설을 하는가?"

야부-219
要說有甚難 卽今便請 諦聽諦聽
요설유심난 즉금변청 제청제청

설하고자 하면 무슨 어려움이 있으리오.
지금 다시 청하노니 살펴 듣고 살펴 들으라.

함허설의
다만, 사구를 설하고자 하면 무슨 어려움이 있으리오.
지금 다시 청하노니 살펴 듣고 살펴 들으라.

야부-220
行住坐臥是非人我 忽喜忽嗔不離這箇 秪這箇驀面唾 平生
행주좌와시비인아 홀희홀진불리저개 지저개맥면타 평생
肝膽一時傾 四句妙門都說破
간담일시경 사구묘문도설파

행주좌와(行住坐臥)와 시비인아(是非人我)와
문득 기뻐하고 문득 성냄이,
이것을 떠나 있지 않거니와
또한 이것이라 하면 당장 얼굴에 침을 뱉으리라.

평생 간담(가슴에 품고 있는 것)을 일시에 쏟아놓으니
사구의 묘한 법문을 모두 설파했도다.

법희해
수행자는 새벽에, 중생들은 아침에 세수하는 이유가 이
것이로다. 하지만 지금까지 금강경 내용의 전체 흐름을
잘 알아들은 자는 드디어 나올 한마디가 무엇인지 짐작
할 수 있으리라.

함허설의
날마다 쓰는 행주좌와(行住坐臥)와 성내고 기뻐하고 옳
고 그름은 필경 누구의 은혜를 받은 것인가. 요컨대 모
두 이것을 떠나있지 않으니 다만 이것이여, 당당히 얼
굴을 보아 규모를 드러내고 요요히 원성(圓成)하여 비
교할 데가 없도다. 비록 그렇긴 하나 이것이라는 알음
알이를 짓지 말지니, 만약 이것이라는 알음알이를 지으
면 곧 이것은 눈 속의 티가 된다. 이것이라는 알음알이
를 짓지 않아야 바야흐로 여여함에 계합할 수 있으니
비유컨대 시원한 못에는 사면(四面)으로 다 들어갈 수
있음과 같으며 또한 맹렬한 불구덩이에는 사면(四面)으
로 들어갈 수 없음과 같도다. 묘문(妙門)은 실로 여기
에 있으니 지금 모두 다 설파했도다.

불취어상 여여부동
不取於相 如如不動

"움직이지 않는 여여한 마음의 그 상도 취하지 않아야
하느니라."

법희해
不取於相 如如不動 !
이제 석가모니가 마지막으로 여래의 뜻을 한마디로 설
했다. 이것이 바로 금강경에서 말하는 그 사구게(四句
偈)이다. 금강경에서 사구게(四句偈)란 말이 자주 나온
다. 항하사와 같은 삼천대천세계 또는 아승지세계에 가
득 채운 칠보보다도, 항하사와 같은 몸과 목숨을 무량
천만억겁동안 보시한 것보다도, 무량아승지겁동안 팔백
사천만억 나유타의 모든 부처님께 올린 세존의 공양보
다도, 불가사량불가사의, 세상에 존재하는 그 어떤 수
로 비유해도 천만억분의 하나에도 미치지 못한다고 말
씀하신 그 사구게(四句偈)를 지금 설하셨다. "그 어디
에도 집착하지 않고 움직이지 않는 여여한 마음의 그
상도 취하지 말라!"

함허설의
법계는 본래 설함이 없음이로되, 인연에 닿으면 설함이

있게 된다. 설법은 자성이 없어서 마침내 법계를 여의지 않았으니 만약 이 법계의 체(體)라면 유(有)가 되는가, 공(空)이 되는가, 비공유(非空有;非空,非有)가 되는가. 유공(有空)은 공(空)이 아니고 공유(空有)도 유(有)가 아니니 이미 비공유(非空有)라면 그 중간도 또한 비중(非中)이 되느니라. 법계의 체(體)위에는 삼상(三相)이 원래 공적하니 어떻게 연설해야 법계와 더불어 서로 상응할 수 있으리오. 이치를 설하면 사(事)에 즉(卽)함이라 공을 취하지 말 것이며, 사(事)를 설하면 이(理)에 즉(卽)함이라 유(有)를 취하지 말 것이며, 중(中)을 설하면 도(道)에 즉(卽)함이라 중(中)을 취하지 말 것을 알지니라. 그러므로 말하기를, 마땅히 법을 취하지 말 것이며 비법도 취하지 말라 하시니, 합하면 곧 법과 비법의 이상(二相)이요, 열면 곧 유(有),무(無),중(中),삼상(三相)이로다. 삼상을 여의고 실제에 안주하고 일여(一如;여여 부동처)에 앉아서 일찍이 동요치 말지니, 이 경을 설하는 자가 묘(妙)하게 여기에 나아간즉 아(我)가 있어서 능히 제도함을 보지 않으며, 중생이 있어서 제도할 바가 됨을 보지 않으며, 법을 가히 설할 것이 있음을 보지 않으며, 사람이 있어 능히 설해야 됨을 보지 않느니라. 그러므로 말하길, 처음 녹야원으로부터 발제하(拔提河;구시라)에 이르기까지 두 중간에 일찍 한 글자도 설하지 않았다 하시니, 이러한즉 안으로는 자기를

끊고 밖으로는 가히 교화할 것도 없음이다. 종일토록
중생을 제도하되 일찍이 중생을 제도하지 않음이요, 혀
에는 뼈가 없고 말에는 자취가 없음이다. 종일토록 설
하여 보이되 일찍이 설하여 보이지 않음이라. 비록 하
늘에 가득한 가르침과 땅에 가득한 쓸데없는 말들(葛
藤)이라도 붉게 타는 화로 위에 한 점 잔설과 같음이
니, 이와 같이 아는 자는 진정으로 아는 자이며 이와
같이 설하는 자는 참으로 진실하게 설하는 자이다.

법희해
가을의 누렇게 익은 고개 숙인 벼,
봄에 뿌린 볍씨는 어디로 갔을까?
삼계 밖의 보살,
이놈의 자식들아! 너는 지금 어떤 행을 하고 있느냐?

야부-221
☺
(圓伊三點 원이삼점)

원 가운데 점 세 점

법희해
석가모니가 입이 닳도록 설한 금강경의 대의(大義)를

야부스님께서는 위와 같이 표현하니 원은 무엇이고 세 점은 또 무슨 물건인가? 마지막 정리를 하면, 보이지 않는 하나의 실체는 세 가지 개념으로 나타난다. 유, 무, 비유비무가 세 개의 점이다. 이상적멸분에서 비유비무를 비주(非住)라고 표현했다. 세 점을 원이 감싸고 있는 것은 모든 형상이 있는 것은 세 개의 상으로 나타나지만 결국 하나의 실체에서 나온 모양이라는 뜻이다. 그러나 결국 그 하나의 상도 없는 것이다. 이것을 비비유비무(非非有非無), 또는 비비(非非), 이상적멸분에서는 '불응주(不應住)' '응무소주(應無所住)' 금강경사구게로는 '불취어상여여부동(不取於相如如不動)'의 문자로써 표현했다. 이 문자에서 실체를 보면 성인이요, 행으로 옮기면 보살인 것이다. 마지막 이것까지도 개념으로 머릿속에서 인식하여 지껄인다면 그놈의 얼굴에 당장 침을 뱉으리라!

함허설의
금시(今時;번뇌)를 떨어버려야 비로소 본체로 나아감이니 모름지기 세 점의 수(水; ∴)가 도리어 원을 향하여 있음을 알지니라.(∴는 범어의 이(伊)자를 두고 법을 표현한 것임.)

야부-222

末後一句 始倒牢關 直得三世諸佛 四目相觀 六代祖師 退
말후일구 시도뇌관 직득삼세제불 사목상관 육대조사 퇴
身有分 可謂是江河撤凍水泄不通 極目荊振 難爲措足 到
신유분 가위시강하철동수설불통 극목형진 난위조족 도
這裏添一絲毫 如眼中着刺 減一絲毫 似肉上剜瘡 非爲坐
저이첨일사호 여안중착자 감일사호 사육상완창 비위좌
斷要津 蓋爲識法者恐 數然恁麼 佛法 只如此 便見陸地平
단요진 개위식법자공 수연임마 불법 지여차 변견육지평
沈 豈有燈燈續焰 川上座 今日不免向猛虎口中奪食 獰龍
침 개유등등속염 천상좌 금일불면향맹호구중탈식 영용
頷下穿珠 豁開先聖妙門後學 進身有路 放開一線 又且何
함하천주 활개선성묘문후학 진신유로 방개일선 우차하
妙語則全 彰法體 黙則獨露眞常 動則隻鶴片雲 靜則安山
방어즉전 창법체 묵적독로진상 동즉척학편운 정칙안산
列嶽 擧一步 如象王回顧 退一步 若獅子頻呻 法王法令
열악 거일보 여상왕회고 퇴일보 약사자빈신 법왕법령
當行 便能於法 自在 抵如末後一句 又作麼生道 還委悉麼
당행 변능어법 자재 지여말후일구 우작마생도 환위실마
雲在嶺頭閑不徹 水流澗下大忙生
운재령두한불철 수류간하대망생

마지막 한 구절(不取於相 如如不動)이 비로소 뇌관(牢
關;견고한 관문)에 이르렀으니, 바로 삼세의 모든 부처님이 네 개의 눈으로 서로 보는 것이며 육대 조사가 물러설 분(分)이 있음이로다. 가히 말하길, 강물이 철저히 얼었으니 물이 흐를래야 통하지 못함이요, 눈에 가시가 가득하매 발 들여 놓기가 어렵도다. 이 속에 이르러서는 한 터럭을 더하더라도 마치 눈(眼)속에 가시가 든 것 같고 한 터럭을 빼더라도 살 위의 부스럼과 같으니, 앉아서 요긴한 길을 끊으려는 것이 아니라 대저 법을 아는 자에게 두려움이 되기 때문이니라. 비록 이러하지만 불법이 다만 이와 같을진대 문득 육지가 평침(平沈)함을 볼 것이니 어찌(조사의) 등(燈)과 등(燈)이 불꽃(慧明)을 이음이 있으리오. 천상좌(川上座;야부)는 오늘 사나운 호랑이 입속에서 음식을 빼앗으며, 사나운 용의 턱 속에 있는 구슬 꿰는 것을 면치 못함이니, 선성(先聖)의 묘문(妙門)을 활짝 열어서 후학들이 나아가는데 길이 있게 하리니 한 길을 터놓는 것이 또 어찌 방해되리오. 말한즉 온전히 법체를 나타냄이요, 묵묵한즉 홀로 진상(眞常)을 드러냄이며 움직인즉 한 마리 학이 조각구름으로 날아감이요, 고요한즉 앞산이 펼쳐짐이로다. 한 걸음을 들면 마치 코끼리가 돌아보는 듯하고 한 걸음을 물러서면 사자가 기지개를 켜며 포효하는 것 같으니 법왕의 법령을 마땅히 행함이다. 곧 능히 법이 있어서 자재함이로다. 다만 저 마지막 한 구절을 또 어떻게 말할 것인가. 또한 자세히 알겠는가. 구름은 고갯마

루에 걸려 한가롭게 걷히지 않고 물은 냇가로 흐름이
너무 바쁘도다.

함허설의
최초의 자리를 잡아 앉음은 칼을 잡고 길에 나가 천하
를 호령함이요, 마지막의 움직이지 않음은 정령(精靈;숱
한 법답지 못한 것)들을 다 베어버리고 칼을 잡고 제
위치에 돌아옴이니, 한 자루 취모검(吹毛劍)의 체(體)는
먼지 하나 붙지 않고 그 빛은 온 허공에 빛난다. 쳐다
보는 자는 담(膽)이 녹고 혼(魂)을 잃음이요, 가까이 하
는 자는 몸이 두 조각으로 나뉘게 되니, 바로 삼세제불
이 엿볼래야 미치지 못하며 역대조사가 친하려해도 친
할 수 없도다. 이러한즉 깊고 깊어서 바람이 통하지 못
하고 늠름하여 쳐다보기 어렵도다. 해가 가고 세월이
다하도록 위의가 험준하니 범성(凡聖)도 통하지 못하고
거래(去來)도 끊겼도다. 이 속에 이르러서는 입을 열어
도 그르치고 입을 다물어도 그르침이라. 동(動)과 정
(靜)이 함께 틀림이요 진퇴(進退)가 모두 잃어버리게 되
는 것이니, 이것은 강제로 되는 것이 아니라 법이 의례
히 그러함이다. 비록 그렇다고 하나 만약 한결같이 거
두기만 하고 놓지 않으며, 합하기만 하고 열지 않으면
곧 후대아손(後代兒孫)들로 하여금 다리를 들고 일어나
지 못하게 하여 문득 육지가 평침(平沈)하는 것을 보게

되리니, 어찌 아들과 아들이 서로 전함이 있으며 손자
와 손자가 서로 연이어 이어지리오. 그러므로 오늘에
가시덤불 속을 향하여 한 길을 터놓아서 바람이 통하지
않는 것은 달리 소식을 통하게 하리니 이유인즉, 시설
(施設)이 없는 가운데 시설 있음이 방해롭지 않으며 풍
류 아닌 곳에 풍류 있음이 방해롭지 않음이다. 어묵동
정(語黙動靜)이 본래로 이루어진 것이고 걸어서 나아가
고 걸음을 물러서는 것이 모두 법도를 두지 않음이라.
(저절로 그러함이라) 일체법을 없애는 것도 또한 나에
게 있으며 일체법을 세움도 또한 나에게 있으니, 마치
왕이 칼을 잡은 것과 같고 호랑이가 뿔이 달려있는 것
과 같음이다. 의기(意氣)가 있을 때 의기를 더함이요,
관회(寬懷)를 얻은 곳에 또한 관회함이로다. 다만 저
마지막 한 구절을 또 어떻게 말할 것인가. 또한 자세히
아느냐. 산은 정상으로 드러내지 않고 구름도 걷히지
않음이여, 바라보는 사람으로 하여금 모두 근심스럽게
만들도다. 시냇물이 냉랭하게 흘러감이여, 행인이 여기
에 이르면 정신이 상쾌해지도다. 그 가운데 뜻을 알고
자 하는가. 쌍으로 어둡고 또한 쌍으로 밝으리라.

야부-223

得優遊處且優遊　雲自高飛水自流　秖見黑風翻大浪　未聞沈
득우유처차우유　운자고비수자류　지견흑풍번대랑　미문침

却釣魚舟
각조어주

우유(優遊;자유로움)함을 얻은 곳에 또한 우유하니
구름은 저절로 높이 날고 물은 저절로 흐르도다.
다만 흑풍이 큰 물결 뒤치는 것만 보고
낚싯배가 침몰함은 듣지 못했도다.

법희해
깨달음을 얻은 곳에서도 또한 자유로우니
법계의 모든 것이 여래의 뜻이로다. 이것과 저것이 망인 줄 모르는 중생들이 보이지 않는 공(空) 속에서 윤회하는 인과의 윤회법을 어찌 알겠는가?

함허설의
자유롭고 또 자유로우니 한가하고 바쁜 것이 모두 한때로다. 바람이 흰 물결을 출렁이게 하는 것은 늘 있는 일이다. 고깃배가 종래(從來)로 침몰함은 보지 못함이로다.

육조
칠보의 복이 비록 많으나 어떤 사람이 보리심을 발하여 이 경의 사구게 등을 수지하고 사람들을 위하여 연설해주는 것만 같지 못하다 하니, 그 복이 저것보다 백천만 배나 수승함이다. 가히 비유할 수 없음이니 설법의 선교방편(善巧方便)으로 근기(根機)를 관(觀)하고 량(量)에 응하여 가지가지로 마땅함을 따르는 것을 이름 하여 사람을 위해 연설하는 것이라 함이다. 법을 듣는 사람의 갖가지 모습은 같지 않으나 분별심을 짓지 말 것이니, 다만 공적(空寂)하고 일여(一如)한 마음을 요달하여서 소득심(所得心)이 없으며 승부심(勝負心)이 없고, 희망심(希望心)이 없으며 생멸심(生滅心)이 없으면 이를 이름 하여 여여부동(如如不動)이라 하는 것이다.

하이고　일체유위법　여몽환포영　여로역여전　응
何以故　一切有爲法　如夢幻泡影　如露亦如電　應
작여시관
作如是觀

"왜냐하면, 일체의 유위법은 꿈과 같고 환상과 같고 물거품과 같고 그림자와 같으며, 이슬과 같고 또한 번개와 같은 것이므로 마땅히 이와 같음을 관해야 하느니라."

법희해

지금까지 설한 유(有),무(無),비(非),비비(非非)를 개념으로 의식에서 인식하는 것을 유위법이라 한다. 우리는 업으로 만들어진 육신을 가진 중생으로 꿈과 같다는 사바세계에 태어나 고통 속에서 살다간다. 그런 삶 속에서도 가장 소중한 것을 묻는다면 전생에서는 모든 것을 분별없이 있는 그대로 비춰주는 경(鏡)이요, 이생에서는 부처님의 가르침을 절대 벗어나지 않는 정(貞)이요, 부처님의 지혜로 끝없는 중생을 제도하는 현(賢)이요, 언행(言行)이 부처님의 뜻과 같은 선(善)이라 말하리라.

함허설의

이 경을 왜 마땅히 '움직이지 않는 여여한 마음의 그 상도 취하지 말라'고 연설해야 하는가. 모든 유위(有爲)로써 교화하고 연설하는 법이 만약 법계를 떠나면 자체의 상(相)이 없는 것이 저 여섯 가지 비유와 같아서 모두 구경(究竟)이 못되는 것이니, 마땅히 이와 같이 관(觀)하여 상을 취하지 말지니라. 상을 취하지 않는 것은 삼상(三相;有,假,中)을 취하지 않는 것으로 진여자성(眞如自性)은 유상(有相)이 아니며 무상(無相)도 아니고 비유상도 아니며 비무상도 아니기 때문이다. 상견(常見)을 파(破)하기 위하여 일체가 공함을 설하시고 단견(斷見)을 파(破)하기 위하여 일체가 유(有)임을 설하시며 양변(兩邊)에 떨어질까 염려하여 공(空)도 아니고 유

(有)도 아님을 설하시니, 이는 모두 인연에 닿아서 시설(施設)하는 것이기에 구경(究竟)이 되지 않는 것이다. 이로 말미암아 마땅히 삼상(三相)을 취하여서 저 여여한 묘경(妙境)에 위배되지 말지니라. 이것은 곧 단적으로 교화하고 연설함을 잡아 설하였을 따름이거니와, 또한 통(通)히 세(世)와 출세법(出世法)을 잡아서 삼관(三觀)이 일심(一心)이며 일심이 삼관인 뜻을 밝힌 것인데, 안으로의 근신(根身)과 밖으로 기계(器界)의 의보(依報), 정보(正報)와 정토(淨土), 예토(穢土)와 위로는 모든 부처님으로부터 아래로는 개미류에 이르기까지 범성(凡聖)과 인과(因果) 등의 법이 다 인연을 쫓아서 있음이다. 모두 유위(有爲)에 속함이요, 마음으로 인하여 나타난 바로다. 모두 자체가 없는 것이 마치 꿈은 생각으로 인하여 있어서 자체가 없으며 환(幻)은 사물로 인하여 있어서 자체가 없으며 물거품은 물로 인해 있어서 자체가 없고 그림자는 형상으로 인해 있어서 자체가 없음과 같도다. 그 까닭은 모든 법이 이 공(空) 아님이 없기 때문이니라. 비록 자체가 없으나 의(依),정(正),정(淨),예(穢)의 모양모양이 분명하고 범성(凡聖) 인과(因果)가 가히 없다고 말할 수 없는 것이 저 풀잎의 이슬이 비록 항상 있지는 않으나 잠시 있는 것과 같다. 그 까닭은 모든 법이 거짓 아님이 없기 때문이니라. 이미 꿈은 곧 공(空)함과 같으며 이슬은 곧 거짓과 같으며

또한 번갯불은 없는 가운데 홀연히 있는 것과 같으며 있는 가운데 홀연히 없는 것과 같아서 찰나(刹那)에 곧 생(生)하고 찰나에 곧 멸(滅)함이다. 유(有)는 곧 비(非)요, 무(無)는 곧 비무(非無)이니 원래부터 비유무(非有無)이로다. 그 까닭은 모든 법이 중도(中道) 아님이 없고 생(生)이 곧 생이 아니며 멸(滅)한 즉 멸함이 아니니, 생멸이 이미 텅 비었으므로 제법이 실상(實相) 아님이 없기 때문이니라. 그러므로 말하길 인연(因緣)으로 생긴 바의 법을 내가 말하되 곧 공(空)이다. 이 이름은 가명(假名)이 되며 또한 이름이 중도(中道)의 뜻이라 하시니, 이러한즉 삼상(三相)이 한 경계를 떠나지 않았으며 일경(一境)이 원만히 삼상(三相)을 다 포함하고 있음이다. 삼상을 말하고자 하면 완연히 이 일경(一境)이요, 일경이라 말하고자 하면 완연히 이 삼상이라. 삼(三) 일(一)과 일 삼이 원융하게 서로 비추니 이것이 여여(如如)한 대총상법문(大總相法門;커서 모든 것을 다 지니고 있는 법문)이니라. 유(有)를 취할 수 있겠는가 공(空)을 취할 수 있겠는가, 중(中)을 취할 수 있겠는가, 삼상(三相)을 취할 수 있겠는가 일상(一相)을 취할 수 있겠는가. 당연히 상(相)에 즉한 일을 관(觀)해서 삼관일심(三觀一心)의 문(門)에 계합하고 일(一)에 즉한 삼(三)을 관해서 일심삼관(一心三觀)의 문에 계합하며 삼과 일의 밖을 단번에 초월하여 여여한 묘경(妙境)에 안주함이니, 이 경을 가진 사람이 이 관문에 들어오면 한 가지 이치의 앎을 쓰지 않았더라도 무량한 뜻을 다 알게 되고, 이 경을 설하는 자가 이 관문에 들어오면 한 글자의 설함을 쓰지 않더라도 항상 정법륜(正法輪)을 굴릴지니라. 마지막 한 게송이 묘하게 우리의 알음알이를 뛰어넘어서 천고(千古)의 사람으로 하여금 쇄쇄락락(洒洒樂樂)하게 함이니 무릇 경을 읽는 사람은 더욱더 여기에(마지막 한 게송) 착안할지어다.

육조
몽(夢)이란 망령된 몸이요 환(幻)이란 망령된 생각이고 포(泡)란 번뇌며 영(影)이란 업장이다. 몽(夢), 환(幻), 포(泡), 영(影)의 업(業)을 유위법(有爲法)이라 이름 하니 진실(眞實)은 이름과 형상을 떠난 것이요, 깨달음이란 모든 업(業)이 없게 되는 것이다.

야부-224
行船盡在把梢人
행선진재파초인

배가 움직이는 것은 키를 잡은 사람에게 달렸느니라.

법희해

누구를 원망하리오.

함허설의
호사(蒿師;키 잡은 사람)가 배를 움직임에 동으로 가려
하면 동으로 가고 서로 가고자 하면 서쪽으로 감이다.
혹 동이나 혹은 서로 가려함에 가고 머묾에 자유로우며
큰 파도가 물결치면 높고 낮음을 따르니, 관지(觀智)로
법성(法性)의 파도에 들어가면 옳은즉 모두 옳고 그른
즉 모두 그름 이라. 없애는 것도 또한 나에게 있으며
건립(建立)도 또한 나에게 있음이니 내가 법왕이 됨이
라. 법에 있어 자재(自在)하도다.

야부-225
水中捉月 鏡裏尋頭 刻舟求劒 騎牛覓牛 空華陽燄 夢幻浮
수중착월 경이심두 각주구검 기우멱우 공화양염 몽환부
漚 一筆句下 要休便休巴歌社酒村田樂 不風流處自風流
구 일필구하 요휴변휴파가사주촌전락 불풍류처자풍류

물속에서 달을 건지고
거울 속에서 얼굴을 찾음이로다.
배에 새겨놓아(표시) 칼을 찾으며
소를 타고 소를 찾음이로다.
허공꽃과 아지랑이요

꿈과 환과 물거품이로다.
모두가 붓 끝에 있음이요
쉬고 싶으면 곧 쉬나니
속된 노래와 막걸리와 시골의 즐거움들이
풍류가 없는 곳에서 저절로 풍류롭도다.

함허설의

나는 저가 아니거늘 그림자를 오인하여 진(眞)을 삼으며 날마다 쓰는 것이 곧 이것이거늘 밖을 향해 진(眞)을 찾음이로다. 일체가 모두 아님이라 가히 글귀일 뿐이요, 일체가 다 옳음이라 쉬려 하면 곧 쉬나니, 시골 밭이 자못 황량하여 진실로 풍류처가 아니지만 노래와 술의 낙(樂)으로 저절로 즐거우니 이것이야말로 풍류로다. 여섯 가지 비유에 한 가지 환(幻)을 취하여 그 가운데 뜻을 밝히노니 일체가 다 환과 같음이다. 환(幻) 외에 환 아님이 없으니 환과 더불어 환 아님이 일가(一家)를 이루도다. 두두(頭頭)가 스스로 무생락(無生樂)이 있도다. 이 이름이 대환법문(大幻法門)이며 또한 이름하여 대환삼매(大幻三昧)이니 고금(古今)에 증득한 자가 다 같이 이 대환삼매를 설함이다. 이 대환법문으로써 능히 갖가지 불사(佛事)를 지으며 이 대환삼매로써 능히 갖가지 신통변화를 나타냄이니 대환(大幻)의 뜻이 옛부터 지금에 이르는데 어찌 그침이 있겠는가(시간적). 또한 천상과 천하로다(공간적). 하나의 비유가 이미 이와 같으니 나머지 비유도 또한 그러함이다.

불설시경이 장로 수보리 급제비구비구니 우바
佛說是經已 長老 須菩提 及諸比丘比丘尼 優婆
새 우바이 일체세간천인아수라 문불소설 개대
塞 優婆夷 一切世間天人阿修羅 聞佛所說 皆大
환희 신수봉행
歡喜 信受奉行

부처님께서 이 경을 설하여 마치시니, 장로수보리와 모든 비구 비구니 우바새 우바이와 법계의 천상과 인간과 아수라들이 부처님의 설법을 듣고 나서 모두 다 크게 환희하며 믿고 가르침을 받아 지니며 받들어 행하였느니라.

함허설의
신령스런 칼날이 홀로 드러나 사상(四相)이 함께 깨뜨려지고 자비스런 비가 널리 적시니 구류(九類)가 다 같이 젖음이로다. 삼관(三觀)의 지혜가 가득차고 일승(一乘)의 이치가 원만하니 사부대중이 고르게 깨닫고 온갖 의심들이 단번에 풀어짐이로다. 정안(正眼)이 뚜렷이 밝아서 마음 거울이 훤하니 묘체실상(妙體實相)이 눈앞에 분명하도다. 신수봉행(信受奉行)이여, 묘(妙)한 이익이 여기에 있도다.

야부-226
三十年後 莫敎忘却老僧 不知 誰是知恩者 呵呵 將謂無人
삼십년후 막교망각로승 부지 수시지은자 가가 장위무인

30년 후에 노승을 망각하지 말지니,
알 수 없어라. 누가 은혜를 아는 자인가.
하하, 장차 사람이 없다 하리라.

함허설의
삼관(三觀)을 이미 뚫어버리고 한 화살이 멀리 허공을 날으니 다시 모름지기 장부의 뜻을 분발하여 한 화살을 꺾어버리고 푸른 하늘 밖을 향하여 노승을 상견(相見)할지다. 만약 노승과 상견(相見)하면 가히 은혜를 알고 은혜를 갚는다고 할지니 알 수 없어라. 누가 은혜를 아는 사람인가. 하하, 은혜를 아는 자 끝내 없도다.

법희해
녹양방초 우거진 비로찻집에
향로수로 우려낸 진공의 감로차를

두 분의 노스님께 공양 받을 자는
바로 널리 인간을 이롭게 한 덕윤이로다.

야부-227
饑得食渴得漿 病得瘥熱得凉　貧人 遇寶 攖兒 見孃 飄舟
기득식갈득장 병득채열득량　빈인 우보 영아 견양 표주
到岸 孤客 歸鄉 旱逢甘 澤國有忠良　四夷拱手 八表來降
도안 고객 귀향 한봉감 택국유충양　사이공수 팔표래항
頭頭棇是 物物全彰 古今凡聖 地獄天堂 東西南北 不用思
두두총시 물물전창 고금범성 지옥천당 동서남북 불용사
量 刹塵沙界諸羣品 盡入金剛大道場
량 찰진사계제군품 진입금강대도량

주리면 밥을 먹고 목마르면 장(간장물)을 얻으며
병든 이는 쾌차하고 더우면 시원함을 얻음이라.
가난한 이 보물을 만나고 어린이는 어머니를 만나도다.
표류하던 배 언덕에 이르고 외로운 길손 고향에 돌아오
니 가뭄에 단비 만남이요, 나라엔 충신과 선량이 있음
이로다. 사방의 오랑캐 예배하고 팔방에서 항복해 오도
다. 두두가 다 옳음이요 물물이 온전히 드러나도다.
고, 금, 범, 성과 지옥, 천당과, 동서남북을 따로 사량하
지 말지니 찰진세계의 모든 중생들이 모두 함께 금강대
도량에 들어가도다.

법희해
삼구(三句)를 지나 하나를 넘어 부처까지 버렸으니
더 이상 무엇이 필요하리오.
그저 배고프면 먹고 졸리면 자면 되는 것을……,

함허설의
부처님께서 도량에 앉음이여, 북쪽별이 그 처소에 있음이요 시방에서 함께 모여드니 별의 무리가 모두 북쪽에 절하도다. 모든 아들이 어리석고 미(迷)하여 아버지를 버리고 도망가서 천애(天涯)에 떠돈 지 이미 오래 되어 부왕이 방편을 베풀어 천하를 호령하니, 모든 아들들이 그릇됨을 알고 모두 돌아와서 귀의함이다. 각각 무지함을 부끄러워하고 자비로운 가르침을 듣기 원하는데, 주린 이가 밥을 생각하듯 하며 목마른 자가 장물을 생각하듯 하니 물이 맑으면 달이 나타남이다. 느끼고 응함에 서로서로 감로의 문이 열리니 모두 다 법희(法喜)를 얻으며, 단(斷)과 상(常)이 병이 되어서 법신(法身)을 뇌란(惱亂)시키더니 법이 좋은 약이 됨이다. 한 번 들으매 곧 사라지며 탐애(貪愛)가 열기(熱氣)가 되어서 마음 바다를 번거롭게 하더니, 법이 청량하게 하여 한 번 들으면 단번에 쉬게 되도다. 공덕의 재물이 없어서 날로 가난한 고통을 받더니 한 번 법요(法要)를 들으매 보배창고가 눈앞에 나타나며 미(迷)의 덮인 바가 되어서 각(覺)의 성품이 나타나지 않더니 한 번 깨달음을 얻으매 묘체(妙體)가 밝게 드러나도다. 정지견(正知見)을 잃어서 고해(苦海)에 나부끼고 침몰하더니 방편의 바람이 생겨서 피안(彼岸)에 이르게 하며 오도(五道;육도윤회 중)에 비틀거리며 나그네 된 지가 여러 해에 되었더니, 지금 비로소 항상 즐거운 고향에 돌아오도다. 미혹의 해가 번거롭게 내리쬐여 도(道)의 싹이 다 마르더니 법의 비가 멀리까지 적시니 심화(心花)가 밝게 피어나도다. 심왕(心王)이 꿈을 꾸니 식(識)의 신하가 권력을 마음대로 굴려서 청평세계(淸平世界)에 풍진(風塵)이 다투어 일어나더니 천군(天君)이 한 번 깨달으매 식(識)이 변하여 지혜를 이루어서 풍진이 단번에 쉬고 육국(六國;六根)이 편안하여 만법(萬法)이 자기에게 돌아와서 천하가 태평하니 천(千)의 길과 다른 자취들이 모두 서울로 향함이다. 장안으로 길이 통함으로 만호(萬戶)와 천문(天門)이로다. 고금(古今)에 의심과 걸림이 없고, 범성(凡聖) 또한 의심과 걸림이 없으며, 지옥 천당과 동서남북에 이르기까지 아무 의심과 걸림이 없어서 사량(思量)을 쓰지 않음이로다. 기원정사에 한 번 모인 이익이 이와 같으니 이로부터 모든 중생이 다 근원(根源)으로 돌아가도다.

육조구결
六祖口訣

법의 성품이 원만하고 고요하여 본래부터 생멸이 없건 만 있음으로 인하여 생각을 내어서 드디어 인연이 생긴 것이다. 그러므로 하늘의 명(命)을 얻어 태어나니 이런 고로 명(命)이라 말한다. 천명(天命)이 이미 서면 진공 (眞空)이 존재하지 않아서, 전일(前日)에 생각생각을 굴 려서 의식(意識)이 되고, 의식작용이 흩어져 육근(六根) 이 되며, 육근이 각각 분별이 있어 중간에 총지(總持) 하는 것이 있게 된다. 이런고로 이를 마음이라 함이니, 마음이란 생각이 있는 곳이요 정신(인식작용)의 집이며 진(眞)과 망(妄)이 함께 처하는 곳이며 마땅히 범부와 성현의 기(機)가 모이는 곳이다. 일체중생이 시작 없는 옛날부터 생멸을 여의지 못하는 것은, 모두 이 마음의 때(垢) 때문이므로 모든 부처님이 오직 사람으로 하여 금 이 마음을 깨닫게 하시니, 이 마음을 깨달으면 곧 자성(自性)을 본 것이고, 자성을 본즉 이는 보리(菩提) 인 것이다. 이것이 성품에 있을 때는 모두 스스로 공적 하여, 맑아서 없는듯하다가도 연(緣)이 있어 생각을 낸 이후는 있는 것이 되는 것이다. 생(生)이 있은즉 형(形) 이 있으니, 형상이란 지(地),수(水),화(火),풍(風)이 모인 것이다. 혈기(血氣)로써 체(體)를 삼으니 태어난 자의 의탁할 바이다. 혈기가 만족한즉 정기가 만족하고 정기가 만족한즉 정신(精神)을 내고 정신이 만족하면 묘용(妙用)이 생기니, 그러한즉 묘용이란 곧 내가 원만하고 고요할 때 나오는 진아(眞我)인 것이다. 형상이 사물을 만남으로 인연한 고로 그것을 보고 작위(作爲)할 따름이거늘, 다만 범부는 미(迷)하여 사물만 따르고 성현은 밝아서 사물에 응함이다. 사물을 쫓는 것은 자신의 객관(自彼)이요 사물에 응하는 것은 자신의 주관(自我)이니, 자신의 객관이란 소견(所見)에 집착하는 고로 윤회를 받고, 자신의 주관이란 당체(當體)가 항상 공하여 만법에 여일(如一)하니 그것을 합쳐서 관(觀)해보면 모두 마음의 묘용(妙用)인 것이다. 이런고로 그 생기지 않은 때를 당하여 이른바 성품(性品)이란, 원만구족해서 텅 비어 사물이 없고 맑고 맑아 자연스러우며 그 광대함이 허공과 같아서 왕래하고 변화함에 일체 자유로우니, 하늘이 비록 나에게 명(命)하여 생(生)하고자 하나 그 어찌 가히 얻을 것인가. 하늘이 오히려 나에게 명(命)하여 생(生)하게 할 수 없거늘 하물며 사대(四大)이며 하물며 오행이겠는가. 이미 생각을 내었고 또한 연(緣)을 냄이 있음이다. 그러므로 하늘이 생(生)으로써 나를 명(命)하게 되고, 사대가 기(氣)로써 나를 형성하게 되며, 오행이 수(數)로써 나를 묶게 되니, 이것은 생(生)이 있음으로써 멸(滅)이 있는 까닭이 된다. 그러나 생멸인즉 하나이나 범부와 성현의 생멸은 다름이 있다. 범부들의 생은 생각을 반연하여 있고 식(識)은 업(業)을 따라 변하여 습기(習氣), 훈습(薰習)이 생겨남으로 인하여 더욱 심한 고로, 이미 태어난 이후에는 마음이 모든 망(妄)에 집착하니, 망령되이 사대(四大)를 오인하여 나를 삼으며, 망령되이 육친을 오인함으로써 나의 소유로 삼으며, 망령되이 성색(聲色)을 오인하여 쾌락으로 삼고, 망령되이 티끌을 오인하여 부귀로 삼는다. 마음과 눈으로 알고 보는 것이 망(妄) 아닌 것이 없으니, 모든 망(妄)이 이미 일어나면 번뇌가 만 가지로 차별된다. 망념이 진(眞)을 뺏으면 참 성품이 드디어 숨어서, 인(人)과 아(我)가 주(主)가 되고 진식(眞識)이 객(客)이 되어 삼업(三業)이 앞에서 이끌고 백업(百業)이 그 뒤를 따르게 되는 것이다. 생사가 유랑함에 끝이 없어서 생(生)이 다하면 멸(滅)하고 멸이 다하면 다시 생하여, 생멸이 서로 찾으며 여러 갈래에 떨어짐에 다다르고 돌고 돌아도 알지 못하는 것이다. 더욱 무명(無明)으로 방자하여 모든 업의 그물을 만들어서 드디어 진사겁(塵沙劫)이 다하도록 다시는 사람 몸을 회복하지 못하거니와, 성현은 그렇지 않음이니 성현은 태어날 때 생각에 인하지 않고(중생들의) 자취에 응하여 태어남이다. 태어나고자 하면 태어나고 저 명(命)을 기다리지 않으므로, 이미 태어난 이후엔 원적(圓寂)한 성품이 예전처럼 담연(湛然)하여서 체상(體相)도 없고 걸림도 없으며, 그 만법을 비춤이 마치 푸른 하늘의 밝은 해와 같아서 머리카락도 숨기거나 걸림이 없다. 그러므로 능히 일체 선법을 건립하여 모래알 같은 대천세계에 두루하되 그 적음(小)은 보지 않으며 일체중생을 섭수(攝受)하여 적멸에 돌아가게 하되 많음으로 여기지 않나니, 몰아도 능히 오지 않으며 쫓아도 능히 가지 않음이다. 비록 사대(四大)를 의탁하여 형(形)을 삼고 오행으로 기른 바가 되어도 모두가 내가 빌린 바이다. 일찍이 망령되이 오인한 게 아님이니 내 인연이 진실로 다하면 내 자취는 마땅히 멸함이다. 버리고 떠나는 것이 마치 오고 가는 것과 같을 따름이니 나에게 무엇이 관계되리오. 이런고로 범부는 생(生)이 있은즉 멸(滅)이 있음이다. 멸한 자는 나지(生)않을 수 없지만 성현은 생이 있고 또한 멸이 있으되, 멸하면 진공(眞空)에 돌아가게 된다. 이런고로 범부의 생멸은 몸 가운데 그림자 같아서 출(出)과 입(入)에 서로 다르므로 다할 때가 없거니와, 성현의 생멸은 마치 공중의 우레 소리와 같아서 스스로 일어나고 스스로 그쳐서 중생들에게 누(累)가 되지 않으나, 세인들은 생멸이 이와 같음을 알지 못하고 생멸로써 번뇌의 큰 병(病)으로 삼게 되니, 대개 스스로 깨닫지 못하기 때문이다. 깨달은즉 생멸을 보는 것이 몸 위의 먼지같이 여겨서 마땅히 한 번 털어버릴 따름이니, 어찌 능히 나의 성품에 누(累)가 되겠는가. 옛날 우리 여래께서 대자비심으로 일체중생이 미혹하고 전도(顚倒)되어 있어 생사를 유랑함이 이와 같아서 이를 불쌍히 여기시며 또한 일체중생이 본래 쾌락하고 자재로운 성품이 있어서 모두 닦고 증득하면 성불할 수 있음을 보시고, 일체중생이 모두 성현의 생멸이 되게 하고 범부의 생멸이 되지 않게 하고자 하시되, 오히려 일체중생이 무시이래로 유랑한 지가 너무 오래되어 그 성품의 종자가 이미 어긋나서 능히 한 법(法)으로는 속히 깨닫지 못함을 안타까이 여겨, 이를 위하여 팔만사천법문을 설하신 것이다. 문문마다 가히 들어갈 수 있으므로 모두 진여(眞如)의 땅에 이를 수 있으며, 매양 한 법문을 설함에 고구정녕(苦口丁寧) 실다운 말 아님이 없음이라. 일체중생으로 하여금 각각 본 바의 법문에 따라서 자기의 마음 땅에 들게 하며, 자기 마음 땅에 이르게 하며 자기(自己) 부처의 성품을 보게 하며 자신의 부처를 증득케 해서 곧 여래와 같게 하고자 하셨다. 이런 까닭에 여래가 모든 경에 유(有)를 설한 것은 일체중생으로 하여금 상(相)을 보고 착한 마음을 내게 하고자 한 것이고, 무(無)를 설한 것은 일체중생으로 하여금 상(相)을 떠나서 성품(性品)을 보게 하고자 한 것이며 설한 바 색(色)과 공(空)도 또한 이와 같은 것이다. 그러나 중생들이 집착으로써, 유(有)를 보되 진유(眞有)가 아니고 무(無)를 보되 참으로 없는 것이 아니며, 그 색(色)을 보고 공(空)을 보는 것도 다 이와 같이 집착해서 단견 (斷見)과 상견(常見)의 두 가지 견해를 다시 일으켜서 돌고 도는 생사의 뿌리를 삼기에, 둘이 아닌 법문으로 써 보이지 않는다면 또한 미혹하고 뒤바뀌어 생사에 유랑함이 전일(前日)보다 심하리라. 그러므로 여래께서 또 이를 위하여 대반야법(大般若法)을 설하시어 단견 (斷見)과 상견(常見)의 두 견해를 쳐부수어 일체중생으로 하여금 참다운 유(有)와 참다운 무(無)와 참다운 색 (色)과 참다운 공(空)이 본래 둘이 아니며 또한 사람과도 멀지 않다고 하셨다. 해맑고 고요하여 단지 자기 성품 중에 있는 것이므로 단지 자기 성품의 지혜로써 모든 망(妄)을 비추어 깨뜨린즉 스스로 밝게 볼 수 있음을 알게 함이었다. 이런고로 대반야경 육백 권은 대개 여래께서 보살과위의 사람들을 위하여 불성(佛性)을 설하셨으며, 오직 금강경은 대승만을 위하여 설하였으며 최상승만을 위하여 설하신 것이다. 이런 이유로 이 경은 먼저 사생(四生;胎,卵,濕,化生)과 사상(四相;我,人,衆生,壽者相)을 설하시고, 다음엔 '모든 상이 있는 것은 모두 허망하니, 모든 상이 비상임을 알면 바로 여래를 보리라.'하시니 대개 일체중생이 주(住)할 바 없음에 이르러야 참다운 진리가 됨을 나타내신 것이다. 그러므로 여래가 이 경에서 설하시길, 무릇 유(有)에 섭(涉)하면 곧 비(非)으로써 파(破)하여 바로 실상을 취하시어, 이로써 중생들에게 들어내 보이시니 대개 중생이 부처님께서 설하신 것을 알지 못하고 그 마음이 도리어 주(住)하는 바가 되는 것을 염려한 까닭에, 이른바 '불법은 곧 비불법이다.'라고 한 것 등이 이것이다.

부대사
傳大士

편계(偏計) - 두루 생각으로 따져봄

妄計因成執　迷繩爲是蛇　心疑生暗鬼　眼病見空華　一境雖
망계인성집　미승위시사　심의생암귀　안병견공화　일경수
無異　三人乃見差　了玆名不實　長馭白牛車
무이　삼인내견차　요자명부실　장어백우거

망령된 계교로 집착함이 이루어짐으로 인해
노끈을 잘못 알아 뱀이라 여기도다.
의심하는 마음속에 귀신이 생겨나고
눈병이 나면 허공꽃을 보게 되도다.
하나인 경계가 비록 다르지 않으나
세 사람이 보는 것에 차별이 생기니
이런 이름들이 실답지 못함을 요달하면
길이 백우거를 타고 가리라.

함허설의
인과법엔 원래 아가 없거늘 망령된 계교로 집착을 내어
뱀이 아닌데 계교하여 뱀이라 여기고 귀신이 아닌데 계
교로서 귀신이라 여기며 꽃이 아닌데 계교로써 꽃을 삼

으니, 보는 바의 경계는 비록 하나이나 세 사람이 보는 것은 같지 않다. 만약 이런 견해가 원래 실답지 못하다는 것을 요달한다면 한가롭게 길이 백우거를 타고 가리라.

의타(依他) - 다른 것에 의지함

依他非自立　必假衆緣成　日謝　樹無影　燈來　室乃明　名因
의타비자립　필가중연성　일사　수무영　등래　실내명　명인
共業變　萬象　積微生　若梧眞空色　脩然去有名
공업변　만상　적미생　약오진공색　소연거유명

다른 것에 의지하는 것은 스스로 서는 것이 아니고
반드시 온갖 인연을 빌려 이루는 것이니
해 지면 나무 그림자 사라지고
등불이 오면 이내 방안이 밝아지도다.
이름은 업과 함께 변하고
만상은 작은 것이 쌓이고 쌓여 생기니
만약 진실한 공의 색을 깨달으면
불현듯 이름을 버리리라.

함허설의
색(色)과 심(心)의 제법을 의타라고 부르니 이것은 자립

이 아니고 인연을 빌려서 성립되는 것이니 연이 없으면 성품도 나지 않으니 인연 따라 바야흐로 생함이 있도다. 미혹과 업이 함께 움직임이 있으니 움직임이 있음으로 인해서 만상이 나타나는 것이로다. 연려심(緣慮心; 마음작용)과 사대(色)가 합해져서 오온의 몸을 이루고 그것으로서 근신(根身)과 기계(器界;현상계)가 나뉘어 12처를 이루니 만약 색이 공한 색인 것을 깨달으면 곧 유심이 비유심임을 요달하리라.

원성(圓成) - 원만히 이룸

相寂 名亦遣 心融 境亦亡 去來 終莫見 語黙 永無
상적 명역견 심융 경역망 거래 종막견 어묵 영무
方智入圓成理 身同法性常 證眞還了俗 不廢示津梁
방지입원성리 신동법성상 증진환료속 불폐시진양

상이 없으면 이름 또한 떠나고
마음이 융통해지면 경계 또한 없도다.
가고 옴은 마침내 볼 수 없게 되고
어와 묵은 영원히 없음이로다.
지혜가 원성한 이치에 들어가면
몸은 법성의 항상함과 같으니
진을 증득하고 또한 속을 요달하여

나루터 보이는 것도 마다하지 않도다.(方便示顯)

함허설의
명(名)과 상(相)이 쌍으로 없어지고 마음과 경계를 둘다 잊으니 오고감에 자취가 없고 어묵이 방소(方所)가 없도다. 체의 내외가 없으면 일신(一身)이요, 생각에 전후가 없으면 다만 일심(一心)이로다. 이것은 원성의 이치이며 참답고 항상한 법성의 바다로다. 지혜로 그 가운데 들어가야 몸이 항상 머묾과 같아서 진과 속이 원래 하나로 꿰뚫게 되니 청산과 자맥(紫陌)이 둘 다 방해되지 않도다. 이미 청산의 맛을 충분히 맛보았다면 또한 응당히 방초언덕 가를 행할지니라.

청량대법안선사
淸凉大法眼禪師

경공(境空) - 경계가 공함

涅槃名廣度 無餘一味收 卵胎兼濕化 空有及沈浮
열반명광도 무여일미수 난태겸습화 공유급침부
薩埵能降住 菩提道自周 倏然纖介在 此岸永淹留
살타능항주 보리도자주 숙연섬개재 차안영엄류

열반을 널리 제도한다. 이름 함이여
남음 없이 한맛으로 거둠이라.
난(卵), 태(胎)와 겸하여 습(濕)과 화함과
공(空), 유(有)와 침(沈)과 부(浮)로다.
보리살타가 능히 항복하고 주하여
보리의 도가 저절로 두루 하나니
잠깐 혹 작은 것이라도 있으면
이 언덕에 영원히 머물리라.

함허설의
여래의 대열반은 널리 제도함으로서 그 뜻을 삼으니,
삼계 사생류를 남김없이 한맛으로 거둠이로다. 무거운
짐을 짊어진 이, 진정 쉽지 않으니 작은 지혜가 어찌

이런 소임을 감당하리오. 오직 보리살타가 있어서 교화
하되 교화함 없이 보리의 도로 하여금 저절로 두루 하
게 함이로다. 육진경계의 인연이 만약 조금이라도 있으
면 이 생사의 언덕에서 영원히 머물게 되리라.

지공(智空) - 지혜도 공함

智圓晶火聚 薩埵便無心 處處菩提道 明明功德林 誰能生
지원정화취 살타변무심 처처보리도 명명공덕림 수능생
後得 更不議堪任 月冷空當午 松寒露滿襟
후득 갱불의감임 월냉공당오 송한로만금

지혜가 밝아 뚜렷한 빛의 무리여
살타가 문득 무심함이라.
곳곳이 보리도량이고
밝고 밝은 공덕의 숲이로다.
누가 능히 최후의 지혜를 낼 것인가?
다시 감당해야 할 것을 헤아리지 않음이라.
달이 차가우니 하늘이 한낮이 되고
소나무가 차니 이슬이 옷깃에 가득 하도다.

함허설의
지혜가 뚜렷하여 참으로 밝은 빛의 무더기와 같으니 남

아(薩埵)가 여기에 이르러 문득 무심해지도다. 무심함이여, 곳곳이 보리도요 밝고 밝은 공덕의 숲이로다. 이미 본래 있는 것임을 아는 것이기에 지금에 얻음이 아니니 가슴속에 아무 것도 없어서 밖으로는 어리석은 듯하다. 다만 저 무심의 살림살이를 어떻게 말할 것인가? 달이 차니 허공이 한낮이 되고 소나무가 차니 이슬이 옷깃에 가득 하도다.

구공(俱空) - 경계와 지혜가 함께 공함

理極亡情謂 如何有喩齊 到頭霜夜月 任運落前谿 果熟兼
이극망정위 여하유유제 도두상야월 임운락전계 과숙겸
遠重山長似路迷 擧頭殘照在 元是住居西
원중산장사로미 거두잔조제 원시주거서

이치가 지극하여 생각으로 이룰 수 없음이여
어떻게 비유로써 똑같이 할 것인가.
부둣가 서리 내린 밤의 달은
저절로 앞 시냇물에 떨어지도다.
과일이 익으면 원숭이가 살찌고
산이 깊어서 길을 잃고 헤매도다.
머리를 들면 빛이 아직 남아있으니
원래부터 이 서쪽에 머물러 있었음이로다.

542

함허설의
경계와 지혜를 둘 다 잊고 잊었다는 것까지 또한 잊으
니 가을하늘 서리 내린 밤의 달은 시냇물에 가득하도
다. 도가 높으면 겸하여 허물을 띠우게 되고 이치를 드
러내면 도리어 미함이 되는도다. 그 까닭을 돌이켜 관
해보면 공함에 있어서 정을 잊지 못했음이로다. 다시
정을 잊음이여, 하나의 달이 일천강에 그림자를 드리우
고 구름은 만리에 떠가도다.

유통(流通) - 곳곳에 유통함

如如方解說 此設號流通 若謂無人我 還將壽者同
여여방해설 차설호유통 약위무인아 환장수자동
平常何所證 動轉絶羈寵 一切有爲法 對觀淸鏡中
평상하소증 동전절기농 일체유위법 대관청경중

여여함을 해설한다 함이여
이러한 설을 유통이라 부르도다.
만약 인아의 생각이 없다고 이른다면
또한 장차 수자상도 같음이로다.
평상한데 무엇을 증득하리오.
움직이고 굴림에 매일 것이 없도다.
일체의 유위법을 맑은 거울 속에서 바라봄이로다.

함허설의
여여부동함을 해설하나니, 이와 같은 연설을 유통이라
부르니 만약 내가 인아의 생각이 없다고 이른다면 예전
처럼 도리어 아, 인상과 같음이니라. 평상하여 증득할
게 없어서 매임이 끊어졌으니 교화하고 연설함이 거울
속에서 항상 거울을 보는 것 같도다.

금강반야바라밀경
金剛般若波羅蜜經

法喜解 2555辛卯 迎新日

제일 법회인유
第一 法會因由

여시아문 일시 불 재사위국 기수급고독원 여대
如是我聞 一時 佛 在舍衛國 祇樹給孤獨園 與大
비구중천이백오십인구
比丘衆千二百五十人俱

1. 법회가 이루어진 동기
이와 같이 내가 들었다. 어느 때 부처님께서 사위국 기
수급고독원에 큰 비구 *1250*인과 함께 계셨다.

이시 세존식시 착의지발 입사위대성 걸식 어기
爾時 世尊食時 着衣持鉢 入舍衛大城 乞食 於其
성중 차제걸이 환지본처 반사흘 수의발 세족이

城中 次第乞已 還至本處 飯食訖 收衣鉢 洗足已
부좌이좌
敷座而坐

그때에 세존께서 공양하실 때가 되어 가사를 입고 발우
를 가지고 사위성에 들어가서 차례로 걸식을 마치시고,
다시 본래의 처소로 돌아오시어 공양을 마치시고 가사
와 발우를 거두시어 발을 씻으신 뒤 자리를 펴고 앉으
셨다.

제이 선현기청
第二 善現起請

시 장로수보리 재대중중 즉종좌기 편단우견 우
時 長老須菩提 在大衆中 卽從座起 偏袒右肩 右
슬착지 합장공경 이백불언 희유세존 여래 선호
膝着地 合掌恭敬 而白佛言 希有世尊 如來 善護
념제보살 선부촉제보살
念諸菩薩 善付囑諸菩薩

2. 선현이 법을 청함
그때에 장로수보리가 대중 가운데에서 바로 자리에서

일어나 오른쪽 어깨에 가사을 걷어 메고 오른 무릎을 땅에 꿇고 합장하고 공경히 부처님께 말하기을 "희유하십니다. 세존이시여, 여래께서는 모든 보살들의 마음을 잘 보살펴주시며 모든 보살들께 잘 부촉하십니다."

세존 선남자선여인 발아뇩다라삼먁삼보리심 응
世尊 善男子善女人 發阿耨多羅三藐三菩提心 應
운하주 운하항복기심
云何住 云何降伏其心
"세존이시여, 선남자 선여인이 아뇩다라삼먁삼보리의 마음을 낸다면, 마땅히 어떻게 그 마음을 머무르게 해야 하며, 어떻게 그 마음을 다스려야 합니까?"

불언 선재선재 수보리 여여소설 여래 선호념제
佛言 善哉善哉 須菩提 如汝所說 如來 善護念諸
보살 선부촉제보살 여금제청 당위여설 선남자
菩薩 善付囑諸菩薩 汝今諦聽 當爲汝說 善男子
선여인 발아뇩다라삼먁삼보리심 응여시주 여시
善女人 發阿耨多羅三藐三菩提心 應如是住 如是
항복기심 유연세존 원요욕문
降伏其心 唯然世尊 願樂欲聞

부처님께서 말씀하시기를 "선재 선재라. 수보리야, 네가 말한 것과 같이 여래께서는 모든 보살을 빠짐없이 보살피고 모든 보살에게 잘 부촉해 주시느니라. 너를 위해 말할테니 나의 말을 잘 들으라. 선남자 선여인이 아뇩다라삼먁삼보리의 마음을 낸다면, 마땅히 그 마음을 이렇게 머무르게 해야 하며 이렇게 다스려야 하느니라." "그렇게 하겠습니다. 세존이시여, 가르침을 기쁜 마음으로 듣고자 합니다."

제삼 대승정종
第三 大乘正宗

불고수보리 제보살마하살 응여시항복기심
佛告須菩提 諸菩薩摩訶薩 應如是降伏其心

3. 대승의 바른 가르침

부처님께서 수보리에게 말씀하시기를 "모든 보살 마하살은 마땅히 이와 같이 그 마음을 다스려야 하느니라."

소유일체중생지류 약난생 약태생 약습생 약화
所有一切衆生之類 若卵生 若胎生 若濕生 若化
생 약유색 약무색 약유상 약무상 약비유상비무

生 若有色 若無色 若有想 若無想 若非有想非無
상 아개영입무여열반 이멸도지
想 我皆令入無餘涅槃 而滅度之
"일체 중생의 종류인 난생, 태생, 습생, 화생, 유색, 무색,
유상, 무상, 비유상비무상을 내가 모두 무여열반에 들게
그들을 제도하리라."

여시멸도 무량무수무변중생 실무중생 득멸도자
如是滅度 無量無數無邊衆生 實無衆生 得滅度者
"이와 같이 헤아릴 수 없이 무수한 끝없는 중생을 제도
하여도 실로 제도된 중생이 없느니라."

하이고 수보리 약보살 유아상 인상 중생상　수
何以故 須菩提 若菩薩 有我相 人相 衆生相　壽
자상 즉비보살
者相 卽非菩薩
"왜냐하면 수보리야, 만약 보살이 아상, 인상, 중생상, 수
자상이 있다면 바로 비보살이기 때문이니라."

제사 묘행무주
第四 妙行無住

부차 수보리 보살어법 응무소주 행어보시 소위
復次 須菩提 菩薩於法 應無所住 行於布施 所謂
부주색보시 부주성향미촉법보시
不住色布施 不住聲香味觸法布施

4. 묘행은 집착함이 없는 것인
"또한 수보리야, 보살은 모든 법에 있어서 마땅히 그
어디에도 집착함이 없는 행을 행하느니라. 이른바 색에
집착함이 없는 행을 하며 성, 향, 미, 촉, 법에도 집착함이
없는 행을 하느니라."

수보리 보살 응여시보시 부주어상
須菩提 菩薩 應如是布施 不住於相
"수보리야, 보살은 마땅히 그 어떤 상에도 집착하지 않
는 행을 하느니라."

하이고 약보살 부주상보시 기복덕 불가사량
何以故 若菩薩 不住相布施 其福德 不可思量
"왜냐하면, 보살은 어떤 상에도 집착하지 않는 행을 하
기 때문에 그 복덕은 헤아릴 수가 없느니라."

수보리 어의운하 동방허공 가사량부 불야 세존

須菩提 於意云何 東方虛空 可思量不 不也 世尊
"수보리야, 어떻게 생각하느냐. 동쪽 허공을 헤아릴 수
있겠느냐?" "없습니다, 세존이시여."

수보리 남서북방 사유상하허공 가사량부　불야
須菩提 南西北方 四維上下虛空 可思量不　不也
세존 수보리 보살 무주상보시복덕 역부여시 불
世尊 須菩提 菩薩 無住相布施福德 亦復如是 不
가사량
可思量
"수보리야, 남,서,북쪽 그리고 네 가지 간방과 위,아래
의 허공을 헤아릴 수 있겠느냐?" "없습니다, 세존이시
여." "수보리야, 보살은 상에 집착함이 없는 행을 하므
로, 그 복덕도 또한 허공과 같아서 헤아릴 수가 없느니
라."

수보리 보살 단응여소교주
須菩提 菩薩 但應如所敎住
"수보리야, 보살은 오직 머무름을 가르친과 같이 하느
니라."

제오 여리실견
第五 如理實見

수보리 어의운하 가이신상 견여래부 불야 세존
須菩提 於意云何 可以身相 見如來不 不也 世尊
불가이신상 득견여래
不可以身相 得見如來

5. 이와 같은 이치로 실답게 봄
"수보리야, 어떻게 생각하느냐. 신상으로 여래를 볼 수
있겠느냐?" "볼 수 없습니다, 세존이시여. 신상으로 여
래를 볼 수가 없습니다."

하이고 불설신상 즉비신상
何以故 佛說身相 卽非身相
"왜냐하면, 부처님께서 신상은 바로 비신상을 뜻한다고
말씀하셨기 때문입니다."

불고수보리 범소유상 개시허망 약견제상비상
佛告須菩提 凡所有相 皆是虛妄 若見諸相非相
즉견여래

卽見如來
부처님께서 수보리에게 말씀하시기를
"모든 상이 있는 것은 모두 허망하니, 모든 상이 비상
임을 알면 바로 여래를 보리라."

제육 정신희유
第六 正信希有

수보리 백불언 세존 파유중생 득문여시 언설장
須菩提 白佛言 世尊 頗有衆生 得聞如是 言說章
구 생실신부
句 生實信不

6. 바른 믿음은 희유함
수보리가 부처님께 말하기를 "세존이시여, 무지중생이
부처님의 이러한 가르침을 듣고 참된 믿음을 낼 수 있
겠습니까?"

불고수보리 막작시설 여래멸후 후오백세 유지
佛告須菩提 莫作是說 如來滅後 後五百歲 有持
계수복자 어차장구 능생신심　이차위실

554

戒修福者 於此章句 能生信心　以此爲實

부처님께서 수보리에게 말씀하시기를 "그렇게 말하지
말라. 여래가 열반한 뒤 후오백세에도 계율을 지키고
복을 짓는 사람이 있어, 이 가르침을 능히 믿고 이것으
로 실다움을 삼으리라."

당지시인 불어일불이불삼사오불 이종선근 이어
當知是人 不於一佛二佛三四五佛 而種善根 已於
무량천만불소 종제선근 문시장구 내지일념생정
無量千萬佛所 種諸善根 聞是章句 乃至一念生淨
신자
信者
"마땅히 이 사람은 한 부처님, 두 부처님, 셋, 넷, 다섯
부처님께 선근을 심은 것이 아니라 이미 헤아릴 수 없
는 부처님께 모든 선근을 심었으므로 이 가르침을 듣고
서 한결같은 마음으로 청정한 믿음을 낸다는 것을 알아
야 하느니라."

수보리 여래실지실견 시제중생 득여시무량복덕
須菩提 如來悉知悉見 是諸衆生 得如是無量福德
"수보리야, 여래께서는 이와 같은 모든 중생들이 헤아
릴 수 없는 복덕을 얻게 되는 것을 다 보고 다 아시느

니라.”

하이고 시제중생 무부아상 인상 중생상 수자상
何以故 是諸衆生 無復我相 人相 衆生相 壽者相
무법상 역무비법상
無法相 亦無非法相
“왜냐하면, 이 모든 중생은 아상, 인상, 중생상, 수자상이
없으며 법상도 없으며 또한 비법상도 없기 때문이니
라.”

하이고 시제중생 약심취상 즉위착아인중생수자
何以故 是諸衆生 若心取相 卽爲着我人衆生壽者
약취법상 즉착아인중생수자 하이고 약취비법상
若取法相 卽着我人衆生壽者 何以故 若取非法相
즉착아인중생수자
卽着我人衆生壽者
“왜냐하면, 모든 중생이 만약 마음에 상을 취하면 바로
아상, 인상, 중생상, 수자상에 집착하는 것이 되고 법상을
취하더라도 아상, 인상, 중생상, 수자상에 집착하는 것이
되며 비법상을 취하더라도 바로 아상, 인상, 중생상, 수자
상에 집착함이 되기 때문이니라.”

556

시고 불응취법 불응취비법
是故 不應取法 不應取非法
"그러므로 마땅히 법은 취하지 말 것이며, 비법도 취하
지 말아야 하느니라."

이시의고 여래상설 여등비구 지아설법 여벌유
以是義故 如來常說 汝等比丘 知我說法 如筏喩
자 법상응사 하황비법
者 法尙應捨 何況非法
"그러므로 여래께서는 항상 '너희 비구들은 나의 설법
을 뗏목과 같은 것에 비유하라.'고 설하셨느니라. 법도
마땅히 버려야 하거늘 하물며 비법은 어떠하겠느냐."

제칠 무득무설
第七 無得無說

수보리 어의운하 여래득 아뇩다라삼먁삼보리야
須菩提 於意云何 如來得 阿耨多羅三藐三菩提耶
여래유소설법야
如來有所說法耶

7. 얻을 수도 없고 설할 수도 없음
"수보리야, 어떻게 생각하느냐. 여래께서 아뇩다라삼먁
삼보리를 얻은 일이 있느냐? 여래께서 설한 법이 있느
냐?"

수보리언 여아해불소설의 무유정법 명아뇩다라
須菩提言 如我解佛所說義 無有定法 名阿耨多羅
삼먁삼보리 역무유정법 여래가설
三藐三菩提 亦無有定法 如來可說
수보리가 말하기를 "제가 부처님의 말씀을 이해하기에
는 아뇩다라삼먁삼보리라고 이름 할 법이 없으며 또한
여래께서 설하신 법도 없습니다."

불언 수보리 여래소설법 개불가취불가설 비법
佛言 須菩提 如來所說法 皆不可取不可說 非法
비비법
非非法
부처님께서 말씀하시길 "수보리야, 여래께서 설하신
비법과 비비법은 모두 취할 수도 없고 말할 수도 없느
니라."

소이자하 일체현성 개이무위법 이유차별

所以者何 一切賢聖 皆以無爲法 而有差別
"그 까닭은 모든 성인과 현인은 다 무위법으로써 차별
을 두기 때문이니라."

제팔 의법출생
第八 依法出生

수보리 어의운하 약인만삼천대천세계칠보 이용
須菩提 於意云何 若人滿三千大千世界七寶 以用
보시 시인소득복덕 영위다부 수보리언 심다 세
布施 是人所得福德 寧爲多不 須菩提言 甚多 世
존 하이고 시복덕 즉비복덕성 시고 불설복덕다
尊 何以故 是福德 卽非福德性 是故 佛說福德多

8. 이 법에 의지하여 모든 것이 생겨남
"수보리야, 어떻게 생각하느냐. 만약 어떤 사람이 삼천
대천세계에 칠보로 가득 채워 보시를 한다면 이 사람이
얻는 복덕은 많겠느냐?" 수보리가 말하기를 "매우 많습
니다. 세존이시여, 왜냐하면 이 복덕은 바로 비복덕성
의 뜻이기 때문에 복덕이 많다고 부처님께서 말씀하셨
습니다."

약부유인 어차경중 수지내지 사구게등 위타인
若復有人 於此經中 受持乃至 四句偈等 爲他人
설 기복승피
說 其福勝彼
"만약 또 어떤 사람이 이 경 가운데서 사구게만 배우며
행하고 다른 사람을 위해 말해준다면 그 복은 저 칠보
를 보시한 복보다 수승하느니라."

하이고 수보리 일체제불 급제불아녹다라삼먁삼
何以故 須菩提 一切諸佛 及諸佛阿耨多羅三藐三
보리법 개종차경출
菩提法 皆從此經出
"왜냐하면 수보리야, 일체 모든 부처님과 부처님의 아
녹다라삼먁삼보리의 법이 모두 이 경에서 나왔기 때문
이니라."

수보리 소위불법자 여래설 즉비불법
須菩提 所謂佛法者 如來說 卽非佛法
"수보리야, 이른바 불법이라고 하는 그것은 여래께서
바로 비불법을 뜻한다고 설하셨느니라."

제구 일상무상
第九 一相無相

수보리 어의운하 수다원 능작시념 아득수다원
須菩提 於意云何 須陀洹 能作是念 我得須陀洹
과부
果不

9. 무상도 하나의 상인
"수보리야, 어떻게 생각하느냐. 수다원이 나는 수다원
과를 얻었다고 생각하겠느냐?"

수보리언 불야 세존 하이고 수다원 명위입류
須菩提言 不也 世尊 何以故 須陀洹 名爲入流
이무소입 불입색성향미촉법 시명수다원
而無所入 不入色聲香味觸法 是名須陀洹
수보리가 말하기를 "아닙니다. 세존이시여, 왜냐하면
수다원이란 성인의 경지에 들어갔다는 말이지만, 어디
에도 들어간 바 없고 색, 성, 향, 미, 촉, 법에 들어가지 않
는 것을 수다원이라고 이름 하기 때문입니다."

수보리   어의운하 사다함 능작시념 아득사다함
須菩提   於意云何 斯陀含 能作是念 我得斯陀含
과부 수보리언 불야   세존 하이고 사다함 명일
果不 須菩提言 不也   世尊 何以故 斯陀含 名一
왕래 이실무왕래 시명사다함
往來 而實無往來 是名斯陀含

"수보리야, 어떻게 생각하느냐. 사다함이 나는 사다함
과를 얻었다고 생각하겠느냐?" 수보리가 말하기를 "그
렇지 않습니다. 세존이시여, 왜냐하면 사다함은 한 번
오고간다는 말이지만, 실은 오고감이 없는 것을 사다함
이라 이름 하기 때문입니다."

수보리   어의운하 아나함 능작시념 아득아나함
須菩提   於意云何 阿那含 能作是念 我得阿那含
과부 수보리언   불야 세존 하이고 아나함 명위
果不 須菩提言   不也 世尊 何以故 阿那含 名爲
불래 이실무불래 시고 명아나함
不來 而實無不來 是故 名阿那含

"수보리야, 어떻게 생각하느냐. 아나함이 나는 아나함
과를 얻었다고 생각하겠느냐?" 수보리가 말하기를 "그
렇지 않습니다. 세존이시여, 왜냐하면 아나함이란 오지

않는다는 말이지만 실은 오지 않음이 없는 것을 아나함
이라 이름 하기 때문입니다."

수보리 어의운하 아라한 능작시념 아득아라한
須菩提 於意云何 阿羅漢 能作是念 我得阿羅漢
도부
道不
"수보리야, 어떻게 생각하느냐. 아라한이 나는 아라한
과를 얻었다고 생각하겠느냐?"

수보리언 불야 세존 하이고 실무유법 명아라한
須菩提言 不也 世尊 何以故 實無有法 名阿羅漢
세존 약아라한 작시념   아득아라한도 즉위착아
世尊 若阿羅漢 作是念 我得阿羅漢道 卽爲着我
인중생수자
人衆生壽者
수보리가 말하기를 "아닙니다. 세존이시여, 왜냐하면
실로 아라한이라고 할 법이 없기 때문입니다. 세존이시
여, 만약 아라한이 내가 아라한과를 얻었다는 생각을
한다면 바로 아상, 인상, 중생상, 수자상에 집착하는 것이
됩니다."

세존 불설아득무쟁삼매인중 최위제일 시제일이
世尊 佛說我得無諍三昧人中 最爲第一 是第一離
욕아라한
欲阿羅漢
"세존이시여, 부처님께서 저는 다툼이 없는 삼매를 얻
은 사람 가운데서 제일이고 욕심을 떠난 제일의 아라한
이라고 말씀 하셨습니다."

세존 아부작시념 아시이욕아라한 세존 아약작
世尊 我不作是念 我是離欲阿羅漢 世尊 我若作
시념 아득 아라한도 세존즉불설 수보리 시요아
是念 我得 阿羅漢道 世尊即不說 須菩提 是樂阿
란나행자 이수보리 실무소행 이명수보리   시요
蘭那行者 以須菩提 實無所行 而名須菩提   是樂
아란나행
阿蘭那行
"세존이시여, 저는 욕심을 떠난 아라한이라고 생각하지
않습니다. 세존이시여, 만약 제가 아라한의 경지를 얻
었다고 생각한다면 세존께서는 수보리는 아란나행 그것
만을 좋아한다고 말씀하시지 않았을 것입니다. 수보리
는 실로 아무것도 행하는 것이 없기에 '아란나행을 좋

아하는 수보리'라고 하신 것입니다."

제십 장엄정토
第十 莊嚴淨土

불고 수보리 어의운하 여래석재연등불소 어법
佛告 須菩提 於意云何 如來昔在燃燈佛所 於法
유소득부 불야 세존 여래 재연등불소어법 실무
有所得不 不也 世尊 如來 在燃燈佛所於法 實無
소득
所得

10.정토를 장엄함
부처님께서 말씀하시기를 "수보리야, 어떻게 생각하느
냐. 여래께서 지난날 연등부처님 처소에서 법을 얻은
일이 있느냐?" "그렇지 않습니다. 세존이시여, 여래께
서는 연등부처님 처소에서 실로 어떤 법도 얻은 것이
없습니다."

수보리 어의운하 보살 장엄불토부 불야 세존
須菩提 於意云何 菩薩 莊嚴佛土不 不也 世尊

하이고 불설장엄불토자　즉비장엄 시명장엄
何以故　佛說莊嚴佛土者　卽非莊嚴 是名莊嚴
"수보리야, 어떻게 생각하느냐. 보살이 불국토를 장엄한다고 하겠느냐?" "아닙니다. 세존이시여, 왜냐하면 부처님께서 불국토를 장엄한다는 것은 바로 비장엄의 뜻이므로 그 이름을 장엄이라 한다고 말씀하셨기 때문입니다."

시고 수보리 제보살마하살 응여시생청정심 불
是故　須菩提　諸菩薩摩訶薩　應如是生淸淨心　不
응주색생심 불응주성향미촉법생심
應住色生心 不應住聲香味觸法生心
"그러므로 수보리야, 모든 보살마하살은 마땅히 이와 같은 청정한 마음을 내느니라. 색에 집착하는 마음인 유주심을 내지 않으며 성, 향, 미, 촉, 법에 집착하는 유주심도 내지 않느니라."

응무소주 이생기심
應無所住 而生其心
"마땅히 어디에도 머무름이 없는 그 마음을 내어야 하느니라."

수보리 비여유인 신여수미산왕 어의운하　시신
須菩提 譬如有人 身如須彌山王 於意云何　是身
위대부 수보리언 심대　세존 하이고　불설비신
爲大不 須菩提言 甚大　世尊 何以故　佛說非身
시명대신
是名大身
"수보리야, 비유하면 어떤 사람의 몸이 수미산과 같다
면, 이 몸을 크다고 할 수 있느냐?" "매우 큽니다. 세
존이시어, 왜냐하면 부처님께서 비신을 뜻하는 것을 이
름 하여 큰 몸이라 한다고 말씀하셨기 때문입니다."

제십일 무위복승
第十一 無爲福勝

수보리 여항하중소유사수 여시사등항하 어의운
須菩提 如恒河中所有沙數 如是沙等恒河 於意云
하　시제항하사 영위다부 수보리언　심다 세존
何　是諸恒河沙 寧爲多不 須菩提言　甚多 世尊
단제항하 상다무수 하황기사
但諸恒河 尙多無數 何況其沙

11. 무위의 복이 수승함

"수보리야, 어떻게 생각하느냐. 항하의 모래 수와 같은
항하가 있다면 그 모든 항하의 모래는 많지 않겠느냐?"
수보리가 말하기를 "매우 많습니다. 세존이시여, 다만
모래 수와 같은 항하만 하여도 헤아릴 수 없이 많은데
하물며 그 항하의 모래 수는 어떠하겠습니까?"

수보리 아금실언 고여 약유선남자선여인 이칠
須菩提 我今實言 告汝 若有善男子善女人 以七
보 만이소항하사수 삼천대천세계 이용보시 득
寶 滿爾所恒河沙數 三千大千世界 以用布施 得
복다부 수보리언 심다 세존
福多不 須菩提言 甚多 世尊

"수보리야, 이제 진실한 말을 너에게 이르노라. 만약
선남자 선여인이 저 많은 항하의 모래 수와 같은 삼천
대천세계에 칠보로 가득 채워 보시한다면 얻는 복이 많
겠느냐?" "매우 많습니다. 세존이시여."

불고수보리 약선남자선여인 어차경중 내지 수
佛告須菩提 若善男子善女人 於此經中 乃至 受
지사구게등 위타인설 이차복덕 승전복덕

持四句偈等 爲他人說 而此福德 勝前福德

부처님께서 수보리에게 말씀하시길 "만약 선남자 선여인이 이 경 가운데서 사구게만 배우며 행하고 다른 사람을 위해 말해준다면 그 복덕은 앞의 칠보로 보시한 복덕보다 수승하느니라."

제십이 존중정교
第十二 尊重正敎

부차수보리 수설시경 내지사구게등 당지차처
復次須菩提 隨說是經 乃至四句偈等 當知此處
일체세간천인아수라 개응공양 여불탑묘
一切世間天人阿修羅 皆應供養 如佛塔廟

12. 바른 가르침을 존중함
"또한 수보리야, 이 경에서 사구게만 행하며 설하더라도, 이곳은 법계의 천상, 인간, 아수라들이 부처님과 부처님을 모신 탑과 같이 모두가 공양한다는 것을 마땅히 알아야 하느니라."

하황유인 진능수지독송 수보리 당지시인성취최
何況有人 盡能受持讀誦 須菩提 當知是人成就最

상제일희유지법
上第一希有之法

"하물며 능히 경을 배우며 행하고 독송하는 사람은 어떠하겠는가? 수보리야, 마땅히 이 사람은 가장 높고 제일의 희유한 법을 성취한다는 것을 알아야 하느니라."

약시경전 소재지처 즉위유불 약존중제자
若是經典 所在之處 卽爲有佛 若尊重弟子

"만약 이와 같은 경전이 있는 곳이라면 바로 부처님과 부처님을 존중하는 제자가 있는 것과 같으니라."

제십삼 여법수지
第十三 如法受持

이시 수보리 백불언 세존 당하명차경 아등운하
爾時 須菩提 白佛言 世尊 當何名此經 我等云何
봉지 불고수보리 시경명위 금강반야바라밀 이
奉持 佛告須菩提 是經名爲 金剛般若波羅蜜 以
시명자 여당봉지
是名字 汝當奉持

13. 이와 같은 법을 배우며 행함

그때 수보리가 부처님께 말하기를 "세존이시여, 이 경을 무엇이라 이름 하며 저희들이 어떻게 받들어 행하여야 합니까?" 부처님께서 수보리에게 말씀하시길 "이 경을 금강반야바라밀이라 이름 하니 이 이름으로 너희들은 마땅히 받들어 행해야 하느니라."

소이자하 수보리 여래설 반야바라밀 즉비반야
所以者何 須菩提 如來說 般若波羅蜜 卽非般若
바라밀 시명반야바라밀
波羅蜜 是名般若波羅蜜

"왜냐하면 수보리야, 여래께서 반야바라밀은 바로 비반야바라밀의 뜻이므로 그 이름을 반야바라밀이라 한다고 설하셨기 때문이니라."

수보리 어의운하 여래 유소설법부 수보리 백불
須菩提 於意云何 如來 有所說法不 須菩提 白佛
언 세존 여래 무소설
言 世尊 如來 無所說

"수보리야, 어떻게 생각하느냐. 여래께서 법을 설한 적이 있느냐?" 수보리가 부처님께 말하기를 "세존이시여,

여래께서 법을 설하신 적이 없습니다.”

수보리 어의운하 삼천대천세계 소유미진 시위
須菩提　於意云何　三千大千世界　所有微塵　是爲
다부 수보리언 심다 세존 수보리 제미진 여래
多不　須菩提言　甚多　世尊　須菩提　諸微塵　如來
설비미진 시명미진 여래설세계비세계 시명세계
說非微塵　是名微塵　如來說世界非世界　是名世界
“수보리야, 어떻게 생각하느냐. 삼천대천세계에 가득
한 티끌이 많다고 할 수 있느냐?” 수보리가 말하기를
“매우 많습니다. 세존이시여.” “수보리야, 모든 티끌은
여래께서 비미진의 뜻이므로 그 이름을 티끌이라 한다
고 설하셨으며, 여래께서 세계도 비세계의 뜻이므로 그
이름을 세계라 한다고 설하셨느니라.”

수보리 어의운하 가이삼십이상 견여래부 불야
須菩提　於意云何　可以三十二相　見如來不　不也
세존 불가이삼십이상 득견여래 하이고 불설삼
世尊　不可以三十二相　得見如來　何以故　佛說三
십이상 즉시비상 시명삼십이상
十二相　即是非相　是名三十二相

"수보리야, 어떻게 생각하느냐. 32상으로 여래를 볼 수 있겠느냐?" "아닙니다. 세존이시여, 32상으로는 여래를 볼 수 없습니다. 왜냐하면, 부처님께서 32상은 바로 비상의 뜻이므로 그 이름을 32상이라 한다고 말씀하셨기 때문입니다."

수보리 약유선남자선여인 이항하사등신명 보시
須菩提 若有善男子善女人 以恒河沙等身命 布施
약부유인 어차경중 내지수지사구게등 위타인설
若復有人 於此經中 乃至受持四句偈等 爲他人說
기복심다
其福甚多

"수보리야, 만약 선남자 선여인이 항하의 모래 수와 같은 목숨을 보시하고, 또 어떤 사람이 이 경에서 사구게만 배우며 행하고 다른 사람을 위해 말해준다면 그 복이 더욱 더 많을 것이니라."

제십사 이상적멸
第十四 離相寂滅

이시 수보리 문설시경 심해의취 체루비읍 이백

爾時 須菩提 聞說是經 深解義趣 涕淚悲泣 而白
불언 희유세존 불설여시 심심경전 아종석래 소
佛言 希有世尊 佛說如是 甚深經典 我從昔來 所
득혜안 미증득문여시지경
得慧眼 未曾得聞如是之經

14. 열반은 상을 떠난 것임
그때 수보리가 이 경을 설하심을 듣고, 그 의미를 깊이
깨달아 눈물을 흘리면서 부처님께 말하기를 "희유하십
니다. 세존이시여, 부처님께서 이렇게 깊고 깊은 경전
을 설하시니, 제가 예로부터 얻은 혜안으로도 이와 같
은 경을 한 번도 들어보지 못했습니다."

세존 약부유인 득문시경 신심청정 즉생실상 당
世尊 若復有人 得聞是經 信心淸淨 卽生實相 當
지시인 성취제일희유공덕
知是人 成就第一希有功德
"세존이시여, 만약 어떤 사람이 이 경을 듣고 깨달아
신심이 청정해진다면 바로 실상을 보는 지혜가 생길 것
이며 마땅히 이 사람은 가장 희유한 공덕을 성취하게
된다는 것을 알게 될 것입니다."

세존 시실상자 즉시비상 시고 불설명실상
世尊 是實相者 卽是非相 是故 佛說名實相
"세존이시여, 실상이라는 그것은 바로 비상의 뜻이므로
부처님께서 그 이름을 실상이라 한다고 말씀하셨습니
다."

세존 아금 득문여시경전 신해수지 부족위난
世尊 我今 得聞如是經典 信解受持 不足爲難
"세존이시여, 제가 지금 이와 같은 경전을 들어서 믿고
깨달아, 배우며 행하는 것은 어렵지 않지만,"

약당래세후오백세 기유중생 득문시경 신해수지
若當來世後五百歲 其有衆生 得聞是經 信解受持
시인 즉위제일희유
是人 卽爲第一希有
"만약 오는 세상 후오백세에 어떤 중생이 이 경을 들어
서 믿고 깨달아, 배우며 행한다면 이 사람이 바로 제일
희유한 사람일 것입니다."

하이고 차인 무아상 무인상 무중생상 무수자상
何以故 此人 無我相 無人相 無衆生相 無壽者相

소이자하 불설아상 즉시비상 인상 중생상 수자
所以者何 佛說我相 卽是非相 人相 衆生相 壽者
상 즉시비상 하이고 이일체제상 즉명제불
相 卽是非相 何以故 離一切諸相 卽名諸佛

"왜냐하면, 이 사람은 아상, 인상, 중생상, 수자상이 없기 때문입니다. 그 까닭은 부처님께서 아상이 바로 비상이며 인상, 중생상, 수자상도 바로 비상이며 일체 모든 상을 떠난 것을 모두 '부처'라 이름 한다고 말씀 하셨기 때문입니다."

불고수보리 여시여시
佛告須菩提 如是如是

부처님께서 수보리에게 말씀하시기를 "그렇다, 그렇다."

약부유인 득문시경 불경불포불외 당지시인 심
若復有人 得聞是經 不驚不怖不畏 當知是人 甚
위희유
爲希有

"만약 또 어떤 사람이 이 경을 듣고 깨달아 놀라지 않고 두려워하지 않고 겁내지 않는다면 이 사람은 매우 희유한 사람인을 알아야 하느니라.”

하이고 수보리 여래설제일바라밀 즉비제일바라
何以故 須菩提 如來說第一波羅蜜 卽非第一波羅
밀 시명제일바라밀
蜜 是名第一波羅蜜
“왜냐하면 수보리야, 여래께서 제일바라밀은 바로 비제
일바라밀의 뜻이므로 그 이름을 제일바라밀이라 한다고
설하셨기 때문이니라.”

수보리 인욕바라밀 여래설 비인욕바라밀 시명
須菩提 忍辱波羅蜜 如來說 非忍辱波羅蜜 是名
인욕바라밀
忍辱波羅蜜
“수보리야, 인욕바라밀도 여래께서 비인욕바라밀의 뜻
이므로 그 이름을 인욕바라밀이라 한다고 설하셨느니
라.”

하이고 수보리 여아석위가리왕 할절신체 아어
何以故 須菩提 如我昔爲歌利王 割截身體 我於
이시 무아상 무인상 무중생상 무수자상 하이고

爾時 無我相 無人相 無眾生相 無壽者相 何以故
아어왕석 절절지해시 약유아상 인상 중생상 수
我於往昔 節節支解時 若有我相 人相 眾生相 壽
자상 응생진한
者相 應生嗔恨

"왜냐하면 수보리야, 내가 옛날 가리왕에게 신체가 베이고 찢길 때에 아상, 인상, 중생상, 수자상이 없었으며, 내가 옛날 사지가 마디마디 찢길 그때에 아상, 인상, 중생상, 수자상이 있었다면, 마땅히 성내고 원망하였을 것이기 때문이니라."

수보리 우념과거어오백세 작인욕선인 어이소세
須菩提 又念過去於五百世 作忍辱仙人 於爾所世
무아상 무인상 무중생상 무수자상
無我相 無人相 無眾生相 無壽者相

"수보리야, 또 생각해보니 과거 오백세 동안 인욕선인이었던 그때에도 아상, 인상, 중생상, 수자상이 없었느니라."

시고 수보리 보살 응리일체상 발아뇩다라삼먁
是故 須菩提 菩薩 應離一切相 發阿耨多羅三藐

삼보리심
三菩提心
"그러므로 수보리야, 보살은 마땅히 일체의 상을 떠난
아뇩다라삼먁삼보리의 마음을 내느니라."

불응주색생심　불응주성향미촉법생심　응생무소
不應住色生心　不應住聲香味觸法生心　應生無所
주심
住心
"마땅히 색에 집착하는 마음인 유주심을 내지 말며 성,
향, 미, 촉, 법에 집착하는 유주심도 내지 말며 마땅히 그
어디에도 집착함이 없는 마음인 무주심을 내어야 하느
니라."

약심유주　즉위비주
若心有住　卽爲非住
"만약, 마음에 유주도 아니고 무주도 아닌 집착이 있으
면 바로 그것이 비주가 되느니라."

시고 여래설 보살심 불응주색보시
是故 如來說 菩薩心 不應住色布施

"그러므로 여래께서 보살의 마음은 마땅히 모든 형상에
머물지 않는 행을 한다고 설하셨느니라."

수보리 보살 위이익일체중생 응여시보시
須菩提 菩薩 爲利益一切衆生 應如是布施
"수보리야, 보살은 일체중생의 이익을 위해 마땅히 이
와 같은 행을 하느니라."

여래설 일체제상 즉시비상 우설 일체중생 즉비
如來說 一切諸相 卽是非相 又說 一切衆生 卽非
중생
衆生
"여래께서 일체의 모든 상은 바로 비상이며 또한 일체
의 중생도 바로 비중생이라고 설하셨느니라."

수보리 여래 시진어자 실어자 여어자 불광어자
須菩提 如來 是眞語者 實語者 如語者 不誑語者
불이어자
不異語者
"수보리야, 여래께서는 참다운 말만 하며 실다운 말만
하며 사실만 말하며 거짓이 아닌 말만 하며 다르지 않

는 말만 하느니라."

수보리 여래소득법 차법 무실무허
須菩提 如來所得法 此法 無實無虛
"수보리야, 여래께서 가진 그 법은 실다움도 없고 헛됨
도 없느니라."

수보리 약유인 심주어법 이행보시 여인입암 즉
須菩提 若有人 心住於法 而行布施 如人入闇 卽
무소견 약유인 심부주법 이행보시 여인유목 일
無所見 若有人 心不住法 而行布施 如人有目 日
광명조 견종종색
光明照 見種種色
"수보리야, 만약 어떤 사람이 마음을 법에 집착하여 행
한다면 사람이 어두운 곳에 들어가 아무것도 보이지 않
는 것과 같고, 만약 어떤 사람이 마음을 법에 집착하지
않고 행한다면 눈이 있는 사람이 햇빛이 밝게 비쳐서
여러 가지 사물을 보는 것과 같으니라."

수보리 당래지세   약유선남자선여인   능어차경
須菩提 當來之世   若有善男子善女人   能於此經

수지독송 즉위여래 이불지혜실지 시인실견 시
受持讀誦　卽爲如來　以佛智慧悉知　是人悉見　是
인 개득성취 무량무변공덕
人　皆得成就　無量無邊功德

"수보리야, 오는 세상에서 만약 선남자 선여인이 능히
이 경을 배우며 행하고 독송한다면 곧 여래께서 부처님
의 지혜로 이 사람들이 헤아릴 수 없고 끝없는 공덕을
모두 성취하게 된다는 것을 다 보고 다 아시느니라."

제십오 지경공덕
第十五　持經功德

수보리 약유선남자선여인 초일분 이항하사등신
須菩提　若有善男子善女人　初日分　以恒河沙等身
보시 중일분 부이항하사등신 보시 후일분 역이
布施　中日分　復以恒河沙等身　布施　後日分　亦以
항하사등신보시　여시무량백천만억겁 이신보시
恒河沙等身布施　　如是無量百千萬億劫　以身布施

15.경을 배우며 행하는 공덕
"수보리야, 만약 선남자 선여인이 아침에 항하의 모래

수와 같은 몸으로 보시하고 낮에 다시 항하의 모래 수
와 같은 몸으로 보시하며 저녁에 또다시 항하의 모래
수와 같은 몸으로 보시하며 이와 같이 무량 백천만억겁
동안을 몸으로써 보시를 하고,"

약부유인 문차경전 신심불역 기복승피 하황서
若復有人 聞此經典 信心不逆 其福勝彼 何況書
사수지독송 위인해설
寫受持讀誦 爲人解說
"만약 또 어떤 사람이 이 경전을 듣고 믿는 마음이 변
하지 않는다면 그 복이 저 몸을 보시한 복보다 수승하
느니라. 하물며 사경하며, 배우며 행하고 독송하며 다
른 사람을 위해 말해주는 복은 어떠하겠느냐."

수보리 이요언지 시경 유불가사의불가칭량 무
須菩提 以要言之 是經 有不可思議不可稱量 無
변공덕
邊功德
"수보리야, 요약해서 말하면 이 경은 생각할 수도 없고
헤아릴 수도 없는 끝없는 공덕이 있느니라."

여래 위발대승자설 위발최상승자설

如來 爲發大乘者說 爲發最上乘者說
"여래께서는 대승만을 위하여 설하시며 최상승만을 위
하여 설하셨느니라."

약유인 능수지독송 광위인설 여래실지 시인실
若有人 能受持讀誦 廣爲人說 如來悉知 是人悉
견 시인개득성취 불가량불가칭 무유변 불가사
見 是人皆得成就 不可量不可稱 無有邊 不可思
의공덕 여시인등 즉위하담 여래아뇩다라삼먁삼
議功德 如是人等 卽爲荷擔 如來阿耨多羅三藐三
보리
菩提
"만약 어떤 사람이 능히 이 경을 배우며 행하고 독송하
며 널리 사람들을 위해 말해준다면 여래께서 이 사람은
헤아릴 수 없고 말할 수도 없는 끝없는 불가사의한 공
덕을 모두 성취하게 된다는 것을 다 보고 다 아시느니
라. 이와 같은 사람은 바로 여래의 아뇩다라삼먁삼보리
를 짊어짐이 되느니라."

하이고 수보리 약요소법자 착아견 인견 중생견
何以故 須菩提 若樂小法者 着我見 人見 衆生見

584

수자견 즉어차경 불능청수독송 위인해설
壽者見 卽於此經 不能聽受讀誦 爲人解說
"왜냐하면 수보리야, 만약 소승의 법만을 좋아한다면
아견, 인견, 중생견, 수자견에 집착하는 것이 되기 때문에
능히 이 경을 듣고 배우고 독송하며 다른 사람을 위해
말하지 못하느니라."

수보리 재재처처 약유차경 일체세간천인아수라
須菩提 在在處處 若有此經 一切世間天人阿修羅
소응공양 당지차처 즉위시탑 개응공경 작례위
所應供養 當知此處 卽爲是塔 皆應恭敬 作禮圍
요 이제화향 이산기처
繞 以諸華香 而散其處
"수보리야, 어디든지 만약 이 경이 있는 곳이면 법계의
천상, 인간, 아수라들이 마땅히 공양 한다는 것을 알아
야 하며, 이곳이 바로 탑이 있는 것과 같아서 모두가
공경하고 돌면서 여러 가지 꽃과 향을 그곳에 뿌린다는
것을 마땅히 알아야 하느니라."

제십육 능정업장
第十六 能淨業障

부차수보리 선남자선여인 수지독송차경 약위인
復次須菩提 善男子善女人 受持讀誦此經 若爲人
경천 시인 선세죄업 응타악도 이금세인 경천고
輕賤 是人 先世罪業 應墮惡道 以今世人 輕賤故
선세죄업 즉위소멸 당득아뇩다라삼먁삼보리
先世罪業 卽爲消滅 當得阿耨多羅三藐三菩提

16. 능히 업장을 깨끗이 함
"또한 수보리야, 선남자 선여인이 이 경을 배우며 행하
고 독송하면서도 다른 사람으로부터 업신여김을 당한다
면 그 사람은 지난날 지은 죄업으로 삼악도에 떨어져야
하지만, 지금 세상 사람들이 그를 업신여기므로 바로
그 죄업이 소멸되어서 마땅히 아뇩다라삼먁삼보리를 얻
게 될 것이니라."

수보리 아념 과거무량아승지겁 어연등불전 득
須菩提 我念 過去無量阿僧祇劫 於燃燈佛前 得
치팔백사천만억 나유타제불 실개공양승사 무공
値八百四千萬億 那由他諸佛 悉皆供養承事 無空
과자
過者

"수보리야, 내가 생각해보니 과거 헤아릴 수 없는 아승지겁동안 연등불 앞에서 팔백 사천만억 나유타의 모든 부처님을 모두 다 공양하며 받들어 섬기는 것을 한 번도 그냥 지나친 적이 없느니라."

약부유인　어후말세 능수지독송차경　소득공덕
若復有人　於後末世 能受持讀誦此經　所得功德
어아소공양제불공덕　백분불급일 천만억분 내지
於我所供養諸佛功德　百分不及一 千萬億分 乃至
산수비유 소불능급
算數譬喩 所不能及

"만약 또 어떤 사람이 다음 말법시대에 능히 이 경을 배우며 행하고 독송하여 얻는 공덕은, 내가 그 모든 부처님께 공양한 공덕으로는 백분의 하나에도 미치지 못하고 천만억분의 하나에도 미치지 못하며 그 어떤 수의 비유로도 능히 미치지 못하느니라."

수보리 약선남자선여인 어후말세 유수지독송차
須菩提　若善男子善女人　於後末世　有受持讀誦此
경 소득공덕 아약구설자 혹유인문 심즉광란 호
經　所得功德　我若具說者　或有人聞　心卽狂亂　狐

의불신
疑不信

"수보리야, 만약 선남자 선여인이 다음 말법시대에 이 경을 배우며 행하고 독송하여 얻는 공덕을 내가 모두 말한다면 혹 어떤 사람은 듣고 바로 마음이 미친 듯이 어지럽게 날뛰어 의심하고 믿지 않으리라."

수보리 당지시경의 불가사의 과보역불가사의
須菩提 當知是經義 不可思議 果報亦不可思議

"수보리야, 마땅히 이 경의 뜻은 생각으로 헤아릴 수 없으며 그 과보 또한 생각으로 헤아릴 수 없다는 것을 알아야 하느니라."

제십칠 구경무아
第十七 究竟無我

이시 수보리 백불언 세존 선남자선여인 발아뇩
爾時 須菩提 白佛言 世尊 善男子善女人 發阿耨
다라삼먁삼보리심 운하응주 운하항복기심
多羅三藐三菩提心 云何應住 云何降伏其心

17. 구경에는 나 아님이 없음

그때 수보리가 부처님께 말하기를 "세존이시여, 선남자
선여인이 아뇩다라삼먁삼보리의 마음을 낸다면, 마땅히
어떻게 그 마음을 머무르게 해야 하며 어떻게 그 마음
을 다스려야 합니까?"

불고 수보리 약선남자선여인 발아뇩다라삼먁삼
佛告 須菩提 若善男子善女人 發阿耨多羅三藐三
보리심자 당생여시심 아응멸도일체중생 멸도일
菩提心者 當生如是心 我應滅度一切衆生 滅度一
체중생이 이무유일중생 실멸도자
切衆生已 而無有一衆生 實滅度者

부처님께서 수보리에게 말씀하시기를 "만약 선남자 선
여인이 아뇩다라삼먁삼보리의 그 마음을 낸다면 '내가
마땅히 일체 중생을 제도하리라.'는 이와 같은 마음을
내어야 하느니라. 이미 일체중생을 제도하였지만 실로
한 중생도 제도됨이 없느니라."

하이고 수보리 약보살 유아상 인상 중생상 수
何以故 須菩提 若菩薩 有我相 人相 衆生相 壽
자상 즉비보살
者相 卽非菩薩

"왜냐하면 수보리야, 만약 보살이 아상, 인상, 중생상, 수자상이 있다면 바로 비보살이기 때문이니라."

소이자하 수보리 실무유법 발아뇩다라삼먁삼보
所以者何 須菩提 實無有法 發阿耨多羅三藐三菩
리심자
提心者
"그 까닭은 수보리야, 아뇩다라삼먁삼보리의 그 마음을 낼 법이 실로 없기 때문이니라."

수보리 어의운하 여래 어연등불소 유법득아뇩
須菩提 於意云何 如來 於燃燈佛所 有法得阿耨
다라삼먁삼보리부
多羅三藐三菩提不
"수보리야, 어떻게 생각하느냐. 여래가 연등불 처소에서 아뇩다라삼먁삼보리라는 법을 얻었느냐?"

불야 세존 여아해불소설의 여래어연등불소 무
不也 世尊 如我解佛所說義 如來於燃燈佛所 無
유법 득아뇩다라삼먁삼보리
有法 得阿耨多羅三藐三菩提

"아닙니다. 세존이시여, 제가 부처님께서 말씀하신 뜻을 이해하기에는, 여래께서는 연등불 처소에서 아뇩다라삼먁삼보리라는 법을 얻은 것이 아닙니다."

불언 여시여시
佛言 如是如是
부처님께서 말씀하시길 "그렇다, 그렇다."

수보리 실무유법 여래득아뇩다라삼먁삼보리
須菩提 實無有法 如來得阿耨多羅三藐三菩提
"수보리야, 여래께서 얻었다는 아뇩다라삼먁삼보리의 법은 실로 있는 것이 아니니라."

수보리 약유법 여래득아뇩다라삼먁삼보리자 연등불 즉불여아수기 여어내세 당득작불 호석가모니
須菩提 若有法 如來得阿耨多羅三藐三菩提者 燃燈佛 卽不與我授記 汝於來世 當得作佛 號釋迦牟尼
"수보리야, 만약 여래께서 얻었다는 아뇩다라삼먁삼보리의 그 법이 있는 것이라면 연등불께서 내게 '네가 오

는 세상에 석가모니라는 이름의 부처가 될 것이다.'라
고 수기하시지 않았을 것이니라."

이실무유법 득아뇩다라삼먁삼보리 시고 연등불
以實無有法　得阿耨多羅三藐三菩提　是故　燃燈佛
여아수기 작시언 여어내세 당득작불호석가모니
與我授記　作是言　汝於來世　當得作佛號釋迦牟尼
"아뇩다라삼먁삼보리의 법이 실로 있는 것이 아니므로
연등불께서 내게 '네가 오는 세상에 석가모니라는 이름
의 부처가 될 것이다.'라고 수기하신 것이니라."

하이고 여래자 즉제법여의
何以故　如來者　卽諸法如義
"왜냐하면, 여래라고 하는 그것은 바로 모든 법이 여여
하다는 뜻이기 때문이니라."

약유인언 여래득아뇩다라삼먁삼보리 수보리 실
若有人言　如來得阿耨多羅三藐三菩提　須菩提　實
무유법 여래득아뇩다라삼먁삼보리
無有法　如來得阿耨多羅三藐三菩提
"만약 어떤 사람이 말하기를 여래가 아뇩다라삼먁삼보

리를 얻었다고 한다면 수보리야, 여래께서 얻은 아뇩다
라삼먁삼보리의 법은 실로 있는 것이 아니니라.”

수보리 여래소득 아뇩다라삼먁삼보리 어시중무
須菩提　如來所得　阿耨多羅三藐三菩提　於是中無
실무허
實無虛

“수보리야, 여래께서 얻었다는 아뇩다라삼먁삼보리는
그 가운데에 실다움도 없고 헛됨도 없느니라.”

시고 여래설 일체법 개시불법
是故　如來說　一切法　皆是佛法

“그러므로 여래께서 일체의 법이 모두 불법이라고 설하
셨느니라.”

수보리 소언일체법자 여래설즉비일체법 시고명
須菩提　所言一切法者　如來說卽非一切法　是故名
일체법
一切法

“수보리야, 일체법이라고 말하는 그것도 여래께서 바로
비일체법의 뜻이므로 그 이름을 일체법이라 한다고 설

하셨느니라.”

수보리 비여인신장대 수보리언 세존 불설인신
須菩提 譬如人身長大 須菩提言 世尊 佛說人身
장대 즉위비대신 시명대신
長大 卽爲非大身 是名大身
“수보리야, 비유하면 큰 몸의 사람과 같으니라.” 수보
리가 말하기를 “세존이시여, 부처님께서 큰 몸의 사람
은 곧 비대신의 뜻이므로 그 이름을 큰 몸이라 한다고
말씀하셨습니다.”

수보리 보살역여시 약작시언 아당멸도 무량중
須菩提 菩薩亦如是 若作是言 我當滅度 無量衆
생 즉불명보살 하이고 수보리 실무유법 명위보
生 卽不名菩薩 何以故 須菩提 實無有法 名爲菩
살 시고 여래설일체법 무아무인무중생무수자
薩 是故 如來說一切法 無我無人無衆生無壽者
“수보리야, 보살도 또한 이와 같아서 만약 ‘내가 마땅
히 헤아릴 수 없는 중생을 제도 하리라.’고 한다면 바
로 보살이라 이름 할 수 없느니라. 왜냐하면 수보리야,
실로 보살이라고 이름 할 법이 없기 때문이니라. 그러

므로 여래께서 모든 법은 아도 없고 인도 없고 중생도
없고 수자도 없다고 설하셨느니라."

수보리 약보살   작시언 아당장엄불토 시불명보
須菩提 若菩薩   作是言 我當莊嚴佛土 是不名菩
살 하이고 여래설장엄불토자 즉비장엄시명장엄
薩 何以故 如來說莊嚴佛土者 卽非莊嚴是名莊嚴
"수보리야, 만약 보살이 '내가 불국토를 장엄하리라.'
고 말한다면 보살이라 이름 할 수 없느니라. 왜냐하면,
여래께서 불국토를 장엄한다는 것은 바로 비장엄의 뜻
이므로 그 이름을 장엄이라 한다고 설하셨느니라."

수보리 약보살 통달무아법자 여래설명진시보살
須菩提 若菩薩 通達無我法者 如來說名眞是菩薩
"수보리야, 만약 보살이 무아의 그 법을 통달한다면 여
래께서는 그를 참다운 보살이라 이름 한다고 설하셨느
니라."

제십팔 일체동관
第十八 一體同觀

수보리 어의운하 여래유육안부 여시 세존 여래
須菩提 於意云何 如來有肉眼不 如是 世尊 如來
유육안
有肉眼

18. 같은 한 몸임을 관함
"수보리야, 어떻게 생각하느냐. 여래가 육안이 있느
냐?" "그렇습니다. 세존이시여, 여래께서는 육안이 있
습니다."

수보리 어의운하 여래유천안부 여시 세존 여래
須菩提 於意云何 如來有天眼不 如是 世尊 如來
유천안
有天眼
"수보리야, 어떻게 생각하느냐. 여래가 천안이 있느
냐?" "그렇습니다. 세존이시여, 여래께서는 천안이 있
습니다."

수보리 어의운하 여래유혜안부 여시 세존 여래
須菩提 於意云何 如來有慧眼不 如是 世尊 如來
유혜안

有慧眼

"수보리야, 어떻게 생각하느냐. 여래가 혜안이 있느
냐?" "그렇습니다. 세존이시여, 여래께서는 혜안이 있
습니다."

수보리 어의운하 여래유법안부 여시 세존 여래
須菩提 於意云何 如來有法眼不 如是 世尊 如來
유법안
有法眼

"수보리야, 어떻게 생각하느냐. 여래가 법안이 있느
냐?" "그렇습니다. 세존이시여, 여래께서는 법안이 있
습니다."

수보리 어의운하 여래유불안부 여시 세존 여래
須菩提 於意云何 如來有佛眼不 如是 世尊 如來
유불안
有佛眼

"수보리야, 어떻게 생각하느냐. 여래가 불안이 있느
냐?" "그렇습니다. 세존이시여, 여래께서는 불안이 있
습니다."

수보리 어의운하 여항하중소유사 여래설시사부

須菩提 於意云何 如恒河中所有沙 如來說是沙不
여시 세존 여래설시사
如是 世尊 如來說是沙

"수보리야, 어떻게 생각하느냐. 항하의 모래를 여래는
모래라고 하느냐?" "그렇습니다. 세존이시여, 여래께서
는 모래라고 하십니다."

수보리 어의운하 여일항하중소유사 유여시사등
須菩提 於意云何 如一恒河中所有沙 有如是沙等
항하 시제항하 소유사수 불세계 여시 영위다부
恒河 是諸恒河 所有沙數 佛世界 如是 寧爲多不
심다 세존
甚多 世尊

"수보리야, 어떻게 생각하느냐. 항하에 있는 모래 수와
같은 항하가 있고, 이 모든 항하의 모래 수와 같은 불
세계가 있다고 한다면, 그 불세계는 많지 않겠느냐?"
"매우 많습니다. 세존이시여."

불고 수보리 이소국토중 소유중생 약간종심 여
佛告 須菩提 爾所國土中 所有衆生 若干種心 如

래실지
來悉知
부처님께서 수보리에게 말씀하시기를 "이렇게 많은 세
계의 모든 중생의 갖가지 마음을 여래께서는 다 아시느
니라."

하이고 여래설 제심 개위비심 시명위심
何以故 如來說 諸心 皆爲非心 是名爲心
"왜냐하면, 여래께서 모든 마음은 모두 비심의 뜻이므
로 그 이름을 마음이라 한다고 설하셨느니라."

소이자하 수보리 과거심불가득 현재심불가득
所以者何 須菩提 過去心不可得 現在心不可得
미래심불가득
未來心不可得
"그러므로 수보리야, 과거의 마음도 얻을 수 없고 현재
의 마음도 얻을 수 없고 미래의 마음도 얻을 수 없느니
라."

제십구 불수복덕
第十九 不受福德

수보리　어의운하　약유인　만삼천대천세계칠보
須菩提　於意云何　若有人　滿三千大千世界七寶
이용보시　시인　이시인연　득복다부　여시　세존
以用布施　是人　以是因緣　得福多不　如是　世尊
차인　이시인연　득복심다
此人　以是因緣　得福甚多

19. 복덕은 받는 것이 아님
"수보리야, 어떻게 생각하느냐. 만약 어떤 사람이 삼천
대천세계에 칠보로 가득 채워 보시 한다면, 이 사람은
이 인연으로 얻는 복이 많지 않겠느냐?" "그렇습니다.
세존이시여, 그 사람은 이 인연으로 얻는 복이 매우 많
겠습니다."

수보리　약복덕유실　여래불설　득복덕다　이복덕
須菩提　若福德有實　如來不說　得福德多　以福德
무고　여래설　득복덕다
無故　如來說　得福德多
"수보리야, 만약 복덕이 실로 있는 것이라면 여래께서
복덕을 얻음이 많다고 하시지 않았을 것이니라. 복덕이
실로 없는 것이므로 여래께서 복덕을 얻음이 많다고 설
하셨느니라."

제이십 이색이상
第二十 離色離相

수보리 어의운하 불가이구족색신견부 불야 세
須菩提 於意云何 佛可以具足色身見不 不也 世
존 불불응 이구족색신견 하이고 불설구족색신
尊 佛不應 以具足色身見 何以故 佛說具足色身
즉비구족색신 시명구족색신
卽非具足色身 是名具足色身

20.색과 상을 떠남
"수보리야, 어떻게 생각하느냐. 80종호를 갖추었다면
부처라고 볼 수 있겠느냐?" "아닙니다. 세존이시여, 80
종호를 갖추었다고 부처님이라고 볼 수는 없습니다. 왜
냐하면, 부처님께서 말씀하신 80종호는 바로 비80종호
의 뜻이므로 그 이름을 80종호라 한다고 말씀하셨기 때
문입니다."

수보리 어의운하 여래 가이구족제상견부 불야
須菩提 於意云何 如來 可以具足諸相見不 不也
세존 여래불응 이구족제상견 하이고 불설제상

世尊 如來不應 以具足諸相見 何以故 佛說諸相
구족 즉비구족 시명제상구족
具足 卽非具足 是名諸相具足

"수보리야, 어떻게 생각하느냐. 32상을 갖추었다면 여
래라고 볼 수 있겠느냐?" "아닙니다. 세존이시여, 32상
을 갖추었다고 여래라고 볼 수는 없습니다. 왜냐하면,
부처님께서 32상은 바로 비32상의 뜻이므로 그 이름을
32상이라 한다고 말씀하셨기 때문입니다."

제이십일 비설소설
第二十一 非說所說

수보리 여물위 여래작시념 아당유소설법 막작
須菩提 汝勿謂 如來作是念 我當有所說法 莫作
시념 하이고 약인언 여래유소설법 즉위방불 불
是念 何以故 若人言 如來有所說法 卽爲謗佛 不
능해아소설고
能解我所說故

21. 비설을 설함
"수보리야, 너는 여래가 내가 마땅히 설한 법이 있다는

602

생각을 한다고 말하지 말며 그런 생각은 하지 말라. 왜
냐하면, 만약 어떤 사람이 여래가 설한 법이 있다고 말
한다면 바로 그는 여래를 비방하는 것이며 능히 내가
설한 뜻을 깨닫지 못했기 때문이니라.”

수보리 설법자 무법가설 시명설법
須菩提 說法者 無法可說 是名說法

“수보리야, 설법이라는 그것은 법은 설할 수가 없다는
것을 이름 하여 설법이라 하느니라.”

이시 혜명수보리 백불언 세존 파유중생 어미래
爾時 慧命須菩提 白佛言 世尊 頗有衆生 於未來
세 문설시법 생신심부 불언 수보리 피비중생
世 聞說是法 生信心不 佛言 須菩提 彼非衆生
비불중생 하이고 수보리 중생중생자 여래설 비
非不衆生 何以故 須菩提 衆生衆生者 如來說 非
중생 시명중생
衆生 是名衆生

그때 혜명수보리가 부처님께 말하기를 “세존이시여, 무
지중생이 미래에 이 가르침을 듣고 믿음을 낼 수 있겠
습니까?” 부처님께서 말씀하시기를 “수보리야, 저들은

비중생이며 비불중생이니라. 왜냐하면 수보리야, 중생
중생이라 하는 그것은 여래께서 비중생의 뜻이므로 그
이름을 중생이라 한다고 설하셨느니라."

제이십이 무법가득
第二十二 無法可得

수보리　백불언　세존　불득아뇩다라삼먁삼보리
須菩提　白佛言　世尊　佛得阿耨多羅三藐三菩提
위무소득야　불언여시여시　수보리　아어아뇩다라
爲無所得耶　佛言如是如是　須菩提　我於阿耨多羅
삼먁삼보리　내지　무유소법가득　시명　아뇩다라
三藐三菩提　乃至　無有少法可得　是名　阿耨多羅
삼먁삼보리
三藐三菩提

22. 얻을 법이 없음
수보리가 부처님께 말하기를 "세존이시여, 부처님께서
아뇩다라삼먁삼보리를 얻었다는 것은 얻은 것이 없는
것입니까?" 부처님께서 말씀하시기를 "그렇다, 그렇다.
수보리야, 내가 아뇩다라삼먁삼보리에서 작은 법이라도

얻음이 없는 것을 아뇩다라삼먁삼보리라 이름 하느니
라."

제이십삼 정심행선
第二十三 淨心行善

부차 수보리 시법평등 무유고하 시명아뇩다라
復次 須菩提 是法平等 無有高下 是名阿耨多羅
삼먁삼보리 이무아무인무중생무수자 수일체선
三藐三菩提 以無我無人無衆生無壽者 修一切善
법 즉득아뇩다라삼먁삼보리
法 卽得阿耨多羅三藐三菩提

23.깨끗한 마음으로 선을 행함
"또한 수보리야, 이 법은 평등하여 높고 낮음이 없으므
로 이를 아뇩다라삼먁삼보리라 이름 하느니라. 아, 인,
중생, 수자가 없이 일체 선법을 닦으면, 바로 아뇩다라
삼먁삼보리를 얻느니라."

수보리 소언선법자 여래설 즉비선법 시명선법
須菩提 所言善法者 如來說 卽非善法 是名善法

"수보리야, 선법이라고 말하는 그것은 여래께서 바로 비선법의 뜻이므로 그 이름을 선법이라 한다고 설하셨느니라."

제이십사 복지무비
第二十四 福智無比

수보리 약삼천대천세계중 소유제수미산왕 여시
須菩提 若三千大千世界中 所有諸須彌山王 如是
등칠보취 유인 지용보시 약인 이차반야바라밀
等七寶聚 有人 持用布施 若人 以此般若波羅蜜
경 내지 사구게등 수지독송 위타인설 어전복덕
經 乃至 四句偈等 受持讀誦 爲他人說 於前福德
백분불급일 백천만억분 내지산수비유 소불능급
百分不及一 百千萬億分 乃至算數譬喻 所不能及

24. 복과 지혜는 비교할 수 없음
"수보리야, 만약 삼천대천세계 가운데 있는 수머산과 같이 칠보를 쌓아 어떤 사람이 보시하고, 어떤 사람은 이 반야바라밀경에 있는 사구게만 배우며 행하고 독송하며 남을 위해 말하여 준다면 칠보를 보시하는 복덕으

로는 백분의 하나도 미치지 못하며 백천만억분의 하나
에도 미치지 못하며 그 어떤 수의 비유로도 능히 미치
지 못하느니라.”

제이십오 화무소화
第二十五 化無所化

수보리 어의운하 여등물위 여래작시념 아당도
須菩提 於意云何 汝等勿謂 如來作是念 我當度
중생 수보리 막작시념 하이고 실무유중생 여래
衆生 須菩提 莫作是念 何以故 實無有衆生 如來
도자 약유중생여래도자 여래즉유아인중생수자
度者 若有衆生如來度者 如來卽有我人衆生壽者

25. 교화하되 교화됨이 없음
“수보리야, 어떻게 생각하느냐. 너는 여래가 내가 마땅
히 중생을 제도 한다는 생각을 한다고 말하지 말며 수
보리야, 그런 생각도 하지 말라. 왜냐하면, 실로 여래
가 제도할 중생이 없기 때문이니라. 만약 여래가 제도
할 중생이 있다고 한다면, 여래는 바로 아, 인, 중생, 수
자가 있는 것이 되느니라.”

수보리 여래설유아자 즉비유아 이범부지인 이
須菩提　如來說有我者　卽非有我　而凡夫之人　以
위유아 수보리범부자 여래설즉비범부 시명범부
爲有我　須菩提凡夫者　如來說卽非凡夫　是名凡夫

"수보리야, 여래께서 유아라고 하는 것은 바로 비유아
를 뜻하는 것이지만 범부들이 이를 유아라 여긴다고 설
하셨느니라. 수보리야, 여래께서 범부라는 것도 바로
비범부의 뜻이므로 그 이름을 범부라 한다고 설하셨느
니라."

제이십육　법신비상
第二十六　法身非相

수보리 어의운하 가이삼십이상 관여래부 수보
須菩提　於意云何　可以三十二相　觀如來不　須菩
리언 여시여시 이삼십이상 관여래
提言　如是如是　以三十二相　觀如來

26. 법신은 비상인
"수보리야, 어떻게 생각하느냐. 32상으로 여래를 관할
수 있겠느냐?" 수보리가 말하기를 "그렇습니다. 그렇습

니다. 32상으로 여래를 관할 수 있습니다.”

불언 수보리 약이삼십이상 관여래자 전륜성왕
佛言 須菩提 若以三十二相 觀如來者 轉輪聖王
즉시여래
卽是如來
부처님께서 말씀하시기를 “수보리야, 만약 32상으로 여
래를 관할 수 있다고 한다면, 32상을 갖추고 있는 전륜
성왕도 바로 여래니라.”

수보리 백불언 세존 여아해불소설의 불응이삼
須菩提 白佛言 世尊 如我解佛所說義 不應以三
십이상 관여래
十二相 觀如來
수보리가 부처님께 말하기를 “세존이시여, 제가 부처님
말씀을 이해하기로는 32상으로 여래를 관할 수 없습니
다.”

이시 세존 이설게언 약이색견아 이음성구아 시
爾時 世尊 而說偈言 若以色見我 以音聲求我 是
인행사도 불능견여래 응관불법성 즉도사법신

人行邪道　不能見如來　應觀佛法性　卽導師法身
법성비소식 고피불능료
法性非所識　故彼不能了
그때 세존께서 게송으로 말씀하셨다.
"만약 형상으로 나를 보거나 음성으로 나를 구하면
이 사람은 삿된 도를 행하는 것이니
능히 여래를 보지 못하느니라.
마땅히 부처님은 법의 성품으로 관해야 하느니라.
부처님은 바로 법신이니라.
법의 성품은 앎의 대상이 아니므로
그것은 능히 알 수 없는 것이니라."

제이십칠 무단무멸
第二十七　無斷無滅

수보리 여약작시념 여래 불이구족상고 득아뇩
須菩提　汝若作是念　如來　不以具足相故　得阿耨
다라삼먁삼보리 수보리 막작시념 여래 불이구
多羅三藐三菩提　須菩提　莫作是念　如來　不以具
족상고 득아뇩다라삼먁삼보리
足相故　得阿耨多羅三藐三菩提

27. 끊어짐도 멸함도 없음

"수보리야, 너는 만약 여래가 32상을 갖추지 않았으므로 아뇩다라삼먁삼보리를 얻었다는 생각을 하느냐? 수보리야, 여래가 32상을 갖추지 않았으므로 아뇩다라삼먁삼보리를 얻었다는 그런 생각은 하지 말아야 하느니라."

수보리　여약작시념　발아뇩다라삼먁삼보리심자
須菩提　汝若作是念　發阿耨多羅三藐三菩提心者
설제법단멸　막작시념
說諸法斷滅　莫作是念

"수보리야, 너는 만약 아뇩다라삼먁삼보리의 그 마음이 모든 법의 단멸을 말하는 것이라는 생각을 한다면 그런 생각도 하지 말아야 하느니라."

하이고　발아뇩다라삼먁삼보리심자　어법　불설단
何以故　發阿耨多羅三藐三菩提心者　於法　不說斷
멸상
滅相

"왜냐하면, 아뇩다라삼먁삼보리의 그 마음은 법의 단멸상을 말하지 않기 때문이니라."

제이십팔 불수불탐
第二十八 不受不貪

수보리 약보살 이만항하사등세계칠보 지용보시
須菩提 若菩薩 以滿恒河沙等世界七寶 持用布施
약부유인 지일체법무아 득성어인 차인승전 보
若復有人 知一切法無我 得成於忍 此人勝前 菩
살 소득공덕
薩 所得功德

28. 받을 것도 없고 탐할 것도 없음
"수보리야, 만약 보살이 항하의 모래 수와 같은 세계의
칠보를 가지고 보시하고 만약 또 어떤 사람은 모든 법
의 무아를 알아서 인을 깨달았다면 이 사람은 앞의 보
살이 얻는 공덕보다 수승하리라."

하이고 수보리 이제보살 불수복덕고
何以故 須菩提 以諸菩薩 不受福德故
"왜냐하면 수보리야, 이 모든 보살은 복덕을 받지 않기
때문이니라."

수보리 백불언 세존 운하보살 불수복덕 수보리
須菩提 白佛言 世尊 云何菩薩 不受福德 須菩提
보살 소작복덕 불응탐착 시고 설불수복덕
菩薩 所作福德 不應貪着 是故 說不受福德
수보리가 부처님께 말하기를 "세존이시여, 어찌하여 보
살은 복덕을 받지 않습니까?" "수보리야, 보살은 지은
복덕에 마땅히 탐내고 집착하지 않으므로 복덕을 받지
않는다고 말하느니라."

제이십구 위의적정
第二十九 威儀寂靜

수보리 약유인언 여래 약래약거약좌약와 시인
須菩提 若有人言 如來 若來若去若坐若臥 是人
불해아소설의 하이고 여래자 무소종래 역무소
不解我所說義 何以故 如來者 無所從來 亦無所
거 고명여래
去 故名如來

29. 여래의 행은 드러나지 않음
"수보리야, 만약 어떤 사람이 여래는 오기도 하고 가기

도 하며, 앉기도 하고 눕기도 한다고 말한다면, 이 사람은 나의 말한 뜻을 깨닫지 못했느니라. 왜냐하면, 여래라고 하는 그것은 어디로부터 오는 곳도 없고 또한 어디로 가는 곳도 없기 때문에 여래라 이름 하느니라."

제삼십 일합이상
第三十 一合理相

수보리 약선남자선여인 이삼천대천세계 쇄위미
須菩提 若善男子善女人 以三千大千世界 碎爲微
진 어의운하 시미진중 영위다부 수보리언 심다
塵 於意云何 是微塵衆 寧爲多不 須菩提言 甚多
세존
世尊

30. 하나로 이루어진 상의 이치
"수보리야, 만약 선남자 선여인이 삼천대천세계를 부수어서 작은 먼지로 만든다면 어떻게 생각하느냐. 이 작은 먼지들이 많지 않겠느냐?" 수보리가 말하기를 "매우 많습니다. 세존이시여."

하이고 약시미진중 실유자 불즉불설 시미진중

何以故　若是微塵衆　實有者　佛卽不說　是微塵衆
소이자하　불설미진중　즉비미진중　시명미진중
所以者何　佛說微塵衆　卽非微塵衆　是名微塵衆
"왜냐하면, 만약 이 작은 먼지들이 실로 있는 것이라면
부처님께서는 바로 작은 먼지들이라고 말씀하시지 않으
셨을 것이기 때문입니다. 그 까닭은, 부처님께서 작은
먼지들은 바로 비미진중의 뜻이므로 그 이름을 작은 먼
지들이라 한다고 말씀하셨기 때문입니다."

불언　수보리　여래소설　삼천대천세계　즉비세계
佛言　須菩提　如來所說　三千大千世界　卽非世界
시명세계
是名世界
부처님께서 말씀하시길 "수보리야, 여래께서 삼천대천
세계는 바로 비세계의 뜻이므로 그 이름을 세계라 한다
고 설하셨느니라."

하이고　약세계　실유자　즉시일합상　여래설일합
何以故　若世界　實有者　卽是一合相　如來說一合
상　즉비일합상　시명일합상
相　卽非一合相　是名一合相

"왜냐하면, 만약 세계가 실로 있는 것이라면 바로 일합상이기 때문에 여래께서 일합상은 바로 비일합상의 뜻이므로 그 이름을 일합상이라 한다고 설하셨느니라."

수보리 일합상자 즉시불가설 단범부지인 탐착
須菩提 一合相者 卽是不可說 但凡夫之人 貪着
기사
其事
"수보리야, 일합상이라는 그것은 바로 설할 수가 없는 것이지만 오직 범부들이 그 일에 탐내고 집착할 뿐이니라."

제삼십일 지견불생
第三十一 知見不生

수보리 약인언 불설아견인견중생견수자견 수보
須菩提 若人言 佛說我見人見衆生見壽者見 須菩
리 어의운하 시인 해아소설의부 불야 세존 시
提 於意云何 是人 解我所說義不 不也 世尊 是
인불해 불소설의
人不解 佛所說義

31. 부처님의 지혜는 생겨나는 것이 아님

"수보리야, 만약 어떤 사람이 부처님이 아견, 인견, 중생견, 수자견을 말하였다고 한다면 어떻게 생각하느냐. 이 사람은 나의 말한 뜻을 깨달았느냐?" "아닙니다. 세존이시여, 이 사람은 부처님께서 말씀하신 뜻을 깨닫지 못했습니다."

하이고 세존 설아견인견중생견수자견 즉비아견
何以故 世尊 說我見人見衆生見壽者見 卽非我見
인견중생견수자견 시명아견인견중생견수자견
人見衆生見壽者見 是名我見人見衆生見壽者見

"왜냐하면, 세존께서 아견, 인견, 중생견, 수자견은 바로 비아견인견중생견수자견의 뜻이므로 그 이름을 아견, 인견, 중생견, 수자견이라 한다고 말씀하셨기 때문입니다."

수보리 발아뇩다라삼먁삼보리심자 어일체법 응
須菩提 發阿耨多羅三藐三菩提心者 於一切法 應
여시지 여시견 여시신해 불생법상
如是知 如是見 如是信解 不生法相

"수보리야, 아뇩다라삼먁삼보리의 그 마음은 모든 법을 마땅히 이와 같이 알고 이와 같이 보며, 이와 같이 믿고 깨달아서 법상이 생기지 않느니라."

수보리 소언법상자 여래설 즉비법상 시명법상
須菩提 所言法相者 如來說 卽非法相 是名法相
"수보리야, 법상이라고 말하는 그것은 여래께서 바로
비법상의 뜻이므로 그 이름을 법상이라 한다고 설하셨
느니라."

제삼십이 응화비진
第三十二 應化非眞

수보리 약유인 이만무량아승지세계 칠보지용보
須菩提 若有人 以滿無量阿僧祇世界 七寶持用布
시 약유선남자선여인 발보살심자 지어차경 내
施 若有善男子善女人 發菩薩心者 持於此經 乃
지 사구게등 수지독송 위인연설 기복승피
至 四句偈等 受持讀誦 爲人演說 其福勝彼

32. 응해서 나타난 것은 비진임
"수보리야, 만약 어떤 사람이 헤아릴 수 없는 아승지
세계에 칠보로 가득 채워 보시하고, 또 어떤 선남자 선
여인은 보살의 그 마음을 내어 이 경을 지니며 사구게
만 배우며 행하고, 독송하며 남을 위해 연설해준다면

그 복이 칠보로 보시하는 복보다 수승하리라."

운하위인연설
云何爲人演說
"남을 위해 어떤 연설을 하는가?"

불취어상 여여부동
不取於相　如如不動
"움직이지 않는 여여한 마음의 그 상도 취하지 않아야
하느니라."

하이고　일체유위법　여몽환포영　여로역여전　응
何以故　一切有爲法　如夢幻泡影　如露亦如電　應
작여시관
作如是觀
"왜냐하면, 일체의 유위법은 꿈과 같고 환상과 같고 물
거품과 같고 그림자와 같으며, 이슬과 같고 또한 번개
와 같은 것이므로 마땅히 이와 같음을 관해야 하느니
라."

불설시경이 장로 수보리 급제비구비구니 우바

佛說是經已　長老　須菩提　及諸比丘比丘尼　優婆
새　우바이　일체세간천인아수라　문불소설　개대
塞　優婆夷　一切世間天人阿修羅　聞佛所說　皆大
환희　신수봉행
歡喜　信受奉行

부처님께서 이 경을 설하여 마치시니, 장로수보리와 모든 비구 비구니 우바새 우바이와 법계의 천상과 인간과 아수라들이 부처님의 설법을 듣고 나서 모두 다 크게 환희하며 믿고 가르침을 받아 지니며 받들어 행하였느니라.

法喜解金剛經　終

후기

信解行證(신해행증)!
이것이 불교다.
부처님 말씀을 믿고(信), 깨달아(解), 가르침대로 행하여(行), 부처님말씀이 진리임을 증명(證)한다.

信 - 믿다.
부처님말씀을 듣고 믿는 어려움을 맹귀우목(盲龜遇木)에 비유한다. 불법을 만난다는 것은 눈먼 거북이가 백년에 한 번씩 숨을 쉴 때 바다 위를 떠다니는 구멍 난 판자에 목을 끼워 넣을 확률과 같다고 한다.

解 - 깨닫다.
깨닫는 것이 얼마나 쉬운가 하면 조사스님들은 세수하다가 코만지는 것보다 쉽다고 했다. 뭘 깨치는가 하면 중생의 삶이 부처님의 가르침과 다르다는 것을 알고 참회할 때 깨쳤다고 한다. 부처님 말씀을 들음으로 깨칠 수가 있는 것이다(得聞是經).

行 - 가르침대로 행하다.
행하기 어려움에 대해 조사스님들은 세 살 애기도 부처님 말씀을 알아듣지만 팔십이 되어도 행하기는 어렵다고 했다. 이 세 가지 중에서 무엇이 제일 쉬운 것인가?

달마대사가 갈대를 꺾어 타고 황하를 건너 소림사 토굴에 앉아 9년간 부처님을 원망하고 있을 때 혜가가 찾아왔다. 깨달음에 목말랐던 혜가는 코 만지기보다 쉽다는 깨달음을 얻기 위해 자신의 팔을 잘라버렸다. 달마대사의 토굴에서 깨달음에 대해 들은 혜가의 얼굴을 상상해 보라. 동양의 초조가 이렇게 법을 받으니 세 살 애기도 알아듣는다는 불법이 제대로 전해질 리가 없다. 보다 못한 부처님께서 육조혜능을 보내시어 법을 바로 세우도록 했다. 언설(言說)의 노예가 되어버린 중생들에게 문자를 몰라도 깨칠 수 있다는 것을 보여주기 위해 육조는 글 쓰는 것을 한 번도 보여 주지 않았다. 이것을 아는 이가 몇이나 될까?

우리가 깨달음을 얻고 삼계를 벗어날 수 있는 길은 오직 부처님께서 주신 숙제를 잘하는 행(行)뿐이다. 참선, 염불도 행에 속한 것이지 깨달음을 얻는 것과는 별 상관이 없다. 보시, 지계, 인욕을 얼마나 잘 행하느냐에 따라 성인의 지위가 주어지는 것이다. 근기가 약하여 삶이 불안한 중생들은 뗏목과 같은 방편에만 매달려 이 절 저 절로 다녀보지만 결국 부처님께서 주신 숙제를 찾아 행하지 못한다. 머릿속에는 기도와 보시를 했다는 생각만 가득 남아 스스로 위로해 보지만 밀려오는 두려움을 감당할 수 있는 힘은 없다. 보이지 않는 조상을 위해 천도를 해봐도 나와 가족들을 위해 연등을 달아봐도 법당에서 철야정진을 해봐도 두려움이 남아있는 이유는 부처님이 주신 숙제와 병행하지 않았기 때문이다.

달마가 소림사 토굴에 오랫동안 앉아있는 것을 보고 선종의 시조라 하고 글쓰기를 하지 않는 육조를 글 모른다고 하니 과연 눈 밝은 자들은 개념의 달인이라 하겠다. 이런 자들이 만든 경전에 중생들이 고통 받고 수행자가 끌려 다니는 세상이니 참으로 한심하기 그지없다. 자신도 뜻을 알지 못하는 경에다 해석을 한다고 개념으로 똥칠을 해놓고 중생들에게 믿으라고 구업을 짓는 놈은 더 더욱 한심한 놈이다. 이런 놈들은 손바닥에 한 줌의 피를 보기 전에 모두 부처님 발아래에서 참회부터 해야 할 것이다.

화엄경에 의하면 화엄경은 용수보살이 용궁에 들어가서 가져왔다고 한다. 용궁이 뜻하는 것은 뭘까? 그것은 우리들의 의식이다. 누구나 의식이 인식하여 알 수 있지만 그걸 제대로 쓸 줄은 모른다. 누구나 경을 읽을 수는 있지만 그 뜻을 알고 행하지 못하는 것을 물속에 있는 용궁에 비유한 것이다. 구마라습이 금강경을 한역한

(402) 이래 지금까지 금강경도 물속에 잠겨있어 뜻을 제대로 아는 자가 없다. 내가 이제 물 밖으로 끌어냈으니 금강경 속에 있는 부처님 말씀을 제대로 알고 행으로 옮겨야 한다. 모든 언설(言說)을 잠재우고 행하는 것이 부처님 은혜에 보답하는 길이다.

우리가 숨 쉬는 동안에도 이 경이 굴려진다고 했다. 많은 언설(言說)이 금강경을 수식하고 있어 무지중생들에게는 신비롭게 여겨질지 모르지만 행하는 자에겐 이 경도 버려야 할 것 중에 한 가지란 걸 잊지 말라. 수행자가 학자화(學者化)되어 버려 입만 살아있는 안타까운 현실을 보면서 하루빨리 대웅전에 한줄기 찬 빛이 내려앉기를 두 손 모아 합장한다.

초발심자경문에 受五十戒等 善知持犯開遮 但依金口聖言 莫順庸流妄說 '오계 십계 등의 계율을 받아 지녀 잘 알고 시행하라. 다만 부처님의 거룩한 말씀에만 의지할 것이요 용열한 무리들의 말은 따르지 말라.'고 했다. 수행자는 육조, 함허스님과 같은 깨친 수행자의 말과 글을 따라야 한다. 함허스님은 마음이 청정하고 생각이 고요해서 글을 만나 뜻을 연구하며 뜻에 의지해서 글을 찾으면 글과 뜻의 잘못된 것이 털끝만큼도 숨을 수가 없어서 확연히 밝게 드러난다고 했다. 이것이 경전에서 부처님의 뜻을 알아내는 열쇠이다. 부처님 말씀에는 저작권이 없어 원숭이와 앵무새가 넘쳐나는 세상이다. 그 많은 말씀 중에 하나라도 깨치라고 하신 야부스님의 말이 귓가를 떠나지 않는다.

불교를 이야기하기 전에 먼저 막행막식(莫行莫食)의 습부터 계율로써 정화하고 삭발염의(削髮染衣)의 초발심을 목숨과 같이 지켜라. 그러면 부처님 말씀을 입에 담을 자격이 있다. 그렇게 하더라도 대웅전 안이라면 먼저 왼팔부터 걷어야 할 것이다.

발아래 그림자는 하늘의 태양을 벗어날 수 없고
갖가지의 구름도 그 빛을 물들일 수 없도다.

이 한 그루의 나무를 수이에게 전하며

홍인선원에서   弘人 석 법희 씀
佛紀 2555年 辛卯 迎新日

법희해금강경
책이 나오기까지 도움을 준 인연들

* 如來

* 金剛喩定
* 聳哲스님

* 죽기 전에 꼭 한 번 읽어야 할 금강경

* 네이버 사전
* 한글2005

* 볼펜 세 개
* 연필 두 자루

* '죽기 전에 꼭 한 번 읽어야 할 금강경' 백 번 읽기
  기도동참 불자들
* 1년 동안 함께 기도하신 홍인선원 가족들

편집후기

불법승 삼보에 귀의합니다.

겨울의 한중간 즈음에 법희스님께서 역해를 마치신 금강경 원고를 받아들었습니다. 그렇게 금강경 속에서 허우적거리다 고개 들어 보니 어느덧 봄의 문턱에 와있습니다. 한 계절을 금강경 속에서 지낼 수 있도록 허락해 주신 부처님께 감사드리고, 일여 년을 책상에서만 지내며 혼신을 다하여 쓰신 초고를 감히 교정 볼 수 있도록 맡겨주신 법희스님께 감사드립니다. 오온을 정갈히 하고 향을 올리고 고요한 마음으로 책상에 앉아 지낸 시간들은 내안에 금강경이 녹아들고 금강경 속에 내가 녹아드는 경외와 축복의 시간들이었습니다.

'금강경은 비금강경이므로 그 이름을 금강경이라 하셨

습니다.' 이 역설이 이해되지 않는다면 다시 첫 페이지를 펼치십시오. 지금까지 알고 있던 금강경에 대한 편견과 선입견을 모두 비우고 의식 속에 존재하는 '나'를 완전히 내려놓아야만 언설의 경계밖에 존재하는 진리를 볼 수 있을 것입니다. 그리고 청정하고 고요하게 지켜볼 수 있는 힘이 생길 것입니다.

모든 중생이 부처님 말씀 안에서 평화롭고 안녕하기를 바라며 이경을 회향합니다. 끝도 없이 이어질 윤회 중에 다시 인간의 몸을 받게 된다면 스승이신 법희스님과 도반들과 이 책이 다시 인연되어지길 발원하며 두 손 모읍니다.

홍인선원 경전 편집부

편집부장 대　힐 이동순　혜　연 여진순
편집위원 능경화 유선희　혜　정 이순연
　　　　　 보　혜 박정실　선　덕 방수정

불기2555년 辛卯 새해를 맞으며

죽기 전에 꼭 한 번 읽어야 할
법 희 해 금 강 경

초판발행 * 불기2555년 辛卯 부처님 오신 날
역   해 * 홍인선원장 弘人 석 법희스님

발 행 처 * 홍인선원
출판등록 * 2011.1.27. 제347-2011-00003호
주   소 * 대구광역시 달서구 상인동 1471-1
전   화 * 053) 639-3319
E - mail * bog639@naver.com

인 쇄 처 * 한빛기획·인쇄시스템
               053)253-4542

정   가 * 38,000원

ISBN 978-89-965881-0-8